LES TROUBLES DE LA MEMOIRE

 *PSYCHOLOGIE ET SCIENCES HUMAINES*

Martial Van der Linden

les troubles de la mémoire

PIERRE MARDAGA, EDITEUR
LIEGE - BRUXELLES

© 1989 Pierre Mardaga, éditeur
Rue Saint-Vincent 12 - 4020 Liège
Galerie des Princes 2-4 - 1000 Bruxelles
D. 1989-0024-10

A Elizabeth et Lola
A Xavier Seron

Préface

Ce travail est né d'une insatisfaction... En tant que neuropsychologue clinicien, nous avons été amené à examiner de très nombreux patients dont une des plaintes principales était les troubles de la mémoire. Comme la plupart des neuropsychologues, nous disposions pour mener à bien cette tâche de quelques outils psychométriques traditionnels destinés à évaluer la «mémoire verbale» ou la «mémoire visuelle», le rappel ou la reconnaissance. Ces outils nous permettaient d'obtenir une mesure chiffrée de la performance du patient, mesure que nous comparions aux résultats d'un groupe de référence. Si le score obtenu était inférieur aux normes, nous pouvions confirmer au patient qu'effectivement, il avait des difficultés mnésiques, ce dont il était généralement convaincu puisque cela constituait le motif de sa consultation. Au mieux, nous pouvions lui signaler, par exemple, que sa performance mnésique était meilleure en reconnaissance qu'en rappel et que sa mémoire visuelle était mieux conservée que sa mémoire verbale. Quelquefois, les informations recueillies lors de l'anamnèse nous autorisaient à conclure que sa mémoire ancienne semblait être moins perturbée que sa mémoire récente. Ces analyses n'étaient cependant pas très différentes de celles que le patient avait lui-même effectuées. Par ailleurs, dans beaucoup de cas, en dépit du fait que les plaintes mnésiques du patient ne paraissaient pas devoir être mises en doute, les résultats aux épreuves de mémoire étaient strictement normaux, ce qui nous plongeait dans un abîme de perplexité concernant l'efficacité de nos instruments de mesure.

Cette situation peu satisfaisante reflétait pour une part le faible développement qui a longtemps caractérisé la neuropsychologie de la mémoire. Ces dix dernières années cependant, sous l'influence de la psychologie cognitive, l'étude des troubles mnésiques a progressivement pris de l'ampleur. Elle a adopté les modèles issus du courant cognitiviste et dans certains cas, elle a suscité leur évolution. Actuellement, elle constitue un des domaines de recherche les plus actifs en neuropsychologie. Parallèlement, la neuropsychologie rééducative, longtemps limitée aux troubles du langage, s'est étendue aux autres domaines du comportement et en particulier, à celui de la mémoire (Van der Linden et Van der Kaa, 1989). Dans cette perspective rééducative, les informations fournies par les épreuves psychométriques classiques étaient nettement insuffisantes et, en tous cas, elles ne permettaient pas de formuler une hypothèse susceptible d'orienter la thérapie.

Du fait de cette évolution, il s'avérait indispensables d'examiner en profondeur le problème de l'évaluation clinique des troubles mnésiques. C'est ce à quoi nous nous sommes attaqué dans ce livre. Les parties qui le constituent sont le reflet des différentes démarches que nous avons entreprises. Dans un premier temps, il fallait s'informer sur les modèles actuels du fonctionnement mnésique : cette étape correspond au chapitre I. Dans le décours de ce travail d'information, nous avons rapidement été interpellé par un courant qui traverse actuellement la psychologie cognitive et qui s'interroge sur la validité écologique des études sur la mémoire, c'est-à-dire sur leur pertinence par rapport aux activités mnésiques quotidiennes. Ensuite, il s'agissait de faire le point sur les hypothèses explicatives proposées pour rendre compte des troubles mnésiques consécutifs à une lésion cérébrale : cette mise au point constitue le contenu du chapitre II. Une fois ces informations rassemblées, il fallait pouvoir les intégrer dans une réflexion générale concernant la nature de l'évaluation de la mémoire en neuropsychologie : ce travail d'intégration est l'objet du chapitre III.

Notre travail s'est inscrit dans le cadre d'une activité clinique. A ce titre, nous avons rencontré les difficultés auxquelles se heurte tout clinicien quand il veut fonder sa pratique clinique sur une base théorique. Il s'agit de choisir des orientations adéquates et il faut s'adapter aux changements, souvent rapides, dans les conceptions théoriques existantes. En fait, la mise au point d'outils d'évaluation ne peut jamais être considérée comme achevée et dès lors, ce livre ne constitue que le rapport provisoire d'une tâche qui doit se poursuivre.

Chapitre I
Psychologie de la mémoire

I. LA MEMOIRE A COURT TERME (MCT)

La conception selon laquelle la mémoire peut être décomposée en plusieurs sous-systèmes n'est pas neuve. Déjà en 1890, William James propose de distinguer la mémoire primaire et la mémoire secondaire : la mémoire primaire concerne l'information qui demeure présente dans la conscience après qu'elle ait été perçue (et qui constitue une partie de notre présent psychologique) alors que la mémoire secondaire a trait à l'information qui a quitté la conscience (et qui constitue notre passé psychologique). Cependant, l'étude de la MCT en tant que domaine spécifique d'investigation s'est surtout développée durant les années 1950 (voir Baddeley, 1976; 1986, pour une présentation historique détaillée des conceptions sur la MCT). Brown (1958) en Grande-Bretagne, et Peterson & Peterson (1959) aux Etats-Unis, ont découvert, de manière indépendante, que des séquences d'items très courtes (par exemple, trois consonnes) étaient rapidement oubliées (après moins de 20 secondes) si on empêchait la répétition du matériel en demandant au sujet d'effectuer pendant le délai une autre tâche (par exemple, une tâche de comptage). Pour ces auteurs, il était difficile d'attribuer cet oubli rapide à un phénomène d'interférence car le matériel (des chiffres) utilisé pour la tâche empêchant la répétition était très différent des items à mémoriser (des lettres). Pour Broadbent (1958), l'oubli en MCT semblait dès lors plutôt refléter une dégradation de la trace mnésique alors que l'oubli en mémoire à long terme (MLT) était la conséquence d'un phénomène d'interférence ; ainsi, ces deux types d'oublis devaient être basés sur des systèmes séparés. L'intérêt pour la MCT fut également suscité par un article de Miller (1956) intitulé «The magic number seven» qui indiquait que la capacité de la MCT était de sept plus ou moins deux items («chunks»). Les années 1960, quant à elles, furent dominées par un débat animé portant sur le nombre de stocks mnésiques qu'il était nécessaire de postuler. A l'origine de ce débat, il y a notamment le travail de Melton (1963) qui suggérait que l'interférence était suffisante pour rendre compte de tous les phénomènes d'oubli en MCT et en MLT, ce qui éliminait la nécessité d'une distinction entre les deux systèmes. De nombreuses études furent ainsi menées afin de recueillir des données justifiant ou non la distinction MCT/MLT.

A) Fondements d'une distinction MCT/MLT

La performance des sujets, telle qu'elle apparaît à un certain nombre de tests de mémoire, semble déterminée par deux phénomènes distincts. Ainsi, lors d'une tâche de rappel libre dans laquelle on présente une liste de mots que les sujets doivent essayer de rappeler immédiatement et dans n'importe quel ordre, la performance de rappel est habituellement meilleure pour les quelques derniers items de la liste (c'est l'effet de récence). Glanzer & Cunitz (1966) ont montré que si on demande à des sujets d'effectuer une tâche de comptage à rebours pendant 10 ou 30 secondes après que la liste ait été présentée, on réduit de manière nette l'effet de récence alors que le rappel du reste de la liste demeure inchangé. Les auteurs concluent que les mots qui se trouvent dans la portion «récence» de la liste sont tenus dans un système mnésique temporaire alors que les autres items sont enregistrés dans un stock à long terme, durable. En outre, plusieurs facteurs tels que la vitesse de présentation des mots, leur caractère familier ou imageable n'ont aucune influence sur l'effet de récence mais affectent le rappel des autres items (une présentation plus lente et les mots imageables et familiers conduisent à un rappel meilleur).

Diverses données empiriques ont suggéré que la MCT possède une capacité de stockage limitée alors qu'une telle limitation n'existerait pas en MLT. Ainsi, pour Miller (1956), il serait possible de tenir en MCT, environ sept «chunks» d'information (c'est l'empan de MCT). Le terme «chunk» utilisé par Miller est difficile à définir précisément : pour Simon (1974), il correspondrait au plus haut niveau d'intégration du matériel à mémoriser dont peut disposer le sujet. L'utilisation de l'empan comme mesure de la MCT pose cependant un problème : en effet, il apparaît que la MLT peut déterminer en partie la longueur de l'empan mnésique. Ainsi Bower & Winzenz (1969) ont montré que si on demande à des sujets de rappeler immédiatement des séries de chiffres, et si, subrepticement, on présente la même série de chiffres plusieurs fois, la performance pour cette série répétée est meilleure que pour les autres. Comme le signale Baddeley (1986), la démonstration que certaines tâches de MCT manifestent des phénomènes de MLT indique le danger qu'il y a à utiliser le même terme (MCT) pour la description d'une tâche et pour le système mnésique supposé intervenir dans cette tâche. La performance à une tâche de MCT (c'est-à-dire une tâche dans laquelle la quantité de matériel à mémoriser est relativement petite et dans laquelle le délai entre la présentation et le rappel est court) peut être déterminée par plusieurs facteurs dont certains peuvent être des facteurs de MLT. Baddeley (1986) propose en conséquence d'utiliser le teme MCT pour dénommer la tâche et le terme SCT (stock à court terme) pour étiqueter le système mnésique hypothétique sous-jacent.

Une autre voie permettant d'aborder les différences entre SCT et SLT concerne le type d'encodage effectué dans chaque système. Conrad (1964) a trouvé que quand des sujets devaient rappeler des séquences de consonnes présentées visuellement, ils commettaient des erreurs d'intrusion qui avaient tendance à être proches des lettres cibles sur le plan phonologique. Conrad & Hull (1964) ont montré ultérieurement que l'empan mnésique était plus faible pour des séquences de lettres phonologiquement semblables (D, C, B, T, P, V) que pour des séquences dissemblables (L, W, K, F, R, T). Il semble donc que le SCT a tendance à encoder le matériel selon la dimension phonologique. Par ailleurs les études de Baddeley (1966, a et b) semblent indiquer que les tâches de MCT sont plutôt associées à un codage phonologique et les tâches de MLT à un codage sémantique. Dans la première étude (Baddeley, 1966, a), Baddeley demande aux sujets de répéter immédiatement des séquences de mots qui sont phonologiquement semblables (map, man, mad, ...) ou dissemblables et sémantiquement semblables (huge, big, great, ...) ou dissemblables. Les résultats montrent que le rappel des mots phonologiquement semblables est beaucoup plus faible que le rappel des mots phonologiquement dissemblables. Par contre, la variable «ressemblance sémantique» a un très petit effet sur la performance. Dans le deuxième travail, Baddeley (1966, b) propose les quatre mêmes types de séquences mais il en augmente la longueur et intercale un délai de 20 secondes entre la présentation et le rappel. Dans cette condition, la variable «ressemblance phonologique» cesse d'être importante et c'est le facteur de ressemblance sémantique qui devient crucial.

D'autres différences ont été établies entre le SCT et le SLT notamment en ce qui concerne les mécanismes d'oubli et la vitesse de récupération de l'information (Eysenck & Eysenck, 1979). En outre, des arguments supplémentaires en faveur de la distinction entre deux systèmes mnésiques ont été fournis par les neuropsychologues. Plusieurs études neuropsychologiques ont suggéré que certains patients cérébro-lésés pouvaient avoir un SCT normal tout en présentant un SLT très défectueux. On sait depuis longtemps que des patients peuvent être incapables d'apprendre des listes de mots tout en n'ayant aucune difficulté à répéter des séries de chiffres ou de lettres (Zangwill, 1946). C'est cependant à partir de l'étude de Milner (1966) sur le patient HM que ces données neuropsychologiques se sont largement répandues. Ce patient qui avait subi une résection des lobes temporaux et des régions hippocampiques dans le but de traiter une épilepsie rebelle, présentait une amnésie massive mais gardait un empan mnésique normal. Baddeley & Warrington (1970) ont également montré que des patients amnésiques présentaient une performance intacte à divers tests impliquant le SCT (empan mnésique, effet de récence en rappel libre, tâche de Brown-Peterson). Quelques travaux ont décrit des patients qui présentaient le profil inverse (Shallice & Warrington, 1970, 1977 ; Basso *et al.*, 1982). Ces patients montraient un empan mnésique très faible, un effet de récence perturbé, un oubli rapide à la tâche de Brown-Peterson mais gardaient des capacités d'apprentissage à long terme relativement normales (par exemple, à une tâche d'apprentissage de mots couplés).

Ces études sur l'effet de récence et sur les codes mnésiques en rappel immédiat et différé ainsi que les données neuropsychologiques ont fait, qu'à la fin des années 1960, l'idée d'une distinction entre deux systèmes mnésiques était largement acceptée. Comme l'indique Baddeley (1986), on a vu se développer à cette époque un grand nombre de modèles dont la plupart se rapprochaient du modèle le plus populaire, celui de Atkinson & Shiffrin (1968). Ces modèles portaient essentiellement sur la mémoire verbale.

B) Le modèle de Atkinson & Shiffrin (1968)

Atkinson & Shiffrin (1968) postulent l'existence de trois types de stocks mnésiques : les stocks sensoriels, le stock à court terme (SCT) et le stock à long terme (SLT). L'information en provenance des différentes modalités sensorielles est reçue et maintenue pendant une brève période de temps et sous une forme assez primitive dans les stocks sensoriels. Ces stocks qui sont spécifiques à une modalité sensorielle fournissent de l'information à la deuxième composante du modèle : le stock à court terme. Les études entreprises sur ces systèmes de stockage sensoriels s'inscrivent plutôt dans le domaine de la perception et dès lors nous ne les développerons pas ici (pour une revue de question critique, voir Coltheart, 1983).

La composante centrale du modèle de Atkinson & Shiffrin est le SCT. Il s'agit d'un stock de capacité limitée dont le rôle de maintien temporaire de l'information est essentiel dans un grand nombre de tâches. Plus l'information est maintenue dans le SCT et plus la probabilité qu'elle a d'être transférée dans le SLT est grande. Le maintien du matériel (verbal) en SCT s'effectue au moyen d'une opération d'autorépétition. Cette activité d'autorépétition a été l'objet de nombreuses études et ce, dans la ligne des travaux montrant que le SCT semble se fonder sur un codage «phonémique». Le SCT n'a cependant pas uniquement un rôle passif de maintien de l'information mais il est capable de mener plusieurs stratégies d'encodage et d'entreprendre diverses opérations de contrôle. Pendant que l'information est maintenue en SCT, elle peut être l'objet d'un codage supplémentaire, par exemple, par la récupération de certains aspects de sa signification, stockées dans le SLT. Pour certaines tâches (telles le calcul mental, suivre une conversation, répondre à une question spécifique), le SCT joue un rôle important dans la mise en œuvre d'une procédure de recherche d'une information dans le SLT, dans le choix de la stratégie de récupération et dans le contrôle du déroulement de cette opération.

Dès le début des années 1970 toutefois, le modèle d'Atkinson & Shiffrin et plus précisément le modèle du SCT va être l'objet de nombreuses critiques. Il existe en effet un certain nombre de phénomènes qui ne peuvent pas être facilement interprétés dans le cadre d'un modèle de ce type.

C) Limites du modèle de Atkinson & Shiffrin

PLusieurs travaux (voir Crowder, 1982) ont contesté une des idées clés de Atkinson & Shiffrin selon laquelle l'apprentissage à long terme dépend du SCT et plus particulièrement du temps que passe le matériel dans le SCT. Ainsi, Morton (1967), dans une étude en condition «écologique», a montré que les sujets ayant utilisé pendant de nombreuses années un code téléphonique basé sur des lettres, étaient incapables de localiser les lettres sur le cadran du téléphone. Bekerian & Baddeley (1980) ont étudié l'effet d'une campagne d'information destinée à avertir les auditeurs de la radio d'un changement dans les longueurs d'ondes; malgré le fait qu'ils avaient entendu l'information plus d'un millier de fois, les sujets manifestaient un apprentissage très faible des nouvelles longueurs d'ondes. En outre, ainsi que nous l'avons déjà mentionné, il existe quelques cas de patients cérébro-lésés qui souffrent d'un trouble du SCT alors que leur capacité de stocker un nouveau matériel pour de longues périodes de temps semble intacte (par exemple, Shallice & Warrington, 1970). Si l'apprentissage à long terme est dépendant du SCT, ces patients ayant un SCT défectueux devraient également présenter un apprentissage à long terme perturbé.

D'autres critiques ont porté sur le caractère unitaire du SCT. Baddeley & Hitch (1977) ont demandé à des sujets de mémoriser une liste de mots non reliés tout en gardant en mémoire des séquences de six chiffres (c'est-à-dire une charge mnésique proche de l'empan pour la plupart des sujets). Bien que cette tâche concurrente ait tendance à perturber le rappel, elle n'a aucune influence sur l'importance de l'effet de récence. Or, si l'effet de récence dans le rappel libre est lié à l'activité d'un SCT unique et si l'empan de chiffres utilise le même stock, on aurait dû s'attendre à une perturbation de la portion «récence» de la courbe de rappel.

Un autre problème concerne les relations entre le SCT et le SLT. La conception la plus simple postule que le SCT opère sur des codes phonologiques et le SLT sur des codes sémantiques; en outre, le SCT a des capacités de stockage limitées alors que le SLT est capable de stocker des informations en nombre illimité. Or, Ericsson *et al.* (1980) ont montré que la capacité du SCT dépend de la possibilité qu'a le sujet de structurer rapidement les stimuli, en utilisant une connaissance antérieure stockée dans le SLT. Ils ont demandé à un sujet de consacrer 200 heures, distribuées sur une période de 18 mois, à mémoriser des séries de chiffres. A la fin des 18 mois, le sujet pouvait rappeler parfaitement une série de 81 chiffres lus à la vitesse d'un chiffre par seconde. Le sujet avait développé des stratégies pour grouper les chiffres, et en particulier, une stratégie basée sur ses connaissances en course à pied : il associait certaines séries de chiffres à des records réalisés lors de compétitions d'athlétisme. Le temps mis pour créer ces codages complexes était très court et ne l'empêchait pas de traiter les autres chiffres à mesure qu'ils étaient lus.

Ces diverses critiques, parmi d'autres, ont sérieusement ébranlé les modèles qui distinguaient différents stocks mnésiques. Cette approche structurale de la mémoire a progressivement été supplantée par une approche qui mettait plutôt l'accent sur les traitements effectués durant les activités mnésiques : c'est la perspective adoptée par Craik & Lockhart (1972). Pour ces auteurs, la durée de la trace mnésique est une conséquence directe des opérations d'encodage : un encodage plus profond et plus élaboré conduit à des traces mnésiques plus durables qu'un encodage superficiel. Cette approche semblait éviter la plupart des problèmes soulevés par les conceptions traditionnelles du SCT et dès lors, l'intérêt pour la mémoire à court terme a progressivement décliné. Néanmoins, en 1974, Baddeley & Hitch ont développé un modèle de MCT (le modèle de la mémoire de travail) qui tentait de répondre aux critiques adressées aux modèles antérieurs.

D) Le modèle de «mémoire de travail» de Baddeley

Baddeley & Hitch (1974) et Hitch & Baddeley (1976) ont suggéré que le concept de SCT soit remplacé par celui de mémoire de travail. Ce terme renvoie à un système de capacité limitée, destiné au maintien temporaire et à la manipulation de l'information pendant la réalisation d'une série de tâches cognitives de compréhension, de raisonnement ou d'apprentissage. Ce système de mémoire de travail est composé d'un «administrateur central» (the central executive) et de systèmes esclaves : la boucle articulatoire (the articulatory loop) et la voie visuo-spatiale (visuo-spatial scratchpad ou sketchpad). La composante principale du modèle est l'administrateur central : il s'agit d'un système attentionnel de capacité limitée qui peut utiliser l'un ou l'autre des systèmes esclaves pour libérer une partie de ses capacités afin de réaliser des tâches cognitives plus exigeantes. Il effectue diverses opérations de sélection et de contrôle (analogues à celles postulées dans le modèle de Atkinson & Shiffrin). La boucle articulatoire est, quant à elle, un système de stockage qui utilise le langage sub-vocal pour maintenir temporairement une séquence d'items verbaux. Enfin, la voie visuo-spatiale est un système temporaire employé dans la création et la manipulation d'images mentales.

L'hypothèse d'une boucle articulatoire repose sur trois ensembles de données :

1. L'effet de similitude phonologique (Conrad & Hull, 1964) : des items phonologiquement semblables sont moins bien rappelés (en rappel immédiat) que des items dissemblables car ils seraient plus difficiles à discriminer sur la base du code articulatoire dans lequel ils sont stockés. L'hypothèse d'un codage articulatoire des items a été suggérée par l'étude de Conrad (1970) sur des enfants sourds de naissance. Il a observé que, malgré le fait qu'ils n'avaient jamais entendu, certains de ces enfants présentaient des confusions phonémiques dans le rappel immédiat de séquences de lettres. Il a en outre montré que

les enfants qui présentaient ces confusions étaient aussi ceux qui avaient les meilleures capacités langagières.

2. L'effet de longueur du mot : l'empan mnésique pour des mots courts est meilleur que l'empan pour des mots longs. Ce résultat serait lié au fait que la boucle articulatoire, qui est limitée au niveau temporel, pourrait contenir plus de mots courts que de mots longs. Récemment, Naveh-Benjamin & Ayres (1986) ont confirmé cet effet de longueur dans quatre langues : l'Anglais, l'Espagnol, l'Hébreu, et l'Arabe. Ils ont montré que des différences dans la vitesse de lecture entre ces quatre langues sont associées à des variations dans l'empan mnésique (plus la vitesse de lecture est élevée et plus l'empan est grand) ; en outre, la taille moyenne en syllabes (ou en phonèmes) d'une unité significative (par exemple, un chiffre ou un mot) est inversement reliée à la vitesse de lecture et à l'empan mnésique.

3. L'effet de suppression articulatoire : par cette technique, on empêche un sujet de répéter un matériel en lui demandant concurremment d'articuler de manière itérative un item non pertinent (par exemple, le mot «le»). La suppression articulatoire diminue l'empan mnésique et, pour un matériel présenté visuellement, elle abolit l'effet de similitude phonologique et l'effet de longueur des mots (Murray, 1968 ; Levy, 1971).

Cette première conception de la boucle articulatoire s'est cependant avérée trop simple car elle ne pouvait pas rendre compte de plusieurs phénomènes. Une première source de problème vient de l'observation que, quand le matériel est présenté auditivement, la suppression articulatoire n'élimine pas l'effet de similitude phonologique (Murray, 1968 ; Levy, 1971 ; Baddeley et al., 1984). Ces résultats suggèrent qu'en présentation auditive, une certaine forme de codage mnésique phonologique peut exister sans articulation. Une deuxième source de difficultés pour l'hypothèse initiale de la boucle articulatoire vient d'études neuropsychologiques menées sur des patients présentant une perturbation sélective du SCT. Shallice & Butterworth (1977) et Basso et al. (1982) ont montré que certains patients ayant un trouble du SCT ne manifestent pas de déficit de production de la parole (leur fluence verbale est normale). Or, si un déficit de la boucle articulatoire était impliqué dans leur trouble de mémoire à court terme, on aurait dû observer une perturbation de la fluence verbale. En outre, ces patients obtiennent un empan mnésique plus élevé pour un matériel présenté visuellement. Comme le matériel présenté auditivement et visuellement est censé avoir un accès équivalent à l'administrateur central, il n'y a pas de raison d'attendre une performance meilleure sur matériel verbal présenté visuellement. Ce résultat plaide dès lors pour l'existence d'un système mnésique à court terme visuel. Enfin, Colle & Welsh (1976) ont montré que la mémoire immédiate d'un matériel présenté visuellement était perturbée si la présentation est accompagnée d'un matériel «parlé» non pertinent (the unattended speech effect). Salamé & Baddeley (1982) ont indiqué que cet effet disparaît sous suppression articulatoire, ce qui suggère que le matériel «parlé» non pertinent a accès au même stock que celui utilisé quand les sujets répètent sub-vocalement. D'autres travaux ont montré que des mots non pertinents comportant les mêmes phonèmes que le matériel présenté visuellement provoquent plus de perturbations que des mots phonologiquement différents. Par contre, on ne constate pas d'influence de facteurs sémantiques ou d'un bruit blanc (non langagier). Sur la base de ces résultats, Salamé & Baddeley (1982) ont proposé de séparer le système de la boucle articulatoire en deux composantes : un stock phonologique passif (non articulatoire) capable de stocker le matériel pendant une période de temps limitée et un processus de contrôle qui implique la répétition articulatoire. Le matériel verbal présenté auditivement aurait directement et obligatoirement accès au stock phonologique passif alors que le matériel verbal présenté visuellement serait conduit au stock phonologique par l'intermédiaire de la boucle articulatoire. La répétition articulatoire aurait ainsi deux fonctions : d'une part, elle «rafraîchit» le contenu du stock phonologique (elle maintient une trace qui a tendance à disparaître) et d'autre part, elle constitue un moyen de traduire un stimulus visuel en un code phonologique. Quelques études neuropsychologiques ont contribué à soutenir et à faire évoluer cette conception de la mémoire de travail. Ainsi, Vallar & Baddeley (1984) ont montré que le trouble de mémoire à court terme observé chez un patient cérébro-lésé (P.V.) était localisé au niveau du stock phonologique. Ils ont également suggéré que les performances meilleures manifestées par ce patient pour un matériel présenté visuellement étaient liées à la présence d'un stock visuel à court terme intact.

Dans une étude plus récente, Vallar & Cappa (1987) ont investigué le rôle de l'articulation dans la mémoire à court terme chez deux patients souffrant d'un trouble sélectif et total de l'articulation explicite (l'un par lésion corticale bilatérale, l'autre par lésion plus périphérique). Ce trouble articulatoire n'affecte pas l'empan mnésique auditif immédiat, ni l'effet de similitude phonologique pour un matériel présenté auditivement, ce qui confirme le fait que l'information auditive a un accès direct et obligatoire au stock phonologique à court terme (non articulatoire). En ce qui concerne le matériel présenté visuellement, un des deux patients (M.D.C.) présente une abolition de l'effet de similitude phonologique et de l'effet de la longueur du mot ainsi que des difficultés dans la dérivation non lexicale de la phonologie à partir d'un input visuel. L'autre patient (G.F.) a des performances normales dans le traitement phonologique du matériel visuel. Cette dissociation dans les performances des deux patients amène les auteurs à distinguer entre un processus de recodage phonologique qui convertit les items visuels en une forme phonologique et un processus (la boucle de répétition articulatoire) qui conduit l'information visuelle recodée au stock phonologique et qui rafraîchit l'information stockée dans ce système (voir tableau 1).

Tableau 1. *Composantes impliquées dans la rétention à CT d'un matériel verbal visuel et auditif* (selon Vallar & Cappa, 1987).

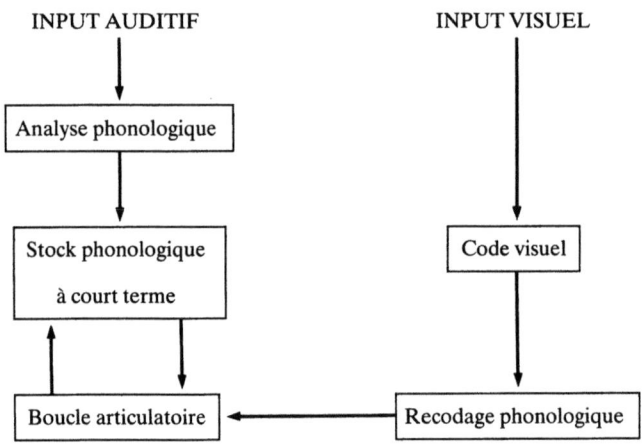

Le patient M.D.C. présenterait donc un trouble dans le recodage phonologique de l'information visuelle, ce qui empêcherait l'accès au processus de répétition articulatoire qui, lui, serait intact (comme l'atteste la présence de l'effet standard de longueur du mot pour le matériel présenté auditivement). Par ailleurs, les résultats des deux patients montrent que les composantes explicites de l'articulation jouent un rôle mineur dans le recodage phonologique de l'information visuelle et dans le processus de répétition. Ceci suggère que la boucle de répétition opère à un niveau plus profond et qu'elle peut fonctionner en l'absence de feedback périphérique (voir également Baddeley & Wilson, 1985).

Si le système de la boucle articulatoire a été l'objet de nombreux travaux, il n'en va pas de même pour le «visuo-spatial sketchpad» (VSSP). Le VSSP est considéré comme un système capable de maintenir et de manipuler des images mentales. Une des raisons du peu de progrès effectués dans la compréhension de ce système est la difficulté de trouver une tâche analogue à la suppression articulatoire. Baddeley et al. (1975) ont utilisé la tâche proposée par Brooks (1967). Ils demandent à des sujets de répéter verbalement des énoncés qui décrivent le placement de chiffres dans des carrés adjacents sur une matrice imaginaire. Les énoncés peuvent être représentés comme des «sentiers mentaux» qui parcourent la matrice. Baddeley et al. ont montré que cette tâche impliquant un codage spatial est perturbée par la réalisation d'une tâche concurrente de poursuite visuo-manuelle. Dans une étude ultérieure, Baddeley & Lieberman (1980) ont adopté une tâche concurrente qui impliquait un traitement spatial mais non visuel : il s'agissait d'une tâche de poursuite dans laquelle les sujets étaient aveuglés et recevaient un feedback auditif plutôt que visuel. Les auteurs ont trouvé que cette tâche spatiale non visuelle interférait également avec la réalisation de la tâche de Brooks et qu'elle affectait la supériorité d'une stratégie mnémotechnique à base d'imagerie visuo-spatiale (la méthode des lieux) sur une stratégie d'apprentissage «par cœur». Le traitement de l'information spatiale serait donc entrepris par un système de nature essentiellement spatiale. Il semble en outre que les mouvements volontaires des yeux pouraient être impliqués en tant que processus de contrôle dans le VSSP. En effet, Idzidowski et al. (non publié, cité dans Baddeley, 1986) ont montré qu'une tâche impliquant des mouvements oculaires arbitraires (suivre des yeux une cible sur un écran TV) peut interférer avec l'utilisation de l'imagerie visuo-spatiale. Quinn & Ralston (1986) ont également montré que des mouvements du bras incompatibles avec la direction indiquée par les énoncés fournis, perturbent la performance à la tâche de Brooks.

Ces différentes études semblent indiquer que c'est la composante spatiale de l'imagerie qui est susceptible d'être perturbée par les tâches concurrentes. Cependant, comme le signale Baddeley (1986), les images mentales paraissent avoir beaucoup de composantes qui ne sont pas spécifiquement spatiales. Logie (1986) a investigué les effets sur l'imagerie de tâches non spatiales, notamment en essayant de créer des conditions analogues à celles utilisées pour étudier «the unattended speech effect». Les sujets sont assis en face d'un écran sur lequel des stimuli visuels (des taches de couleurs) sont présentés. On leur demande de garder les yeux ouverts, mais de ne pas prêter attention aux stimuli et de se concentrer sur l'apprentissage de paires de mots et de nombres, en utilisant soit le procédé mnémotechnique de la table de rappel (une stratégie d'imagerie à faible composante spatiale), soit une stratégie d'apprentissage «par cœur». Les résultats montrent que la stratégie d'imagerie est spécifiquement affectée par la présentation des taches de couleur. L'effet observé était cependant faible et Logie a reproduit la même expérience en utilisant un matériel non pertinent censé être plus proche des items à mémoriser, c'est-à-dire des dessins d'objets au lieu des taches de couleur. Par ailleurs, il a diminué le nombre d'items à apprendre. De nouveau, la condition «imagerie» est nettement perturbée par la présentation de dessins non pertinents. Enfin, pour éliminer la possibilité que les résultats soient uniquement la conséquence de facteurs attentionnels, Logie a présenté, non plus des dessins, mais les noms des objets dessinés. La présentation de ces stimuli verbaux non pertinents perturbe l'apprentissage «par cœur» mais pas l'apprentissage à l'aide de la stratégie d'imagerie. L'activité du VSSP ne semble donc pas impliquer nécessairement une composante spatiale importante. La difficulté de démontrer une perturbation de la performance par une tâche concurrente non spatiale tenait tout simplement au type de tâche mnésique utilisé. Le VSSP est donc considéré comme un système de stockage visuo-spatial temporaire capable de maintenir les images mentales, c'est-à-dire les représentations dans un mode quasi-visuel d'un matériel présenté ou suscité verbalement. Comme l'indique Baddeley (1986), on peut raisonnablement supposer qu'un tel système se base sur un ou plusieurs stocks visuels plus directs. En fait, il existe un certain nombre de données qui suggèrent l'existence d'un stock à court terme spécialisé dans le maintien de stimuli visuels simples et de patterns spatiaux (Dale, 1973 ; Phillips & Baddeley, 1971 ; Phillips, 1974). Cependant, la nature des relations entre ce stock visuel et le VSSP n'est pas claire. Ce problème fera probablement l'objet de nombreuses recherches dans les années à venir. Un système de stockage qui devrait également être exploré dans le futur est le système de stockage non-phonologique de séquences de lettres dont l'existence a été suggérée par Shallice & Warrington (1970) pour rendre compte des performances meilleures de leur patient K.F. pour un matériel verbal présenté visuellement.

La plupart des chercheurs intéressés par le modèle de «mémoire de travail» se sont essentiellement attaqués aux systèmes esclaves et ont négligé l'administrateur central, qui, le plus souvent, a servi de fourre-tout conceptuel. Récemment, Baddeley (1986) a suggéré que le modèle présenté par Norman & Shallice (1984) concernant le rôle de l'attention dans le contrôle de l'action pourrait constituer un modèle adéquat du «central executive». L'idée de base de Norman & Shallice est que beaucoup de séquences d'action (de schémas) peuvent se dérouler efficacement et harmonieusement en l'absence d'attention délibérée. Cependant, quand des modifications dans un plan doivent être effectuées, quand de nouvelles séquences d'action doivent être suivies, ou quand une action habituelle doit être empêchée, une intervention attentionnelle délibérée s'avère alors nécessaire. Les auteurs suggèrent deux niveaux de contrôle :

1. Un mécanisme de résolution de conflits, semi-automatique qui sélectionne parmi les séquences d'action en compétition.

2. Un système attentionnel de supervision, de capacité limitée, qui intervient quand les tâches impliquent une planification, quand les actions sont cruciales ou dangereuses, ou quand les séquences d'action sont mal apprises ou nouvelles.

Selon Baddeley (1986), le modèle de Norman & Shallice permet notamment d'interpréter les résultats des études qui ont investigué l'interférence d'une tâche secondaire sur la mémoire de travail. Le degré d'interférence varierait selon que la tâche principale ou secondaire implique la mise en œuvre automatique de schémas d'action, l'intervention du mécanisme de résolution des conflits quand des opérations largement automatiques se déroulent simultanément dans les deux tâches, ou l'intervention du superviseur attentionnel quand des programmes d'action ne sont pas disponibles. Pour Shallice (1982), le système du superviseur attentionnel pourrait constituer un cadre d'explication adéquat pour le pattern de troubles associé à une lésion des lobes frontaux. Baddeley & Wilson (1986) suggèrent en outre qu'il permet d'interpréter les troubles de mémoire autobiographique présentés par certains patients frontaux. Enfin, les difficultés de mémoire de travail des sujets âgés et des patients déments pourraient également être approchées par le biais de l'administrateur central et en particulier du superviseur attentionnel.

Le modèle de «mémoire de travail» proposé par Baddeley (1986) se différencie clairement des approches antérieures du SCT car il ne postule pas un trajet obligé allant du SCT au SLT : il propose plutôt un fonctionnement en parallèle. En outre, il suggère l'existence de différents systèmes de traitement, ce qui paraît plus réaliste que la notion d'un SCT unitaire. Enfin, même si la composante-clé du système, c'est-à-dire l'administrateur central demeure l'objet de conceptualisations fort générales, l'idée d'une relation entre le SCT et l'attention ainsi que la notion de ressources de traitement communes à diverses tâches cognitives semblent particulièrement intéressantes. Plus généralement, de nombreuses recherches paraissent démontrer la participation du système de mémoire de travail dans un grand nombre d'activités et notamment la lecture, la compréhension du langage, le raisonnement, ainsi que son utilité dans l'interprétation de certains troubles en neuropsychologie. Il faut noter cependant que quelques auteurs (Allport, 1980; Monsell, 1984) refusent l'idée d'un système de mémoire de travail commun à diverses tâches mais plaident plutôt pour la présence d'un ensemble de capacités de stockage temporaire indépendantes et spécifiques à divers sous-systèmes spécialisés de traitement.

E) Mémoire de travail, effet de récence et empan mnésique

Depuis la fin des années 1960, l'effet de récence observé dans le rappel libre immédiat d'une liste de mots non reliés est considéré (avec l'empan mnésique) comme la mesure principale du SCT. Pour Glanzer (1972), il reflète le contenu d'un SCT unique, de capacité limitée et sa disparition après un délai serait liée au fait que la tâche interférente requiert l'utilisation du SCT. Cette interprétation en terme de SCT passif peut difficilement rendre compte d'études qui montrent un effet de récence « à long terme » en rappel différé, pour des délais allant de quelques secondes à quelques semaines (Tzeng, 1973; Bjork & Whitten, 1974; Baddeley & Hitch, 1974, 1977; Watkins & Peynircioglu, 1983). Par ailleurs, l'effet de récence n'est affecté ni par la longueur des mots (Craik, 1968), ni par la similitude phonologique entre les items de la liste (Craik & Levy, 1970). En outre, la suppression articulatoire a des effets identiques sur les portions pré-récence et récence de la courbe de rappel libre (Richardson & Baddeley, 1975). Enfin, diverses tâches concurrentes (telles le calcul mental, les tâches de classification ou de temps de réaction) perturbent la composante à long terme du rappel libre mais laissent intact l'effet de récence (Hitch, 1980). Il semble donc que l'effet de récence n'implique pas la boucle articulatoire et ne dépend pas de l'administrateur central.

Une autre interprétation proposée par Tulving (1968), Bjork & Whitten (1974), Glenberg *et al.* (1980) et Baddeley & Hitch (1977) suggère que l'effet de récence refléterait plutôt la mise en œuvre d'une stratégie de récupération se basant sur des indices temporels, ordinaux ou contextuels (voir Greene, 1986 pour une présentation détaillée de ces conceptions). Selon Bjork & Whitten (1974), le caractère distinctif d'une trace en mémoire détermine la facilité avec laquelle elle peut être récupérée. Les effets de récence résulteraient du caractère distinctif des positions en fin de liste. Hitch *et al.* (1980) et Glenberg *et al.* (1980) suggèrent que la « discriminabilité » de souvenirs individuels serait une fonction du rapport entre l'intervalle inter-items et le temps écoulé («the constant ratio rule»). Pour Glenberg *et al.* (1980), des éléments contextuels extrinsèques sont associés à chaque item de la liste. Lors de la phase de rappel, le contexte de test est utilisé comme un incide de récupération; plus un item a été présenté récemment et plus le contexte de présentation est semblable à celui du contexte de test, lequel constitue dès lors un indice de récupération particulièrement efficace. Pour Baddeley & Hitch (1977) et Baddeley (1986), le mécanisme qui permet d'opérer des discriminations temporelles ou ordinales est analogue à celui par lequel nous nous orientons dans le temps et dans l'espace. Comme le signalent Vallar & Papagno (1986), ce type d'interprétation en terme de stratégie de récupération permet de rendre compte de l'existence d'un effet de récence à long terme ainsi que des dissociations entre la récence et l'empan mnésique. Cependant, il peut difficilement expliquer pourquoi des patients cérébro-lésés qui ont un empan mnésique réduit, présentent aussi un effet de récence très limité en rappel libre immédiat (Warrington *et al.*, 1971). Il faudrait alors postuler que ces patients ont un trouble supplémentaire portant sur la stratégie de récupération. Par ailleurs, ces patients ne manifestent pas de signes nets de désorientation temporelle.

Vallar & Papagno (1986) ont investigué le rôle du SCT et des stratégies de récupération en rappel libre immédiat chez un patient (P.V.) présentant un trouble sélectif de l'empan mnésique auditif, lequel a été attribué à un déficit du stock phonologique à court terme (Vallar & Baddeley, 1984). Les auteurs ont évalué les effets de deux variables, la modalité de présentation des listes de mots et l'ordre de rappel, sur l'effet de récence : la rétention de listes de mots, présentées visuellement ou auditivement, a été testée dans une condition de rappel libre ou dans une condition de rappel par la fin, dans laquelle on demande au patient de commencer par rappeler les derniers mots de la liste. Les résultats montrent que, en rappel libre, le patient, contrairement aux sujets normaux, commence par les premiers items de la liste et ce, dans les deux conditions de présentation. Dans le cas du rappel par la fin, un effet de récence apparaît en condition de présentation auditive, mais il est confiné au dernier mot de la liste; en condition de présentation visuelle, l'effet de récence est normal. Pour Vallar & Papagno (1986), l'absence d'effet de récence en rappel libre immédiat de mots présentés auditivement est liée au trouble du stock phonologique à court terme et la stratégie consistant à commencer par la fin de la liste est intacte. En condition de présentation auditive, un ordre de rappel favorisant les derniers items tenus dans un stock phonologique défectueux ne constituerait pas un choix stratégique approprié ; le patient donnerait dès lors la priorité aux items initiaux, lesquels seraient le reflet de processus à long terme demeurés intacts. Si on postule que le stock phonologique à court terme contribue aussi à l'effet de récence pour un matériel visuel, le déficit du stock phonologique présenté par P.V. l'amènerait également à commencer par les premiers items dans la condition de présentation visuelle. Par contre, si on demande au patient de commencer par la fin de la liste présentée visuellement, on constate la présence d'un effet de récence normal : cette récence serait le produit d'un stock à court terme visuel (non phonologique).

L'effet de récence constituerait donc une stratégie de récupération pouvant être appliquée à tout système de stockage disponible, à court terme ou à long terme. L'effet de récence en rappel libre immédiat de mots présentés auditivement serait le produit d'un stock phonologique à court terme auquel les stimuli auditifs ont un accès obligatoire direct. La présence conjointe chez certains patients cérébro-lésés d'un empan mnésique réduit et d'un effet de récence limité pourrait laisser supposer que les deux phénomènes sont sous la responsabilité d'un même système. Cependant, des variables telles la longueur des mots ou la présence d'une charge mnésique supplémentaire affecte l'empan mais pas l'effet de récence. De plus, la performance au «digit span» est faiblement corrélée à la composante «mémoire primaire» de la courbe de rappel libre (Martin, 1978). Enfin, des études développementales suggèrent une dissociation entre les deux phénomènes (Hitch & Halliday, 1983). Selon Vallar & Papagno (1986), le stock phonologique jouerait un rôle essentiel dans l'effet de récence et dans l'empan mnésique pour des items présentés auditivement, alors que la boucle articulatoire serait essentiellement impliquée dans l'empan mais pas dans l'effet de récence. Cette interprétation est comparable à celle proposée par Hitch (1980). Il distingue un stock d'entrée («the input register») qui maintient l'information concernant les entrées verbales (système analogue au stock phonologique) et un stock de sortie (the «output register») qui maintient l'information concernant les réponses verbales. Le stock d'entrée serait impliqué dans la compréhension du langage et le stock de sortie dans la récupération harmonieuse du langage. Selon Hitch, l'effet de récence en rappel libre reflète le travail du stock d'entrée.

Pour rendre compte du mécanisme sous-tendant la stratégie de récence, Baddeley (1986) propose une analogie physique. Il postule d'abord l'existence d'une série de systèmes mnésiques, contenant un certain nombre d'unités (des nœuds dans un réseau, des logogènes ou des patterns d'excitation). Chacune de ces unités serait semblable à une ampoule électrique. Réaliser une activité ou entendre un mot impliquerait l'allumage de ces ampoules, ce qui provoquerait de la chaleur. Le mécanisme hypothétique tirerait avantage du fait qu'une ampoule qui est déjà chaude s'allume plus facilement. Un courant fourni à l'ensemble des ampoules peut ainsi être suffisant pour allumer les ampoules chaudes (les items appropriés) mais pas les ampoules froides. Cette analogie de l'ampoule pose cependant un problème car elle implique nécessairement un phénomène de déclin temporel : or, l'effet de récence semble être plus influencé par la présence d'items intercalés que par le temps qui passe. Selon Baddeley, il serait néanmoins possible de concevoir un processus qui n'est pas basé sur le déclin temporel et ce, dans le cadre des modèles du type «parallel distributed processing» (McClelland *et al.*, 1986). Dans cette perspective, les patterns d'excitation récemment activés seraient les patterns les plus aisément réactivés. Le processus de discrimination opéré par ce mécanisme pourrait s'appliquer à la probabilité d'activation ou à la discrimination d'un pattern activé sur un fond de bruit.

Alors que l'effet de récence a fait l'objet de nombreux travaux de laboratoire, les auteurs ne se sont pas beaucoup interrogés sur la validité écologique de cet effet. Selon Baddeley (1986), il jouerait un rôle crucial dans le processus grâce auquel nous sommes orientés dans le temps et dans l'espace : «It is a process that appears to tell us where we have just been and what we have just done, thereby linking us with a continuous web of conscious experience. Indeed one might argue that the creation of this web is the most central and important function of memory». Si tel est bien le cas, une meilleure compréhension de ce mécanisme constitue un but essentiel pour les investigations futures.

II. LA MEMOIRE A LONG TERME

Le système de mémoire de travail est concerné par le stockage temporaire de l'information (pendant quelques secondes). En tant que tel, il se distingue du système de mémoire à long terme (MLT) qui maintient l'information pendant des périodes plus longues allant de quelques minutes à plusieurs années. Nous aborderons successivement la structure de la MLT et les processus qui opèrent sur cette structure, c'est-à-dire les processus impliqués dans le stockage et la récupération de l'information en MLT. L'étude de la MLT est un domaine foisonnant et il n'est dès lors pas possible d'aborder dans le cadre de ce travail, l'ensemble des thèmes de recherches et des modèles théoriques qui se sont développés ces dernières années (voir Baddeley, 1976; Eysenck, 1984, et Gregg, 1986, pour une présentation informée). L'objectif de ce chapitre est modeste : il s'agit de définir brièvement les principales notions qui seront utilisées dans les chapitres suivants consacrés à la neuropsychologie de la mémoire et aux outils d'évaluation des troubles mnésiques.

La MLT, comme la MCT, ne constitue pas un système unitaire. Deux distinctions principales ont été proposées : la première entre la mémoire visuelle et la mémoire verbale, la deuxième entre la mémoire épisodique, la mémoire sémantique et la mémoire procédurale.

A) Mémoire visuelle et mémoire verbale

De nombreuses études se sont penchées sur le problème des différences entre la mémoire verbale et la mémoire visuelle. Il apparaît généralement que les informations perceptives imagées sont mieux mémorisées que les informations perceptives verbales correspondantes (Paivio, 1971). Ces données ont amené Paivio et ses collaborateurs (Paivio, 1969, 1971; Paivio & Csapo, 1973) à postuler l'existence de deux stocks mnésiques qualitativement différents : le système imagé dans lequel l'information sur l'image et l'objet est stockée sous une forme analogue, ayant des propriétés similaires à l'objet ou à l'image, et le système verbal dans lequel l'information verbale est stockée sous la forme d'unités discrètes arbitrairement reliées aux objets et aux événements qu'elles représentent. Les deux systèmes sont spécialisés pour différentes tâches mais ils sont richement interconnectés.

Paivio (1971) interprète la supériorité des images sur les mots de deux manières. D'une part, les images peuvent être encodées à la fois de façon imagée et de façon verbale (c'est l'hypothèse du double codage) alors que les mots sont essentiellement encodés de façon verbale. Dès lors, l'information imagée peut être récupérée via le code verbal ou le code imagé et la perte d'un code durant l'intervalle de rétention n'empêche pas nécessairement la récupération. D'autre part, le code imagé est plus efficace que le code verbal et il est plus aisément appliqué aux images qu'aux mots. L'hypothèse du double codage est appuyée par de nombreuses données expérimentales. Paivio & Csapo (1969) ont notamment montré que si des images et des mots sont présentés très rapidement, de telle manière que les images ne peuvent pas être dénommées et que les mots ne peuvent pas susciter l'imagerie, on ne constate pas de différences entre les deux types de matériel tant en rappel qu'en reconnaissance. Par ailleurs, Paivio & Csapo (1973) ont observé que si on limite le traitement des images au code imagé et celui des mots au code verbal, le rappel des images est significativement plus élevé que celui des mots, ce qui confirme la plus grande efficacité du code imagé.

L'hypothèse du double codage s'oppose à l'hypothèse du code commun selon laquelle l'information perceptive verbale ou imagée est représentée en mémoire sous une forme commune pouvant être décrite comme un ensemble de propositions et de relations abstraites interconnectées (Anderson & Bower, 1973; Pylyshyn, 1973, 1978). Les partisans de l'hypothèse propositionnelle ne nient pas la réalité «introspective» de l'imagerie mentale ou de la pensée verbale mais ils les considèrent comme des épiphénomènes qui ne constituent pas en tant que tels des preuves de l'existence de deux types de stockage. Les représentations imagées et verbales seraient en quelque sorte des représentations de surface produites par un système abstrait sous-jacent. Le modèle qui distingue deux systèmes mnésiques différents implique la présence d'un mécanisme qui permet la communication entre les deux types de représentation. Des connections entre les deux stocks doivent en effet exister pour qu'une image puisse être nommée et pour que le référent d'un mot puisse être imagé. Un tel mécanisme de communication n'est pas nécessaire dans le modèle du code commun puisque les deux formes de surface sont issues de la même représentation sous-jacente.

Récemment, Snodgrass (1980, 1984) a proposé un modèle du traitement des mots et des objets (ou des dessins représentant ces objets) qui inclut des aspects du modèle du double codage et du modèle propositionnel. Ce modèle permet de prédire des effets spécifiques en fonction du type de matériel (imagé ou verbal) présenté et du type de tâche utilisée. Elle distingue trois niveaux de traitement. Le premier niveau correspond au traitement des caractéristiques physiques des mots et des objets. Le niveau intermédiaire met en contact les résultats de l'analyse précédente avec les stocks d'images visuelles et accoustiques prototypiques. Ces stocks d'images sont prototypiques car ils contiennent les traits qui représentent les caractéristiques de base des images visuelles et accoustiques. Chaque image dans le stock visuel ou accoustique existe sous une forme potentielle (c'est-à-dire un ensemble de caractéristiques auxquelles on peut assigner différentes valeurs) ou peut être produite par un générateur d'images. Ces générateurs sont de capacité limitée en ce sens qu'ils ne peuvent probablement produire qu'une seule image à la fois, bien que les deux types de générateurs peuvent travailler en parallèle. La production d'images acoustiques représente «le langage intérieur», tandis que la production d'images visuelles représente l'imagerie mentale. Les stocks d'images servent aussi à la reconnaissance de patterns verbaux ou visuels. Un pattern sera reconnu comme un mot ou un objet connu s'il possède suffisamment de caractéristiques qui correspondent à la liste de caractéristiques dans un des stocks d'images. En fait, si le système de reconnaissance utilise les images potentielles, il se comportera comme un système d'analyse des caractéristiques («a feature-analysis system») et fonctionnera probablement en parallèle. Par contre, s'il utilise les images générées, il agira comme un système d'appariement de gabarits («a template-matching system»), et comme le système de production d'images a une capacité limitée, il opérera probablement en série. Dans le processus de reconnaissance, le sujet accumule aussi de l'information sur le degré de discordance entre le premier niveau de traitement (les images physiques) et le deuxième niveau de traitement (les images prototypiques). Le troisième niveau de traitement est le stock propositionnel ou stock sémantique qui est accessible par l'intermédiaire des stocks d'images prototypiques. Ce stock est conçu comme un ensemble abstrait de nœuds et de relations entre ces nœuds (du type «est un membre de la catégorie», «a la propriété»...). Une liaison entre les objets et leurs noms (ou entre les images visuelles et accoustiques) peut s'établir soit directement entre les deux stocks d'images, soit indirectement via le niveau propositionnel auquel les deux stocks d'images ont accès. Snodgrass postule cependant que les connections entre les deux stocks sont plus souvent établies via le système propositionnel. En effet, les sujets ont été amenés à utiliser ce moyen d'accès, par exemple, pour clarifier la signification de mots polysémiques et dès lors, ils continueraient à accéder au stock propositionnel car celui-ci a été utile dans le passé. Notons enfin que, les produits du premier niveau de traitement (l'analyse physique) et du deuxième niveau (la production d'images) sont censés être accessibles à l'introspection alors que les opérations du troisième niveau ne le sont pas. Par rapport à ce modèle, Snodgrass (1980) décrit deux différences entre les objets et leurs noms. Premièrement, il existe une plus grande variabilité dans la manière avec laquelle les objets apparaissent, ce qui conduit à une plus grande variabilité dans les images visuelles prototypiques que dans les images acoustiques. Deuxièmement, il y a une moins grande ambiguïté de référence pour les objets que pour les noms et dès lors, les objets ont accès à moins de nœuds propositionnels que les mots.

Le modèle de Snodgrass permet de rendre compte des différences qui ont été mises en évidence entre les traitements des mots et des objets dans diverses tâches et notamment dans des tâches impliquant le passage d'un code à l'autre (par exemple, dénommer des objets dessinés ou imager des mots). Ainsi, les latences de dénomination (mesurées par l'activation d'une clé vocale) sont plus rapides pour les mots que pour les dessins (Potter & Faulconer, 1975). Par ailleurs, imager un mot prend plus de temps que dénommer un dessin (Paivio, 1966; Kosslyn, 1975). Dans ce type d'étude, les latences d'imagerie sont mesurées en demandant au sujet d'appuyer sur une clé-réponse aussitôt qu'une image mentale a été produite. Dans le modèle de Snodgrass, dénommer un mot (ou un dessin) implique d'avoir accès au stock d'images accoustiques et imager un mot implique d'accéder au stock d'images visuelles. Les latences de dénomination des mots sont plus courtes que celles des dessins d'objets car pour les mots, il existe une voie directe allant de l'analyse physique au stock accoustique alors que les dessins doivent d'abord accéder au stock visuel avant d'avoir accès au code accoustique soit directement, soit via le système propositionnel. Par ailleurs, deux interprétations peuvent être proposées pour rendre compte du fait qu'imager un mot prend plus de temps que dénommer une image. Soit les mots sont sémantiquement ambigus et en conséquence, les nœuds auxquels le sujet a accès disposent de plusieurs codes visuels. Soit la valeur attribuée aux caractéristiques des images visuelles est plus variable et dès lors, les images visuelles prennent plus de temps à être produites que les images accoustiques. Dans une tâche de mémorisation de mots ou de dessins, le modèle postule qu'un item présenté pendant la phase d'acquisition peut être enregistré dans trois stocks : le stock qui recueille le type et le degré de discordance entre l'image physique et l'image prototypique, le stock d'images prototypiques et le stock propositionnel. L'enregistrement est hiérarchique en ce sens que l'enregistrement au niveau le plus profond (dans le stock propositionnel) dépend de l'enregistrement dans les stocks superficiels. En outre, la vitesse avec laquelle l'information enregistrée décline avec le temps est plus rapide pour les niveaux superficiels que pour les niveaux plus profonds. Dans cette perspective, deux mécanismes peuvent rendre compte du fait que des dessins d'objets sont mieux mémorisés que les mots qui les nomment. Le premier mécanisme concerne le deuxième niveau du traitement. Comme l'appariement entre un dessin d'objet et son image prototypique est moins bon que pour un mot, il y a une accumulation plus importante de discordances pour les dessins que pour les mots, et c'est cet accroissement d'activation qui déterminerait l'augmentation de la performance mnésique pour les dessins. Par ailleurs, si le dessin et son nom accèdent au même nœud dans le stock propositionnel, le troisième niveau de traitement ne devrait pas être impliqué dans les différences de performance mnésique entre les mots et les dessins. Cependant, comme un mot a potentiellement accès à plus de nœuds que son dessin, il pourrait accéder à un nœud pendant la phase d'acquisition et à un autre nœud pendant la phase de testing de la mémoire, ce qui provoquerait un plus grand nombre d'échecs mnésiques pour les mots que pour les dessins.

Le modèle de Snodgrass est un macro-modèle et les niveaux de traitement qu'il contient mériteraient, de toute évidence, d'être développés. Nous avons vu comment, sur la base de ce modèle, on pouvait interpréter des différences de performance pour les mots et les objets et ce, à diverses tâches de mémoire. Parmi ces tâches, certaines impliquaient d'avoir accès à une connaissance stockée (par exemple, les tâches de dénomination ou d'imagerie) alors que d'autres concernaient l'apprentissage d'une information nouvelle (par exemple, les tâches de mémorisation de mots ou de dessins). Ces deux types de tâches renvoient directement à la distinction entre mémoire épisodique et mémoire sémantique.

B) Mémoire épisodique, mémoire sémantique, mémoire procédurale

Tulving (1972) suggère une distinction conceptuelle entre la mémoire sémantique et la mémoire épisodique. La mémoire épisodique renvoie au stockage d'événements (ou d'épisodes) qui sont directement liés à notre histoire individuelle. Cette connaisance épisodique concerne non seulement ce qui s'est passé mais également où et quand cela s'est passé, c'est-à-dire le fait et le contexte. La connaissance sémantique, par contre, transcende un contexte particulier. Il s'agit de la mémoire des connaissances (linguistiques et conceptuelles). L'utilité de cette distinction est l'objet de nombreuses controverses. En fait, il paraît évident que la mémoire épisodique et la mémoire sémantique doivent être interdépendantes. En reprenant l'exemple de Baddeley (1984), on peut dire que se souvenir de ce qu'on a mangé au petit déjeuner dépend probablement de la connaissance (sémantique) de nos habitudes au petit déjeuner et de la récupération (en mémoire épisodique) d'un événement particulier. Par ailleurs, il est vraisemblable que les items qui sont actuellement en mémoire sémantique ont d'abord été représentés en mémoire épisodique.

L'aspect de la mémoire épisodique qui a été le plus fréquemment étudié en psychologie expérimentale est la mémoire intentionnelle du contenu d'une liste (Kausler, 1985). La tâche de mémoire épisodique la plus courante est la tâche de rappel libre. Dans cette tâche, l'examinateur présente au sujet une liste de mots (par exemple, des mots fréquents) puis ultérieurement, il lui demande de rappeler le plus de mots possible dans cette liste. Pour ce faire, le sujet doit se souvenir d'avoir vu les mots dans un contexte particulier. Il ne doit pas apprendre les concepts associés aux mots car l'examinateur a supposé que ceux-ci faisaient partie de la connaissance du monde que possède le sujet. La mémoire des items composant une liste constitue cependant une activité peu représentative des activités quotidiennes de mémoire épisodique. Dans la vie réelle, nous sommes plutôt amenés à mémoriser de manière incidente (c'est-à-dire involontairement et inconsciemment) un matériel plus organisé, tel une conversation ou le contenu d'une émission télévisée. Nous ne mémorisons pas uniquement le contenu des événements externes, mais également d'autres informations comme la fréquence d'apparition d'un événement, le moment et le lieu où il s'est produit... Ces informations sont essentielles au maintien d'une continuité dans nos activités et selon Hasher & Zacks (1979), ce type d'information entrerait automatiquement en mémoire épisodique. Par ailleurs, nous ne gardons pas en mémoire seulement des événements imposés de l'extérieur, mais nous enregistrons aussi (le plus souvent, involontairement) les activités que nous réalisons nous-même. Cette mémoire des activités joue également un rôle essentiel dans le maintien d'une orientation adéquate dans notre vie. Enfin, la mémoire épisodique concerne également des événements vécus plusieurs années auparavant : cette rétention à long terme d'expériences personnelles est appelée la mémoire autobiographique (Rubin, 1986). Toutes ces activités mnésiques portent sur le stockage des informations passées : elles constituent des variantes de la mémoire rétrospective. Une autre composante de la mémoire épisodique consiste à se souvenir de réaliser des actions à un moment approprié dans le futur (par exemple, se souvenir de retirer le rôti du four après 20 minutes ou se souvenir de prendre ses médicaments à des moments déterminés dans la journée). Meacham & Leiman (1975) ont donné le nom de mémoire prospective à cette classe de tâches mnésiques. Il faut noter que, comme la mémoire des items d'une liste, la mémoire prospective est une forme de mémoire intentionnelle.

Les psychologues cognitivistes ont proposé plusieurs modèles de l'organisation de la connaissance sémantique (Rumelhart & Norman, 1984). La plupart d'entre eux sont des modèles propositionnels, en ce sens qu'ils considèrent que la connaissance est représentée comme une collection de symboles. Les modèles les plus simples suggèrent que les concepts sont représentés comme un ensemble de traits ou d'attributs sémantiques, qui peuvent être combinés sur la base de la relation «sujet-prédicat». Les concepts peuvent être situés à l'intérieur de ces combinaisons : deux concepts peuvent être disjoints s'ils n'ont pas d'attributs en commun, ils peuvent être emboîtés si tous les attributs d'un concept sont inclus dans un autre ou ils peuvent être identiques c'est-à-dire être spécifiés par le même ensemble de traits. Une autre conception suggère que la mémoire sémantique est organisée comme un réseau de nœuds (c'est-à-dire les concepts) entre lesquels existent des relations (c'est-à-dire des associations entre des ensembles de nœuds). La signification d'un concept est fournie par le pattern de relations auquel il participe. Collins & Loftus (1975) ont proposé un modèle de fonctionnement associé aux réseaux sémantiques : c'est la théorie de la «spreading activation» selon laquelle le réseau véhicule une activation de nœuds en nœuds en passant par les relations qui les lient. Ainsi, par exemple, la question «un canari a-t-il des ailes?» va activer les nœuds correspondant à «canari» et à «ailes» lesquels vont activer toutes les relations qui partent de ces nœuds. L'activation va ainsi s'étendre et éventuellement un lien entre les nœuds qui sont à l'origine de l'activation va s'établir. En fonction de la nature de ce lien, on pourra répondre à la question posée. Les modèles en traits et en réseau se fondent sur des niveaux élémentaires de représentation. Certains auteurs ont cependant suggéré que la connaissance était organisée sur la base d'unités d'un niveau plus élevé, c'est-à-dire des schémas (Rumelhart et Ortony, 1977). Le schéma est en quelque sorte un modèle du monde extérieur. Parmi les différents types de schémas, il y a notamment le script (Schank & Abelson, 1977). Celui-ci peut être défini comme une structure cognitive qui se présente sous la forme d'un groupement ordonné d'informations (un «chunk») correspondant à une suite stéréotypée d'actions se manifestant dans une situation bien connue (Fayol & Monteil, 1988). La validité psychologique du concept de script a été établie par de nombreux travaux. Ainsi, Bower et al. (1979) ont montré que si on demande à des sujets de décrire ce qui se passe quand ils vont au restaurant, la plupart des sujets, s'accordent pour fournir un certain nombre d'actions, en général, les plus fréquentes et les plus importantes. Un type de schéma particulièrement important concerne notre connaissance des relations spatiales entre les objets et de leur localisation dans l'environnement, ce que Tolman (1948) a intitulé les cartes cognitives («cognitive map»). A côté des modèles propositionnels, il existe également des modèles analogiques. Ainsi, Shepard & Cooper (1982) et Kosslyn (1980) ont proposé que la connaissance sous-tendant les images mentales est analogique plutôt que propositionnelle. Selon Kosslyn (1980) cependant, les images mentales sont des représentations de surface qui sont produites par des représentations propositionnelles profondes. Il postule également la présence de processus qui interprètent l'image de surface («a mind's eye»). Ces processus impliqueraient un certain nombre de mécanismes de traitement semblables à ceux utilisés dans les traitements visuels (voir Kosslyn, 1987).

Les modèles de la mémoire sémantique que nous avons esquissés concernent essentiellement la connaissance déclarative (c'est-à-dire la connaissance de quelque chose, «knowing that»). Un autre type de système de représentation concerne la connaissance procédurale (c'est-à-dire la connaissance de comment faire quelque chose, «knowing how»). Selon Tulving (1985), la représentation de l'information dans le système procédural est prescriptive : elle fournit un plan pour l'action future sans contenir d'information sur le passé. Par ailleurs, les représentations procédurales ne peuvent pas être inspectées : on doit exécuter la procédure et puis examiner les résultats. Pour Tulving (1985), la mémoire procédurale s'ajoute à la mémoire sémantique et à la mémoire épisodique pour former ainsi les trois systèmes composant la mémoire. La mémoire procédurale permet à un individu de retenir des connections apprises entre des stimuli et des réponses et de répondre de manière adaptée à l'environnement. La mémoire sémantique peut représenter de manière interne des états du monde qui ne sont pas perceptivement présents. Elle permet ainsi au sujet de construire des modèles mentaux qui peuvent être manipulés et sur lesquels il peut agir indépendamment de tout comportement manifeste. La mémoire épisodique fournit en plus, la possibilité d'acquérir et de retenir une connaissance sur les événements personnellement vécus.

La conception selon laquelle la mémoire est composée de plusieurs systèmes n'est pas spécifique à Tulving mais est également défendue par Oaklcy (1983), Squire & Cohen (1984), Mishkin & Petri (1984). Selon Sherry & Schacter (1987), un système mnésique est une interaction entre des mécanismes d'acquisition, de rétention et de récupération caractérisée par des règles particulières de fonctionnement. L'hypothèse qui postule la présence de plusieurs systèmes mnésiques implique que ces systèmes sont gouvernés par différentes règles de fonctionnement. On peut s'interroger sur la relation qui unit ces systèmes mnésiques aux modules de traitement dont l'existence a été proposée par différents auteurs (Fodor, 1983 ; Marshall, 1984 ; Gazzaniga, 1985). Pour ces théoriciens, l'analyse de différents types d'information tels l'information spatiale, faciale ou linguistique est effectuée par des modules de traitement différents, lesquels effectuent des calculs spécifiques au domaine traité et fonctionnent de manière indépendante les uns des autres. Une première possibilité est que les résultats des traitements effectués par ces modules passent dans un système mnésique commun et récupèrent l'information via un mécanisme de récupération commun. Une deuxième possibilité est que chaque module a son propre système mnésique mais que chacun de ces modules fonctionne en suivant les mêmes règles. Comme l'indique Sherry & Schacter (1987), il ne s'agira pas alors d'un système de mémoire multiple. Pour qu'on puisse parler de différents systèmes mnésiques, il faudrait que chaque module ait ses propres processus d'acquisition, de rétention et de récupération et que les règles de fonctionnement diffèrent d'un module à l'autre. D'une manière générale, l'existence de modules spécifiques de traitement n'implique donc pas nécessairement l'existence de différents systèmes mnésiques.

Parmi les données qui appuyent l'hypothèse d'un système de mémoire multiple, il y a la mise en évidence d'une indépendance stochastique entre des mesures d'apprentissage qui recquièrent la récupération d'un épisode particulier (par exemple, le rappel et la reconnaissance) et des mesures d'apprentissage qui ne recquièrent par cette récupération épisodique. Par indépendance stochastique, on entend la relation entre deux événements dans laquelle la probabilité de leur apparition combinée est égale au produit des probabilités d'apparition de chaque événement seul (Tulving, 1985). Tulving *et al.* (1982) ont observé une telle indépendance dans une étude où ils ont comparé les performances de sujets à une tâche de reconnaissance et à une tâche de complètement de fragments. Ils font apprendre au sujets une liste de mots familiers. Ensuite, ils leur administrent deux tests différents de mémoire. Le premier test est une épreuve de reconnaissance dans laquelle les sujets doivent identifier les mots de la liste d'étude parmi des distracteurs. La performance à ce test dépend probablement du système de mémoire épisodique. Dans l'autre test, on donne aux sujets des fragments de mots (par exemple –SS–SS— pour assassin) et on leur demande de compléter ces fragments avec le premier mot qui leur vient à l'esprit. Les résultats de cette deuxième tâche montrent que les sujets ont tendance à compléter les fragments avec les mots présentés dans la liste d'étude et ce, sans qu'ils aient conscience d'avoir récupéré un souvenir. Par ailleurs, les niveaux de performance observés dans la tâche de reconnaissance et la tâche de complètement ne sont pas du tout corrélés. On constate donc que la présence d'un mot dans la liste d'étude augmente la capacité du sujet à produire ce mot en réponse au fragment, mais une telle augmentation est identique pour les mots dont le sujet s'est souvenu au test de reconnaissance et pour les mots dont il ne s'est pas souvenu. Cette indépendance a été obtenue sur d'autres paradigmes expérimentaux et comme nous le verrons ultérieurement, elle a également été observée chez des patients amnésiques et chez des sujets âgés. Cette facilitation de la performance sans récupération consciente (ce que Schacter, 1987, appelle la mémoire implicite) semble donc être sous-tendue par un système autre que le système de mémoire épisodique. L'identité de ce système reste cependant à découvrir.

C) Encodage, stockage et récupération

Après avoir brièvement esquissé la structure de la MLT, il s'agit maintenant de décrire les processus qui forment, maintiennent et récupèrent les représentations de la connaissance dans cette structure. Il est classique de distinguer l'encodage, le stockage et la récupération.

Encodage

L'encodage renvoit aux processus qui perçoivent une nouvelle information, qui opèrent sur cette information en utilisant une connaissance stockée et qui introduisent en mémoire l'information perçue ainsi que les résultats des opérations effectuées. Certains de ces processus sont automatiques, c'est-à-dire qu'ils n'exigent pas d'attention et qu'ils s'effectuent sans contrôle volontaire. L'encodage automatique d'une information n'est que peu influencé par l'intention d'apprendre et il n'est guère affecté par la présence simultanée d'autres activités (Hasher & Zacks, 1979). D'autres processus par contre sont « effortful » c'est-à-dire qu'ils exigent de l'attention. Quels sont les facteurs qui assurent un encodage efficace ? En fait, il est impossible de déterminer les conditions d'un encodage adéquat sans connaître la situation dans laquelle l'information sera récupérée. Si la récupération concerne une information qui est encodée de manière automatique (par exemple, la fréquence d'apparition d'un mot dans une liste), la capacité de récupérer ce type d'information ne sera pas affectée par une activité d'encodage volontaire. La connaissance du type d'activité de récupération est tout aussi importante pour l'encodage « effortful ». En effet, un encodage sémantique (par exemple, établir des liens sémantiques entre les mots d'une liste à apprendre) ne sera pas très efficace si la phase de testing porte sur le fait que le mot initialement présenté était écrit en majuscules ou en minuscules. On peut néanmoins dire qu'un encodage adéquat doit introduire en mémoire une information suffisamment spécifique pour qu'elle puisse être sélectionnée parmi d'autres informations stockées lors de la phase de récupération. Est-il par ailleurs nécessaire d'avoir l'intention d'apprendre ? De nombreux travaux ont exploré l'apprentissage incident. La procédure expérimentale la plus fréquemment utilisée consiste à présenter à plusieurs groupes de sujets la même liste de mots puis à leur demander d'effectuer sur ces mots une opération différente (une tâche d'orientation) avec cette liste. L'expérimentateur n'informe pas les sujets qu'un test mnésique sera administré ultérieurement. Hyde & Jenkins (1973) ont comparé l'effet de plusieurs tâches d'orientation, sémantiques (par exemple, évaluer le caractère agréable des mots) ou non sémantiques (par exemple, détecter les lettres E et G dans les mots de la liste), sur la performance de différents groupes de sujets, et ce, en condition de mémorisation incidente. Par ailleurs, un groupe contrôle recevait des consignes de mémorisation intentionnelle. Les résultats montrent que les sujets qui ont effectué une tâche d'orientation sémantique en condition incidente rappellent autant de mots que les sujets contrôles (en condition intentionnelle). Ces données indiquent que l'intention d'apprendre n'est pas un facteur crucial mais que ce qui compte, c'est la nature du traitement lors de la phase d'encodage.

Craik et Lockhart (1972) ont développé un cadre théorique général permettant d'interpréter ce type d'observation : c'est la théorie des niveaux de traitement. Cette orientation constitue un changement théorique important par rapport aux modèles essentiellement structuraux du type de celui développé par Atkinson & Shiffrin (1968) : il s'agit de décrire la mémoire comme une activité plutôt que comme une structure. Selon Craik et Lockhart, la mémoire est considérée comme un sous-produit des processus perceptifs et attentionnels. Ils suggèrent qu'un item peut être traité à différents niveaux et que le niveau du traitement détermine la facilité avec laquelle cet item sera ultérieurement reconnu ou rappelé. Parmi ces différents niveaux de traitement, ils distinguent un traitement superficiel qui implique uniquement l'apparence physique du mot et des traitements de plus en plus profonds qui concernent les aspects phonologiques et les aspects sémantiques du mot. Plus l'analyse d'un stimulus est profonde et plus la trace mnésique sera forte et durable. Craik & Lockhart (1972) considèrent que la mémoire devrait être étudiée principalement au moyen de paradigmes d'apprentissage incident. Ils pensent en effet que c'est la seule manière pour l'examinateur d'exercer un contrôle sur les traitements que le sujet applique au matériel. En situation de mémorisation intentionnelle, le sujet peut adopter des stratégies que l'examinateur ne pourra pas identifier. La procédure que Craik & Lockhart utilisent implique dès lors de susciter des traitements plus ou moins profonds au moyen de tâches d'orientation adéquates. Il s'agit par exemple, de demander au sujet de prendre des décisions sur le matériel, décisions qui supposent un traitement orthographique (le mot est-il écrit en lettre capitale?), un traitement phonologique (le mot rime-t-il avec «bien») ou un traitement sémantique (est-ce que cela aboie?). La conception de Craik & Lockhart (1972) a été l'objet de nombreuses critiques portant notamment sur la circularité de la notion de profondeur de traitement et sur le manque de mesure indépendante de cette profondeur (Baddeley, 1978). Le fait que les sujets placés dans la condition d'orientation sémantique rappellent plus de mots que les sujets placés en condition d'orientation phonologique est expliquée en disant que la tâche d'orientation sémantique induit un encodage plus profond. Mais quelles sont les caractéristiques d'un encodage profond? Le danger est bien sûr de définir le traitement profond en disant que c'est celui qui provoque la meilleure performance mnésique. Par ailleurs, l'efficacité des différents niveaux de traitement dépend du type de récupération qui est exigé. Morris *et al.* (1977) ont montré que l'encodage sémantique n'était pas nécessairement le plus adéquat et que dans certains cas (par exemple, quand la récupération implique que les sujets sélectionnent des mots qui riment avec les mots de la liste d'étude), l'encodage superficiel suscitait de meilleures performances. Une autre critique adressée à la théorie des niveaux de traitement est qu'elle n'a pas spécifié les opérations de récupération. Quoi qu'il en soit, l'approche de Craik & Lockhart a eu le mérite d'attirer l'attention sur l'importance des traitements effectués durant la phase d'encodage. Les travaux qui ont exploré les procédés mnémothechniques (Morris, 1979) montrent bien comment un sujet peut améliorer considérablement sa performance mnésique en adoptant une stratégie adéquate. Il faut noter que la conception de Craik a évolué. Il a progressivement abandonné la notion de profondeur d'encodage et il considère maintenant que ce qui détermine la performance mnésique, c'est le caractère distinctif de l'analyse initiale et le fait que l'événement mémorisé s'intègre dans un ensemble bien organisé d'expériences antérieurs (il renvoit ainsi aux concepts de schéma et d'expertise). Par ailleurs, il envisage toujours la mémoire comme une activité et sa position est même devenue plus radicale. Ainsi, il déclare (Craik, 1984) : «If remembering is really like perceiving, then it is perhaps no more likely that records or memory traces exist in the absence of remembering than it is that percepts exist in the absence of perceiving. There are perhaps no such things as ‹engrams› to be found by even the most advanced neuroanatomical techniques. That is, if remembering is best viewed as an activity (rather than as a thing loosely termed ‹memory›), it can only be studied while the activity is occurring. Clearly, something must change as the result of experience — of learning and remembering — but it may be a change in the ‹interpretative machinery› of the cognitive system so that the machinery now interacts differently with recurring stimulus events, rather than the initial experience being recorded in a series of copies, records, or traces».

Stockage

Une fois que l'information est entrée en mémoire, elle doit y demeurer jusqu'à ce qu'on en ait besoin. Que se passe-t-il entre le moment de l'encodage et le moment où on souhaite récupérer l'information stockée? De nombreuses études sur la mémoire épisodique montrent que la performance mnésique diminue avec le temps. Ebbinghaus (1885) a montré que l'oubli est très rapide au début puis qu'il devient de plus en plus graduel. Ce problème de l'oubli soulève encore des controverses : est-il lié à une perte de l'information ou à une difficulté dans la récupération de cette information ? A la théorie du déclin de la trace mnésique, s'est en effet opposée la théorie de l'interférence. Avec le temps, de plus en plus de souvenirs auraient des éléments en commun avec ceux déjà stockés, lesquels ne pourraient dès lors pas être repérés. Une technique fréquemment utilisée pour investiguer les effets de l'interférence est la procédure des mots couplés. On demande au sujet d'apprendre des paires de mots (par exemple, tasse-neige : A-B). Ensuite, une deuxième série de mots couplés est présentée au sujet, dans laquelle le mot-stimulus est identique mais le mot-réponse est différent (par exemple, tasse-sapin : A-C). Dans cette procédure, on peut isoler deux types d'interférence : l'interférence rétroactive dans laquelle l'apprentissage ultérieur (A-C) perturbe le rappel du premier apprentissage (A-B) et l'interférence proactive dans laquelle l'apprentissage ancien (A-B) perturbe le nouveau (A-C). Un autre type d'interprétation attribue l'oubli à une incompatibilité entre les conditions d'encodage et les conditions de récupération. Une modification dans le contexte subjectif et externe entre l'encodage et la récupération se traduirait pas une incapacité d'avoir accès à l'information.

Il existe quelques travaux qui montrent qu'une information peut être extrêmement résistante. Ainsi, Bahrick (1984) a testé la rétention de la langue espagnole apprise à l'école, chez 733 sujets et ce, sur une période de 50 ans. Des tests de compréhension en lecture, des tests de vocabulaire (en rappel et en reconnaissance) et de grammaire furent administrés ainsi qu'un questionnaire destiné à déterminer le niveau initial d'apprentissage, les résultats obtenus à l'école et les répétitions durant l'intervalle de rétention. En fait, les données n'ont révélé pratiquement aucun effet significatif de répétition. L'analyse des résultats montre des courbes d'oubli qui déclinent de manière exponentielle durant les 3 à 6 premières années de l'intervalle de rétention. Après cette période, la rétention demeure inchangée pour des périodes allant jusqu'à 30 ans, en dépit du fait que cette information n'a pas été répétée, ni utilisée. De même, Bahrick *et al.* (1975) n'ont pas observé de diminution dans la reconnaissance d'amis d'école qui étaient présentés sur de vieilles photographies et, ce même après 30 ans. Il s'agit dans les deux cas d'une information sémantique qui a été fréquemment utilisée pendant quelques années puis qui n'a plus été utilisée jusqu'au test.

Récupération

Il ne suffit pas de stocker l'information, il faut encore être capable de la récupérer quand cela s'avère nécessaire. Tulving (1968, 1974) a distingué deux types d'échecs mnésiques, l'un provoqué par l'absence de l'information en mémoire, l'autre lié au fait que l'information est stockée mais qu'elle ne peut pas être récupérée. Il s'agit de la distinction entre «disponibilité» et «accessibilité». Cette distinction est notamment illustrée par l'étude de Tulving & Pearlstone (1966). Ils présentent aux sujets une liste de mots appartenant à différentes catégories sémantiques (des fruits, des vêtements...). Les items de chaque catégorie sont présentés en succession, chaque groupe étant précédé du nom de la catégorie. Les sujets sont répartis en deux groupes. Le premier groupe reçoit, lors du rappel, les noms des catégories (il s'agit d'une situation de rappel indicé). Par contre, le second groupe ne dispose d'aucune aide. Les résultats montrent que le groupe qui a reçu les indices (les catégories) rappelle deux fois plus de mots que l'autre et cette différence est due au nombre de catégories qui sont présentes dans le protocole de rappel des sujets. Si après le premier rappel, on soumet les sujets à un deuxième rappel mais cette fois, en fournissant les indices aux deux groupes, les différences entre les performances deviennent très minimes.

Cette étude a notamment conduit au développement du concept d'indice de récupération. Un indice est en fait un fragment de la situation d'apprentissage qui peut servir à susciter la récupération. Tulving & Osler (1968) ont tenté de déterminer les circonstances dans lesquelles un indice est efficace. Ils présentent à des sujets 24 mots à mémoriser, soit seuls, soit associés à un autre mot. Les sujets qui ont reçu les mots seuls sont testés soit en rappel libre, soit en rappel indicé (on leur fournit le mot associé). Les sujets à qui on a présenté l'associé au moment de l'étude sont testés soit sans indices, soit avec le même mot associé que lors de l'apprentissage ou encore avec un mot associé différent. Les résultats montrent que le rappel est relativement bon quand le même indice est présent durant l'encodage et la récupération ou quand aucun indice n'est présent ni à l'encodage, ni à la récupération. Par contre, la performance est faible quand la situation diffère à l'encodage et au test. Ces données ont suggéré l'hypothèse de la spécificité d'encodage, selon laquelle les succès de la récupération dépendent de la compatibilité entre l'information stockée et l'information présente à la phase de récupération. Autrement dit, la récupération sera optimale quand elle se produit dans le même contexte que l'apprentissage.

Le contexte peut influencer la mémoire de deux manières. L'effet le plus marquant se produit quand le contexte détermine la façon avec laquelle un item est encodé. Selon Baddeley (1982), il s'agit là du contexte interactif. Ainsi, dans les expériences de mémoire verbale de Tulving, le mot qui est associé à l'item à mémoriser modifie l'interprétation que le sujet fait de cet item. Le contexte n'est cependant pas nécessairement interactif. C'est par exemple le cas quand le mot à mémoriser et l'item associé appartiennent à des domaines très différents. C'est également le cas du contexte environnemental. Baddeley parle alors de contexte indépendant. Le sujet encode le mot en même temps qu'il encode le contexte externe. Si lors de la récupération, on réinstalle le même contexte externe, on améliore le rappel mais, contrairement au contexte interactif, on n'influence pas la reconnaissance. Un tel effet du contexte environnemental a notamment été observé par Godden & Baddeley (1975). Ils apprennent à des plongeurs sous-marins une liste de mots soit sur terre, soit sous eau et ils leur demandent de rappeler les mots dans le même environnement ou dans un environnement différent. Les plongeurs apprennent la même quantité sur terre ou sous eau mais ils rappellent 40 % de mots en moins quand ils doivent récupérer les mots dans un environnement opposé à celui dans lequel ils les avaient appris. Cependant, si au lieu d'une situation de rappel, on administre aux plongeurs une condition de reconnaissance dans laquelle ils doivent repérer les mots appris parmi d'autres, l'effet de contexte disparaît (Godden & Baddeley, 1980). Si au lieu de modifier le contexte externe, on change l'environnement interne du sujet, des effets semblables sont observés. Il s'agit du phénomène d'apprentissage dépendant de l'état (state dependant learning). Ainsi, Eich (1980) a montré que l'apprentissage de mots sous l'influence de la marijuana provoquait un meilleur rappel quand les sujets étaient de nouveau sous l'influence de la drogue que quand ils ne l'étaient pas. Cependant, comme pour le contexte externe, cet effet ne tient pas pour la reconnaissance. Il faut noter que l'état émotionnel durant l'encodage et la récupération peut lui aussi affecter la performance mnésique. Ainsi, Bower (1983) a manipulé l'humeur des sujets par hypnose ou par d'autres techniques telles la lecture d'énoncés conçus pour induire la joie ou la tristesse. Il a trouvé que la performance de rappel diminuait de moitié si l'état d'humeur était modifié entre l'apprentissage et le rappel.

Tulving & Thomson (1973) n'établissent aucune distinction théorique entre le rappel et la reconnaissance. Pour eux, la récupération est un processus unique dans lequel l'information disponible interagit avec le contexte. Les données de Godden & Baddeley (1980) montrant des différences dans les effets de contexte entre le rappel et la reconnaissance s'opposent clairement à cette conception. Ces données s'adaptent plus aisément à la théorie qui envisage la récupération comme un processus en deux étapes (Anderson & Bower, 1972; Kintsch, 1970) : une étape de recherche initiale dans laquelle des cibles possibles sont produites et une étape de reconnaissance ou de décision basée sur le caractère approprié de l'information récupérée. Dans le rappel, les deux étapes doivent être mises en œuvre alors que la reconnaissance implique seulement le second de ces deux processus. Le rappel serait ainsi moins fiable que la reconnaissance car un échec peut se produire dans une des deux étapes qui le composent.

Selon Baddeley (1982a), la récupération ne constitue pas uniquement un processus automatique comme le soutiennent Tulving & Thomson (1973). Pour ceux-ci en effet, la recherche en mémoire prend place automatiquement le long d'un trajet prédéterminé, amorcé par un indice. Baddeley (1982a) suggère que la récupération est également un processus actif (qu'il appelle «recollection») dans lequel le sujet établit des indices de récupération, les évalue et progresse ainsi vers une représentation d'un événement passé qui lui paraît acceptable. Dans une telle perspective, la métamémoire constitue un aspect important du processus de récupération. Nous développerons cette question dans la partie suivante.

III. LA METAMEMOIRE

«There are many things that I know and can remember right now to my own satisfaction. There are many I think I know but can't report right now, many about wich I am uncertain, many that I don't know and know I don't know, many that I think don't know but will realize later that I do. There are thingg I know about what I know — how well I know it, or where I came to know it. Whew!» (R.L. Klatzky, 1984).

En 1970, Tulving & Madigan constatant le peu de progrès qu'avaient réalisé les psychologues dans la compréhension de la mémoire depuis Ebbinghaus (1885), proposaient la solution suivante : «Why not start looking for ways of experimentally studying and incorporating into theories and models of memory, one of the truly unique characteristics of human memory : its knowledge of its own knowledge». Sans utiliser explicitement le terme, Tulving & Madigan suggéraient en fait d'étudier la métamémoire, c'est-à-dire la connaissance qu'ont les gens de leur propre mémoire. Flavell (1978, 1981 ; Flavell & Wellman, 1977) distinguent deux types principaux de connaissance sur la mémoire. Le premier type concerne la connaissance qu'ont les sujets de la nécessité d'employer une stratégie de mémoire pour une tâche particulière, c'est-à-dire la connaissance du fait que certaines tâches exigent un processus mnésique et d'autres non. Une partie du développement de la métamémoire chez l'enfant consistera en l'acquisition progressive d'une connaissance relative au moment et aux raisons qui devraient le conduire à stocker et à récupérer intentionnellement une information. Le deuxième type de connaissance porte sur les aspects particuliers des situations de mémoire et il peut être scindé en trois composantes :

1. *Les variables «sujet»* : il s'agit de la connaissance des caractéristiques, des limites et des possibilités de sa propre mémoire (par exemple, un sujet peut savoir qu'il a des difficultés à se souvenir des visages). Un autre point concerne la connaissance du «contenu du bassin de données» (Lindsay & Norman, 1980) : pour éviter de perdre du temps à essayer de récupérer l'irrécupérable, un sujet doit être capable de savoir de quelles informations il peut disposer et s'il peut combler une lacune en faisant des inférences à partir d'informations disponibles ou en se référant à une source externe.

2. *Les variables «tâche»* : il s'agit de la connaissance des caractéristiques du matériel et de la tâche qui peuvent influencer la performance (par exemple, savoir que la performance en reconnaissance est meilleure qu'en rappel).

3. *Les variables «stratégie»* : elles correspondent à la connaissance de l'utilité de certaines stratégies mnésiques.

En fait, il peut exister diverses combinaisons de ces variables : ainsi, un sujet peut savoir qu'il est efficace dans la mémorisation de noms de personnes (variable «sujet») mais également savoir qu'apprendre 20 noms nouveaux est une tâche difficile (variable «tâche») et qu'une telle tâche requiert l'utilisation d'une stratégie basée sur l'imagerie (variable «stratégie»). Par ailleurs, cette taxonomie est loin d'être exhaustive et d'autres catégories pourraient être ajoutées (par exemple, la connaissance des facteurs qui atténuent la performance mnésique). Selon Cavanaugh & Perlmutter (1982), plutôt que d'établir une taxonomie, il importe d'identifier et d'évaluer les aspects de la connaisance qui sont nécessaires à la réalisation d'une tâche mnésique particulière. Dans cette perspective, nous développerons plus particulièrement les connaissances qu'il faut posséder pour récupérer une information en mémoire.

Nous avons vu que plusieurs auteurs (Baddeley, 1982a; Mandler, 1980; Williams & Hollan, 1981) opposent à un processus de récupération automatique, un processus actif de recherche en mémoire. Cette recherche consciente peut être décomposée en trois étapes : décider si on s'engage ou non dans une activité de recherche mnésique, produire des candidats plausibles pour l'item cible à récupérer et évaluer ces candidats (c'est-à-dire distinguer les réponses correctes de celles qui peuvent être erronées). La décision d'entamer une procédure de recherche en mémoire et le choix d'une réponse dépourvue d'ambiguïté vont être conditionnés par la connaissance qu'a le sujet du contenu de sa mémoire. De même, les stratégies de récupération utilisées dépendront de la connaissance qu'a le sujet de l'efficacité de certaines stratégies pour ce type de tâche. L'exemple d'activité de récupération fourni par Lindsay & Norman (1980) résume bien la situation : «Pour retracer le nom d'une personne perdue de vue depuis nombre d'années, on peut essayer délibérément de revivre certaines activités de jadis, espérant ainsi raviver le nom recherché. On peut employer des stratégies qui fourniront des indices, comme passer tour à tour chacune des lettres de l'alphabet dans l'espoir que la lettre appropriée fasse apparaître l'item recherché. On peut tenter encore de se rappeler l'endroit où trouver quelqu'un qui pourrait connaître cette réponse. Enfin, on peut décider tout simplement que l'information est inconnue ou qu'il est impossible de la retrouver, et alors on abandonne la tâche».

A) La décision d'entamer un processus de recherche en mémoire

La décision de commencer une activité de recherche mnésique est liée à la capacité qu'on a de juger de la probabilité d'un succès futur dans cette activité. Tout problème rencontré par ce processus de jugement peut avoir comme conséquence soit qu'on n'entreprend pas ou qu'on arrête prématurément la recherche, soit qu'on essaye de récupérer ce qui est irrécupérable. Il existe de nombreuses études, et notamment celles portant sur le Feeling of Knowing (FOK), qui montrent que nous sommes capables de décider si nous possédons une information qui ne peut pas être rappelée immédiatement.

La première recherche empirique sur le FOK fut menée par Hart (1965). Le paradigme qu'il a adopté comporte trois phases :

1. Une phase de rappel qui a pour but d'isoler des échecs de récupération : le sujet essaye de répondre à des questions d'information générale (exemple : Quelle est la capitale de la Tchécoslovaquie?).

2. Une phase de jugements FOK dans laquelle on demande au sujet d'évaluer son FOK pour les items qu'il n'a pas récupérés durant la phase de rappel : il doit prédire s'il serait ou non capable de reconnaître la réponse correcte si elle lui était présentée avec d'autres choix possibles mais incorrects.

3. Une phase de reconnaissance destinée à évaluer l'exactitude des jugements FOK : un test de reconnaissance à choix multiple est proposé pour chaque question (exemple : Belgrade, Moscou, Bucarest, Prague, Varsovie, Zurich, Sofia, Kiev).

Ce paradigme a été utilisé dans diverses expériences qui ont démontré que les jugements FOK prédisent avec une exactitude supérieure au hasard quels items non rappelés seront reconnus et quels items ne le seront pas (Krinsky & Nelson, 1985). Le fait que les sujets peuvent prédire la reconnaissance d'items non rappelés suggère qu'ils ont accès à une certaine information concernant les cibles non rappelées. Un problème qui n'est pas encore résolu concerne la nature de l'information qui a été utilisée pour effectuer les jugements FOK.

Nelson *et al.* (1984) distinguent deux catégories de mécanismes qui peuvent contribuer aux jugements FOK. La première regroupe divers mécanismes d'accès à la trace mnésique : ces mécanismes impliquent tous que le sujet est capable d'avoir accès à l'item non récupéré pendant le jugement FOK. La deuxième catégorie comporte des mécanismes inférentiels qui n'opèrent pas sur l'information à récupérer en tant que telle ; ils contrôlent une autre information reliée et contextuelle qui sert de base à des inférences sur la probabilité d'une performance mnésique correcte. Parmi les mécanismes d'accès à la trace, le plus populaire et pourtant le moins facilement testable est le mécanisme qui joue sur la force associative entre l'indice («Quelle est la capitale de l'Australie?») et la cible («Canberra») (Hart, 1967; Read & Bruce, 1982). Il y aurait une force seuil (R) pour le rappel et une autre force seuil pour le FOK (F). Quand la force est inférieure à R mais supérieure à F, un rappel incorrect se produit mais le sujet a le sentiment qu'il connaît la cible. Une extension de ce mécanisme suggère que le FOK est une fonction directe de la force associative «forward» allant de l'indice à la cible, car pendant le jugement FOK, le sujet voit seulement l'indice et pas le cible. La reconnaissance serait une fonction des associations «forward» et «backward». Un item avec des associations asymétriques susciterait par exemple un jugement FOK de non connaissance (lié à une association «forward» faible) mais une haute probabilité de reconnaissance (liée à une association «backward» forte). Plusieurs chercheurs ont suggéré que les sujets faisaient des jugements FOK positifs quand ils avaient accès à une information partielle concernant des attributs ou des traits d'un item non rappelé (Blake, 1973; Brown & Mc Neill, 1966; Eysenck, 1979; Schacter & Worling, 1985). Cette information partielle peut inclure des caractéristiques orthographiques, phonologiques ou sémantiques. Schacter & Worling (1985) ont montré que des sujets qui effectuent des jugements FOK positifs identifient avec plus d'exactitude l'attribut connotatif (c'est-à-dire la dimension mot «bon» — mot «mauvais») de mots cibles non rappelés que des sujets qui fournissent des jugements FOK négatifs. Ce résultat n'implique pas que la signification connotative est la seule base des jugements FOK; en fait, il semble y avoir de multiples sources de jugement. Une de ces sources renvoie au référent erroné : Schacter & Worling (1985) montrent que des sujets ont tendance à porter des jugements FOK positifs quand ils croient avoir récupéré un attribut d'un item non rappelé même si cet attribut est faux. Un indice peut également susciter un élément d'information stocké qui lui est relié mais qui ne représente pas l'item cible. Une analyse des conditions qui suscitent un référent erroné pourrait contribuer à expliquer pourquoi les jugements FOK ne sont pas de parfaits prédicteurs de la performance mnésique subséquente (en effet, même si les prédictions FOK sont supérieures au hasard, la taille de l'effet FOK est presque toujours assez modeste). En ce qui concerne les mécanismes inférentiels, l'information utilisée par les sujets pour établir leurs jugements FOK pourrait être une information épisodique reliée à l'événement sur lequel porte la question, ou une information qui renvoit à des épisodes antérieurs de la vie du sujet durant lesquels il a rencontré l'item non rappelé. D'autres facteurs peuvent également intervenir tels la connaissance qu'a le sujet du thème général sur lequel porte les items, le degré de reconnaissance de l'indice, la «désirabilité» sociale...

La relative exactitude des jugements FOK a été observée tant en mémoire épisodique (les jugements sont effectués sur un matériel d'étude présenté expérimentalement) qu'en mémoire sémantique (les jugements portent sur la connaissance de la signification de mots ou sur des items de connaissance générale). Par ailleurs, Nelson et al. (1984) ont montré que d'autres tests que la reconnaissance pouvaient être utilisés pour évaluer l'exactitude des jugements FOK. Ils ont notamment adopté un test-critère d'identification perceptive dans lequel le sujet doit identifier l'item non rappelé, présenté au tachistoscope pendant des durées de plus en plus longues. Les résultats indiquent que les items qui ont conduit à des jugements FOK positifs requièrent moins d'expositions pour être identifiés. De plus, l'exactitude des prédictions FOK relatives à l'identification perceptive n'est pas corrélée avec l'exactitude des prédictions qui portent sur la reconnaissance. Ces tests semblent donc évaluer des dimensions différentes de la mémoire; en outre, le FOK paraît être le reflet d'une combinaison riche d'informations qui ne sont pas toutes appréhendées par un seul test-critère. Nelson et al (1984) ont également montré qu'il existe une relation positive entre le FOK et la durée de la recheche mnésique durant le rappel. Cette relation est présente pour les erreurs d'omission (c'est-à-dire quand le sujet s'est abstenu de répondre) et non pour les erreurs de substitution (c'est-à-dire quand le sujet a fourni une réponse incorrecte). Comme le signalent les auteurs, l'efficacité de la recherche en mémoire pourrait être améliorée si on augmentait l'exactitude du FOK : les sujets continueraient à rechercher des items qui sont disponibles, en évitant ainsi des échecs mnésiques liés à l'interruption prématurée de la recherche. Une plus grande exactitude du FOK pourrait également améliorer les inférences réalisées par le sujet durant la phase de recherche (Gentner & Collins, 1981).

B) L'évaluation de l'exactitude des réponses évoquées

Un autre aspect important de la métamémoire concerne l'évaluation des résultats de l'activité de recherche en mémoire. Sommes-nous capables de distinguer les réponses qui sont réellement correctes de celles qui peuvent être erronées ? Ce problème a été abordé par Lichtenstein & Fischoff (1977). Ils posent à des sujets étudiants diverses questions d'information générale et ils leur donnent deux possibilités de réponse [par exemple, l'absinthe est a) une liqueur, b) une pierre précieuse]. Les sujets doivent également porter un jugement de confiance sur leur choix. Les résultats montrent que les sujets ont tendance à exagérer le degré d'exactitude de leurs réponses. Quand ils se disent totalement confiants dans leur choix, ils sont néanmoins dans l'erreur dans environ 15 % des cas.

On connaît très peu de choses sur les mécanismes qui nous permettent de savoir que l'item que nous avons récupéré en mémoire est correct ou non. Baddeley (1982) décrit diverses sources d'information qui peuvent aider à indiquer un rappel correct. Une première source implique la production d'informations supplémentaires à partir de l'item récupéré, information qui seront employées pour contrôler la plausibilité de la réponse. Par exemple, on peut à partir du nom d'une personne, produire d'autres informations concernant ses amis, son métier,..., lesquelles vont nous convaincre que le nom récupéré est correct. Il est possible également qu'un sujet utilise la vitesse avec laquelle une réponse a été donnée comme indice de l'exactitude de sa réponse. Dans certains cas, un sujet peut repérer l'inexactitude d'une réponse sur la base de sa connaissance générale du monde. Il peut également se fonder sur des impressions du type «si cela avait été le cas, je m'en serais souvenu» : ainsi, Baddeley (1982) décrit que lors d'un trajet à Londres qu'il n'avait effectué que deux ou trois fois auparavant, il a découvert qu'il s'était trompé de chemin en apercevant une statue de dragon; il a supposé que s'il avait déjà pris ce chemin avant, il aurait noté et mémorisé cette statue. Dans beaucoup de situations cependant, nous n'avons pas besoin d'utiliser de tels systèmes de contrôle indirects et nous avons toute confiance en notre réponse. Pour Baddeley, cette confiance pourrait dépendre d'une comparaison entre la force de la réponse fournie et la force des réponses en compétition pour la même question : une réponse rapide et l'absence d'autres candidats permettraient de supposer que la réponse récupérée est correcte.

De nombreuses études ont montré que des patients amnésiques sont capables d'apprentissages divers sans pourtant être conscients de cet apprentissage, ni des circonstances qui y ont mené. En particulier, ils ne peuvent pas effectuer la phase d'évaluation de l'exactitude de leurs réponses. Ces données ont conduit Baddeley (1982) à distinguer deux aspects de la récupération : un processus automatique qui est relativement préservé chez l'amnésique et un processus actif de récupération (processus de «recollection») qui lui, est perturbé chez le patient amnésique et qui dépendrait de la détection consciente de la familiarité pour guider ses activités de recherche et d'évaluation. Notons que cette dissociation entre apprentissage et conscience n'est pas spécifique aux patients amnésiques mais est également trouvée chez des sujets normaux s'ils sont testés après un délai long (c'est-à-dire en condition de mémoire «faible»).

Nous reviendrons ultérieurement sur la participation des déficits de la métamémoire au trouble des amnésiques et plus généralement, sur les rapports entre mémoire et conscience.

C) La connaissance des stratégies de récupération efficace

Les stratégies qu'un sujet adopte dans le décours d'une activité mnésique sont également le reflet de ce qu'il sait sur la mémoire. Selon Reder (1987), il existe diverses stratégies de récupération en mémoire (stratégie de récupération directe, stratégie de plausibilité, stratégie reconstructive de type «résolution de problème»), et les sujets choisissent d'appliquer ces stratégies selon un ordre variable. Elle postule l'existence d'une étape distincte de sélection de stratégie dans laquelle les mécanismes impliqués dans le FOK pourraient jouer un rôle essentiel. En fait, ces mécanismes qui permettent à des sujets incapables de répondre à une question, d'évaluer la probabilité avec laquelle ils seront capables de reconnaître la réponse correcte, pourraient opérer automatiquement même quand les sujets peuvent répondre à la question. Si nous disposons d'un processus FOK qui nous permet de sélectionner les stratégies de récupération, alors le temps mis pour effectuer cette évaluation devrait être plus court que celui mis pour récupérer réellement la réponse. Reder (1987) montre, qu'effectivement, les sujets qui doivent simplement évaluer s'ils peuvent ou non répondre à la question sont plus rapides que ceux qui doivent fournir la réponse. Par ailleurs, il y aurait deux processus sous-tendant cette évaluation FOK initiale: un processus automatique et rapide de détection de la familiarité (par la récence d'exposition) et un processus qui détecte le nombre d'intersections en mémoire activées par une question. Quand la familiarité est élevée, le choix de la stratégie aura tendance à se porter sur la récupération directe; par contre, si le processus de détection des intersections en mémoire détermine qu'il y a beaucoup d'informations pertinentes stockées, il y aura une tendance à utiliser la stratégie de la plausibilité. Ce processus d'évaluation est automatique et il est suivi par un processus de décision contrôlé. Celui-ci intègre l'information issue de l'évaluation initiale à l'information extrinsèque à la question c'est-à-dire l'information contextuelle et situationnelle (par exemple, le délai entre la présentation et le test, les consignes...). Le choix d'une stratégie de récupération dépend donc de la connaissance (consciente et inconsciente) qu'on a du contenu de sa mémoire ainsi que de la connaissance relative à des informations externes liées à la tâche et aux stratégies efficaces. La connaissance des stratégies mnésiques efficaces est également essentielle si on met en œuvre un processus de reconstruction (ou de «recollection»); dans ce processus on est amené à adopter diverses stratégies afin de trouver des indices de récupération adéquats. Or, un indice de récupération est efficace s'il a un rapport avec la situation dans laquelle l'encodage a eu lieu. Dès lors, la connaissance qu'a le sujet des conditions d'encodage peut servir de guide durant la reconstruction de l'information. On a en fait peu investigué la connaissance que possèdent les sujets sur l'efficacité de divers types d'encodage, sur les effets de situations variées de récupération et sur la relation entre les deux.

Nous avons tenté d'illustrer l'importance de la métamémoire en décrivant brièvement en quoi elle participe à une activité mnésique particulière : l'activité de récupération en mémoire. Les recherches sur la mémoire ont trop souvent privilégié l'investigation du rôle des consignes, du matériel ou du type de test au détriment des variables relatives au sujet et en particulier de sa connaissance sur le fonctionnement, le contenu, l'utilisation et les capacités de sa mémoire. Il est vrai que l'étude de la métamémoire est confrontée à d'importants problèmes méthodologiques et notamment à des problèmes liés aux méthodes d'évaluation. Nous développerons ce point quand nous envisagerons l'évaluation de la métamémoire en neuropsychologie. Un autre problème est d'ordre conceptuel. Pour Cavanaugh & Perlmutter (1982), il importe d'établir une distinction explicite entre la métamémoire (la connaissance sur la mémoire) et les processus qui orchestrent l'utilisation de cette connaissance (c'est-à-dire les processus qui sélectionnent la meilleure stratégie, qui contrôlent l'efficacité du processus en cours, ...). Ainsi, dans le modèle de récupération présenté par Reder (1987), il faut distinguer la connaissance qu'a le sujet du contenu de sa mémoire de l'utilisation de cette connaissance par le processus de sélection d'une stratégie.

Le développement des études sur la métamémoire a notamment été suscité par l'idée que la connaissance sur la mémoire pourrait aider à expliquer la performance mnésique. Ce problème des relations entre la métamémoire et la mémoire a, le plus souvent, été abordé par des études de corrélations : on évalue un aspect de la métamémoire du sujet, on demande au sujet d'effectuer une tâche mnésique et on corrèle la mesure de la métamémoire et la performance mnésique. Ces études ont généralement fourni des corrélations faibles. Cependant, comme l'indiquent Cavanaugh & Perlmutter (1982), la plupart de ces travaux ont examiné la relation entre mémoire et métamémoire, en utilisant une seule tâche de mémoire, choisie sans hypothèses précises quant au rôle que pourrait y jouer la métamémoire, et sans prédictions concernant les facteurs qui distinguent les situations où la connaissance sur la mémoire est utilisée de celles ou elle ne l'est pas. Flavell (1981) décrit certaines situations dans lesquelles la connaissance sur la mémoire n'est pas employée : c'est le cas par exemple des situations de mémoire incidente ou quand la métamémoire est insuffisamment structurée (comme chez le jeune enfant). Il y a également des cas où la connaissance est disponible mais n'est pas utilisée (les déficits de production) : certains enfants connaissent l'utilité du groupement en catégories mais ne l'utilisent pas dans l'apprentissage d'une liste de mots (Salatas & Flavell, 1976). A l'opposé, la métamémoire influencerait au maximum la performance dans des situations où la réalisation d'un but mnésique est fortement souhaitée. Il s'agit d'indications ponctuelles mais elles pourraient servir de base pour l'élaboration d'hypothèses de travail testables. Si Flavell & Wellman (1977) ont montré que la connaissance sur la mémoire s'améliorait avec l'âge, on sait encore peu de choses sur la manière avec laquelle cette connaissance s'acquiert et se modifie avec le temps. De même, le problème des différences individuelles dans la structure de la métamémoire et dans l'utilisation de cette connaissance a été peu abordé. Enfin, les relations entre la métamémoire et les processus de traitement automatique ou contrôlé constituent un autre axe de recherche qui devrait être développé dans le futur.

IV. L'ETUDE ECOLOGIQUE DE LA MEMOIRE

A) Introduction

Certains thèmes de recherche en psychologie sont considérés avec scepticisme, voire avec dérision par le grand public. Par contre, l'étude des problèmes de mémoire dans la vie quotidienne est immédiatement et unanimement reconnue comme un sujet d'étude évident par les non-psychologues (Morris, 1984). Nous avons, en effet, presque tous tendance à nous plaindre de notre mémoire et nous sommes conscients que notre système mnésique n'est pas infaillible, qu'il est moins efficace que nous le souhaiterions et que nous pourrions l'améliorer. Il semble d'ailleurs que ce soit socialement plus acceptable de se plaindre d'une déficience de sa mémoire que d'attribuer une erreur à la stupidité ou à l'incompétence.

Dès qu'on se penche sur son propre fonctionnement mnésique dans la vie courante, on est confronté à de nombreux problèmes. Evaluer sa propre mémoire, cela implique de la comparer à celle d'autres personnes, et comme nous ne disposons pas d'éléments précis concernant le fonctionnement mnésique d'autrui, il est facile d'avoir une vue déformée de sa propre capacité. En outre, il y a certaines difficultés mnésiques que nous sommes les seuls à pouvoir décrire : ainsi, à moins qu'on ne s'en plaigne, les autres ne peuvent pas prendre conscience de nos difficultés à suivre le déroulement d'un film ou d'un roman. Par contre, si on oublie un rendez-vous ou si on perd des objets dans sa maison, d'autres personnes peuvent également le remarquer. Il existe, en outre, une grande variété d'erreurs mnésiques qui apparaîtront différemment selon le métier, le style de vie, la motivation ou l'expérience des sujets. A capacités de mémoire égales, les sujets actifs manifesteront plus d'erreurs mnésiques que les sujets dont l'activité est limitée et routinière.

Dans les études de laboratoire, il est possible d'avoir au moins un contrôle partiel sur certaines des variables en jeu et une relative confiance dans la mesure de la performance mnésique. Le nombre de mots, la latence de réponse ou le nombre de propositions d'un récit sont quantifiables sans trop de difficultés ; le matériel à mémoriser est bien spécifié et dans une certaine mesure, l'expérience antérieure du sujet avec ce matériel peut être contrôlée. Quand on décide d'étudier la mémoire dans la vie quotidienne, le contrôle de ces différents facteurs est beaucoup plus difficile et on se heurte aux multiples obstacles qui ont conduit Ebbinghaus (1885), pourtant bien conscient de la variété des phénomènes mnésiques, à simplifier les paradigmes expérimentaux et à utiliser les syllabes sans signification.

Malgré ces difficultés, la psychologie de la mémoire est de plus en plus traversée par la volonté d'étudier le comportement mnésique en dehors du laboratoire. Ce souci de validité écologique n'est pas neuf. En effet, l'étude de la mémoire a, dès le début, été l'objet d'un conflit entre, d'une part, l'approche de Ebbinghaus (1885) et son désir de simplification et d'autre part, la tentative d'appréhender la richesse des phénomènes mnésiques tels qu'ils se déroulent dans l'environnement réel (Bartlett, 1930).

L'approche de Ebbinghaus dans l'étude de la mémoire impliquait généralement la présentation d'un matériel sélectionné, dans des conditions strictes de contrôle, et ensuite le rappel ou la reconnaissance de ce matériel après un intervalle spécifié, en présence ou non d'indices clairement définis. Cette approche strictement associationniste a progressivement fait place à une orientation plus cognitive, laquelle a développé d'autres concepts et de nouveaux paradigmes de recherche. Néanmoins, l'objectif fondamental demeurait identique : il s'agissait de découvrir un ensemble de principes généraux sur la mémoire, ce que Bruce (1985) a intitulé «the general principle memory research».

Récemment, plusieurs voix se sont élevées critiquant cette orientation (Baddeley, 1981, 1982; Bahrick, 1979) et suggérant que l'étude de la mémoire soit plus souvent appliquée en dehors du laboratoire. Mais la critique la plus virulente émane de Neisser (1978). Pour lui, l'étude traditionnelle de la mémoire n'a en rien aidé à comprendre l'utilisation de la mémoire dans la vie réelle et les quelques généralisations qui ont été produites sont tellement évidentes qu'elles sont connues par l'expérience quotidienne de chacun d'entre nous. De plus, les quelques découvertes réalisées concernent des souvenirs transitoires très différents de ce que la plupart des gens entendent par «mémoire». Une autre critique adressée par Neisser à la recherche de laboratoire porte sur sa tendance à produire ce que Tulving & Madigan (1970) ont appelé «l'autonomie fonctionnelle des méthodes» : une méthode conçue à l'origine pour aborder un problème devient elle-même l'objet principal d'étude; de nouvelles expériences sont générées, non plus pour étudier les processus sous-jacents, mais pour étudier les expériences antérieures. Pour contrecarrer cette tendance à la confusion entre paradigme expérimental et concept théorique, il importe, pour Baddeley & Wilkins (1984), de continuer à contrôler la généralité des résultats de laboratoire en sacrifiant si nécessaire, certains des contrôles exercés sur la situation et à explorer de nouveaux phénomènes qui n'ont pas encore été abordés par les paradigmes expérimentaux existants. Ces nouveaux phénomènes devront ensuite être reformulés afin de pouvoir les étudier en laboratoire, ce qui permettra le développement de théories qui seront à leur tour testées dans le monde extérieur.

Pour Baddeley (1981) par ailleurs, la recherche de laboratoire a privilégié l'étude de la cognition au détriment de la motivation et de l'émotion et ce, en partie parce que les variables motivationnelles et émotionnelles sont difficiles à aborder en laboratoire à la fois pour des raisons éthiques et pratiques. Notons enfin que la crise économique et la limitation des budgets de recherche a suscité le souci de justifier des études qui se préoccupent de la mémoire dans la vie quotidienne.

B) Nature de l'approche écologique dans l'étude de la mémoire

A quelques exceptions près (notamment les études de Loftus, 1975, sur le témoignage oculaire, qui ont utilisé la méthode hypothético-déductive), l'approche écologique de la mémoire a, jusqu'à présent, consisté en un recueil «naturaliste» d'informations à partir de diverses situations réelles, une orientation qui caractérise le livre de Neisser (1982) «Memory observed; Remembering in natural contexts». Ces premiers pas empiriques sont justifiés par Neisser (1985) non pas par un manque d'intérêt pour la théorie, mais par le souhait de se désengager temporairement de la méthode hypothético-déductive. Pour Neisser, cette méthode, bien que fructueuse dans d'autres domaines, n'a pas été particulièrement heureuse dans l'étude de la mémoire : « A century of theory testing has not really helped us understand how people recall their childhoods, recognize their friends, keep track of their appointments, make sense of their lives, or learn what they are taught in school».

Selon Neisser, l'inadéquation des théories traditionnelles est peut-être liée au trop haut degré de généralité de leur formulation. Tant l'approche associationniste que la théorie de la Gestalt et les théories modernes du traitement de l'information sont concernées par des objets mentaux hypothétiques (idées, traces mnésiques, codes, nœuds, représentations mentales...) et par les connections entre eux. Ces éléments de base représentent de la même manière les différentes informations que les sujets humains mémorisent (les récits, les lieux, les noms de personnes...). Comme les prédictions issues de ces théories s'appliquent à tous les domaines de l'expérience, il paraît logique de les tester dans l'environnement qui semble le plus commode c'est-à-dire le laboratoire, et ce, avec un matériel aisément manipulable (des syllabes sans signification, des listes de mots ou de dessins,...). S'installe ainsi un cycle où les hypothèses qui ont mené à l'étude de la mémoire en laboratoire sont révisées, de nouvelles expériences sont menées et des modèles de plus en plus complexes sont élaborés pour tester et expliquer des données de laboratoire qui sont de moins en moins intéressantes en elles-mêmes. L'absence de théorisation découlerait donc d'une tentative délibérée pour interrompre momentanément ce cycle hypothético-déductif.

Baddeley et Wilkins (1984) insistent cependant sur l'impérieuse nécessité de développer des théories qui pourront rendre compte des données recueillies dans le milieu de vie réel, sinon on risque d'être englué dans une masse d'observations empiriques non reliées entre elles. Quels types de théories seront les plus appropriées pour aborder ces nouveaux phénomènes ? Il est possible que les théories existantes développées à partir des paradigmes de laboratoire fournissent le support nécessaire et qu'elles soient d'ailleurs enrichies par l'apport de ces données nouvelles (Baddeley, 1982). Dans cette perspective, les concepts théoriques existants sont utilisés et généralisés aux phénomènes de mémoire quotidienne. Un exemple de l'application de concepts issus de la recherche en laboratoire à un problème pratique est présenté dans les travaux de Ley (1979). Ces études consistaient à explorer les plaintes émises par beaucoup de patients de ne pas être correctement informés de leur état par leur médecin, ce qui était formellement nié par les praticiens. Il s'avéra qu'une grande part des discordances entre les points de vue du patient et du médecin venaient du fait que les patients oubliaient ce qu'avaient dit les médecins. Ley et ses collaborateurs ont étudié ce phénomène et ont observé une relation très claire entre la mémorisation de l'information médicale et les données de laboratoire ; les mêmes effets étaient constatés : effet de primauté, relation entre probabilité de rappel et importance de l'information (Ley, 1972), amélioration du rappel avec la catégorisation de l'information médicale (Ley et al., 1973). Pour Neisser (1985) cependant, les principes généraux issus de la psychologie traditionnelle de la mémoire basée sur des liens simples entre représentations mentales («associated-element theory») ne paraissent pas adaptés pour rendre compte de la mémoire en contexte naturel. Il considère que les théories des scripts, des schémas, des grammaires,... pourraient être plus adéquates car elles n'ont pas le caractère général des autres théories : le schéma d'un endroit n'est pas identique à la grammaire d'un récit... De plus, ces théories définissent plusieurs types de schéma en se référant simplement à différentes classes d'objets et d'événements réels, ce qui mène plus aisément à des recherches écologiques.

Une deuxième direction théorique consiste à suivre l'ensemble des propositions «darwiniennes» faites par Bruce (1985), selon lesquelles il importe de considérer, non seulement le problème de la causalité immédiate (le comment de la mémoire) mais aussi l'évolution et la fonction de la mémoire (le pourquoi de la mémoire). Dans une perspective écologique, une théorie complète de la mémoire doit lier le comment et le pourquoi, c'est-à-dire les composantes de la mémoire aux problèmes de l'environnement que ces composantes paraissent résoudre. Une autre caractéristique de l'approche de Darwin, qui devrait être appliquée à l'étude écologique de la mémoire est le rejet de la pensée « essentialiste » ou typologique en faveur de la « population thinking ». Cette approche insiste sur le caractère unique des individus et sur les différences entre les membres d'un groupe, la valeur moyenne (« l'essence ») n'étant qu'une abstraction. Il est certain que les travaux sur la mémoire ont généralement prêté peu d'attention aux différences individuelles. Etablir les fonctions de chaque aspect de la mémoire n'est cependant pas une tâche simple. En effet, l'utilisation de la mémoire pour résoudre un problème implique probablement plusieurs composantes dont chacune peut également avoir plusieurs fonctions. Une autre difficulté importante est que tous les sous-processus mnésiques identifiés n'ont pas nécessairement une valeur adaptative optimale. Ainsi certains chercheurs (Haber, 1983 ; Neisser, 1983) se sont interrogés sur l'utilité de la mémoire iconique. Ce stock sensoriel visuel aurait pour but de maintenir brièvement l'information visuelle dans sa forme originale de telle manière qu'elle puisse être transmise et reconnue. A quoi pourrait servir cette mémoire iconique dans le déroulement normal de la perception quotidienne, alors que l'input est presque toujours disponible pour la durée totale d'une fixation oculaire ? Haber (1983) suggère d'éliminer ce concept car il n'y a pas de circonstances réelles où cette mémoire pourrait être utile. Selon Bruce (1985), trois domaines de recherche devraient particulièrement être développés dans une perspective darwinienne :

– l'évaluation des différences individuelles en reliant ces différences aux fonctions supposées de la mémoire ;
– l'identification des processus mnésiques qui opèrent dans les tâches de la vie quotidienne (lier le comment et le pourquoi dans le sens pourquoi-comment) ;
– l'étude du développement et de l'évolution de la mémoire (en particulier, les différences entre espèces).

Une troisième orientation théorique qui pourrait être suivie est bien sûr la production de nouveaux concepts. Comme le notent Baddeley & Wilkins (1984), l'exposition aux complexités du monde réel peut aider autant au développement d'une théorie qu'au testing de la généralité des théories existantes. Les conceptions théoriques de Reason (1984) sur le contrôle cognitif, l'action et les lapsus d'action (« slips of action ») sont nées d'études sur les distractions (« absent-mindedness »), suscitées à partir de comptes rendus d'accidents ou de catastrophes qui semblaient être la conséquence de distractions assez banales, lesquelles, dans des circonstances moins dramatiques seraient passées complètement inaperçues. Cette théorie de l'action n'aurait probablement pas été élaborée dans la tradition de la recherche de laboratoire. Développer de nouveaux concepts n'est cependant pas chose aisée.

Par exemple, les tentatives visant à mettre en évidence les processus sous-jacents à la reconnaissance de visages sont restées longtemps improductives et l'utilisation des concepts de l'apprentissage verbal (niveau de profondeur d'encodage, élaboration sémantique...) a été relativement peu fructueuse. Pour Baddeley & Wilkins (1984) et Bruyer (1987), c'est la focalisation sur la reconnaissance de visages non familiers qui a le plus contribué au retard pris dans l'élaboration de modèles théoriques de la reconnaissance faciale. L'étude de la reconnaissance de visages familiers (c'est-à-dire préalablement rencontrés) aura probablement et a déjà le même effet positif sur le développement théorique que ne l'a eu l'abandon dans les années 1960 des syllabes sans signification dans la mémoire verbale (voir Bruyer, 1987, pour une présentation des conceptions successives sur la reconnaissance des visages.

Pour Neisser (1985, 1986), avant de pouvoir développer efficacement une théorie sur la mémoire, nous avons besoin d'une meilleure description de ce qui est mémorisé. Il suggère de s'inspirer de Gibson (1966, 1979) et de sa conception de la perception qui se veut d'avantage écologique : Gibson refuse d'établir des modèles hypothétiques des traitements mentaux mais s'attache plutôt à découvrir les propriétés pertinentes de l'environnement pour les êtres vivants et à décrire l'information disponible pour les systèmes perceptifs. En ce qui concerne la mémoire, la première étape serait donc non pas de concevoir des modèles de traitement mnésique mais plutôt de décrire le matériel qui est mémorisé (c'est-à-dire les événements réels) d'une manière qui ait une signification théorique. Les distinctions proposées par Tulving (1985) entre mémoire épisodique, sémantique et procédurale peuvent être considérées comme un premier pas dans cette direction. Cependant, plutôt que d'envisager ces types de mémoire comme des catégories mentales, ou comme des systèmes séparés dans le cerveau, il faudrait plutôt les considérer comme des catégories environnementales différentes qu'il est nécessaire de décrire avant de comprendre comment elles sont mémorisées. Récemment, Neisser (1986) a entamé un tel exercice de description pour une catégorie particulière d'événements mémorisés : les événements autobiographiques.

C) Illustration de l'approche écologique dans l'étude de la mémoire : la mémoire prospective

Une partie importante des études écologiques sur la mémoire a consisté à recueillir des données fidèles à partir de situations variées de la vie quotidienne en laissant les constructions théoriques au second plan. D'autres travaux ont tenté d'appliquer les concepts théoriques existants aux phénomènes de mémoire quotidienne. Enfin, certaines recherches ont développé et testé de nouveaux concepts.

Dans certains cas, les chercheurs ont tout simplement utilisé dans l'environnement naturel des procédures expérimentales en vigueur dans le laboratoire. Dans d'autres cas, il a fallu soit concevoir de nouvelles techniques pour approcher directement les phénomènes de mémoire quotidienne, soit simuler en laboratoire les situations de la vie courante.

Nous illustrerons ces différentes approches en présentant brièvement quelques études et conceptions théoriques d'un phénomène de mémoire quotidienne ayant une importance particulière en neuropsychologie : la mémoire prospective.

La plupart des études de laboratoire sur la mémoire ont en commun le fait que la phase de rappel d'un matériel appris s'effectue à la requête de l'examinateur : celui-ci fournit des instructions explicites, par exemple à la fin de la présentation d'une liste de mots, pour signaler que le sujet doit rappeler les mots dont il se souvient. Ce qui est testé, c'est la capacité de reproduire ou d'identifier un matériel appris et non la capacité de se souvenir de rappeler ce matériel. Dans la vie quotidienne, la situation est souvent inverse : le contenu de l'information à rappeler peut être assez facile mais ce qui importe c'est de se souvenir qu'il faut rappeler cette information à un moment déterminé. Le sujet doit fournir lui-même ses propres indices pour le rappel ; c'est le cas quand, par exemple, il doit se souvenir de prendre ses médicaments plusieurs fois par jour à des moments déterminés. Cette distinction entre « se souvenir de rappeler » et « se souvenir du contenu du rappel » peut être illustrée en reprenant l'exemple proposé par Harris (1984). Imaginons un sujet qui reçoit un message téléphonique adressé à quelqu'un qui est absent au moment de l'appel. Il peut se souvenir de signaler à la personne concernée qu'il y a eu un appel pour elle mais être incapable de rappeler le contenu du message ; inversément, il peut oublier de communiquer l'information mais être capable de se souvenir de la nature du message si, par exemple, la personne lui pose la question : « Y a-t-il eu un appel téléphonique me concernant ? ».

Jusqu'il y a peu, les études ont traité presque exclusivement de la mémoire des faits appris antérieurement. Or, dans la vie courante, se souvenir d'effectuer une action à un moment donné est une activité de mémoire aussi fréquente que se souvenir d'informations du passé : se souvenir de prendre ses vitamines, être présent à un rendez-vous, fermer le robinet de la baignoire avant que le bain ne déborde, retirer le gâteau du four avant qu'il ne brûle, envoyer à temps une carte d'anniversaire, s'arrêter chez le boulanger sur le chemin du retour du travail, sont toutes des activités qui attestent de l'importance de ce que certains ont appelé la mémoire prospective par opposition à la mémoire rétrospective des faits du passé. Même si certains auteurs comme Baddeley & Wilkins (1984) considèrent que cette distinction mémoire prospective — mémoire rétrospective est contestable sur le plan théorique, on peut de manière descriptive caractériser la mémoire prospective comme étant la mémoire des actions futures, non déterminée par des indices externes explicites. De plus, la mémoire prospective est intimement liée à des domaines plus larges du comportement. Elle est notamment une caractéristique des comportements planifiés et elle joue un rôle essentiel dans la formation d'une image de soi en tant que personne fiable, efficace et bien organisée. Comme le signale Munsat (1966), si une personne se trompe quand elle rappelle des événements qu'elle a vécu dans la passé, on dit que sa mémoire n'est pas fiable, mais si elle oublie d'effectuer des actions qu'elle avait dit qu'elle ferait, c'est elle qui sera considérée comme peu digne de confiance.

1. *Méthodes utilisées dans l'étude de la mémoire prospective*

Les études qui ont abordé le domaine de la mémoire prospective ne sont pas nombreuses et le plus souvent, elles s'inscrivent dans une perspective strictement descriptive visant simplement l'identification des corrélations logiques et empiriques entre les paramètres pertinents. Les méthodes utilisées dans ces études se fondent sur des situations proches de la vie quotidienne :

– Certaines recherches ont abordé la mémoire prospective directement en milieu naturel. Par exemple, Levy et ses collaborateurs (Levy, 1977; Levy & Clark, 1980; Levy *et al.*, 1980) se sont intéressés au respect par les patients des directives et prescriptions médicales et, dans ce cadre, ils ont étudié le comportement de ces patients dans plusieurs situations de mémoire prospective : prendre des rendez-vous à l'hôpital, prendre contact avec le médecin pour fournir ou recevoir des informations...

– Dans la même direction, mais dans un contexte plus artificiel, plusieurs études ont utilisé une méthode consistant à demander à des sujets (souvent des étudiants) de renvoyer des cartes postales à l'expérimentateur à des dates précises, de contacter l'expérimentateur à des moments déterminés ou de se présenter à des rendez-vous à un endroit et à un moment convenus. Dans quelques études, l'échelle de temps est plus courte que pour les tâches du type «rendez-vous» et l'expérimentateur contrôle les indices utilisés et peut observer la totalité de la situation. On demande au sujet de réaliser une tâche précise à un moment fixé pendant la session expérimentale : par exemple, une batterie d'épreuves est proposée aux sujets et on leur signale que, pour un test particulier, ils devront changer de crayon et utiliser un crayon rouge, ou encore, qu'à la fin des épreuves, ils devront fournir une information à l'expérimentateur.

– Enfin, d'autres travaux ont utilisé des simulations de tâches de mémoire prospective afin de mieux contrôler les variables importantes : par exemple, Wilkins & Baddeley (1978) ont simulé la situation consistant à se souvenir de prendre un médicament en demandant aux sujets de presser un bouton sur une boîte portative à des moments déterminés dans la journée, le moment de la pression étant enregistré automatiquement.

Ces différentes méthodes ont été utilisées pour étudier l'influence de plusieurs variables sur la mémoire prospective; cependant les résultats de ces études sont souvent fort hétérogènes et les problèmes méthodologiques sont nombreux.

2. *Effets des indices de récupération et de l'intervalle de rétention sur la mémoire prospective*

Loftus (1971) a voulu voir si les variables qui affectent le rappel de listes de mots ou de syllabes sans signification affectent également la mémoire prospective. Elle demande à des sujets de répondre à un questionnaire d'opinion. En début d'épreuve, elle avertit chaque sujet qu'il devra fournir à l'expérimentateur le nom de l'état où il est né, mais il devra donner cette information à la fin du questionnaire. Pour la moitié des sujets, un indice de récupération est fourni («la dernière question portera sur les Black Panthers»), l'autre moitié ne reçoit pas d'indice. La variable «nombre de questions» est également manipulée : la moitié des participants doit répondre à 5 questions, l'autre à 15 questions. Les résultats montrent que fournir aux sujets un indice de récupération au moment où l'intention est formée facilite son rappel. De plus, le rappel est meilleur quand il y a moins d'items entre la formation de l'intention et le moment où elle doit être rappelée. Ces données suggèrent donc que la mémoire prospective est, comme la mémoire rétrospective, influencée par la présence d'un indice et par la longueur de l'intervalle de rétention. Par contre, Wilkins (1976) ne trouve pas d'effet de la longueur de l'intervalle de rétention sur la performance à une tâche consistant pour 34 sujets à poster des cartes 2 à 36 jours plus tard. Cependant, l'expérimentateur ne pouvait contrôler les moyens utilisés par les sujets pour se souvenir d'envoyer les cartes. Il est possible que l'absence d'effet de l'intervalle soit la conséquence de l'utilisation d'aide-mémoire externes (par exemple, l'agenda).

3. Motivation, perception de la tâche et mémoire prospective

Quelques études ont montré l'effet positif d'incitants (essentiellement financiers) sur la performance en mémoire prospective. Meacham & Singer (1977) demandent à leurs sujets de poster des cartes, une par semaine pendant huit semaines. Dans la condition régulière, les cartes doivent être postées chaque mercredi ; dans la condition irrégulière, le jour d'envoi varie de manière aléatoire. En outre, dans la condition d'incitation élevée, les sujets sont avertis que, parmi les cartes postées à temps, 4 seront tirées au sort et les sujets qui les ont envoyées recevront 5 dollars. Les résultats montrent que seule la condition d'incitation élevée a un effet sur les performances et donc, un incitant relativement modéré (c'est-à-dire la chance d'être un des 4 sujets sur 40 à gagner 5 dollars)) suffit à améliorer la peformance en mémoire prospective, mesurée par le nombre de jours et d'occasions où les cartes sont envoyées en retard. Les réponses à un questionnaire fourni en fin d'expérience montrent que les sujets dans la condition d'incitation élevée utilisent plus fréquemment une stratégie d'aide externe (par exemple, noter les dates d'envoi sur un calendrier) qu'une stratégie cognitive interne. De plus, les sujets qui ont répondu avoir fait un effort important pour réussir l'expérience oublient moins souvent que ceux qui signalent ne pas s'être appliqué. Les résultats de ce travail (et c'est vrai pour tous les travaux de ce type) sont cependant difficiles à interpréter car on ne peut pas déterminer si les incitants fournis améliorent la mémoire prospective ou s'ils augmentent l'inclination à réaliser la tâche une fois que le sujet s'est souvenu qu'une carte devait être postée.

D'une manière générale, il est difficile de déterminer si l'oubli d'effectuer une action est le fait d'un trouble de la mémoire prospective ou d'une répugnance à s'engager dans une action dont on s'est pourtant souvenu et ce, à cause de facteurs de personnalité, de la perception qu'on a de la tâche et de l'anxiété qu'elle suscite... Meacham & Kushner (1980) proposent deux modèles des relations entre la perception de la tâche dont il faut se souvenir et la mémoire prospective. Le premier modèle suggère que l'anxiété élevée ou le malaise suscité par la tâche favorise l'oubli : par exemple, le rendez-vous chez le dentiste pourrait être oublié car s'en souvenir rend la personne anxieuse (le souvenir est « réprimé » au sens freudien du terme). Le second modèle propose au contraire que l'anxiété élevée est associée au souvenir (et non à l'oubli) mais pas à la réalisation effective de la tâche : ainsi, une personne qui craint le rendez-vous chez le dentiste s'en souvient mieux que quelqu'un pour qui cette visite est sans importance ; cependant, même si elle s'en souvient mieux, elle a toujours la possibilité de téléphoner pour postposer le rendez-vous en prétextant une panne de voiture. L'oubli serait donc lié aux tâches qui sont perçues comme peu importantes et qui ne provoquent aucune anxiété ou aucun malaise chez le sujet.

Pour tester ces modèles, il faudrait manipuler l'importance de la tâche et les niveaux d'anxiété des participants mais ces manipulations posent évidemment d'importants problèmes méthodologiques. C'est pourquoi Meacham & Kushner (1980) se sont contentés de déterminer au moyen d'un questionnaire les relations entre mémoire prospective, importance de la tâche et état psychologique de sujets pendant la réalisation de cette tâche. Ils ont demandé à 30 sujets étudiants de donner un exemple vécu concernant trois situations de mémoire prospective : un exemple d'oubli d'une action qu'ils avaient décidé d'effectuer, un exemple d'une action qui avait été planifiée et qui a été effectuée et enfin, un exemple d'une situation où ils se sont souvenus qu'il fallait effectuer une action mais où ils ne l'ont pas faite (en signalant la cause de cette non-réalisation). Pour ces trois exemples concrets, ils devaient évaluer sur une échelle à sept niveaux l'importance de la tâche et leur tranquillité psychologique dans la réalisation de cette tâche. Pour la situation dans laquelle l'action est rappelée mais pas entreprise, la tâche est évaluée comme anxiogène ; par contre, pour la situation où l'action à effectuer est oubliée, la tâche est considérée comme étant de peu d'importance et son caractère anxiogène reçoit une évaluation modérée. Ces résultats semblent donc aller dans le sens du second modèle qui distingue la mémoire et la performance : le degré élevé d'anxiété ou de malaise est associé non pas à l'oubli mais plutôt au fait de se souvenir de la tâche et de ne pas l'effectuer. Les raisons invoquées pour cette absence de réalisation sont des conflits entre plusieurs tâches, l'absence de désir, la fatigue, la crainte... Quant aux 219 exemples vécus fournis par les sujets, ils ont été classés selon plusieurs catégories : rencontrer quelqu'un ou se rendre à un rendez-vous, prendre quelque chose quelque part (par exemple, acheter un ticket, retirer de l'argent à la banque...), porter quelque chose (par exemple, porter de l'argent à la banque, rapporter un livre à la bibliothèque...), appeler quelqu'un ou prendre un rendez-vous, écrire à quelqu'un ou poster quelque chose, effectuer des actions dans la maison... Ces différentes catégories pourraient servir de base à une description plus opérationnelle de la mémoire prospective ainsi qu'à des études ultérieures dans lesquelles différentes variables seraient manipulées. En ce qui concerne l'analyse des performances des sujets selon les catégories d'action, il faut noter que la catégorie d'actions « rencontrer quelqu'un ou se rendre à un rendez-vous » est moins oubliée que d'autres catégories, et quand on s'en souvient, ces actions sont plus souvent réalisées que d'autres; ces données suggèrent l'influence sur la mémoire prospective du lien entre l'action à effectuer et une autre personne.

4. Mémoire prospective et tests classiques de mémoire

Wilkins & Baddeley (1978) ont abordé le problème des rapports entre la mémoire prospective et les tests classiques de mémoire. Ils ont comparé les performances de sujets âgés de 35 à 49 ans à une tâche de rappel libre de mots et une tâche de mémoire prospective. Cette tâche se voulait une simulation de l'activité de prise de médicaments et consistait à presser le bouton d'un appareil portatif à des moments déterminés de la journée (8 h 30, 13 h, 17 h 30, 22 h) et ce, pendant une semaine. Les heures de pression et un rappel des instructions étaient collés sur la boîte. Si les sujets oubliaient de pousser sur le bouton au bon moment, ils devaient le faire dès qu'ils s'en souvenaient, et s'ils ne s'en souvenaient pas avant la réponse suivante, ils devaient noter leurs « omissions » sur une feuille attachée à la boîte portative. L'appareil enregistrait automatiquement le moment où s'effectuaient les pressions. Les résultats montrent que les sujets présentant un score de rappel élevé sont moins ponctuels que ceux avec un score de rappel libre faible. Une interprétation suggérée par les auteurs est que les sujets ayant des scores de rappel meilleurs ont tendance à avoir un niveau socio-culturel plus élevé et que cela mènerait à des styles de vie plus variés, propices aux oublis en mémoire prospective. Cependant, des données sur les activités des sujets, recueillies par la méthode du « diary », ne confirment pas cette hypothèse. Quoiqu'il en soit, cette étude montre que les tâches de laboratoire peuvent difficilement être généralisées aux activités de la vie quotidienne. Par ailleurs, on constate la présence de 30 omissions de réponses parmi lesquelles 11 ne sont pas reconnues par le sujet (c'est-à-dire ne sont pas notées en tant qu'omissions); apparemment, les sujets oublient qu'ils ont omis une réponse. Par contre, on n'observe pas de réponses multiples qui indiqueraient que le sujet a oublié qu'il a déjà répondu. Ces données semblent donc suggérer que si un sujet répond, il se souvient de l'avoir fait alors que s'il omet de répondre, il oublie fréquemment son omission. Il est dès lors possible que les études qui se basent sur les comptes rendus d'erreurs fournis par les sujets eux-mêmes laissent échapper un certain nombre d'erreurs dont les sujets ne sont pas conscients.

5. *Mémoire prospective et vieillissement*

Une autre variable qui a été étudiée concerne l'influence du vieillissement sur les performances en mémoire prospective. Dans une étude de Harris et Sunderland (1984), un groupe de sujets jeunes se décrit, sur un questionnaire d'auto-évaluation, comme ayant une plus mauvaise mémoire qu'un groupe de sujets âgés à 6 questions sur 28, et 3 de ces 6 questions portent sur la mémoire prospective. Moscovitch et Minde (cité dans Moscovitch, 1982) confirment ces résultats dans une étude où ils demandent à un groupe de 10 sujets âgés (de 65 à 75 ans) et à un groupe de sujets jeunes (de 23 à 37 ans) de téléphoner une fois par jour pendant deux semaines à un moment fixe. Les sujets sont avertis que s'ils ont plus de 5 minutes de retard, on considère qu'ils ont manqué leur rendez-vous. Les résultats montrent qu'un sujet âgé seulement a complètement oublié un rendez-vous alors que 7 sujets jeunes ont oublié un total de 14 rendez-vous. Les sujets jeunes sont également plus en retard que les sujets âgés. On peut penser que les personnes plus âgées ont plus de facilités à téléphoner chaque jour à la même heure car ils mènent une vie plus régulière. Pour contrôler ce point, les auteurs ont conduit une autre expérience sur deux groupes différents. Ils leur ont demandé de téléphoner trois fois durant une période de deux semaines, à des moments choisis aléatoirement. De nouveau, les sujets âgés se comportent mieux que les sujets jeunes. L'examen des réponses fournies lors d'un entretien après l'expérience suggère que la variable importante serait l'utilisation par les sujets âgés d'aide-mémoire externes. D'ailleurs, dans deux expériences ultérieures où on demande aux sujets de ne pas utiliser d'aide-mémoire externes, les sujets âgés ont tendance à moins respecter les instructions et quand ils le font, leur performance est comparable à celle des sujets jeunes. Plusieurs interprétations de ces résultats sont possibles (Harris, 1984). La première est que les sujets âgés s'attendent à ce que, d'une manière générale, leur mémoire ne soit pas aussi performante qu'elle ne l'était auparavant et qu'ils sont ainsi plus préparés à utiliser des aides externes; les sujets plus jeunes seraient, par contre, trop confiants dans leurs capacités mnésiques. Une autre possibilité est que les sujets âgés ont appris qu'on oublie facilement les actions à effectuer et qu'il est plus sage d'utiliser une aide externe. Enfin, les sujets âgés peuvent aussi avoir eu plus de temps pour acquérir un répertoire de stratégies efficaces (y compris les aides externes) et pour développer l'habitude de les utiliser.

L'importance de la variable «aides externes» pour rendre compte des différences de résultats entre sujets jeunes et âgés semble indirectement confirmée par une étude de Schonfield et Shooter (cité dans Welford, 1952). Les sujets étaient mis en présence d'un appareil pourvu de battants mobiles qui pouvaient être soulevés et qui découvraient des points noirs dans une ou plus parmi cinq dispositions possibles. La tâche des sujets était de déterminer, en soulevant les volets, dans quel pattern et dans quelle position un point n'apparaissait dans aucun des autres patterns. Les sujets étaient avertis que, avant de donner leur réponse, ils devaient presser une touche située à droite de l'appareil et ce, pour obtenir une mesure du temps passé sur la tâche. L'objectif des auteurs était bien sûr d'étudier la résolution de problèmes chez les sujets âgés mais ils ont fait une découverte accidentelle qui intéresse la mémoire prospective : le nombre de fois que la touche était oubliée augmente avec l'âge passant de 0,6 en moyenne pour le groupe de sujets âgés de 15 à 20 ans à 5,6 pour le groupe de 50 à 71 ans. Ces résultats s'opposent à ceux de Moscovitch & Minde, et malgré les nombreuses différences entre les deux paradigmes, il est possible que la disponibilité en moyens d'aide externe constitue la variable cruciale. Nous reviendrons ultérieurement sur les stratégies utilisées par les sujets normaux pour améliorer leurs performances en mémoire prospective.

Dobbs & Rule (1987) ont examiné les différences liées à l'âge dans deux tâches de mémoire prospective ainsi que les relations entre les performances à ces tâches, la métamémoire et l'utilisation d'aide-mémoire. Dans la première tâche, les sujets devaient se souvenir de demander un stylo rouge au moment où, durant la séance d'examen, ils étaient invités à dessiner un cube et un cercle. Dans la deuxième tâche, les sujets étaient prévenus qu'ils recevraient, à la fin de la séance, un questionnaire à remplir à la maison. L'examinateur soulignait qu'il était important de noter dans le coin supérieur gauche l'heure et la date auxquelles ils remplissaient le document. Par ailleurs, un questionnaire de métamémoire était administré par l'examinateur durant la séance. Les sujets devaient évaluer leurs difficultés mnésiques par rapport à différentes activités de mémoire. Ils étaient également interrogés sur leur utilisation d'aide-mémoire. L'étude a porté sur 198 sujets âgés de 30 à 99 ans. Les résultats montrent que seuls les sujets âgés de plus de 70 ans échouent à la tâche consistant à demander le stylo rouge ; les autres sujets réalisent cette tâche parfaitement. En ce qui concerne la deuxième tâche, deux critères de cotation ont été adoptés. Le premier critère, plus indulgent, exige pour qu'une réponse soit considérée comme correcte, que le sujet écrive soit l'heure, soit la date à n'importe quel endroit du questionnaire. Le second critère, plus strict, exige que l'heure et la date soient notées à l'endroit prescrit. Ces deux mesures sont censées refléter deux aspects de la mémoire prospective : le fait de se souvenir d'une action à effectuer et le fait de se souvenir du contenu de cette action. Quand le critère indulgent est appliqué, la performance diminue significativement en fonction de l'âge. Quand le critère strict est utilisé, on ne constate pas de différence significative dans les performances. La combinaison des deux analyses implique donc que la capacité de se souvenir d'une action à effectuer diminue avec l'âge mais que la capacité de se souvenir du contenu montre peu ou pas de déclin. Par ailleurs, les performances aux tâches de mémoire prospective ne sont pas corrélées avec l'auto-évaluation des problèmes de mémoire prospective, ni avec les jugements concernant le fonctionnement global de la mémoire, ni avec l'utilisation d'aide-mémoire. Ces données indiquent que les sujets ont une connaissance limitée de leurs capacités de mémoire prospective. De plus, elles ne confirment pas les observations de Moscovitch & Minde selon lesquelles les sujets âgés utilisent plus d'aide-mémoire que les sujets jeunes.

6. *Nature des tâches de mémoire prospective*

Les expériences sur la mémoire prospective que nous venons de décrire sont toutes assez restrictives car elles ne fournissent aucune indication sur les stratégies comportementales qui mènent le sujet à se souvenir de l'action à effectuer. Ce sont précisément ces stratégies que Harris & Wilkins (1982) ont décidé d'étudier et ce, pour une classe particulière de tâches de mémoire prospective, les tâches T.W.T.E. (TEST - WAIT - TEST - EXIT). Il existe beaucoup de situations dans la vie quotidienne qui impliquent de contrôler un processus jusqu'à ce qu'un niveau critique soit atteint et ensuite d'effectuer une action particulière. Une sous-classe de ces tâches de contrôle ont été caractérisée par Miller *et al.* (1960) comme des tâches T.O.T.E. (TEST - OPERATE - TEST - EXIT). Dans ce type de tâche, le processus contrôlé est une action réalisée par l'individu qui effectue le contrôle. Par exemple, le sujet qui cloue contrôle les progrès de son action (c'est-à-dire observe si le clou dépasse) jusqu'à ce que le test révèle que le but a été atteint et qu'il peut sortir de la boucle «operate». (c'est-à-dire qu'il peut arrêter de clouer). Dans cette tâche T.O.T.E., le sujet a peu d'occasions d'oublier le test ou l'action car il est à la fois le testeur et l'opérateur et donc est toujours présent et attentif à la tâche.

Par contre, dans un certain nombre de tâches (les tâches T.W.T.E.), l'opération contrôlée continue indépendamment de la personne qui effectue le contrôle. C'est le cas par exemple quand un sujet contrôle (phase «test») la cuisson d'un gâteau. Si le test montre que le gâteau n'est pas cuit, le testeur doit attendre (phase «wait») jusqu'à ce qu'il soit temps de réaliser un nouveau test (phase «test»); cela lui permet de s'engager dans une autre activité car la cuisson peut se poursuivre en l'absence du testeur. Enfin, un test indiquera que le gâteau est cuit et qu'il peut être retiré du four (phase «exit»). Le problème essentiel à résoudre est de savoir ce qui se passe pendant la période «wait» : comment le sujet décide-t-il d'effectuer le prochain test? Les expériences décrites précédemment fournissent seulement une méthode d'enregistrement de la phase «exit».

Il est possible, en suivant Harris & Wilkins (1982) de distinguer plusieurs classes de tâches T.W.T.E. en fonction du type d'information que le test fournit. Dans certains cas, le test donne une indication précise sur le moment où il faut effectuer le prochain test (par exemple, quand le test consiste à consulter une horloge); dans d'autres cas, il ne donne aucune information quant à la durée de la phase «wait» (par exemple, le signal discontinu du téléphone indique que la ligne est occupée, mais il ne donne pas d'information sur le moment où le numéro peut être de nouveau composé); enfin, il y a quelques tâches où l'information est à mi-chemin entre ces deux extrêmes (par exemple, examiner un morceau de viande à moitié cuit ne donne qu'une indication approximative sur la durée de la cuisson qui est encore nécessaire). Les tâches peuvent également varier en fonction de l'importance du contrôle que le testeur peut exercer sur la vitesse du processus : si la phase «exit» est définie par rapport au temps (par exemple, aller chercher les enfants à l'école à 16 heures), il n'est pas possible de modifier le point de sortie; par contre, dans le cas du remplissage d'un bain, on peut ajuster le débit de l'eau pour ralentir le processus. Il y a enfin les tâches qui peuvent être caractérisées selon la longueur et les limites (de début ou de la fin) de la période «critique», c'est-à-dire la période durant laquelle le test va signaler un mouvement vers la phase «exit» : par exemple, certaines tâches ont une fin de période critique abrupte (la panne d'essence); pour d'autres, elle est plus étendue (la cuisson d'un plat au four).

Les tâches T.W.T.E. peuvent donc être définies comme des tâches dans lesquelles :

1. Il existe un coût attaché au fait de répondre trop tôt (le gâteau n'est pas cuit) ou trop tard (le gâteau est brûlé).

2. Le sujet peut obtenir une information sur la valeur de la fonction qui relie le coût et le fait de répondre trop tôt ou trop tard : par exemple, en ce qui concerne la tâche «se souvenir de faire le plein d'essence», le coût de faire le plein trop tôt (c'est-à-dire faire des visites inutiles à la station d'essence) décline graduellement mais le coût de faire le plein trop tard survient soudainement (la voiture est immobilisée).

3. Le coût attaché aux contrôles à effectuer est minime par rapport aux coûts d'une réponse hâtive ou tardive mais il est néanmoins suffisant pour nécessiter un contrôle discontinu. Il s'agit en fait d'adopter la stratégie la plus rentable mais on ne dispose pas actuellement d'informations précises quant à la nature d'une telle stratégie en fonction de la tâche.

Trois types possibles d'oublis peuvent être rencontrés dans les situations T.W.T.E. :

1. L'absence de test durant la période critique, ce qui implique que le signal de sortie n'est pas reçu.

2. L'oubli du critère du test (oublier le temps de cuisson des œufs).

3. L'absence du test approprié malgré la présence du contrôle pendant la période critique (par exemple, contrôler l'heure à 16 heures mais seulement tester s'il est temps d'aller chercher les enfants à l'école et oublier de tester la cuisson du gâteau dans le four).

La situation que Harris & Wilkins (1982) ont choisi de simuler pour explorer ces tâches T.W.T.E. est celle qui consiste à avoir quelque chose à faire à un moment particulier pendant qu'on regarde un film à la télévision et ce, en ayant la possibilité de contrôler le temps sur une horloge. Ils demandent à des sujets de regarder un film en leur disant qu'ils auront à répondre à un questionnaire sur le contenu du film. Toutes les 3 ou 9 minutes, les sujets doivent également présenter à une caméra une feuille de papier sur laquelle est inscrite une heure précise : ils doivent donc montrer la feuille à la caméra quand l'heure inscrite sur la feuille et l'heure de l'horloge correspondent. L'horloge est placée derrière eux de telle manière qu'ils doivent tourner la tête pour la consulter, ce qui constitue une situation naturelle de contrôle de l'heure, repérable par un observateur. Les sujets sont avertis que seules les présentations de la feuille effectuées durant les 16 premières secondes sont comptées comme un succès; quand ils ne répondent pas à temps, ils doivent le faire dès qu'ils s'en aperçoivent. Les résultats montrent que la majorité des réponses se sont produites dans les premières secondes de la période critique mais la moitié des sujets échouent au moins en une occasion. Il existe d'importantes différences individuelles dans le nombre d'observations de l'horloge. Néanmoins, à mesure que le temps de réponse approche, le nombre d'observations s'accroît et cette augmentation est corrélée avec l'exactitude des réponses. Les sujets effectuent donc une série de cycles «test-wait» dont la durée de la phase «wait» devient de plus en plus courte, jusqu'à ce qu'un test soit effectué durant la période critique, ce qui suscite l'apparition de la séquence «Test-Exit». Les réponses tardives sont presque toutes associées à l'absence d'un test durant la période critique et à un taux d'observations faible avant la période critique. Il faut noter que, quand les sujets oublient de répondre, ils ont souvent observé l'horloge peu avant le temps-cible. Cet oubli rapide semble comparable à l'oubli qui se produit en mémoire à court terme rétrospective. L'intervalle de 3 ou de 9 minutes n'influence pas le taux d'observation. En outre, l'exactitude des réponses sur le contenu du film n'est pas reliée au nombre d'observations, ni au nombre de réponses tardives. Enfin, 11 sujets sur 29 signalent que des événements du film (impliquant souvent le temps) ont servi d'indices pour le rappel de la tâche secondaire.

Selon, Harris & Wilkins (1982), le moment auquel la décision de contrôler l'horloge est prise est lié au problème du partage des ressources de traitement entre le fait de regarder la télévision et de décider un nouveau contrôle. Les sujets peuvent adopter différentes stratégies pour partager ces ressources : ils peuvent soit divertir de manière continue une certaine attention, soit détourner complètement ou partiellement leur attention de manière périodique, ce détournement étant suscité par une espèce d'horloge interne ou par des indices externes (par exemple issus du film). Il est également possible que la décision soit prise à un niveau qui n'entre pas en compétition avec l'attention portée au film ou qu'aucune décision ne soit prise et que l'observation suivante ne soit réalisée que quand une sorte d'horloge interne a atteint un état prédéterminé (il faudrait alors s'interroger sur la pertinence des observations d'horloge qui se produisent juste avant une réponse). Deux autres phénomènes jouent un rôle particulier. Le premier concerne ce que le sujet a retenu du contrôle précédant et on peut imaginer des erreurs liées à un encodage défectueux ou à l'oubli de l'information encodée. Le deuxième point a trait à l'estimation du temps écoulé depuis le dernier contrôle effectué.

Si cette étude a permis la description d'un certain nombre de paramètres pertinents, d'autres recherches sont nécessaires pour déterminer la nature des stratégies utilisées, pour relier ces stratégies à l'augmentation observée des test à mesure que le moment-cible approche, ainsi que pour analyser le rôle de l'estimation temporelle dans la performance aux tâches T.W.T.E. Dans un travail récent, Ceci & Bronfenbrenner (1985) ont décrit et investigué une stratégie utilisée par les enfants dans une situation T.W.T.E. Cette stratégie (qu'ils intitulent « strategic time-monitoring ») comporte 3 phases :

1. Une phase précoce de calibrage dans laquelle les sujets effectuent des tests fréquents afin de « synchroniser leur horloge psychologique » avec le déroulement du temps réel.

2. Une phase intermédiaire où les tests sont peu fréquents, ce qui permet de s'engager dans d'autres activités.

3. Une phase d'augmentation des tests à mesure que le point de sortie approche.

La situation utilisée par les auteurs consiste soit à mettre des gâteaux au four, soit à charger une batterie de moto, et à retirer le gâteau ou les câbles du chargeur de batterie après un délai de 30 minutes. Pendant cet intervalle, les enfants sont invités à continuer un jeu vidéo qu'ils avaient commencé 15 minutes auparavant. On attire leur attention sur une horloge murale placée derière eux et on leur signale qu'ils doivent retirer le gâteau ou le chargeur après 30 minutes, à partir de l'heure de départ déterminée. Les contrôles de l'heure (repérés par le fait que les enfants se retournent pour observer l'horloge) sont enregistrés par un comparse qui feint une activité de lecture dans un coin de la pièce. Deux groupes de 48 enfants des deux sexes dont l'âge moyen est respectivement de 10 ans 7 mois et de 14 ans 6 mois sont distribués sur les deux tâches (batterie et gâteau) et sur deux contextes expérimentaux : la moitié des enfants de chaque groupe réalisent la tâche dans leur propre maison, l'autre moitié l'effectuent au laboratoire de psychologie. De plus, dans la condition « maison », les comparses sont les frères et les sœurs aînés du sujet, alors que dans la condition laboratoire, ce sont des adultes non familiers. Les deux contextes dans lesquels s'effectue l'expérience diffèrent donc à la fois dans les caractéristiques physiques de l'environnement et dans la familiarité des personnes présentes. Les résultats indiquent clairement que les deux groupes d'enfants utilisent des stratégies différentes en fonction du contexte. Dans la condition «maison», les contrôles de l'horloge s'organisent selon une distribution en U : la fréquence des contrôles est plus importante en début de phase, elle se réduit pendant une période prolongée puis augmente rapidement en fin de phase. Dans la condition «laboratoire», la distribution des contrôles n'a pas cette forme en U et on constate plutôr une augmentation progressive des contrôles à mesure qu'on approche de la fin de l'intervalle. Le nombre total de contrôles de l'horloge est significativement plus grand en laboratoire qu'à la maison. Les données ne permettent pas de conclure à une efficacité plus grande de l'une ou l'autre stratégie car les enfants qui répondent en retard ne présentent aucun de ces deux patterns : ils montrent en fait une diminution du nombre de contrôles de l'heure, ce qui confirme les résultats de Harris & Wilkins (1982). Néanmoins, les auteurs suggèrent que la stratégie employée par les enfants en laboratoire est le fait d'une approche plus anxieuse et plus prudente de la tâche : ils s'assurent de ne pas oublier d'effectuer la tâche à l'heure prévue en sacrifiant une partie du temps qui pourrait être consacré à la tâche secondaire. Cette hypothèse d'une augmentation de tension suscitée par l'environnement non familier est confirmée dans une étude ultérieure. Les auteurs ont soumis un groupe d'enfants à un contexte intermédiaire entre le contexte «maison» et le contexte «laboratoire» : il s'agissait d'une cuisine ordinaire dans un building non-familier. Le pattern des contrôles fournis par les sujets de 10 ans dans ce contexte intermédiaire est identique au pattern manifesté dans le contexte «laboratoire» : la cuisine non familière leur apparaît donc comme aussi étrangère que le laboratoire. Par contre, pour les adolescents de 14 ans, le pattern des contrôles dans la condition «cuisine» est identique à celui dans la condition «maison» : pour eux, une cuisine ordinaire dans un building inconnu n'est pas moins familière que le contexte «maison». Globalement, les adolescents de 14 ans utilisent plus souvent la stratégie en U que les sujets plus jeunes mais dans le contexte «laboratoire», ils manifestent une plus forte tendance à accroître leurs contrôles de l'heure, ce qui indique qu'ils sont soumis à une pression plus forte pour réaliser la tâche à l'heure fixée. En fait, cette augmentation des contrôles dans la condition «laboratoire» se manifeste différemment selon les sexes : les garçons de 14 ans montrent un accroissement pour la tâche de chargement de batterie alors que pour la tâche «gâteau», ils adoptent une stratégie en U ; en ce qui concerne les filles de 14 ans, l'augmentation des contrôles est présente pour les deux tâches.

L'étude de Ceci & Bronfenbrenner (1985) nous indique que des enfants peuvent, dans certaines conditions, adopter un type de contrôle relativement élaboré durant la phase d'attente d'une tâche de mémoire prospective. L'utilisation d'une telle stratégie aurait été sous-estimée si l'expérience avait été menée uniquement en laboratoire, ce qui confirme une fois de plus la nécessité d'aborder le fonctionnement mnésique dans le contexte de vie des sujets. La nature et la fonction de cette stratégie en trois phases doivent faire l'objet d'études ultérieures. En effet, il subsiste de nombreux points d'interrogation. Quelle relation y a-t-il entre ce processus de contrôle et les processus attentionnels? La phase précoce de cette stratégie de contrôle est-elle une phase de calibrage de «l'horloge psychologique»? Quels seraient les effets de consignes, de tâches et de contraintes temporelles différentes?...

7. *Types de tâches de mémoire prospective*

Meacham & Leiman (1982) distinguent deux catégories principales d'activités de mémoire prospective :
- les activités «habituelles» dans lesquelles il s'agit de se souvenir d'effectuer des actions qu'on accomplit généralement de façon routinière, comme par exemple, se brosser les dents avant d'aller se coucher;
- les activités «épisodiques» qui impliquent une action qui est soit peu fréquente, soit réalisée sur des bases irrégulières comme par exemple, s'arrêter chez le cordonnier sur le chemin de retour du travail afin de récupérer des chaussures.

Comme le signale Harris (1984), si cette distinction est claire aux extrêmes, elle devient moins nette pour les situations moyennes : effectuer une action une fois par semaine ou une fois par mois, est-ce épisodique ou habituel?

Harris (1984) propose de classer les tâches de mémoire prospective d'une part, en tâches uniques / tâches doubles et d'autre part, en tâches simples / tâches composées. Dans les tâches uniques, l'action dont il faut se souvenir est une partie de l'action principale en cours et il existe un seul but (par exemple, se souvenir de mettre le sachet dans la théière quand on prépare du thé); dans les tâches doubles, il y a deux buts et une des actions ne fait habituellement pas partie de l'autre (par exemple, se souvenir d'acheter du pain en revenant du travail implique deux activités : retourner chez soi et acheter du pain). Cette distinction essentiellement psychologique recouvre à certains égards la distinction de Meacham & Leiman (1982) entre mémoire prospective épisodique et habituelle. Il est possible d'illustrer la distinction tâches simples / tâches composées en comparant deux tâches doubles : se souvenir d'acheter du pain sur le chemin de retour du travail et se souvenir d'arrêter ses activités à 16 heures pour aller rechercher sa fille à l'école. Dans la première situation, c'est l'activité interrompue elle-même qui doit être contrôlée car c'est le déroulement de l'activité qui détermine quand l'interruption doit se produire (c'est-à-dire quand le sujet doit interrompre son trajet pour entrer dans la boulangerie) : on parlera dans ce cas de tâches simple. Dans la deuxième situation, il s'agit de contrôler un indice non relié à l'activité interrompue (c'est-à-dire contrôler une horloge ou sa montre pour interrompre son activité à 16 heures) : comme un processus indépendant de l'activité doit être contrôlé, on parlera de tâche composée.

Les expériences où on demande aux sujets de poster une carte ou de téléphoner à des moments déterminés peuvent être étiquetées comme des tâches doubles-composées alors que les situations où il s'agit de se souvenir d'effectuer une action avant ou après une autre (comme dans l'expérience de Loftus, 1971) sont des tâches doubles-simples. Certaines tâches impliquant de faire une action avant ou après une autre seront cependant classées comme des tâches uniques-simples. C'est le cas, par exemple, quand on doit se souvenir de mettre le sachet de thé dans la théière. De telles activités ont été étudiées dans le cadre des «plans d'actions» et des «slips of action» (Reason, 1984 ; Roy, 1982). Ces activités uniques-simples sont constituées d'une séquence d'actions et les erreurs qui se produisent dans cette séquence résultent principalement de situations où l'attention du sujet n'est pas dirigée vers l'action (c'est pourquoi on parlera de distractions pour caractériser ces erreurs). Reason (1977 ; 1979) propose une classification de ces erreurs de type «distractions» en fonction de l'étape dans le traitement de l'information sur laquelle porte le problème : il décrit entre autres des erreurs de discrimination liées à la confusion entre divers attributs des objets sur lesquels on agit (par exemple, mettre de la mousse à raser sur sa brosse à dents), des erreurs qui résultant de la transposition d'éléments de mouvements à l'intérieur d'un programme ou entre différents programmes (par exemple, mettre le beurre dans la machine à laver et le linge sale dans le frigo), des erreurs de stockage qui sont la conséquence d'un problème de rappel des plans ou des actions (par exemple, ne pas se souvenir qu'on a déjà fait bouillir de l'eau pour faire du café et le refaire une deuxième fois)... L'apparition de ces erreurs est couramment associée à des tâches hautement automatisées, réalisées dans des environnements

familiers ainsi qu'à des états de préoccupation ou de stress. La majorité de ces erreurs impliquent l'intrusion d'habitudes appartenant à une autre activité que celle souhaitée. Parmi les situations qui favorisent ces intrusions, on peut citer (Reason, 1984) :
- celles dans lesquelles un changement de but requiert un changement d'habitude (par exemple, je décide de ne plus saler mes aliments mais je continue à prendre la salière comme je l'ai toujours fait);
- celles qui exigent une modification de patterns d'actions bien établis du fait de changements de circonstances (par exemple, continuer à se diriger vers l'endroit où se trouvait un meuble dont l'emplacement vient d'être modifié);
- celles où on pénètre dans un environnement familier avec une «intention faible» (par exemple, j'entre dans la chambre à coucher pour y prendre un livre, je passe devant le miroir, je me coiffe et je sors de la chambre sans le livre);
- celles où notre environnement actuel partage des caractéristiques avec un environnement hautement familier (par exemple, j'essaye d'ouvrir la porte de la maison d'un ami avec mes propres clés).

Reason (1977; 1979) a fourni un cadre utile de classification des erreurs de type «distractions» mais il insiste sur le fait que la plupart de ces erreurs sont déterminées par des facteurs multiples. Il a par ailleurs développé un modèle de contrôle cognitif (Reason, 1984) qui tente de rendre compte des distractions à partir des ressources de contrôle attentionnel, lesquelles sont déployées différemment en fonction des diverses phases dans la séquence d'actions. Certains points dans une séquence peuvent souffrir d'un trop plein attentionnel, d'autres nécessitent un surplus d'attention, notamment les points de choix. La réalisation d'une séquence d'actions requiert dès lors un équilibre délicat entre un mode de contrôle qui exige de l'attention et qui est sensible au feedback de l'action et un mode de contrôle qui peut fonctionner avec un minimum d'attention.

Selon Baddeley & Wilkins (1984), la distinction mémoire rétrospective - mémoire prospective a une valeur théorique faible, et elle se justifie uniquement parce qu'elle permet d'étiqueter un domaine important de la mémoire qui a été jusqu'à présent pratiquement ignoré. Les théories qui ont été développées à partir de la mémoire rétrospective peuvent aussi bien s'appliquer à la mémoire prospective. Il en va notamment ainsi pour la distinction proposée par Tulving (1972) entre mémoire sémantique et mémoire épisodique. Les études de Reason sur les «slips of action» pourraient être considérées comme appartenant à la catégorie de la mémoire prospective sémantique. En effet, les séquences d'action sont des composantes surapprises du comportement; de plus, Reason postule qu'il existe une structure cognitive pré-existante (un schéma) pour une séquence d'action du type «faire du café», et que les circonstances qui ont permis que cette information soit apprise ne peuvent pas être rappelées. Par contre, la situation utilisée par Wilkins et Baddeley (1978) pour simuler la prise de médicaments tomberait dans la catégorie de la mémoire prospective épisodique. Il s'agit en effet d'une action arbitraire (presser un bouton) et l'épisode spécifique dans lequel l'action a été acquise peut parfaitement être rappelé. Une autre dichotomie classique peut être utilisée dans le domaine de la mémoire prospective : il s'agit de la dichotomie MCT-MLT. Nous avons vu, dans l'expérience de Harris & Wilkins (1982), que certains sujets montraient des oublis à court terme de «plans d'action» semblables à ceux observés en mémoire rétrospective.

Sur la base de leur distinction entre activités épisodiques et activités habituelles, Meacham & Leiman (1982) ont envisagé différentes stratégies susceptibles de faciliter la mémoire prospective. Globalement, se souvenir d'une activité habituelle de mémoire prospective serait plus facile que se souvenir d'une activité épisodique car la réalisation de l'activité habituelle peut être guidée par l'environnement immédiat ou par des indices issus d'activités antérieures. Ainsi, une stratégie utile pour aider au rappel d'une action habituelle est de l'intégrer dans le flot des activités régulières (par exemple, prendre ses vitamines chaque matin au petit déjeuner plutôt qu'à différents moments dans la journée). En ce qui concerne la mémoire prospective épisodique, les auteurs décrivent trois stratégies destinées à améliorer le rappel d'une action épisodique à effectuer :

1. Construire une liste des activités à entreprendre et acquérir l'habitude de la consulter (il s'agit en fait de subordonner la mémoire épisodique à la mémoire habituelle).

2. Créer un indice externe de récupération qui peut susciter le souvenir de l'action à effectuer (par exemple, placer le livre qu'on doit rendre à la bibliothèque près de la porte afin de le voir quand on sort).

3. Des stratégies cognitives «internes» comme par exemple, créer des associations élaborées entre l'activité à effectuer et d'autres activités qui pourraient être engagées dans le futur.

Ces remarques de Meacham & Leiman (1982) nous introduisent au dernier point que nous développerons sur le thème de la mémoire prospective : il s'agit des aides utilisées par les sujets pour améliorer leurs capacités de se souvenir d'actions à effectuer. Ce problème des aides mnésiques n'est d'ailleurs pas spécifique à la mémoire prospective mais concerne tout autant les activités de mémoire rétrospective. En tant que tel, il constitue un secteur important dans l'étude du fonctionnement mnésique quotidien.

8. *Aide-mémoire et mémoire prospective*

Les aide-mémoire peuvent être groupés en deux catégories générales :

- Les aide-mémoire internes dans lesquels on inclut les procédés mnémotechniques appris consciemment et qui se fondent sur diverses caractéristiques de notre mémoire : les méthodes basées sur l'imagerie mentale (la méthode des lieux, les associations visage-nom...), les méthodes d'associations verbales (la méthode du récit, des rimes...), la reconstruction mentale, la répétition mentale... Ces différentes procédures ont été très étudiées en laboratoire (voir Morris, 1979). Certaines aides internes sont difficiles à distinguer des opérations «habituelles» de la mémoire (comme le groupement en catégories lors du rappel libre d'une liste catégorisée), opérations dont l'utilisation n'est pas nécessairement consciente.
- Les aide-mémoire externes impliquent la manipulation physique de l'environnement : établir une liste, écrire sur un calendrier ou un agenda, mettre un objet à un endroit particulier où il pourra être vu au moment où on en a besoin, demander à quelqu'un de nous rappeler une information, prendre des notes, programmer une minuterie...

Quelques études se sont penchées sur la fréquence d'utilisation des aides externes et internes chez les sujets normaux. Kreutzer *et al.* (1975) ont demandé à des enfants comment ils feraient pour être certains d'emporter leurs patins à glace à l'école, le matin. La majorité des réponses impliquaient la création d'indices de récupération externes, tels que placer les patins à un endroit particulier ou laisser une note écrite. Harris (1980) a interrogé des sujets adultes sur la fréquence d'utilisation de 20 aides mnésiques et il a également trouvé un emploi plus fréquent des aides externes. Ces deux études fournissent cependant des informations limitées car la première est trop spécifique et la seconde trop générale (elle ne précise pas les situations d'application des aides). Dans un travail plus récent, Intons-Peterson & Fournier (1986) ont analysé la spécificité des aides mnésiques dans 32 situations de mémoire groupées en deux catégories : des situations où on doit se préparer pour un rappel futur (par exemple, «Vous venez d'ouvrir votre armoire à provisions et vous découvrez qu'il est temps de faire des achats. Comment ferez-vous pour vous souvenir de ce que vous devez acheter?») et des situations où on doit rappeler une information passée (par exemple, «Vous êtes dans un magasin pour acheter les provisions qui vous semblaient nécessaires quand, la veille, vous avez ouvert votre armoire. Vous êtes maintenant incapables de vous souvenir des achats à réaliser. Comment ferez-vous pour vous en souvenir?»). Ces deux catégories étaient elles-mêmes scindées en deux groupes : des situations verbales et des situations spatiales. Les sujets (101 étudiants en psychologie) devaient pour chaque situation évaluer sur une échelle à sept niveaux, la fréquence d'utilisation de 20 aides mnésiques, leur facilité d'utilisation et leur efficacité ; ils devaient en outre les classer selon leur préférence. Les résultats indiquent que, globalement, les aides externes sont plus fréquemment utilisées que les aides internes. De plus, l'utilisation de ces deux types d'aides est spécifique aux situations de mémoire : les aides externes sont plus souvent employées que les aides internes pour préparer un rappel futur et pour se souvenir de tâches spatiales, les aides internes étant plus souvent appliquées aux situations verbales où il faut rappeler une information passée. Les méthodes externes sont évaluées comme étant significativement plus faciles à utiliser et plus efficaces que les aides internes, et elles sont également préférées par les sujets.

Dans une deuxième recherche, Intons-Peterson & Fournier (1986) ont comparé l'utilisation des aides externes et internes dans diverses situations de mémoire prospective et de mémoire rétrospective. Pour que les items soient aussi comparables que possible, les auteurs ont élaboré huit situations, chacune sous une forme «mémoire prospective» (par exemple, «Il vous est probablement déjà arrivé de décider l'achat de nourriture sur le chemin de retour du travail. Qu'avez-vous fait pour vous souvenir de vous arrêter à l'épicerie?») et sous une forme «mémoire rétrospective (par exemple, «Il vous est probablement déjà arrivé de décider l'achat de nourriture sur le chemin de retour du travail. Qu'avez-vous fait pour vous souvenir de l'article à acheter?»). Les résultats suggèrent que les aides externes sont plus souvent utilisées pour se souvenir d'effectuer une action mais que la fréquence d'utilisation des deux types d'aides est identique pour l'accès à l'information passée.

Il semble donc que les aides mnésiques externes sont plus fréquemment adoptées, par les enfants et par les adultes, pour améliorer le fonctionnement mnésique en général et ce constat est encore plus clair pour le domaine spéficique de la mémoire prospective. Nous avons vu par ailleurs que l'emploi d'aides externes semble être le facteur crucial permettant d'interpréter les bonnes performances des sujets âgés à une tâche de mémoire prospective (Moscovitch & Minde, cité dans Moscovitch, 1982). Les aides externes jouent généralement le rôle d'indices de récupération. Cependant, Intons-Peterson & Fournier (1986) ont montré qu'au moins une aide externe, la prise de notes, affecte non seulement la récupération mais également l'encodage. En effet, prendre des notes améliore le rappel de l'information même quand les notes ne sont pas disponibles comme indices de récupération. Signalons que Meacham & Leiman (1982) ont montré que fournir aux sujets des indices de récupération externes (des morceaux d'étoffe colorés à placer sur leur porte-clés) améliore la peformance à une tâche qui consiste à poster des cartes à des dates déterminées. Les réponses à un questionnaire distribué en fin d'expérience indiquent qu'en plus des indices colorés, 52 % des 71 sujets ont placé les cartes à des endroits voyants, 32 % ont utilisé le calendrier comme aide, 2 % ont adopté une stratégie interne, les autres sujets n'ont pas employé de méthodes complémentaires.

Quels sont les attributs qui donnent aux indices de récupération externes une efficacité maximale dans les tâches de mémoire prospective ? Selon Harris (1978), un indice de récupération doit être fourni le plus près possible du moment où l'action doit être effectuée : rappeler à quelqu'un, le matin, qu'il doit acheter du pain en revenant le soir du travail n'est pas un indice particulièrement efficace. L'indice doit, de plus, être actif : une note écrite dans l'agenda ne sert à rien si le sujet oublie de la consulter. Enfin, il doit être spécifique à l'action particulière requise : le nœud dans le mouchoir peut rappeler qu'une action doit être effectuée mais pas nécessairement le contenu de cette action. En fait, un indice actif élimine l'aspect prospectif de la tâche mnésique et conserve uniquement l'aspect rétrospectif, c'est-à-dire le rappel du contenu de l'action à effectuer. Idéalement, un bon indice devrait aussi fournir une information pour aider ce rappel.

Comme le note Beal (1985), un indice de récupération dans une tâche de mémoire prospective peut être utilisé comme « un message qu'on s'adresse à soi-même » dans le futur : par exemple, laisser une note écrite sur le siège de sa voiture pour se rappeler d'acheter un pain. Ce « message » doit être clair et informatif, surtout s'il doit être utilisé après un long délai. Une note ambiguë ou trop brève peut sembler claire quand elle est préparée mais être mal interprétée après plusieurs semaines. Beal (1985) a exploré la capacité qu'ont des enfants de 5 à 9 ans d'évaluer la qualité du message destiné à rappeler une action à effectuer. Elle a envisagé trois caractéristiques principales des indices de récupération :

1. Un indice qui partage un lien associatif avec la tâche devrait être plus efficace qu'un indice non relié.
2. Le lien associatif doit être clair et spécifique car un indice ambigu peut mener à une action inadéquate.
3. Le caractère informatif du lien associatif entre l'indice et la tâche doit être plus important quand on doit se souvenir de l'action à effectuer après un long délai.

Trois caractéristiques supplémentaires concernant l'endroit où l'indice doit être placé pour s'assurer que l'information soit reçue, ont été considérées : l'indice doit être placé à un endroit où il sera vu, il doit être vu au bon moment et il doit être reconnu comme un message qui nous est adressé. Chacune de ces six caractéristiques est illustrée par un ensemble d'images représentant un enfant qui doit réaliser une tâche de mémoire prospective et qui adopte deux stratégies d'indiçage (par exemple, une avec un lien associatif faible, l'autre avec un lien associatif fort); le sujet doit choisir la version qui lui semble la plus efficace et il doit expliquer pourquoi. Les résultats indiquent que la plupart des enfants de 5 à 6 ans connaissent seulement les exigences de base d'un indice efficace, c'est-à-dire le fait que l'indice doit être associé à l'action à effectuer et qu'il doit pouvoir être vu. Les enfants plus âgés ne reconnaissent pas toujours les problèmes posés par un indice ambigu ou par un indice visible mais qui n'est pas rencontré au bon moment. Enfin, la difficulté majeure consiste, pour les enfants à réaliser que la signification d'un indice, qui paraît évidente au moment où il est préparé, peut devenir ininterprétable dans le futur. Beal (1985) a observé les mêmes patterns de réponse concernant les indices efficaces pour une tâche qui consistait à relocaliser un objet caché.

Cette recherche de Beal s'inscrit dans le cadre plus large de l'étude de la métamémoire : elle illustre bien l'intérêt théorique qu'il y a à aborder les aides mnésiques. Les sujets normaux rapportent qu'ils utilisent des aide-mémoire dans de nombreuses situations de la vie quotidienne : ainsi, dans le travail de Intons-Peterson & Fournier (1986), les participants indiquent qu'ils ont adopté une forme d'aide mnésique dans 91 % des situations testées. Leur rôle et les facteurs qui contrôlent leur utilisation constituent donc un problème essentiel qui doit être abordé par les modèles du fonctionnement de la mémoire. L'utilisation de ces moyens d'aide et la connaissance de leur efficacité par les patients cérébro-lésés constituent également un axe de recherche important, particulièrement dans une perspective de revalidation.

Chapitre II
Neuropsychologie de la mémoire

I. INTRODUCTION

Les troubles de la mémoire sont observés dans un grand nombre de tableaux cliniques, et de nombreuses disciplines s'y intéressent : psychologie, psychiatrie, neurologie, endocrinologie, neuroanatomie... Cette multiplicité des contextes cliniques et des observateurs tend à morceler les niveaux d'approche et les hypothèses explicatives. C'est ainsi que Cermak (1984) distingue quatre groupes principaux de recherches sur les troubles de la mémoire :

1. Un premier groupe d'études se centre essentiellement sur les fonctions de régions particulières du cerveau (l'hippocampe, la région diencéphalique...). Les chercheurs engagés dans de tels travaux examinent des patients qui présentent des lésions limitées à une structure cérébrale particulière et ils essayent de corréler des déficits mnésiques à des modifications cérébrales via des techniques neuroradiologiques ou neurophysiologiques. Leur but est d'élaborer un modèle «cérébral» de la mémoire. Ils empruntent fréquemment les concepts utilisés par les théoriciens qui étudient la mémoire normale, mais ces concepts sont traités comme des instruments heuristiques à écarter quand des instruments meilleurs sont disponibles.

2. D'autres investigateurs s'intéressent à un état pathologique particulier, comme, par exemple, le syndrome de Korsakoff ou la maladie d'Alzheimer. L'objectif de ces études cliniques est d'expliquer les

troubles mnésiques qui sont associés à ces maladies. Les chercheurs regroupent les patients sur la base de l'étiologie en postulant que des étiologies similaires produisent des groupements similaires de lésions cérébrales et de déficits mnésiques. Le plus souvent, ils comparent différentes populations de patients, dans le but de trouver une double dissociation entre tâches mnésiques et populations, laquelle devrait aider à déterminer les processus qui sous-tendent les troubles mnésiques de ces patients. Certains des chercheurs engagés dans ce type d'études adoptent les concepts théoriques de la psychologie de la mémoire, mais d'autres sont plutôt athéoriques et se contentent d'utiliser les tests ou les paradigmes adoptés dans la recheche sur l'animal ou sur l'homme.

3. Un troisième groupe de travaux se focalisent sur le rôle des neurotransmetteurs. Les chercheurs impliqués dans ces études sur les bases biochimiques de la mémoire adoptent généralement des batteries de tests de mémoire sans s'interroger sur les sous-processus qui sont mis en œuvre dans ce type de tâche. Ils appliquent ces batteries de tests à des patients censés avoir un déficit biochimique commun, avant et après l'administration d'une substance particulière. Ce n'est généralement que quand une amélioration des performances est observée, que ces chercheurs se demandent si la substance affecte l'encodage, le stockage, la récupération ou l'attention.

4. Un dernier groupe d'études tente d'établir le bien fondé d'un ensemble de conceptions sur la mémoire. L'expérimentateur dispose d'un modèle de fonctionnement mnésique normal et le trouble de la mémoire devient l'outil par lequel ce modèle est testé. Par exemple, certains travaux envisagent la validité de la distinction sémantique/épisodique en se demandant si les troubles mnésiques représentent un trouble de la mémoire épisodique plutôt que sémantique. Dans cette perspective, l'étiologie et le site lésionnel sont soit ignorés, soit traités fortuitement.

Toutes ces démarches partielles aboutissent à une quantité impressionnante de données et de théories, ce qui rend d'ailleurs la communication interdisciplinaire très malaisée. L'objectif de ce chapitre n'est pas de présenter de manière exhaustive les travaux nés dans ces différents groupes de recherches. Nous nous limiterons à une description critique des interprétations neuropsychologiques qui ont été proposées pour rendre compte des troubles mnésiques consécutifs à une lésion cérébrale et ce, chez l'adulte. En fait, nous distinguerons les troubles mnésiques selon le site de la lésion cérébrale et selon différents états pathologiques (différents syndromes). C'est généralement ainsi que le clinicien aborde les déficits de la mémoire. Nous montrerons cependant qu'une telle approche syndromique est peu compatible avec un point de vue cognitif. Préalablement, nous présenterons quelques éléments d'étiologie et de neuroanatomie.

II. ETIOLOGIE DES TROUBLES DE LA MEMOIRE

Les troubles organiques et permanents de la mémoire peuvent être provoqués par des états pathologiques variés : l'alcoolisme chronique, les traumatismes crâniens, la chirurgie du lobe temporal, les encéphalites, les accidents vasculaires cérébraux, les tumeurs et les maladies dégénératives (Laurent et al., 1985 ; Wilson, 1987).

La plus grande partie de ce que nous connaissons sur le syndrome amnésique dérive d'études sur les patients présentant un Syndrome de Wernicke-Korsakoff, d'origine alcoolique. En 1881, Wernicke a décrit des patients qui, à la suite de nombreuses années d'abus d'alcool, présentaient une ataxie, des troubles oculaires et un état confusionnel. Au même moment, Korsakoff (1887) notait que le symptôme principal observé chez des patients qui avaient survécu à une maladie neurologique liée à l'abus de vodka était un important trouble mnésique. Le lien entre l'Encéphalopathie de Wernicke et le Syndrome de Korsakoff ne fut pas établi immédiatement et ce n'est qu'en 1956, que Malamud & Skillicorn ont montré que le Syndrome de Korsakoff constituait en fait la conséquence à long terme de l'Encéphalopathie de Wernicke. Bien que les lésions impliquées dans les troubles mnésiques du Syndrome de Wernicke-Korsakoff n'ont pas encore été identifiées avec certitude, il semble que les régions concernées sont essentiellement les corps mammillaires et le noyau thalamique dorso-médian.

Il existe deux théories concernant les causes de la lésion cérébrale dans le Syndrome de Korsakoff. La première théorie considère que l'alcoolisme chronique provoque une détérioration graduelle du fonctionnement mental, liée aux effets toxiques directs de l'alcool sur le cerveau. Le syndrome amnésique constitue ainsi la phase terminale d'un trouble mnésique qui s'est développé bien avant : c'est l'hypothèse de la continuité (Ryback, 1971). Plusieurs données plaident cependant contre cette hypothèse (Butters, 1985). Les alcooliques chroniques ayant une histoire de consommation d'alcool comparable à celle des patients Korsakoff ont des troubles moins graves que ceux présentés par les patients amnésiques. De plus, ces troubles sont qualitativement différents : les sujets alcooliques ne manifestent pas une sensibilité accrue à l'interférence comme les patients Korsakoff; les difficultés mnésiques sont également plus importantes sur matériel visuel alors que l'amnésie des patients Korsakoff n'est pas limitée à une modalité ou à un type de matériel. Un autre élément défavorable à l'hypothèse de la continuité vient de la description par Butters & Cermak (1986) du cas P.Z., professeur d'université qui a développé un Syndrome de Korsakoff. Malgré une longue histoire d'alcoolisme, ce patient avait écrit de très nombreux articles scientifiques et avait rédigé une autobiographie détaillée deux ans avant son amnésie. Butters & Cermak ont montré que P.Z. était incapable de rappeler des événements personnels qu'il avait pourtant décrits dans son autobiographie. Cette amnésie rétrograde ne peut donc pas être secondaire à un déficit dans l'apprentissage original, car toutes les questions posées portaient sur des informations tirées de sa propre autobiographie. Deux ans avant le début de l'amnésie, le patient était capable de récupérer ces informations et dès lors, sa maladie marque clairement le début aigu de son incapacité d'accéder aux informations autobiographiques.

L'autre théorie, largement acceptée, établit que la lésion cérébrale dans le Syndrome de Korsakoff est la conséquence d'une carence en vitamine B1, carence d'apport, d'utilisation et d'absorption chez ces sujets présentant souvent des troubles digestifs. On a d'ailleurs observé des Syndromes de Korsakoff non alcooliques au cours d'affections comportant des vomissements répétés ou dans des situations de malnutrition. Cependant, alors que la malnutrition est extrêmement répandue, on décrit en fait peu de troubles mnésiques permanents dans la population des sujets mal nourris (et non alcooliques). Dès lors, la lésion cérébrale dans le Syndrome de Korsakoff pourrait dépendre de l'interaction entre une déficience en vitamine B1 et une consommation excessive d'alcool.

Un syndrome amnésique peut survenir pour d'autres raisons que l'abus d'alcool et il y a actuellement de plus en plus d'études qui tentent de mettre en évidence les différences qualitatives entre les symptômes amnésiques d'origines différentes. Une autre cause de syndrome amnésique est l'encéphalite herpétique qui produit des lésions aiguës nécrosantes des structures temporo-hippocampiques tout en laissant les structures diencéphaliques relativement intactes. Des déficits permanents de la mémoire sont également observés à la suite de la résection du lobe temporal médial dans le but d'éliminer une épilepsie grave et inattaquable par d'autres moyens. Ainsi, Scoville & Milner (1957) ont décrit huit cas (dont le fameux cas H.M.) ayant développé un important syndrome amnésique à la suite d'une lobectomie temporale bilatérale (impliquant l'hippocampe et/ou l'amygdale). Quand la résection est unilatérale, le déficit mnésique est spécifique au matériel à mémoriser : les difficultés de mémoire sont plus importantes sur matériel verbal pour les lésions gauches et sur matériel visuel pour les lésions droites (Kimura, 1963 ; Milner, 1965, 1967, 1968).

L'amnésie peut également avoir une étiologie tumorale ou vasculaire. Les tumeurs de la base du cerveau et notamment celles du troisième ventricule sont fréquemment associées à un syndrome amnésique (Williams & Pennybacker, 1954). Les tumeurs frontales peuvent aussi provoquer une amnésie. En ce qui concerne les accidents vasculaires cérébraux, on connaît le syndrome amnésique consécutif aux atteintes bilatérales des artères cérébrales postérieures, où l'amnésie s'associe à des déficits visuels (Victor *et al.*, 1961 ; Benson *et al.*, 1974). Des troubles mnésiques importants peuvent également être liés à des lésions fronto-cingulaires à la suite de la rupture d'un anévrisme de l'artère communicante antérieure (Lindquist & Norlen, 1966). Plusieurs auteurs ont aussi décrit une amnésie thalamique par ischémie bilatérale et unilatérale gauche ou droite (Schott *et al.*, 1980 ; Michel *et al.*, 1982 ; Graff-Radford *et al.*, 1984 ; Speedie & Heilman, 1983 ; Franck *et al.*, 1986). Enfin, certains attribuent une cause vasculaire à l'amnésie globale transitoire (ou ictus amnésique) c'est-à-dire ce phénomène momentané d'absence totale de fixation mnésique (Trillet *et al.*, 1983).

Des troubles mnésiques sont, en outre, rencontrés dans le cadre de diverses maladies dégénératives (maladie d'Alzheimer et de Pick, chorée de Huntington, maladie de Parkinson...) et de perturbations de l'hydraulique intracrânienne (hydrocéphalies obstructives et « à pression normale » ; Ogden, 1986). On peut également observer des difficultés de mémoire à la suite d'une anoxie cérébrale (liée à un arrêt cardiaque, un accident d'anesthésie ; Volpe & Hirst, 1983), d'une hypoxie liée à des problèmes respiratoires (notamment durant le sommeil ; Poirrier & Van der Linden, 1985) ou d'intoxications au plomb, à l'oxyde de carbone...

Une cause très fréquente de problèmes mnésiques est le traumatisme crânien. Les séquelles résultant d'un traumatisme crânien peuvent être la conséquence d'une lésion physique directe du cerveau ou de facteurs secondaires tels des perturbations vasculaires, une anoxie ou un œdème cérébral. Les mécanismes qui provoquent les lésions cérébrales à la suite d'un traumatisme sont de nature différente : la lésion peut prédominer au niveau du point d'impact (lorsque la tête est immobile au moment du choc); quand la tête est en mouvement, le crâne et le cerveau sont le siège de phénomènes de translations linéaires (responsables de contusions corticales en foyer situées surtout au niveau de la convexité frontale et des lobes temporaux) et d'accélérations rotatoires qui provoquent des lésions axiales diencéphalo-mésencéphaliques (Ommaya *et al.*, 1971).

Signalons enfin que plusieurs études ont exploré les troubles mnésiques associés à la thérapie électro-convulsive bilatérale (ECT) qui est quelquefois prescrite pour le traitement de la dépression. Après une période confusionnelle de 30 à 45 minutes, l'amnésie apparaît comme un déficit relativement circonscrit en l'absence de désorientation ou de changement dans l'efficience intellectuelle. Cette amnésie régresse dans une certaine mesure après le traitement (de façon cumulée après chaque traitement).

III. TROUBLES DE LA MEMOIRE ET LOCALISATIONS CEREBRALES

L'existence d'un syndrome amnésique a le plus souvent été associée à une lésion de quatre structures occupant deux régions dans le cerveau : une région sous-corticale appelée le diencéphale et le lobe temporal médial du cortex. Ces quatre structures sont : la formation hippocampique, le fornix, les corps mammillaires et le thalamus.

Les travaux neurochirurgicaux de Scoville & Milner (1957) ont montré qu'une résection bilatérale du lobe temporal antérieur, de l'amygdale et de l'uncus provoquait des troubles mnésiques mineurs et que l'amnésie n'était présente que si l'hippocampe était impliqué. Les résections unilatérales confirment l'importance de l'hippocampe car les déficits mnésiques sont corrélés avec la quantité d'hippocampe enlevée (Milner, 1971). Pour Mishkin (1978), par contre, c'est la combinaison de lésions de l'hippocampe et de l'amygdale qui est à la base de l'amnésie. Selon Markowitsch (1985), l'amygdale jouerait également un rôle dans le fonctionnement mnésique et aurait essentiellement pour fonction d'activer ou de réactiver les événements mnésiques qui ont une signification émotionnelle pour le sujet. Une autre interprétation des effets des résections temporales sur la mémoire est proposée par Horel (1978) : il considère que l'amnésie est provoquée par une lésion de l'isthme temporal, substance blanche qui lie le cortex temporal et l'amygdale aux structures diencéphaliques et notamment au noyau thalamique dorso-médian.

Des études démontrant le rôle du fornix dans l'amnésie sont plus difficiles à trouver. Le fornix peut être considéré comme le pont entre les lobes temporaux et le diencéphale. Pour Warrington & Weizkrantz (1982), l'amnésie serait la conséquence d'un syndrome de disconnection lié à une lésion sur le trajet fornix-corps mammillaires. Cependant, Parkin (1984) constate qu'une lésion du fornix produit rarement un syndrome amnésique. De même, Squire & Moore (1979) ont revu 50 cas de lésions fornicales et n'ont trouvé que trois cas d'amnésie. Récemment, Grafman et al. (1985) ont décrit des problèmes mnésiques persistant chez un patient qui, à la suite d'une blessure de guerre, présentait une lésion fornicale, sans atteinte du lobe temporal et avec une atteinte thalamique minime.

Le rôle des corps mammillaires paraît, par contre, primordial et est, avec le noyau dorso-médian du thalamus, la structure la plus fréquemment associée au Syndrome de Korsakoff. On ne peut cependant pas encore établir clairement si une lésion des corps mammillaires suffit pour provoquer une amnésie ou si elle doit être associée à une lésion du noyau thalamique dorso-médian. Victor et al. (1971) ont décrit cinq cas de patients avec une lésion isolée des corps mammillaires et qui n'ont pas présenté de syndrome amnésique. Inversement, Brion (1969) et Mair et al. (1979) ont présenté plusieurs cas de patients amnésiques ayant une lésion des corps mammillaires sans lésion du noyau thalamique dorso-médian.

La quatrième structure impliquée dans l'amnésie est le thalamus. Dans une étude devenue classique sur le Syndrome de Wernicke-Korsakoff, Victor et al. (1971) ont trouvé que 38 patients sur 43 avaient une lésion qui atteignait le noyau thalamique dorso-médian. Squire & Moore (1979) ont décrit le cas du patient N.A. qui, blessé en pratiquant l'escrime, présentait une lésion dans la région du thalamus dorsal gauche, accompagné d'un syndrome amnésique. D'autres lésions du thalamus ont également été mentionnées mais de manière beaucoup plus fragmentaire.

D'autres structures cérébrales ont été associées à un dysfonctionnement mnésique. Ainsi, Lhermitte & Signoret (1976) ont décrit un cas d'amnésie à la suite d'une cingulectomie bilatérale. Whitty *et al.* (1960) ont également rapporté la présence d'une amnésie légère et transitoire chez 14 patients cingulectomisés. En outre, quelques travaux ont montré qu'une lésion du cervelet ou des noyaux de la base (par exemple, le noyau caudé) pouvaient provoquer des troubles dans l'apprentissage d'habiletés cognitives et perceptivo-motrices ainsi que des troubles du conditionnement (Martone *et al.*, 1984; Thompson *et al.*, 1984).

Enfin, diverses lésions du néo-cortex déterminent également l'apparition de troubles mnésiques. Une lésion des aires corticales postérieures associatives peut perturber l'accès à des souvenirs sémantiques bien établis et troubler l'acquisition d'informations nouvelles. De même, des lésions corticales peuvent être associées à des troubles de la MCT verbale et visuelle (Shallice & Warrington, 1977; Butters *et al.*, 1970; Samuels *et al.*, 1972). Par ailleurs, les aires frontales sont elles aussi impliquées dans le fonctionnement mnésique mais leur rôle est loin d'être clairement précisé (Luria, 1973).

Il subsiste de nombreuses incertitudes concernant les lésions critiques qui provoquent un dysfonctionnement mnésique. Souvent, les patients étudiés ont des lésions dans d'autres régions que celles qui sont l'objet de l'étude et cela rend l'interprétation difficile; de plus, la localisation des lésions chez des sujets vivants manque encore de précision et les analyses post-mortem sont rares ou décrivent des lésions qui ont évolué ultérieurement. En outre, l'évaluation des troubles mnésiques est souvent inadéquate. Pour Mayes & Meudell (1983), il est néanmoins probable que les structures du système limbique impliquées dans l'amnésie constituent une sorte de «système mnésique extrinsèque» qui module les souvenirs stockés dans d'autres régions du cerveau (lesquelles constituent «le système mnésique intrinsèque»). Il est également probable que ce système extrinsèque ne module que certains types d'information et que les différentes structures qui le composent ont des fonctions modulatrices différentes. La caractérisation de ces fonctions (en termes d'enregistrement, de stockage ou de récupération) est cependant loin d'être résolue. Par ailleurs, comme le note Markowitsch (1984), l'existence d'une corrélation nette entre une lésion cérébrale particulière et un déficit fonctionnel observable est peu vraisemblable. Il faut plutôt considérer la cause neurologique sous-jacente comme une altération dans l'activité d'un réseau étendu dans le cerveau.

IV. INTERPRETATIONS THEORIQUES DES TROUBLES DE LA MEMOIRE

On peut provisoirement distinguer trois groupes principaux de troubles mnésiques (Mayes, 1986) :

1. Les troubles dans l'acquisition et la rétention à long terme d'informations sémantiques et épisodiques, consécutifs à des lésions du lobe temporal médial ou du diencéphale (le syndrome amnésique).
2. Les troubles consécutifs aux lésions des lobes frontaux.
3. Les troubles de la MCT ainsi que les troubles dans l'accès aux souvenirs sémantiques bien établis et dans l'acquisition d'informations nouvelles, liés aux lésions du cortex postérieur associatif.

Ces différents troubles n'apparaissent pas nécessairement de manière isolée et peuvent coexister avec d'autres déficits cognitifs. Ainsi, les patients avec une maladie d'Alzheimer peuvent présenter des troubles de la MCT, de la connaissance sémantique et de l'acquisition d'informations épisodiques accompagnés d'une détérioration intellectuelle. De même, les patients avec un Syndrome de Korsakoff manifestent fréquemment des troubles frontaux associés aux troubles consécutifs aux lésions diencéphaliques. Notons que des déficits mnésiques spécifiques ont été décrits à la suite de lésions affectant d'autres régions cérébrales que celles que nous avons distinguées et par exemple, les noyaux de la base (dans la chorée de Huntington). Ces troubles commencent seulement à être explorés et nous les mentionnerons incidemment lors de la présentation des autres déficits.

Nous décrirons les interprétations neuropsychologiques qui ont été proposées pour ces différents troubles mnésiques. Par ailleurs, nous présenterons les travaux qui ont abordé les troubles de la mémoire dans le vieillissement normal et pathologique et dans les traumatismes crâniens. Nous développerons plus longuement la catégorie de troubles qui a été la plus étudiée par les neuropsychologues cognitivistes : les troubles associés aux lésions du diencéphale et du lobe temporal médial.

A) Le syndrome amnésique

Nos connaissances concernant le syndrome amnésique par lésion du système limbique dérivent principalement d'études effectuées sur quatre types de patients : les patients avec Syndrome de Korsakoff d'étiologie alcoolique, les patients qui ont subi une résection bilatérale du lobe temporal médial ou qui ont été victimes d'une encéphalite herpétique et les patients à qui on a prescrit une thérapie électroconvulsive bilatérale.

Ces patients amnésiques présentent un déficit important dans la capacité d'acquérir la plupart des informations nouvelles (c'est l'amnésie antérograde), en dépit d'un SCT intact et d'une efficience intellectuelle normale. En outre, ils montrent des difficultés d'intensité variable à se souvenir d'informations acquises avant le début de l'amnésie (c'est l'amnésie rétrograde). Cependant, la mémoire pour les connaissances acquises tôt dans la vie (la connaissance générale du monde et les habiletés langagières et sociales) apparaissent normales. Enfin, l'amnésie antérograde n'est pas totale et les patients possèdent des capacités résiduelles d'apprentissage se manifestant sur diverses tâches motrices, perceptivo-motrices et cognitives.

1. Maintien de la MCT

Le maintien de l'intégrité du SCT chez les amnésiques est illustré par leurs performances normales au digit span et par la présence d'un effet de récence comparable à celui des sujets normaux (Baddeley & Warrington, 1970; Brooks & Baddeley, 1976). Seule la tâche de Brown-Peterson a fourni des résultats contradictoires. Il s'agit d'une tâche plus exigeante dans laquelle on présente au sujet une série de trois items qu'il doit retenir pendant une période allant de 0 à 60 secondes; durant cette période, on empêche le sujet de répéter ces items en lui faisant effectuer une tâche distractrice (par exemple, du comptage à rebours). Baddeley & Warrington (1970) ont trouvé que leurs patients amnésiques obtenaient des résultats normaux à cette tâche. Par contre, les patients étudiés par l'équipe de Boston (Butters & Cermak, 1975) ont des performances perturbées. Selon Baddeley (1982b), ces perturbations s'expliquent par la présence, chez les amnésiques de Boston, de déficits cognitifs surajoutés au syndrome amnésique. Dans la même direction, Mayes & Meudell (1983) interprètent ces discordances entre les études en suggérant que les troubles présentés chez les patients de Butters & Cermak sont le reflet de problèmes frontaux qui coexistent avec les troubles de mémoire.

2. Les troubles de la mémoire antérograde

En ce qui concerne la MLT, la plupart des neuropsychologues contemporains ont tenté de localiser le déficit de la mémoire antérograde dans une des étapes particulières du traitement de l'information : l'encodage, le stockage et la récupération de l'information (Stern, 1981; Hirst, 1982; Meudell & Mayes, 1982; Squire & Cohen, 1984).

Les théories du déficit d'encodage

Nous avons vu que la manière avec laquelle une information est encodée peut considérablement influencer son recouvrement ultérieur. Plusieurs théories ont attribué les troubles des patients amnésiques à un déficit dans le traitement initial de l'information. La théorie le plus populaire est issue de l'approche des niveaux de traitement (Craik & Lockhart, 1972). Pour les partisans de cette approche (Butters & Cermak, 1980), les troubles mnésiques des patients Korsakoff découleraient d'une analyse superficielle de l'information. En ce qui concerne le matériel verbal, les patients amnésiques n'encoderaient pas spontanément l'information au niveau sémantique. Plusieurs faits ont été proposés afin de soutenir cette hypothèse. Cermak & Butters (1972) ont notamment observé que les amnésiques ne bénéficient pas autant que les sujets contrôles d'indices catégoriels fournis peu après l'apprentissage d'une liste de mots appartenant à différentes catégories taxonomiques. Ils concluent que les patients n'ont pas encodé l'information taxonomique pendant l'apprentissage. Par ailleurs, Cermak *et al.* (1974) ont montré que les amnésiques de Korsakoff ne développent pas le phénomène de relâchement de l'inhibition proactive dans le paradigme de Wickens avec un changement de catégorie sémantique; par contre, le phénomène de relâchement est présent quand le changement n'est pas sémantique (par exemple, un changement alphanumérique). Dans ce paradigme, on présente au patient une série de listes de mots appartenant à une même classe (par exemple, une même catégorie sémantique). Classiquement, la performance en rappel décline progressivement pour chaque nouvelle liste et ce, du fait d'un accroissement de l'interférence proactive lié aux listes précédentes. Cependant, quand une nouvelle liste composée d'items appartenant à une autre classe (par exemple, une autre catégorie sémantique) est présentée, la performance en rappel s'améliore (c'est le relâchement de l'inhibition proactive). Pour les chercheurs de Boston, l'absence de relâchement s'explique par le fait que les amnésiques n'encodent pas normalement les caractéristiques sémantiques du matériel verbal; par contre, ils encodent correctement les caractéristiques de niveau inférieur. Cette hypothèse a également été testée en examinant si le déficit mnésique des patients Korsakoff pouvait être atténué en les forçant à utiliser un traitement profond du matériel pendant l'encodage. Biber *et al.* (1981) ont montré qu'il était possible d'améliorer les performances des patients amnésiques dans la reconnaissance de visages en administrant au moment de l'encodage, une tâche d'orientation impliquant une analyse profonde des stimuli (des jugements de sympathie). Par contre, plusieurs études (Cermak & Reale, 1978; Mc Dowall,

1979; Mayes *et al.*, 1978; Mayes *et al.*, 1980) ont indiqué que le bénéfice tiré par les patients amnésiques d'un traitement profond ne différait pas de celui observé chez les sujets contrôles. Ces derniers résultats suggèrent que les troubles de mémoire présentés par les amnésiques ne sont pas la conséquence de stratégies d'encodage inadéquates.

L'interprétation en termes de déficit d'encodage est confrontée à d'autres problèmes. En ce qui concerne le relâchement de l'inhibition proactive, le trouble observé chez les patients Korsakoff n'apparaît pas dans d'autres groupes de patients amnésiques et notamment chez les patients ayant subi une thérapie électroconvulsive ou une lobectomie temporale unilatérale ainsi que chez les patients ayant été victimes d'une encéphalite et chez le patient N.A. (Cermak, 1976; Squire, 1982; Moscovitch, 1982). De plus, certains patients Korsakoff peuvent manifester un relâchement de l'inhibition proactive après un changement dans la catégorie sémantique si on leur fournit des indices contextuels associés au changement de catégorie ou si on les avertit du changement imminent de catégorie (Winocur *et al.*, 1981). Enfin, l'absence de relâchement de l'inhibition proactive est observée également chez des patients présentant une lésion frontale (Moscovitch, 1982); ce déficit n'entretient donc pas de relation exclusive avec le syndrome amnésique et il se pourrait qu'il soit, chez les patients Korsakoff, la conséquence d'un dysfonctionnement frontal associé.

Il faut noter en outre que les amnésiques sont tout à fait capables d'effectuer un traitement sémantique car ils peuvent lire normalement ou comprendre une conversation. Dès lors, soutenir l'hypothèse d'un déficit d'encodage implique une distinction artificielle entre un traitement sémantique sous-tendant l'activité mentale consciente et un traitement sémantique requis pour la formation des souvenirs (Parkin, 1987).

Une autre conception du déficit d'encodage a été proposée par Baddeley & Warrington (1973). Ils ont comparé les performances de patients amnésiques à des épreuves de rappel libre d'une liste de mots non reliés, d'une liste de mots groupés en catégories taxonomiques et à une épreuve de rappel libre en condition d'imagerie mentale. Les amnésiques ne bénéficient pas du codage imagé mais profitent du groupement en catégories et de la ressemblance phonologique. Ces résultats semblaient suggérer que les patients amnésiques présentent un trouble dans la création et l'utilisation d'images mentales. Ultérieurement, Brooks & Baddeley (dans Baddeley, 1982) ont abandonné cette hypothèse. Ils n'ont en effet trouvé aucune différence significative entre les amnésiques et les sujets contrôles dans une tâche impliquant la manipulation d'images mentales. Par ailleurs, ils ont comparé la capacité des amnésiques d'utiliser une stratégie d'imagerie et une stratégie verbale dans l'apprentissage de paires associées. Les patients obtiennent des résultats globalement faibles dans les deux conditions d'apprentissage. Or, l'hypothèse d'un déficit d'imagerie impliquait que la stratégie verbale améliore les performances, contrairement à la stratégie d'imagerie.

Les théories du déficit de stockage

Ces théories suggèrent que les lésions limbiques perturbent les processus physiologiques qui donnent un statut durable à l'information qui a été stockée temporairement (c'est la théorie de la consolidation), et/ou qu'elles provoquent un oubli plus rapide de l'information apprise.

La théorie de la consolidation a été proposée en premier lieu par Milner en 1966, sur la base des performances mnésiques de son patient H.M. Le trouble massif de la mémoire antérograde et le maintien de la mémoire à court terme observés chez H.M., suggéraient qu'il était incapable de consolider de nouveaux souvenirs; en d'autres termes, il n'était plus capable de transférer l'information du SCT au SLT. Cette théorie fut fermement contestée par Weiskrantz (1978). Elle ne permet pas, en effet, d'expliquer pourquoi la performance de certains patients amnésiques peut être améliorée si on leur fournit des indices de récupération. De même, la présence du phénomène d'interférence proactive, la présence d'erreurs d'intrusion dans les protocoles de rappel des amnésiques et l'existence de capacités résiduelles d'apprentissage pour certaines activités sont peu compatibles avec une hypothèse de consolidation. En outre, il existe peu de données en faveur d'une telle conception. Signalons cependant que Mayes *et al.* (1978) ont constaté des anomalies à l'électroencéphalogramme apparaissant uniquement durant la première seconde qui suit la présentation des mots que les sujets amnésiques devaient apprendre. Pour les auteurs, ces anomalies peuvent refléter un déficit d'activation confiné à l'intervalle post-stimulus immédiat. Il reste cependant à déterminer si ce phénomène est ou non lié à la mémoire. Selon Kopelman (1985, 1986), les propriétés et le décours temporel de l'action du système cholinergique pourraient en faire un excellent candidat en tant que substrat physiologique du processus de consolidation.

Les amnésiques présentent-ils un taux d'oubli plus rapide que les sujets normaux ? Après avoir égalisé l'apprentissage initial chez les patients et les sujets contrôles, Huppert & Piercy (1979) et Squire

(1981) ont montré que les amnésiques avec des lésions temporales médiales manifestaient un oubli plus rapide. Par contre, Huppert & Piercy (1978), Squire (1981), Kopelman (1985b), Becker *et al.*, (1987) et Baddeley *et al.* (1987), ont observé un taux d'oubli normal chez des patients Korsakoff ainsi que chez des patients traumatisés crâniens et chez des patients avec démence d'Alzheimer. Comme le signale Kopelman (1987), l'impression clinique qu'il existe un oubli plus rapide chez ces patients serait la conséquence d'un apprentissage initial imparfait.

Hypothèse d'un déficit de récupération

Selon cette hypothèse, l'amnésie résulte d'une récupération inadéquate d'une information, qui a cependant été encodée et stockée correctement. Cette conception a été essentiellement défendue par Warrington & Weiskrantz (1973). Ils suggèrent que les amnésiques souffrent d'une sensibilité excessive à l'interférence. Des informations non pertinentes ou apprises antérieurement accroissent la compétition entre réponses et c'est cette compétition qui est la source du déficit amnésique. Trois types d'arguments ont été fournis en faveur de cette théorie. D'abord, les patients amnésiques commettent souvent des erreurs d'intrusion issues de listes antérieures. Ensuite, il est possible d'améliorer les performances des patients en leur fournissant des indices de récupération (par exemple, présenter les trois premières lettres d'un mot) ; pour Warrington & Weiskrantz, cette amélioration se produit car l'indiçage limite le nombre de réponses en compétition. Enfin, les amnésiques obtiennent des résultats relativement normaux pour certaines tâches (labyrinthe de Porteus, puzzles, lecture en miroir, identification de dessins fragmentés) car ces tâches sont très résistantes à l'inhibition proactive.

Un certain nombre de problèmes affaiblissent la valeur de ces différents arguments. L'hypothèse de la compétition entre réponses implique que l'amélioration du rappel des amnésiques devrait être proportionnelle au nombre de réponses compétitives que les indices rendent non pertinentes : ainsi, les amnésiques devraient moins bénéficier des trois premières lettres qui constituent le début de dix mots courants que des trois premières lettres qui forment le début de deux mots. Cette manipulation n'a eu aucun effet sur la performance des amnésiques (Warrington & Weiskrantz, 1978). Un deuxième problème concerne le rôle des intrusions issues de listes antérieures. Kinsbourne & Winocur (1980) ont testé la capacité de patients Korsakoff d'effectuer un apprentissage de mots couplés. Les sujets apprenaient en succession deux listes de paires de mots sémantiquement reliés. Le premier mot de chaque paire apparaît dans les deux listes, le type de lien sémantique est identique mais le mot-réponse est différent. Cette tâche suscite un grand nombre d'intrusions provenant de la liste 1 durant l'apprentissage de la liste 2. Dans une seconde expérience, la possibilité de réponses d'intrusion fut abolie en faisant du mot réponse de la liste 1, un membre de la composante-stimulus de la liste 2. Par exemple, si une paire de la liste 1 était savon-mousse, alors la liste 2 devenait savon + mousse - bulle. Dans ces conditions, les amnésiques améliorent leur apprentissage de la liste 2, mais leurs performances demeurent inférieures à celles des sujets contrôles. Kinsbourne & Winocur concluent que le déficit des amnésiques dans l'apprentissage de la liste 2 n'est pas la conséquence d'une compétition entre réponses qui dérive de la liste 1. Ils suggèrent que les amnésiques seraient anormalement dominés par des «dispositions mentales persistantes», lesquelles perturberaient l'encodage et la récupération de l'information. Une troisième difficulté porte sur les capacités résiduelles d'apprentissage. Les performances relativement normales présentées par les amnésiques dans certaines tâches (des tâches perceptivo-motrices, l'identification de dessins fragmentés) s'expliquent peut-être, non pas parce que ces tâches sont résistantes à l'interférence, mais parce qu'elles sont sous-tendues par un système mnésique différent de celui qui est à la base des tâches perturbées chez l'amnésique. Nous reviendrons sur ce point ultérieurement.

Dans un travail récent, Jackson (1986) suggère que l'amnésie résulterait d'un déficit spécifique de la récupération se situant à l'étape de production d'indice. Il examine sur une tâche de rappel indicé les effets de la charge de l'indice (c'est-à-dire le nombre d'items présentés antérieurement qui sont liés à l'indice), les effets du type d'indice (sémantique ou phonémique) et ce, dans des conditions où l'information contextuelle est essentielle ou non pour le rappel (une condition où les sujets doivent déterminer la liste dans laquelle un item a été présenté et une condition où la nécessité de différencier les listes est éliminée). Les performances des amnésiques deviennent plus mauvaises que celles des sujets contrôles à mesure que les niveaux de charge de l'indice s'accroissent et ce, indépendamment du type d'indice et de l'importance de l'information contextuelle. Les amnésiques présentent un rappel normal quand les indices s'appliquent à un seul item. Par contre, en situation de rappel libre, la performance des amnésiques est également perturbée. Il semble donc que les amnésiques sont incapables de produire des indices de récupération et, en particulier, des indices de récupération multiples qui permettent de localiser l'item à rappeler et de le différencier d'items stockés non pertinents. Selon Jackson, cette hypothèse du déficit de production d'indices semble pouvoir rendre compte des données qui ont suggéré un déficit d'encodage sémantique chez les amnésiques. En effet, si les patients ont des difficultés à produire des indices de récupération, ils ne peuvent pas bénéficier du nombre plus important d'indices potentiellement efficaces dans le mode sémantique.

Hypothèse d'un déficit opérant à l'encodage et à la récupération

Quelques rares travaux se sont inspirés de la théorie de la spécificité d'encodage (Tulving, 1983) pour investiguer le syndrome amnésique. Cermak (1982) a appliqué aux patients Korsakoff un paradigme inspiré de Fisher & Craik (1977). Dans cette procédure, les patients reçoivent soit un indice de récupération qui correspond au type d'encodage qui a été effectué (par exemple, une analyse sémantique et un indice sémantique), soit un indice de récupération d'un niveau différent (par exemple, une analyse sémantique et un indice phonémique). Les résultats montrent que les amnésiques bénéficient uniquement de la condition où l'encodage et l'indiçage sont sémantiques. Afin d'explorer plus avant cette notion, Cermak (1982) a administré aux patients Korsakoff la procédure de Thomson & Tulving (1970). Il présente aux sujets des paires de mots, composées d'un mot à mémoriser écrit en majuscules et d'un mot-indice écrit en minuscules. Ensuite, les sujets reçoivent les mots-indices et ils doivent retrouver les mots en majuscules correspondant aux mots-indices. Cette procédure est répétée cinq fois afin d'investiguer cinq types de relation encodage-indiçage :

1) une condition dans laquelle un mot-indice fortement associé au mot à mémoriser est présenté à l'encodage et à la récupération ;

2) une condition dans laquelle un mot-indice faiblement associé est présenté à l'encodage et à la récupération ;

3) une condition dans laquelle un mot-indice fortement associé est présenté à l'encodage mais un mot faiblement associé est présenté à la récupération ;

4) une condition dans laquelle un mot faiblement associé est présenté à l'encodage et un mot fortement associé est présenté à la récupération ;

5) une condition dans laquelle aucun indice n'est donné ni à l'encodage, ni à la récupération.

Les patients Korsakoff obtiennent de meilleurs résultats quand un indice fortement associé est fourni lors de la récupération (les conditions 1 et 4), et particulièrement quand un mot-indice fortement associé est présenté à l'encodage et à la récupération (la condition 1). Les performances les plus mauvaises sont obtenues dans les conditions 2 et 3, c'est-à-dire celles où un indice faiblement associé est fourni à l'étape de récupération. Contrairement aux sujets normaux, les amnésiques bénéficient peu de la spécificité d'encodage dans la condition 2, c'est-à-dire celle où un mot-indice faiblement associé est proposé à l'encodage et à la récupération. Cermak (1982) conclut qu'il est possible d'améliorer la rétention des patients Korsakoff en fournissant un contexte sémantique identique à l'encodage et à la récupération. Cependant, ce contexte sémantique ne doit pas constituer une situation nouvelle ou créative d'apprentissage ; en effet, quand le contexte sémantique qui est proposé nécessite que le patient réorganise son réseau sémantique, les performances mnésiques sont nettement moins bonnes.

Mc Dowall (1979) a également étudié, chez les patients Korsakoff, les relations entre les conditions d'encodage et les conditions de récupération. Dans une de ses expériences, il compare le rappel dans trois conditions d'encodage : une condition sémantique (attribuer une catégorie taxonomique à chaque mot), une condition non sémantique (détecter la présence ou l'absence de la lettre « e » dans chaque mot) et une condition sans consignes particulières d'encodage. Les sujets, dans les trois conditions d'encodage, reçoivent au moment du rappel un indice de récupération sémantique (le nom des catégories taxonomiques). L'indiçage sémantique améliore les performances de rappel sauf pour la condition d'encodage non sémantique. Le fait que l'indice sémantique augmente les performances même dans la condition où aucune consigne explicite d'encodage n'est fournie, suggère que l'encodage initial a été effectué à un niveau sémantique. Ces résultats cadrent avec l'hypothèse de spécificité d'encodage selon laquelle l'effet d'un indice de récupération est fonction des opérations d'encodage. Pour Mc Dowall (comme pour Jackson, 1986), les amnésiques ont un trouble dans la capacité de produire des indices de récupération au moment du rappel. Il faut cependant noter que, dans l'étude de Mc Dowall, l'aide apportée aux amnésiques par les indices de récupération est parallèle à celle observée chez les sujets contrôles : les amnésiques ont donc toujours des résultats inférieurs à ceux des sujets contrôles. Pour Jackson (1986), ce trouble résiduel serait lié à l'utilisation d'indices reliés à plusieurs items (un indice de récupération, en l'occurrence le nom d'une catégorie taxonomique, est lié à cinq items).

Théorie du déficit de la mémoire contextuelle

Plusieurs chercheurs ont suggéré que le syndrome amnésique était la conséquence d'un déficit dans l'encodage et/ou la récupération de l'information contextuelle extrinsèque. De nombreuses études réalisées chez les sujets normaux montrent que la récupération d'information peut être perturbée si elle prend place dans un contexte différent de celui qui était présent durant l'apprentissage. L'encodage de l'information contextuelle est essentiel au fonctionnement mnésique normal car il permet de distinguer les souvenirs individuels les uns des autres.

Une formulation de la théorie du déficit d'encodage postule un trouble sélectif, non pas dans l'utilisation d'un traitement «effortful» impliquant une analyse élaborée du stimulus, mais plutôt dans l'utilisation d'un traitement automatique impliqué dans l'encodage de l'information contextuelle de type spatio-temporelle. Ainsi, Huppert & Piercy (1978) attribuent le trouble de mémoire des patients amnésiques à un déficit dans l'encodage des caractéristiques de fréquence et de récence d'un item. L'encodage et l'activation durant la récupération de ces caractéristiques contextuelles seraient essentielles à une bonne performance en rappel et en reconnaissance. Les auteurs ont montré que les amnésiques alcooliques réalisent de manière relativement correcte des jugements de familiarité mais effectuent mal les jugements de récence (Huppert & Piercy, 1976). Par ailleurs, les amnésiques effectuent les jugements de récence et de fréquence différemment des sujets contrôles : ils jugent les items récents comme étant apparus fréquemment et les items fréquents comme étant apparus récemment. Les jugements de récence et de fréquence des patients amnésiques seraient basés sur la force de leurs souvenirs alors que les jugements des sujets normaux se fonderaient sur l'information spécifique de récence et de fréquence.

Pour Hirst (1982), certains troubles de mémoire des patients amnésiques sont liés au fait que le contexte spatio-temporel, qui est encodé sans effort par les sujets normaux, requiert un effort cognitif de la part des amnésiques, ce qui enlève une partie des ressources de traitement normalement utilisées pour encoder l'événement lui-même. En conséquence, soit les indices contextuels extrinsèques qui habituellement aident à la récupération de l'événement ne sont pas correctement encodés, soit c'est l'événement lui-même qui n'est pas normalement encodé du fait de la répartition des ressources de traitement. Dans cette direction, Hirst & Volpe (1985) ont montré que l'information de localisation spatiale, qui est encodée automatiquement par les sujets normaux, requiert un effort de la part des amnésiques.

Par ailleurs, Schacter *et al.* (1984) ont observé que les amnésiques présentaient d'importantes difficultés à rappeler la source d'une information. Dans cette étude, deux examinateurs fournissent aux sujets des informations fictives sur des personnages bien connus (par exemple, « le père de Bob Hope était pompier »). Les sujets doivent rappeler les informations une à une. Ensuite, on leur demande d'indiquer où ils ont entendu l'information pour la première fois : est-ce dans le cadre de l'expérience (et dans ce cas, ils doivent préciser lequel des deux examinateurs a donné l'information) ou est-ce en dehors de l'expérience (par la télévision, les livres...) ? Les résultats montrent que les amnésiques commettent beaucoup plus d'erreurs que les sujets normaux dans le rappel de la source des informations et ce, même si le rappel des informations par les sujets contrôles est amené au niveau de celui des amnésiques, en les testant après un délai plus long.

Winocur & Kinsbourne (1978) soutiennent également une hypothèse contextuelle. Ils ont examiné les performances de patients Korsakoff à un test de transfert négatif du type AB/AC. Ce test implique deux listes de paires de mots hautement reliées. Ces deux listes sont composées d'un mot-stimulus commun et de différents mots-réponses pour chaque paire (par exemple, liste 1 : bataille-soldat ; liste 2 : bataille-armée). L'examinateur présente quatre fois la liste 1 au sujet et puis, il lui administre le test de rappel : il lui fournit le premier mot de chaque paire et le sujet doit donner le second. Après un délai, l'examinateur présente une fois la liste 2 puis il teste le rappel de cette liste. En cas d'erreur, l'examinateur fournit la bonne réponse au sujet et le testing se termine quand un essai sans erreur a été réalisé ou après neuf essais. Les résultats montrent que les amnésiques commettent beaucoup plus d'erreurs d'intrusion que les sujets contrôles : dans l'apprentissage de la liste 2, ils ont tendance à rappeler les associations de la liste 1. Par ailleurs, les auteurs ont trouvé que, quand l'apprentissage de la liste 2 se déroule dans un environnement différent de celui dans lequel a eu lieu l'apprentissage de la liste 1, le nombre d'erreurs d'intrusion diminue significativement. Les différences de contexte permettraient de distinguer les associations de la liste 1 de celles de la liste 2. Dans un travail récent, Winocur *et al.* (1987) ont présenté à des amnésiques et à des sujets contrôles une liste de mots couplés, et ce, dans un bureau d'examen standard ou dans une pièce possédant des caractéristiques contextuelles distinctives. Le rappel est testé 48 heures plus tard, dans le même contexte ou dans l'autre contexte. Les amnésiques bénéficient significativement plus que les sujets contrôles de la présence d'un contexte distinctif mais essentiellement quand ce contexte est présent durant la phase d'apprentissage : la rétention dans la condition «contexte distinctif pendant l'apprentissage/contexte distinctif pendant le rappel» est significativement meilleure que toutes les autres conditions; la rétention dans la condition «contexte distinctif/contexte standard» est également meilleure que celle dans la condition «contexte standard/contexte standard». Par contre, il n'y a pas de différence significative entre la condition «contexte standard/contexte standard» et la condition «contexte standard/contexte distinctif». Selon Winocur *et al.*, ces résultats sont compatibles avec l'hypothèse selon laquelle le déficit des amnésiques de Korsakoff vient d'une difficulté à encoder le contexte extrinsèque, et donc à maintenir distincts en mémoire différents épisodes d'apprentissage. Les patients seraient, par contre, capables d'utiliser les indices contextuels fournis pourvu qu'ils soient suffisamment distincts. Notons cependant que la présence d'indices uniquement à la phase d'encodage ne suscite pas une performance maximale lors de la récupération : les indices de récupération doivent être fournis aux sujets au moment du recouvrement pour les aider à avoir accès à l'information. Les processus d'encodage et la récupération semblent donc impliqués dans le déficit des amnésiques. Selon Jackson (1986), il est possible de relier l'hypothèse d'un déficit de production d'indice (pendant la phase de récupération active de l'information) à l'approche contextuelle : l'incapacité de produire des indices contextuels particulièrement quand les items ont été rencontrés dans plusieurs contextes et quand plusieurs items ont été rencontrés dans un seul contexte, pourrait expliquer certaines des données qui ont suggéré que les amnésiques ont des déficits dans la capacité d'encoder l'information contextuelle.

Le caractère spécifique de la relation entre les troubles contextuels et le syndrome amnésique est contesté par Mayes *et al.* (1985). Ces auteurs constatent que les patients avec une lésion frontale semblent également présenter des problèmes de mémoire contextuelle en l'absence apparente de difficultés mnésiques plus générales. Par exemple, Petrides & Milner (1982) et Smith & Milner (1983) ont rapporté que les lésions frontales pouvaient perturber les jugements temporels tout en n'ayant pas d'effet marqué sur la reconnaissance du matériel cible. Par ailleurs, Schacter *et al.* (1984) ont observé que l'étendue de «l'amnésie de source» présentée par les patients amnésiques était corrélée avec les résultats aux tests considérés habituellement comme une mesure d'un dysfonctionnement frontal (le Wisconsin Card Sorting Test et le test de fluence verbale). Les déficits contextuels manifestés par les amnésiques pourraient donc être la conséquence d'une lésion frontale ou d'un dysfonctionnement frontal surajoutés. Des études devraient être menées afin d'examiner si les troubles contextuels des patients frontaux et des patients amnésiques sont équivalents en étendue et en gravité, et si les patients frontaux montrent des troubles mnésiques plus généraux, c'est-à-dire des troubles tant dans la mémoire du matériel cible que dans la mémoire de l'information contextuelle.

3. Les troubles de la mémoire rétrograde

Plusieurs études utilisant différents tests d'événements publics ont démontré que les patients Korsakoff présentent un trouble de la mémoire rétrograde qui affecte la plus grande partie de leur vie (Sanders & Warrington, 1971; Seltzer & Benson, 1974; Marslen, Wilson & Teuber, 1975; Albert et al., 1979; Meudell et al., 1980; Cohen & Squire, 1981). Habituellement, ce trouble est plus marqué pour les événements récents que pour les événements anciens.

Du point de vue des théories du déficit d'encodage, il ne devrait pas exister de trouble de la mémoire rétrograde chez les patients amnésiques : en effet, les informations qui précèdent le début de l'amnésie auraient été acquises normalement et devraient dès lors être accessibles. Albert et al. (1979) ont tenté de réconcilier les théories du déficit d'encodage avec l'existence d'une amnésie d'origine alcoolique : l'amnésie rétrograde serait secondaire à un déficit primaire dans l'acquisition de nouveaux souvenirs, lié aux effets chronique de l'abus d'alcool et de la malnutrition. Cependant, pour beaucoup de patients, le trouble rétrograde s'étend à une période de leur vie où ils ne buvaient pas encore. Par ailleurs, Butters & Cermak (1986) ont décrit le cas d'un patient Korsakoff qui avait rédigé une autobiographie quelques années avant l'amnésie et qui présentait des problèmes mnésiques concernant des événements qui étaient inclus dans l'autobiographie et donc, qui avaient été acquis avant la maladie. De plus, il est difficile d'attribuer le trouble de mémoire rétrograde à un déficit progressif d'acquisition chez des patients dont le début de l'amnésie est survenu brusquement. Dans ce cas, Albert et al. (1979a) suggèrent que l'amnésie rétrograde serait associée aux déficits d'encodage sémantique dans la mesure où le traitement sémantique déficient opère également à l'étape de récupération. Cette conception paraît cependant peu fondée car Albert et al. ont constaté que la présence d'indices sémantiques n'améliorait pas plus les performances en mémoire rétrograde des sujets amnésiques que celles des sujets contrôles. Une autre explication possible à la présence d'un trouble rétrograde et d'un déficit d'encodage est de postuler que l'amnésie antérograde et l'amnésie rétrograde sont sous-tendues par des circuits anatomiques différents. Il existe quelques études qui ont décrit une amnésie rétrograde en l'absence d'amnésie antérograde (Roman - Campos *et al.*, 1980; Golberg *et al.*, 1981; Rousseau *et al.*, 1984). La dissociation inverse semble également avoir été observée par Squire & Slater (1978) et Albert *et al.* (1979b), mais, comme le signalent Meudell et Mayes (1982), ces données doivent être interprétées avec prudence car elles pourraient refléter l'insensibilité des épreuves de mémoire rétrograde utilisées.

Les théories qui expliquent l'amnésie rétrograde par un déficit de récupération s'accordent mal avec le fait que les amnésiques présentent souvent une bonne mémoire pour les informations les plus anciennes. En effet, le déficit de récupération devrait porter sur tous les souvenirs pré-morbides quelle que soit leur ancienneté. L'évaluation des souvenirs anciens est une tâche difficile car certains souvenirs peuvent avoir été rappelés ou revus plus souvent que des souvenirs acquis récemment. Il est dès lors possible que le maintien des souvenirs anciens soit lié à une différence dans l'exposition aux faits impliqués. Bien qu'ayant contrôlé le degré d'exposition des événements sur lesquels portaient les questions, Albert *et al.* (1979a) constatent malgré tout que les souvenirs anciens sont plus épargnés que les souvenirs récents.

Les théories contextuelles ont suscité peu d'études sur l'amnésie rétrograde. Dans l'une d'entre elles, Meudell *et al.* (1980) ont constaté que les amnésiques alcooliques ont des difficultés à reconnaître des voix célèbres et que, pour les voix qu'ils reconnaissent, ils ont plus de difficultés que les sujets contrôles dans la datation de ces voix. Ces données semblent suggérer que l'information temporelle ne peut pas être récupérée même si elle a été acquise quand le cerveau était intact. Il se pourrait donc que le déficit de mémoire rétrograde soit la conséquence d'un trouble dans l'accès aux indices contextuels. Selon Parkin (1987), le fait que l'amnésie rétrograde est plus importante pour les faits récents peut être expliqué en postulant que chaque récupération, en réponse à un indice contextuel, constitue un nouvel événement; l'enregistrement de cet événement fournit une possibilité supplémentaire d'accès à l'information originale. Les souvenirs les plus anciens sont ainsi moins vulnérables car un plus grand nombre de trajets de récupération peuvent y accéder. Il est également possible qu'en vieillissant les souvenirs se réorganisent de telle manière que leur récupération ne dépende plus de l'accès aux indices contextuels (Mayes *et al.*, 1985). A ce jour, ces interprétations ne sont pas soutenues par des données solides.

L'étude de l'amnésie rétrograde chez les patients Korsakoff est confrontée au même problème que celle de l'amnésie antérograde : les déficits observés sont-ils spécifiques au syndrome amnésique ou au contraire sont-ils la conséquence d'un dysfonctionnement associé (de type frontal) ? L'investigation de patients présentant une lésion diencéphalique circonscrite semble mettre en évidence une amnésie rétrograde beaucoup moins grave que celle des patients Korsakoff (Speedie & Heilman, 1982; Michel et al., 1982; Cohen & Squire, 1981). Ces données préliminaires suggèrent qu'au moins une partie des troubles de mémoire rétrograde associés au Syndrome de Korsakoff sont dus à des déficits cognitifs surajoutés.

La plupart des travaux sur la mémoire rétrograde ont envisagé la mémoire d'événements ou de personnages publics. Récemment, Baddeley & Wilson (1986) ont examiné la mémoire autobiographique d'un groupe hétérogène de patients présentant de nettes difficultés mnésiques. Ils ont adopté la technique du mot-indice conçue par Galton (1883) et ils ont établi un système de cotation détaillé. Les deux patients Korsakoff du groupe semblent accéder normalement aux souvenirs autobiographiques, ce qui confirme les résultats obtenus par Zola-Morgan et al. (1983). Un patient ayant été victime d'une encéphalite présente également une mémoire autobiographique normale contrairement au patient de même étiologie décrit par Cermak & O'Connor (1983); comme l'indiquent Baddeley & Wilson, ce résultat illustre de nouveau le fait qu'« une étiologie commune ne garantit pas un dysfonctionnement équivalent ». L'analyse des protocoles de réponses des patients présentant un trouble de la mémoire autobiographique suggère que le déficit des patients frontaux porte sur une ou plusieurs composantes du processus actif de récupération de l'information (le processus de « recollection », Baddeley, 1982). Par contre, le trouble autobiographique observé chez certains patients amnésiques serait plutôt lié à l'absence de l'information mnésique sur laquelle une telle recherche active pourrait prendre place.

Les patients ayant une lésion du lobe temporal médial présentent généralement une amnésie rétrograde qui, contrairement à l'amnésie rétrograde des patients Korsakoff, est brève ou temporellement limitée. Ces observations ont été effectuées chez le patient H.M. (Corkin et al., 1983) et chez les patients ayant reçu une thérapie électroconvulsive (Squire et al., 1975; 1976). Pour Squire et al. (1984), cette amnésie rétrograde limitée dans le temps serait la conséquence d'une perturbation du processus de consolidation, c'est-à-dire du processus post-encodage responsable du développement et du maintien de représentations mnésiques stables. Par ailleurs, l'amnésie rétrograde temporellement limitée serait corrélée avec l'amnésie antérograde. Les deux déficits seraient dès lors sous-tendus par la perturbation d'un mécanisme commun. En l'absence du processus de consolidation, l'information en mémoire serait oubliée de manière anormalement rapide. L'association d'un oubli rapide du matériel nouvellement appris et d'une amnésie rétrograde a notamment été observée par Squire (1981) chez les patients ayant reçu une thérapie électroconvulsive. Selon Squire *et al.* (1984), la consolidation a un détours temporel variable et elle peut continuer quelques années après l'apprentissage initial. De plus, elle serait impliquée dans la réorganisation graduelle de la mémoire et dans l'apparition de schémas qui se développent en MLT avec le temps. Pour ces auteurs, l'amnésie rétrograde étendue observée chez les patients avec lésion diencéphalique serait la conséquence d'un déficit dans les mécanismes de récupération de l'information. La présence chez les patients Korsakoff d'un trouble rétrograde plus important pour les souvenirs récents serait due à l'amnésie antérograde qui se développe progressivement à la suite de l'abus d'alcool.

4. Les capacités d'apprentissage préservées

Les premières observations qui indiquent que certains aspects de la mémoire des patients amnésiques peuvent être épargnés ont été effectuées par Korsakoff (1889). Il considérait que les patients amnésiques retenaient des traces mnésiques faibles, pouvant affecter le comportement de manière inconsciente, mais qui n'étaient pas suffisamment fortes pour pénétrer dans la mémoire consciente. Vingt ans plus tard, Claparède (1911) rapporte des observations semblables à celles de Korsakoff. Il décrit notamment le cas devenu célèbre de cette patiente amnésique qui refusait de lui serrer la main après qu'il lui ait présenté sa main avec une punaise, bien qu'elle ne se souvenait pas de l'incident.

Les études modernes qui ont montré que l'amnésie n'était pas un déficit global débutèrent avec Milner et ses collaborateurs dans les années 60 (Milner *et al.*, 1968). Ils ont observé que le patient H.M. pouvait acquérir de nouvelles habiletés motrices (à une tâche de dessin en miroir, de labyrinthe tactile ou de poursuite visuo-manuelle), tout en ne se souvenant pas qu'il avait déjà effectué ces tâches auparavant. Les possibilités d'apprentissage des patients amnésiques ne se limitent cependant pas aux activités motrices mais ont été démontrées sur un grand nombre de tâches perceptives et cognitives (pour une revue détaillée, voir Parkin, 1982). Un exemple particulièrement frappant d'apprentissage résiduel implique la «Tour de Hanoi» qui est une tâche de résolution de problème. Cohen (1984) a récemment comparé la performance de sujets amnésiques et de sujets normaux à cette tâche et il a constaté que les deux groupes ne differaient pas quant à la vitesse avec laquelle ils atteignaient une solution optimale. Warrington & Weiskrantz (1979) ont par ailleurs montré que deux patients amnésiques pouvaient acquérir une réponse oculaire conditionnée, sur un mode pavlovien, et ce, sans aucun souvenir de la procédure de conditionnement.

Une autre orientation de recherche sur les capacités d'apprentissage des sujets amnésiques concerne les effets de «priming». La mémoire des amnésiques a traditionnellement été investiguée au moyen de tests de rappel libre, de rappel indicé ou de reconnaissance, qui requièrent tous la récupération consciente d'un épisode spécifique d'apprentissage. Dans les tests de «priming», la mémoire est exprimée par une facilitation de la performance qui ne nécessite pas la récupération consciente ou intentionnelle d'une expérience antérieure particulière. Schacter (1987) suggère d'appeler «mémoire implicite» cette mémoire qui ne requiert pas une récupération consciente d'un épisode antérieur d'apprentissage, et «mémoire explicite», la mémoire qui exige une telle récupération. Un exemple de test de mémoire implicite est le test de complètement de mots. On fournit aux sujets les premières lettres de mots qui ont été présentés antérieurement et de nouveaux mots et on leur demande de compléter ces premières lettres avec le premier mot qui leur vient à l'esprit. Les amnésiques montrent un effet de priming comparable à celui des sujets normaux, c'est-à-dire qu'ils ont tendance à compléter les fragments de mots avec les mots antérieurement présentés, et ce, en dépit de performances très perturbées dans le rappel et la reconnaissance de ces mots (Warrington & Weiskrantz, 1970, 1974; Graf et al., 1984). Certaines études ont cependant rapporté, sur cette même procédure, des résultats chez les amnésiques inférieurs à ceux obtenus par les sujets normaux (Squire et al., 1978; Wetzel & Squire, 1982; Mayes et al., 1978). En fait, ces discordances dans les résultats seraient liées à la nature des consignes proposées aux sujets. Dans les études qui rapportent des performances normales chez les sujets amnésiques, l'examinateur demande simplement aux patients de compléter chaque fragment afin de former le premier mot qui vient à l'esprit ; il s'agit d'une consigne qui semble éloigner le sujet d'une récupération intentionnelle des mots antérieurement présentés. Par contre, dans les études qui ont décrit des performances plus faibles chez les amnésiques, on demande explicitement aux patients de rappeler les mots antérieurement présentés en utilisant les fragments comme indices de récupération ; cette méthode de rappel indicé paraît dépendre de la récupération explicite de souvenirs épisodiques. De nombreuses autres démonstrations d'un effet de priming chez les amnésiques ont été effectuées (voir Shimamura, 1986). Ainsi, Jacoby & Witherspoon (1982) posent à des patients Korsakoff et à des sujets normaux des questions du type «name a musical instrument that employes a reed». Ils demandent ensuite aux sujets d'épeler des mots homophones du type «reed-read». Les patients Korsakoff comme les sujets normaux ont tendance à épeler les mots présentés dans la question, bien qu'il s'agisse de mots moins fréquents. Cependant, à un test de reconnaissance, les patients ont plus de difficultés que les sujets normaux pour reconnaître les mots qu'ils ont entendus auparavant.

Dans la plupart des expériences de priming effectuées chez les amnésiques, le matériel utilisé consiste en items familiers (des mots isolés, des mots couplés hautement reliés) pour lesquels il y a des représentations en mémoire préexistantes. Dans ce cadre expérimental, l'interprétation la plus fréquente des effets de priming repose sur l'idée que la présentation d'un item active sa représentation préexistante et cette activation se produit indépendamment des traitements qui sous-tendent la mémoire explicite (Mandler, 1980). Ainsi, après avoir étudié des paires de mots hautement reliées (par exemple, table-chaise), les amnésiques montrent un effet de priming normal quand on leur donne le premier mot de la paire à un test d'association libre. L'interprétation de ces résultats en termes d'activation suggère que les paires hautement reliées ont des représentations en mémoire qui peuvent être activées par l'apparition de ces items lors de la phase d'apprentissage. C'est donc le processus d'activation qui est épargné chez l'amnésique et c'est lui qui est à la base de la performance normale aux tests de priming.

Récemment, plusieurs chercheurs ont examiné si les amnésiques montraient un effet de priming normal pour une information nouvelle qui ne possède pas de représentation en mémoire comme des non-mots ou des paires de mots non reliés (Schacter & Graf, 1986). A ce jour, les résultats sont assez discordants. Graf & Schacter (1985) et Schacter & Graf (1986) ont trouvé que certains amnésiques qui avaient des troubles de mémoire assez légers montraient une mémoire implicite normale pour une association nouvellement acquise entre mots non reliés, alors que les amnésiques graves ne manifestaient pas de mémoire implicite. McAndrew *et al.* (1987) ont investigué la mémoire implicite pour une information nouvelle en présentant à des sujets amnésiques des phrases difficiles à comprendre (par exemple, «la meule de foin était importante car la toile s'était déchirée»). Ils leur ont ensuite demandé d'expliquer la phrase énigmatique et s'ils n'y arrivaient pas, ils leur fournissaient le mot-clé (par exemple, parachute). Les auteurs ont trouvé que la capacité des patients amnésiques graves de produire les mots-clés corrects était considérablement facilitée par une seule exposition à la paire phrase / mot-clé, et ce, en dépit de l'absence complète de mémoire explicite pour les phrases et pour les mots-clé. Par contre, Cermak *et al.* (1985) ont constaté que les amnésiques ne manifestaient pas d'effet de priming pour des non-mots à une tâche d'identification perceptive et Diamond & Rozin (1984) ont obtenu des résultats identiques avec un test de complètement. Il semble donc que les effets de priming pour une information nouvellement acquise dépendent du type de test de mémoire implicite qui est utilisé et de la gravité de l'amnésie.

Un autre point important concerne la durée de l'effet de priming. Plusieurs chercheurs ont signalé que, chez l'amnésique, le priming sur la tâche de complètement de mots était un phénomène relativement transitoire qui durait seulement quelques heures (Diamond & Rozin, 1984; Graf *et al.*, 1984). A l'opposé, McAndrews *et al.* (1987) ont constaté que des amnésiques graves montraient un priming robuste sur la tâche des phrases énigmatiques après un intervalle d'une semaine. Ces résultats suggèrent donc que la durée du priming est fonction de la manière avec laquelle la mémoire implicite est testée et de la nature du matériel cible.

L'interprétation des effets de priming chez l'amnésique en termes de processus d'activation s'accorde mal avec l'observation d'un effet de priming pour des informations nouvellement apprises ainsi qu'avec la présence d'un effet de priming durable. Une solution proposée par Schacter & Graf (1986) est de distinguer deux variétés de priming : une variété qui reflète l'activation de représentations préexistantes et qui serait maintenue chez les amnésiques légers et chez les amnésiques graves, et une variété qui dépend des représentations construites par un traitement d'élaboration et qui serait épargnée seulement chez les amnésiques légers. L'activation de représentations préexistantes déclinerait rapidement alors que le priming attribuable à des représentations nouvellement créées pourrait, sous certaines conditions, persister plus longtemps. Afin d'expliquer la présence d'un effet de priming durable chez les patients amnésiques graves dans la tâche des phrases énigmatiques, McAndrews *et al.* (1987) font appel à un processus d'apprentissage que Rumelhart & Norman (1978) ont intitulé «restructuration». La présentation des mots-clé permettant de comprendre les phrases énigmatiques susciterait une restructuration rapide de la connaissance stockée, ce qui produirait une représentation mnésique nouvelle et intégrée. Ce processus de restructuration semble être souvent accompagné de ce qu'Auble & Franks (1978) ont appelé une expérience « aha » (c'est-à-dire un état de non compréhension suivi par la compréhension de l'énoncé). Les amnésiques graves semblent capables d'effectuer ce type d'apprentissage et leur mémoire implicite pour les conséquences de ce processus de restructuration paraît persistante.

D'autres interprétations du maintien de la mémoire implicite chez l'amnésique ont été proposées, et en particulier les interprétations qui postulent l'existence de plusieurs systèmes mnésiques. Les habiletés perceptivo-motrices et cognitives ainsi que le phénomène de priming constitueraient une classe spécifique de connaissance dépendant de l'intégrité d'un type particulier de système mnésique. Selon Squire & Cohen (1984), la mémoire explicite est sous-tendue par le système mnésique déclaratif qui est impliqué dans la formation de nouvelles structures de données alors que la mémoire implicite dépend du système procédural dans lequel la mémoire est exprimée par des modifications « on-line » de procédures et d'opérations de traitement. Le système mnésique procédural serait épargné chez l'amnésique. La distinction mémoire épisodique/mémoire sémantique a également été invoquée pour rendre compte de la dissociation entre la mémoire implicite et la mémoire explicite (Cermak *et al.*, 1985; Parkin, 1982; Tulving, 1983). Le système de mémoire épisodique serait à la base du souvenir explicite d'événements récents tandis que le système sémantique serait responsable des performances aux tâches de priming, lesquelles requièrent l'utilisation d'une connaissance préexistante des mots et des concepts. Comme le signale Schacter (1987), le point de vue « procédural/déclaratif » peut difficilement expliquer l'absence chez les amnésiques d'un effet de priming pour les non-mots : en effet, si le priming reflète la modification de procédures utilisées pour encoder le stimulus-cible, il devrait également apparaître pour les informations nouvelles. De plus, Glisky *et al.* (1986) ont montré que les amnésiques étaient capables d'acquérir des mots nouveaux de vocabulaire tout en n'ayant aucun souvenir explicite d'avoir appris l'information : or, ce type d'apprentissage est considéré comme étant sous la dépendance de la mémoire déclarative. La conception « épisodique/sémantique » est confrontée au même problème que l'hypothèse « activation ». Si c'est la mémoire sémantique qui est épargnée dans l'amnésie, les patients ne devraient pas pouvoir acquérir, ni retenir de nouvelles associations.

Moscovitch *et al.* (1986) proposent une autre approche du problème. Plutôt que d'interpréter les différences entre la mémoire implicite et la mémoire explicite en fonction du type et du contenu de l'information qui est encodée, stockée et récupérée, ils suggèrent plutôt de mener une analyse componentielle de la performance mnésique. En fait, les tâches de priming et les tâches de rappel ou de reconnaissance feraient appel à des processus différents d'encodage et de récupération. Dans cette perspective, ce qui distingue la mémoire du sujet normal de la mémoire de l'amnésique, c'est la manière avec laquelle l'information stockée est utilisée. Or, l'efficacité des indices de récupération qui permettent d'avoir accès à l'information stockée est déterminée par les exigences de la tâche. Ainsi, Graf *et al.* (1984) ont montré que les trois premières lettres constituent un indice de récupération aussi efficace chez le sujet amnésique que chez le sujet normal, dans la mesure où les consignes éloignent les sujets d'un processus conscient de récupération des mots appris. Il s'agit dès lors de mener une analyse des différentes tâches mnésiques proposées aux sujets afin de déterminer les caractéristiques qu'une tâche doit posséder pour que les patients s'y comportent correctement ou non. Les composantes qui définissent le caractère spécifique des tâches de mémoire implicite n'ont pas encore été établies précisément. Moscovitch (1984) a néanmoins fourni quelques suggestions utiles. Ces tâches paraissent avoir toutes, en dépit de leur diversité, trois éléments en commun : elles sont tellement structurées que le but de la tâche et les moyens pour y arriver sont immédiatement apparents ; les moyens pour atteindre le but existent dans le répertoire du sujet ; le sujet peut réussir la tâche sans faire référence à un épisode post-morbide particulier.

Quoi qu'il en soit, un objectif majeur des recherches futures devrait être de déterminer systématiquement les similitudes et les différences entre les diverses tâches de mémoire implicite utilisées. Par ailleurs, il faudrait envisager s'il existe des relations entre la mémoire implicite et d'autres phénomènes dans lesquels un patient manifeste une connaissance implicite de stimuli qu'il ne peut explicitement percevoir, identifier ou traiter sémantiquement : le phénomène de «blindsight» (Weiskrantz, 1986), la capacité qu'ont les patients alexiques d'effectuer des tâches de décision lexicale ou de catégorisation sémantique sur des mots qu'ils ne peuvent identifier explicitement (Shallice & Saffran, 1986)...

5. Conclusions et perspectives

De nombreux désaccords subsistent quant à la nature du syndrome amnésique. Plusieurs théories s'affrontent sur la base de résultats souvent contradictoires. Une partie de ces contradictions tient à l'imprécision des concepts utilisés et à divers problèmes méthodologiques (Meudell & Mayes, 1982; Squire & Cohen, 1984; Morton, 1985).

Beaucoup de neuropsychologues ont essayé de caractériser l'amnésie comme un déficit isolé et exclusif de l'encodage, du stockage ou de la récupération. D'une part, ces concepts n'ont pas toujours été clairement définis. Ainsi, comme l'indique Morton (1985), le terme «encodage» peut recouvrir les opérations cognitives («les stratégies d'encodage») effectuées sur le matériel à mémoriser, ou les mécanismes qui ont la responsabilité d'amener au stockage le produit de ces opérations cognitives. D'autre part, il paraît difficile d'attribuer le trouble mnésique à un déficit isolé de l'encodage ou de la récupération si on tient compte de l'interdépendance entre ces processus, telle qu'elle est illustrée par le principe de spécificité d'encodage. En effet, la nature des opérations d'encodage détermine dans une large mesure l'efficacité de la récupération ultérieure. Une distinction entre une difficulté se situant au stockage ou à la récupération n'est pas plus aisée à établir. L'amélioration relative observée chez les patients amnésiques en présence d'indices de récupération peut être interprétée comme la conséquence d'une diminution d'un problème de récupération ou comme l'indice d'un problème dans le stockage de l'information dont la force pourrait être insuffisante pour un rappel libre mais suffisante pour un rappel indicé (Squire & Cohen, 1984). En fait, les modèles adoptés pour interpréter le syndrome amnésique sont le plus souvent assez rudimentaires. Ils n'ont pas, en tout cas, la complexité de ceux utilisés dans d'autres secteurs de la neuropsychologie, comme par exemple celui des dyslexies acquises. Le caractère peu élaboré des modèles utilisés a conduit à sous-estimer les variations entre amnésiques. Cette conception unitaire de l'amnésie a notamment favorisé le développement de polémiques ayant pour objet des discordances dans les performances de patients amnésiques qui présentaient des troubles de nature probablement très différente.

Actuellement, de plus en plus de données suggèrent qu'il existe plusieurs syndromes amnésiques caractérisés par des déficits distincts. Lhermitte & Signoret (1972) furent les premiers à indiquer la possibilité d'une distinction entre les amnésiques diencéphaliques et les amnésiques temporaux notamment sur la base d'un taux d'oubli plus rapide dans le cas de lésions temporales. Des études ultérieures ont confirmé cette observation (Mattis *et al.*, 1978; Parkin & Leng, sous presse). Les patients diencéphaliques et temporaux semblent également être associés à des patterns différents d'amnésie rétrograde (Parkin, 1984).

Une difficulté importante dans l'identification de la nature des troubles amnésiques concerne la présence de perturbations cognitives et motivationnelles surajoutées au déficit mnésique. Ainsi, Mayes *et al.*

(1985) suggèrent que les données fournies en faveur de l'hypothèse d'un déficit contextuel pourraient être interprétées comme étant la conséquence d'un dysfonctionnement frontal associé au syndrome amnésique. Si on souhaite clarifier ce problème, il est nécessaire d'effectuer une comparaison détaillée de patients frontaux et de patients amnésiques ayant des lésions limbo-diencéphaliques et peu de lésions frontales. Comme de tels patients sont rares, il faudra probablement faire appel à des études sur l'animal.

Meudell & Mayes (1982) soulèvent un autre problème méthodologique qui rend ininterprétables un grand nombre de données observées chez les patients amnésiques. La plupart des études sur l'amnésie n'ont pas contrôlé la «force» de la mémoire et ont comparé une mémoire faible (celle des amnésiques) à une mémoire forte (celle des sujets normaux). Une solution à ce problème est de tester les sujets normaux après un délai plus long afin d'amener leurs performances au niveau de celles des amnésiques. Pour une tâche donnée, le déficit observé chez les patients amnésiques ne pourra être considérée comme un trouble sélectif d'un processus mnésique particulier que si les amnésiques obtiennent des patterns de performance différents de ceux des sujets normaux, quand on a égalisé le niveau de performance entre les deux groupes. Si les performances des sujets normaux et des amnésiques sont identiques, c'est que le déficit constaté n'est pas la cause du syndrome amnésique mais plutôt la conséquence. Dans ce cas, les mécanismes impliqués dans l'oubli seraient en fait semblables chez les sujets normaux et chez les amnésiques mais les patients atteindraient très rapidement des niveaux de mémoire qui sont atteints par les sujets normaux après un délai plus long. Ce contrôle des niveaux de performance ne doit pas s'appliquer uniquement à la comparaison entre des patients amnésiques et des sujets normaux mais devrait également s'appliquer à la comparaison entre des amnésiques qui diffèrent dans la gravité des troubles de mémoire.

Compte tenu de ces différents problèmes théoriques et méthodologiques, il paraît bien difficile d'extraire quelques éléments de conclusion. Il semble néanmoins que l'hypothèse d'un déficit contextuel constitue une piste pleine de promesses. En effet, après avoir contrôlé les niveaux de performances, quelques études ont montré que les patients Korsakoff montrent un trouble particulier dans plusieurs aspects de la mémoire contextuelle (voir Mayes et al., 1985). Par exemple, Winocur & Kinsbourne (1978) ont observé que les amnésiques profitent d'un contexte distinctif dans l'apprentissage de paires associées tandis que Mayes et al. (1981) n'ont constaté aucun bénéfice lié à un environnement distinctif chez des sujets normaux testés après un délai d'une semaine. De même, Schacter *et al.* (1984) ont trouvé que les sujets amnésiques commettent beaucoup plus d'erreurs que les sujets contrôles dans l'identification de la source d'information même quand la performance des contrôles est abaissée au niveau de celle des amnésiques. Notons cependant que ces déficits pourraient être liés à la présence d'une lésion frontale associée. Par ailleurs, il est possible que ce trouble contextuel soit uniquement observé chez les patients diencéphaliques alors que les patients avec une lésion temporale médiale présenteraient plutôt un déficit du stockage (Squire & Cohen, 1984).

Ces dernières années, plusieurs chercheurs ont suggéré que le moyen le plus sûr et le plus direct d'obtenir des informations sur les structures spécifiques lésées dans l'amnésie serait d'établir chez l'animal un modèle du syndrome amnésique humain (voir Zola, Morgan & Squire, 1985). Plusieurs tâches ont ainsi été élaborées afin de tester la mémoire chez le singe. Une tâche fréquemment utilisée est le test de «reconnaissance différée par non-appariement» ou «delayed non-matching to sample» (Mishkin & Delacour, 1975). On présente à l'animal un objet particulier sous lequel il trouve de la nourriture. Ensuite, quelques secondes, minutes ou heures plus tard, on lui montre deux objets : l'original et un nouvel objet. La nourriture se trouve toujours sous le nouvel objet et l'animal est ainsi renforcé pour avoir reconnu et éliminé l'objet familier en faveur du nouveau. Une autre méthode adoptée est le test de discrimination d'objets (Moss *et al.*, 1981) dans lequel on donne au singe plusieurs paires d'objets et ce, plusieurs fois par jour (par exemple, 8 paires d'objets, 5 fois chacune, c'est-à-dire 40 essais par jour). Un membre de cette paire constitue toujours le choix correct et le singe doit apprendre à choisir le membre correct de chaque paire. Dans l'apprentissage à essai unique (Gaffan, 1974), on présente au singe deux objets en succession dont un seulement est renforcé. Il voit, après un délai, les deux objets côte à côte et il choisit l'objet qui était associé au renforcement. Utilisant ce type de tâche chez le singe, Mishkin (1982) a montré qu'une lésion séparée de l'hippocampe ou de l'amygdale provoque de légers troubles mnésiques. Par contre, si on enlève les deux structures, le handicap devient très important. L'amnésie ainsi provoquée ne se limite pas aux stimuli visuels mais est également observée pour la modalité tactile (Murray & Mishkin, 1981). Par ailleurs, Aggleton & Mishkin (1983a; 1983b; 1985) ont montré que des lésions multiples des cibles diencéphaliques de l'hippocampe et de l'amygdale provoquent le même type d'amnésie que celle causée par des lésions hippocampiques et amygdaliennes, et que des lésions isolées de ces régions diencéphaliques ont peu d'effets sur la mémoire. De plus, Mishkin et ses collaborateurs ont observé que des lésions conjointes détruisant les connexions entre ces différentes structures et les projections de ces structures vers le cortex ventromédian pré-frontal induisent elles aussi un trouble mnésique important. Enfin, Parkinson & Mishkin (1982) ont trouvé que des lésions hippocampiques (mais non des lésions amygdaliennes) perturbent la mémoire spatiale (à une tâche de localisation d'objets). Plus récemment, Mishkin (1985) a suggéré que les lésions amygdaliennes ont un effet plus important que les lésions hippocampiques sur la capacité des singes à effectuer des jugements de récense. Ces différentes observations ont amené Mishkin (1982) à distinguer deux circuits limbo-diencéphaliques qui seraient tous eux nécessaires pour un fonctionnement normal de la mémoire. Le premier circuit jouerait un rôle crucial dans la mémoire spatiale ainsi que dans d'autres formes non identifiées de mémoire contextuelle. Ce circuit passe du cortex d'association à l'hippocampe et de là, se dirige vers les corps mammillaires via le fornix, ensuite via le faisceau mammillo-thalamique vers le thalamus antérieur, d'où il projette vers une partie du cortex ventromédian frontal. Le deuxième circuit serait impliqué dans la mémoire temporelle ainsi que dans l'association d'événements-cible avec les renforcements et dans la réalisation d'associations intermodales. Ce circuit se rend du cortex d'association à l'amygdale et du noyau thalamique dorsomédian à une autre partie du cortex ventromédian frontal. Une lésion de n'importe quelle partie de chaque circuit provoquerait un déficit dans le type de mémoire contextuelle qui lui est spécifique. Les deux circuits devraient être lésés pour provoquer un déficit grave dans la mémoire de l'information-cible. Ces hypothèses issues d'études chez le singe commencent seulement à être explorées chez l'homme. On peut cependant se demander si les troubles provoqués chez le singe constituent réellement un modèle de l'amnésie humaine. Une manière d'aborder cette question est d'administrer aux patients amnésiques les mêmes tâches que celles sur lesquelles les singes ont été entraînés. Récemment, Kessler *et al.* (1986) ont évalué des patients Korsakoff, des sujets alcooliques abstinents et des sujet normaux au moyen d'une tâche de discrimination d'objets. On explique aux sujets que 10 (ou 20) paires d'objets leur seront présentées au hasard, qu'une pièce de monnaie se trouvera en dessous d'un des deux objets et que, quand les paires seront répétées, la pièce sera toujours sous le même objet. Les sujets doivent essayer de trouver la pièce de monnaie pour chaque présentation d'une paire. Les résultats de cette étude montrent qu'une tâche habituellement utilisée chez le singe peut être sensible à des déficits mnésiques humains. En effet, les patients Korsakoff obtiennent des résultats significativement plus mauvais que les autres groupes : ils ne réussissent pas la tâche après 80 essais et ils ne profitent pas de la présentation répétée des paires d'objets. Par ailleurs, les sujets alcooliques (ayant eu une histoire de consommation excessive d'alcool de plus de 15 ans) montrent également des déficits par rapport aux sujets normaux de même âge et de même niveau socio-culturel. Enfin, contrairement aux sujets normaux et aux sujets alcooliques, les patients Korsakoff ont tendance à changer un choix correct effectué par chance lors de la première présentation en un choix incorrect, et à répéter une mauvaise réponse initiale. Il faut cependant noter que la correspondance entre les déficits manifestés par les singes «amnésiques» et les troubles observés chez les patients amnésiques est relativement faible. D'abord, on a constaté que les performances obtenues aux tâches de discrimination par les singes ayant subi une lésion de l'hippocampe et de l'amygdale différent en fonction de l'expérience antérieure des animaux avec diverses tâches d'apprentissage (y compris des problèmes de discrimination). Les singes lésés naïfs ont besoin de deux fois plus de temps que les animaux contrôles pour apprendre huit paires d'objets et ils commettent deux fois plus d'erreurs (Mahut *et al.*, 1982; Moss *et al.*, 1981; Zola, Morgan & Squire, 1985). Par contre, les animaux lésés expérimentés effectuent la même tâche sans aucun problème (Irle & Markowitsch, en préparation; Malamut *et al.*, 1984). Par ailleurs, la différence dans le nombre d'erreurs entre les patients amnésiques et leurs sujets contrôles (dans les études de Kessler *et al.*, 1986; Oscar-Berman & Zola-Morgan, 1980) semble beaucoup plus nette qu'entre les singes «amnésiques» et leur contrôles et ce, pour des tâches de discrimination identiques. Le nombre absolu d'erreurs semble également être plus important pour les patients amnésiques que pour les singes «amnésiques». Les études sur l'animal peuvent s'avérer utiles pour aborder des questions qui ne pourront être résolues que très lentement par des travaux sur les patients amnésiques (du fait notamment de la rareté de certaines lésions spécifiques). Cependant, le rapprochement entre l'amnésie humaine et l'amnésie animale doit être effectué avec prudence. La mémoire des singes peut être organisée différemment de celle des humains. En outre, les processus mis en œuvre par les animaux lésés et par les patients amnésiques pour réaliser des tâches identiques peuvent être fort différents.

Les études sur l'amnésie ont généralement adopté des méthodes traditionnelles de laboratoire impliquant des tests standardisés et des comparaisons de groupes. Il existe très peu de travaux qui ont abordé les problèmes mnésiques des patients tels qu'ils s'expriment dans la vie quotidienne. On peut cependant citer l'étude de Zola-Morgan & Oberg (1980). Ces chercheurs ont fait visiter une ville à un patient Korsakoff et ils lui ont demandé de se souvenir à diverses reprises sur une période de deux ans d'un certain nombre d'événements survenus au cours de cette visite. Les résultats de cette investigation suggèrent que les hypothèses issues des études de laboratoire ne s'appliquent pas nécessairement à tous les phénomènes observés sur le terrain. En outre, plusieurs faits intéressants qui ont été constatés dans cette étude n'auraient probablement pas été repérés en laboratoire : par exemple, le transfert du patient dans un autre hôpital fut suivi d'une diminution significative de sa capacité de se souvenir de la visite de la ville. Cette observation soulève le problème de la vulnérabilité de certains souvenirs apparemment bien consolidés. D'autres travaux récents ont entrepris, chez les patients amnésiques, l'investigation d'un domaine de la mémoire dont le rôle est essentiel dans notre vie quotidienne : il s'agit de la mémoire autobiographique (Baddeley & Wilson, 1986; Crovitz, 1986). Ces études s'inscrivent dans le cadre d'une conception plus dynamique de la mémoire qui envisage la récupération d'un souvenir comme un processus actif de résolution de problème (Baddeley, 1982a). La mise en œuvre et l'efficacité de ce processus de «recollection» sont en partie déterminées par la capacité des sujets d'effectuer des jugements sur le contenu de leur mémoire (c'est-à-dire un des aspects de la métamémoire). Il est dès lors possible que certains troubles mnésiques soient la conséquence de jugements inadéquats. Récemment, Shimamura & Squire (1986) ont montré, chez les patients Korsakoff, un trouble dans l'établissement de jugements FOK (feeling of knowing), trouble qui n'est pas observé dans d'autres formes d'amnésie. L'exploration de la mémoire autobiographique et des différents aspects de la métamémoire chez les patients amnésiques constitue une voie de recherche qui devrait se développer considérablement. Il faut noter que l'étude de Baddeley & Wilson (1986) met en évidence d'importantes différences qualitatives dans les performances des sujets amnésiques en mémoire autobiographique. En fait, ce type d'étude suppose l'investigation détaillée de cas individuels. D'une manière plus générale, on peut regretter l'utilisation encore trop fréquente des comparaisons de groupes dans l'étude de l'amnésie. Cette situation semble devoir changer rapidement, comme l'attestent les deux numéros que la revue «Brain and Cognition» a intégralement consacrés, en 1988, à la présentation de cas individuels dans le domaine des troubles mnésiques.

Les relations entre les variables émotionnelles et motivationnelles et le syndrome amnésique n'ont pas encore fait l'objet d'études nombreuses. Les patients Korsakoff sont généralement décrits comme passifs et apathiques et certains auteurs ont suggéré, de manière anecdotique, que leurs troubles mnésiques pourraient être la conséquence d'une absence de réactions affectives durant les événements. Par ailleurs, il existe quelques observations dans la littérature qui semblent indiquer que les patients Korsakoff peuvent retenir des réactions affectives en dépit d'un trouble dans le rappel des détails de l'événement qui a suscité ces réactions. Johnson *et al.* (1985) ont tenté d'aborder expérimentalement cette question. Dans une première étude, ils font entendre à des patients Korsakoff et à des sujets contrôles des mélodies coréennes. Les sujets doivent indiquer si la mélodie entendue est de style américain ou de style chinois. Certaines mélodies sont présentées une fois, d'autres plusieurs fois. Après un délai de cinq minutes, on présente aux sujets six mélodies déjà entendues et six mélodies nouvelles et ils doivent indiquer leur préférence pour chaque mélodie sur une échelle à cinq niveaux. Quelques jours après, la même procédure est administrée mais le test de préférence est remplacé par un test de reconnaissance des mélodies anciennes. Les résultats montrent que les patients Korsakoff, comme les sujets contrôles, manifestent une préférence plus grande pour les mélodies déjà entendues et ce, en fonction du degré d'exposition. Par contre, leur performance au test de reconnaissance est significativement plus mauvaise que celle des sujets contrôles. Dans la deuxième étude, on présente aux sujets les photographies de deux individus. Des informations biographiques fictives décrivent un des deux personnages comme un homme généreux et l'autre comme un homme «peu recommandable». Après un délai, les sujets doivent évaluer les deux individus selon différentes dimensions du comportement et ils doivent désigner l'individu qu'ils préfèrent ; on leur administre également un test de rappel des informations biographiques. Les résultats montrent que les patients Korsakoff rappellent très peu d'informations biographiques et pourtant, 78 % d'entre eux préfèrent l'individu généreux ; de plus, ils évaluent moins favorablement le personnage «peu recommandable». Ce travail démontre que les patients Korsakoff sont capables d'acquérir et de maintenir des préférences même s'ils n'ont pas accès volontairement à l'information sur laquelle ces préférences ont été établies. Ces données s'ajoutent à la liste croissante des capacités résiduelles manifestées par les amnésiques. Il s'agit d'un premier pas dans l'exploration de ce problème complexe que constitue la mémoire du contenu affectif des expériences vécues. Un autre problème important qui mériterait d'être investigué chez l'amnésique est le rôle joué par l'émotion dans la récupération de l'information. Dans cette perspective, les chercheurs pourraient utilement s'inspirer de la théorie de la dépendance de l'état («the state dependent theory»).

Le syndrome amnésique a suscité de très nombreuses études et cependant, nous sommes loin de pouvoir en proposer une explication psychologique complète. Les travaux ultérieurs devraient être mieux articulés au plan théorique et ils devraient s'inspirer d'une conception plus dynamique de la mémoire. Par ailleurs, certains changements méthodologiques semblent indispensables et, en particulier, l'adoption d'une méthodologie du cas unique, le contrôle de la «force» de la mémoire et l'élaboration d'études écologiquement valides. Plusieurs secteurs de recherche devraient, en outre, connaître un développement plus important, comme celui de la métamémoire ou celui des relations entre troubles de la mémoire et émotion. Enfin, l'intérêt et les limites du modèle animal de l'amnésie devront être systématiquement évalués.

B) Lobes frontaux et troubles de la mémoire

Le rôle des lobes frontaux dans les processus mnésiques est, depuis longtemps, l'objet de controverses (pour une présentation historique détaillée, voir Seron, 1976, 1978; Stuss & Benson, 1985). Les premières observations cliniques ont généralement suggéré que les patients frontaux ne présentaient pas de déficit de rétention d'une information nouvelle, ni une perte des souvenirs acquis antérieurement (Lhermitte, 1929; Brickner, 1936; Lidz, 1949). Pour ces auteurs, le trouble mnésique des patients frontaux est plutôt interprété comme une désorganisation de l'activité lors de la prise d'information ou comme un déficit de l'activité lors de la récupération des souvenirs. Selon Hecaen & Albert (1977), il existe deux types de troubles mnésiques consécutifs à une lésion frontale. Le premier est un trouble de la mémoire récente, comparable à celui observé dans le syndrome de Korsakoff. Le second type de déficit n'est pas véritablement un trouble de mémoire mais il consiste plutôt en une absence d'initiative dans le rappel d'informations qui n'ont pas été vraiment oubliées (le patient «forgets to remember»). Pour Damasio (1979) cependant, les patients frontaux qui ressemblent aux patients Korsakoff ont habituellement une lésion qui touche d'autres régions que les lobes frontaux. Par ailleurs, il considère que le trouble mnésique manifesté par certains patients frontaux est généralement variable d'un moment à l'autre et est probablement la conséquence d'une distractibilité et d'une diminution de l'éveil.

L'hypothèse d'un déficit de la mémoire lors d'une lésion frontale a été suggérée par divers travaux de neuropsychologie animale et en particulier par les études de Jacobsen (1935) sur le singe rhésus adulte. La procédure utilisée par Jacobsen consiste à présenter à l'animal deux récipients opaques et à placer sous sa vue de la nourriture dans un des deux récipients. Un écran est ensuite interposé entre le singe et les récipients. Après un délai variable, l'écran est soulevé et l'animal doit choisir le récipient qui contient la nourriture. Dans la condition avec alternance (delayed alternation), l'écran est abaissé immédiatement après que l'animal ait choisi un récipient, que le choix soit correct ou incorrect. Si le choix est correct, la nourriture est placée dans l'autre récipient et l'écran est soulevé après un délai défini. Si le choix est incorrect, la nourriture demeure dans le récipient original et les essais sont répétés jusqu'à ce qu'un choix correct soit effectué. Jacobsen a observé que les singes porteurs de lésions bilatérales préfrontales avaient des performances très faibles à ces deux types de tâches. Comme ils se comportaient normalement dans la condition sans délai, l'auteur a interprété ce déficit comme un trouble de la mémoire récente. D'autres explications ont cependant été avancées et notamment une augmentation de l'activité spontanée de l'animal (Orbach & Fisher, 1959; Richter & Hines, 1938), une distractibilité (Finan, 1942; Malmo, 1942), une hyperréactivité aux stimuli extérieurs (Buffery, 1967), une difficulté dans la manipulation des caractéristiques spatiales de la tâche (Goldman & Rosvold, 1970; Mishkin & Pribram, 1956) ou une difficulté à suspendre une réponse précédemment renforcée (Pribram, 1961). Récemment Freedman & Oscar-Berman (1986) ont montré que des patients présentant une lésion frontale bilatérale manifestaient des performances déficitaires aux deux tâches (réponse et alternance différées) utilisées chez le singe. Ils ne constatent cependant aucune relation entre les résultats à ces tâches et les résultats aux tests standardisés de mémoire, ce qui indique que les tâches de réponse et d'alternance différées ne sont pas sensibles à l'amnésie antérograde chez l'homme. Il faut noter que le nombre d'erreurs à ces deux types de tâches est significativement corrélé avec les réponses persévératrices produites à une épreuve de classement (le Wisconsin Card Sorting Test) : ces persévérations correspondent au maintien d'un pattern de réponses précédemment renforcé.

De nombreux travaux utilisant des tests de mémoire variés (apprentissage de paires associées, rappel de récit, test de Benton...) n'ont pas mis en évidence d'effet spécifique des lésions frontales sur la mémoire (notamment Black, 1976; Butters *et al.*, 1970; Delaney *et al.*, 1980; Stuss *et al.*, 1982; Teuber *et al.*, 1977). Il en est cependant d'autres qui décrivent un dysfonctionnement mnésique après lésion frontale. Ainsi, Kimura (1960) observe que les patients frontaux présentent des difficultés aussi importantes que les patients temporaux droits à une épreuve qui consiste à identifier dans une suite de stimuli présentés les uns à la suite des autres ceux qui ont déjà été vus auparavant (Recurring Figures Test). Par ailleurs, Milner & Corsi (Milner, 1982) ont montré qu'une lésion du lobe frontal peut perturber la réalisation de jugements de récence. Dans cette étude, on présente aux sujets une longue série de cartes, chaque carte comportant deux stimuli (dans la forme verbale, les stimuli sont des mots concrets; dans la forme non verbale, il s'agit de dessins ou de reproductions de peintures abstraites). Quand un point d'interrogation apparaît entre les items, le sujet doit indiquer lequel des deux stimuli a été vu le plus récemment. Généralement, les deux items ont été présentés auparavant, mais dans certains cas, un des deux stimuli est neuf, ce qui réduit la tâche à un test de reconnaissance. Les scores obtenus par les patients frontaux dans les jugements de récence sont nettement inférieurs à ceux des sujets contrôles et des patients avec lésion temporale droite et gauche. Par contre, les patients frontaux ne manifestent pas de déficit de reconnaissance. Le trouble dans les jugements de récence est plus important sur matériel verbal quand la lésion est frontale gauche et il est plus net sur matériel non verbal quand la lésion est droite. Dans une autre étude, Petrides & Milner (1982) ont également montré que les patients avec une lésion frontale présentaient des difficultés à rappeler l'ordre d'apparition d'événements. Ils fournissent aux sujets un ensemble de cartes. Ces différentes cartes comportent les mêmes stimuli (mots concrets, mots abstraits, dessins figuratifs ou abstraits), mais la disposition spatiale des stimuli varie d'une carte à l'autre. La tâche des sujets consiste à pointer un stimulus sur chaque carte, dans n'importe quel ordre, mais en s'assurant de ne jamais pointer deux fois le même stimulus. Il s'agit donc pour les sujets de mémoriser leurs réponses antérieures tout en planifiant activement leurs réponses futures. Les auteurs ont constaté que les patients frontaux gauches avaient des performances perturbées à ce type de tâche, que ce soit sur un matériel verbal ou non verbal. Les patients frontaux droits ne manifestent un trouble que pour les tâches sur matériel non verbal. Smith & Milner (1983) ont en outre rapporté que des patients avec une lésion frontale droite avaient des performances très faibles quand ils doivent estimer la fréquence avec laquelle des dessins abstraits ont été présentés. Il semble donc que les lésions frontales peuvent perturber la mémoire pour la récence et la fréquence d'items ainsi que pour l'information auto-ordonnée, tout en n'ayant pas d'effet notable sur la reconnaissance du matériel cible. Notons qu'en ce qui concerne l'information contextuelle spatiale, Smith & Milner (1984) n'ont pas constaté de troubles chez les patients frontaux droits et gauches dans le rappel de la localisation d'objets.

Moscovitch (1982) insiste lui-aussi sur le rôle des lobes frontaux dans la mémoire. Il fournit notamment une liste des troubles mnésiques qui sont communs aux patients frontaux et aux patients Korsakoff : sensibilité accrue à l'interférence, déficit de la mémoire pour l'information temporelle, faible mémoire à court terme, difficulté dans l'utilisation des stratégies mnémotechniques basées sur l'imagerie mentale, absence de relâchement de l'inhibition proactive. Pour Moscovitch, ces données suggèrent que certains des déficits relevés chez les patients Korsakoff pourraient être la conséquence d'une lésion frontale. Récemment, Freedman & Cermak (1986) ont également montré que les patients frontaux présentant des difficultés mnésiques (repérées à l'échelle clinique de mémoire de Wechsler) ne manifestent pas le phénomène de relâchement de l'inhibition proactive (dans le paradigme de Wickens, 1970), et ce, comme les patients Korsakoff. Par contre, les patients frontaux chez qui on n'observe pas de troubles de la mémoire, développent un relâchement de l'inhibition proactive normal. En conséquence, pour Freedman & Cermak (1986), le trouble mnésique observé chez les patients Korsakoff et chez certains patients frontaux serait la conséquence d'un déficit d'encodage sémantique. Il faut cependant noter que contrairement aux patients Korsakoff, les patients frontaux ne deviennent pas plus compétents à mesure qu'ils pratiquent la tâche de relâchement de l'inhibition proactive. Cette constatation indiquent que les deux types de patients ne souffrent pas de lésions cérébrales identiques. Damasio *et al.* (1982) ont suggéré que les patients frontaux qui ont des difficultés de mémoire présentent des lésions du système basal sous-frontal. Par ailleurs, il existe des relations entre le noyau dorso-médian du thalamus (qui est une des régions affectées dans le Syndrome de Korsakoff) et le cortex antérieur basal (Nauta, 1962). Dès lors, selon Freedman & Cermak, des lésions du noyau dorso-médian du thalamus pourraient provoquer des déficits relativement identiques à ceux survenants à la suite de lésions du système basal sous-frontal.

D'autres auteurs ont relevé la présence de déficits mnésiques chez les patients frontaux. Ainsi, Wallesch *et al.* (1983) ont trouvé des déficits dans l'apprentissage de paires associées ainsi qu'au test de Benton et au digit span, chez des patients ayant des lésions frontales médiales. Par ailleurs, Risse *et al.* (1984) ont montré que des patients présentant des lésions du lobe frontal inférieur gauche et/ou des noyaux gris centraux avaient d'importantes difficultés dans l'apprentissage et la rétention à long terme d'une liste de mot (selon la procédure de «selective reminding», Buschke, 1973), alors que les performances des patients présentant des lésions postérieures temporopariétales gauches étaient pratiquement normales. Ils ont, en outre, observé un pattern de performances inverse à des tâches de MCT (empan mnésique visuel et verbal). Il faut noter qu'en reconnaissance, les performances des patients frontaux s'améliorent considérablement, ce qui fait dire aux auteurs que le trouble porterait sur l'accès à l'information. Ainsi, le lobe frontal inférieur et les noyaux gris centraux joueraient un rôle crucial dans la mise en œuvre des processus de recouvrement. Sass et al. (1987) ont également observé des déficits d'apprentissage verbal et visuographique chez des patients présentant des lésions frontales gauches, médiales et latérales; ils notent que les lésions frontales droites sont moins souvent associées à des difficultés mnésiques. Enfin Jetter et al. (1986) ont investigué le rôle du lobe frontal dans la MLT en utilisant trois formes de tests verbaux : le rappel libre, le rappel indicé et la reconnaissance d'une liste de seize mots qui ont été appris quinze minutes ou un jour auparavant. Les résultats montrent que les patients frontaux se différencient des patients post-rolandiques uniquement dans la condition de rappel libre après un délai d'un jour. Aucune relation spécifique n'est constatée entre le trouble mnésique et le côté droit ou gauche de la lésion, ni entre le trouble mnésique et le caractère unilatéral ou bilatéral de la lésion. Pour les auteurs, le trouble de rappel libre présenté par les patients frontaux serait la conséquence d'un déficit dans la capacité de produire des indices de récupération adéquats ainsi que de difficultés attentionnelles. La composante attentionnelle du trouble serait liée à une lésion du cortex préfrontal alors que la composante mnésique serait le fait d'une dégénérescence du noyau thalamique médiodorsal qui est intimement lié au cortex préfrontal (Markowitsch, 1986).

Pour Luria (1973), les troubles mnésiques observés chez les patients frontaux sont notamment la conséquence d'une sensibilité excessive à l'interférence. Ce type d'interprétation est également proposé par Stuss et al. (1982). Ces auteurs montrent que des patients ayant subi une leucotomie orbitofrontale se comportent normalement à divers tests de mémoire de rappel ou de reconnaissance. Par contre, ces patients sont particulièrement sensibles à l'interférence proactive comme l'attestent leurs résultats à l'épreuve de Peterson & Peterson (1959). Ce déficit serait lié à une incapacité de maintenir l'attention et de contrôler les stimuli interférents. Incisa della Rocchetta (1986) a tenté de déterminer dans quelle mesure les troubles mnésiques des patients frontaux pouvaient être la conséquence d'un trouble général dans l'organisation des items en mémoire, étant donné les difficultés d'organisation et de planification de ces patients. Elle demande d'abord à des patients ayant subi une résection temporale ou frontale et à des sujets contrôles de grouper en catégories un ensemble de 36 images représentant des objets communs. Ensuite, les sujets sont soumis à une phase de rappel (immédiat et différé) des noms d'objets qu'ils ont dû classer. Les résultats indiquent que les patients frontaux ont des performances perturbées à la tâche de catégorisation et à la tâche de rappel. Par contre, les patients temporaux droits et gauches effectuent correctement la tâche de catégorisation et seuls les patients temporaux gauches ont des difficultés dans le rappel des noms d'objets. Il existe chez les patients frontaux droits une corrélation négative entre le nombre d'items qui n'ont pas été catégorisés et le nombre d'items rappelés. Cette corrélation n'est pas observée chez les patients frontaux gauches, lesquels ont donc également des difficultés à rappeler des items qu'ils ont correctement classés. Selon Incisa della Rocchetta, le trouble de la catégorisation joue un rôle majeur dans le déficit mnésique des frontaux droits, alors que, pour les frontaux gauches, les difficultés mnésiques peuvent également être dues à un trouble dans la capacité d'entreprendre une recherche efficace du matériel stocké en mémoire. En ce qui concerne les patients temporaux gauches, leur trouble de mémoire dépendrait d'un oubli anormalement rapide.

On est loin d'avoir identifié le rôle précis joué par les structures frontales dans le fonctionnement mnésique. Quelques études (Risse *et al.*, 1984; Jetter *et al.*, 1986; Incisa della Rocchetta, 1986) attribuent certaines des difficultés mnésiques observées à la suite d'une lésion frontale à un déficit dans le processus de récupération. Il reste cependant à déterminer la nature de ce déficit : s'agit-il d'un trouble attentionnel, d'un problème dans l'organisation du processus de recherche en mémoire, d'une difficulté liée à une perte d'initiative ou à une sensibilité excessive à l'interférence, ou encore d'une incapacité à produire des indices de recouvrement efficaces? D'autres travaux ont décrit des difficultés de mémoire contextuelle à la suite de lésions frontales (Milner, 1982; Petrides & Milner, 1982; Smith & Milner, 1983). Selon Milner & Petrides (1984), ces difficultés ne résulteraient pas d'un déficit de rétention en tant que tel mais plutôt qu'un trouble dans les processus de contrôle de la mémoire. Enfin, Incisa della Rocchetta (1986) relie le trouble mnésique des patients frontaux droits à un déficit d'organisation des items en mémoire. En fait, l'étude des relations entre le lobe frontal et la mémoire est confrontée à plusieurs problèmes. D'abord, il semble clairement établi que le cortex frontal ne constitue pas une entité homogène à la fois structurellement et fonctionnellement et que différents sous-systèmes peuvent être identifiés. De plus, le lobe frontal entretient des relations étroites avec d'autres structures impliquées dans le fonctionnement mnésique. Il n'est dès lors pas facile de déterminer si un trouble mnésique est lié directement à une atteinte frontale particulière, ou s'il en est la conséquence indirecte, du fait du retentissement de l'atteinte frontale sur d'autres structures cérébrales. Enfin, comme l'indiquent Stuss & Benson (1985), il est particulièrement malaisé, voire impossible, de concevoir des tâches mnésiques qui ne soient pas affectées par d'autres déficits frontaux.

D'une manière générale, les développements théoriques qui ont été proposés pour rendre compte des déficits frontaux, et notamment des déficits mnésiques, sont assez peu élaborés (Shallice, 1982). Les critiques adressées aux études sur le syndrome amnésique sont le plus souvent applicables aux travaux sur les patients frontaux : imprécision des concepts utilisés, approche statique du fonctionnement mnésique, négligence des variables émotionnelles et motivationnelles... Parmi les orientations théoriques qui pourraient être suivies dans l'étude des troubles mnésiques après lésion frontale, il en est une qui nous paraît particulièrement adaptée : il s'agit de la théorie des scripts ou des schémas (Rumelhart, 1980; Schank & Abelson, 1977). Ce cadre théorique a récemment été appliqué à l'étude du discours chez l'aphasique. Ainsi, Ulatowska *et al.* (1983) ont montré que la macro-structure des discours semble préservée chez les aphasiques. De même, Roman *et al.* (1987) observent que des patients avec une lésion hémisphérique droite (s'étendant parfois jusqu'au lobe frontal) paraissent avoir conservé une connaissance des scripts. A ce jour, aucune étude des scripts n'a été spécifiquement menée chez les patients frontaux. Une autre voie d'approche des troubles frontaux a été proposée par Baddeley (1986). Il suggère que les patients frontaux présenteraient un trouble dans le fonctionnement d'une des composantes du système de mémoire de travail : le « central executive ». Baddeley & Wilson (1986) ont adopté ce type d'interprétation pour rendre compte des troubles de mémoire autobiographique manifestés par les patients frontaux. Ils ont évalué la mémoire de 10 patients présentant d'importants troubles mnésiques en utilisant la technique des mots-indices. Les résultats indiquent que certains patients amnésiques (deux patients Korsakoff et un patient ayant été victime d'une encéphalite) présentent une mémoire autobiographique normale. Un deuxième groupe de patients montrent ce que Baddeley & Wilson décrivent comme un obscurcisssement de la mémoire autobiographique. Il s'agit d'un trouble dans l'accès à l'information autobiographique, cette information étant disponible à certains moments et à d'autres non. Le troisième groupe est constitué de patients qui manifestent des signes en faveur d'une lésion frontale. Deux de ces patients frontaux évoquent spontanément peu d'événements personnellement vécus en réponse au mot-indice et ils ne produisent pas de confabulations. Par contre, les deux autres patients frontaux sont fluents mais montrent d'importants signes de confabulation. Selon Baddeley & Wilson (1986), les patients frontaux présenteraient un trouble dans le processus actif de «recollection». Il s'agirait d'une difficulté à entreprendre et à diriger le processus de recherche en mémoire et/ou d'une incapacité à évaluer la plausibilité des informations évoquées. Comme l'indiquent les auteurs, le déficit dans la mise en œuvre du processus de récupération se manifeste également par la difficulté des patients frontaux à produire des items à partir de catégories sémantiques spécifiées (Milner, 1964; Ramier & Hécaen, 1970; Perret, 1974). Par ailleurs, le trouble dans l'évaluation de l'information évoquée se retrouve aussi quand on pose aux patients frontaux des questions d'estimation cognitive (par exemple, estimer à quelle vitesse galope un cheval de course). Dans cette tâche conçue par Shallice & Evans (1978), les patients frontaux produisent des réponses bizarres, ce qui suggère qu'ils ont des difficultés à utiliser leur connaissance générale pour évaluer leurs réponses. Le trouble autobiographique présenté par certains patients non frontaux reposerait, non pas sur une difficulté à conduire le processus de «recollection» mais plutôt sur l'absence de l'information mnésique nécessaire pour qu'une telle recherche puisse être menée. Le déficit de mémoire autobiographique observé chez les patients frontaux serait lié à un dysfonctionnement du «central executive» (ou du «supervisory activating system», selon la terminologie de Norman & Shallice, 1980), c'est-à-dire ce système responsable du contrôle du comportement, de la mise en œuvre et de la cessation d'une activité ou d'un changement de stratégie. Si le «central executive» ne fonctionne pas, le patient est à la merci des informations qu'il évoque : celles-ci peuvent être développées sans contrôle, ce qui expliquerait les confabulations. Cette interprétation s'inscrit dans le cadre d'une conception plus générale qui considère que le patient frontal présente un trouble dans la recherche active d'une structure d'action alors qu'il demeure capable de répéter une séquence d'action familière (Shallice, 1982; Duncan, 1986). Comme l'indique Duncan (1986), cette conception est cependant confrontée à un problème majeur, celui de la motivation du patient : il s'agit en effet de distinguer une absence de motivation d'une incapacité à traduire la motivation en action.

C) Les troubles de la mémoire dans les lésions du cortex postérieur

On connaît peu de choses concernant le rôle des régions corticales postérieures dans le fonctionnement mnésique. Néanmoins, trois types de troubles ont été décrits à la suite de lésions touchant cette partie du cerveau : des troubles de la MCT, des troubles dans l'acquisition d'une information nouvelle et des troubles dans l'accès à des souvenirs sémantiques bien établis.

1. Troubles de la MCT

En 1969, Warrington & Shallice ont décrit le cas d'un patient présentant une lésion pariétale gauche et qui avait un empan mnésique auditivo-verbal réduit sans aucun trouble dans les tâches de MLT. Ultérieurement, d'autres patients présentant le même pattern de troubles ont été rapportés (Warrington et al., 1971; Saffran & Marin, 1975; Shallice & Warrington, 1977; Basso et al., 1982). Ces patients sont incapables de rappeler plus de deux ou trois items présentés auditivement (des chiffres, des lettres, ou des mots) et leurs performances sont généralement meilleures quand les stimuli verbaux sont présentés visuellement. Cette dissociation suggère l'existence d'une distinction entre un stock à CT visuel capable de stocker des séquences d'items (et en tant que tel, différent du «visuo-spatial sketch pad» proposé par Baddeley & Hitch, 1974) et un stock à court terme auditif, celui-ci étant sélectivement perturbé. Plus récemment, Vallar & Baddeley (1984) ont exploré le déficit de la patiente P.V. décrite par Basso et al. (1982), à la lumière du modèle de mémoire de travail (Baddeley, 1986). Cette patiente montre l'effet standard de similitude phonologique en présentation auditive mais pas en présentation visuelle. Par ailleurs, on ne constate pas chez elle d'effet perturbateur de la suppression articulatoire sur la mémoire immédiate de stimuli visuels. De plus, elle ne montre aucun effet de longueur du mot bien que l'articulation en tant que telle ne soit pas perturbée. Vallar & Baddeley ont suggéré que P.V. avait un déficit sélectif du stock phonologique à CT et qu'elle n'utilisait pas la stratégie de répétition subvocale.

Des perturbations de la MCT non verbale ont également été rapportées notamment sur un matériel composé de patterns sans signification (Butters et al., 1970). De Renzi & Nichelli (1975) ont observé chez deux patients présentant une lésion postérieure droite, une performance faible à une épreuve de MCT sur matériel spatial (le test de cubes de Corsi, cité par Milner, 1971). Dans ce test, on présente aux patients des cubes de bois qui diffèrent uniquement par rapport à leur position spatiale; l'examinateur tape sur les cubes dans un certain ordre et le sujet doit reproduire la séquence spatiale. Les deux patients ont un empan spatial très faible en dépit d'un empan verbal normal et d'une bonne performance à une tâche d'apprentissage de trajets sur un labyrinthe visuel, ce qui suggère une dissociation entre la MCT spatiale et la MLT spatiale.

Gutbrod *et al.* (1987) ont administré à des patients présentant une lésion hémisphérique droite et à des patients ayant une lésion hémisphérique gauche (des patients aphasiques) deux épreuves de reconnaissance à CT dans lesquelles les sujets doivent se souvenir de l'ordre temporel ou de la disposition spatial de cinq stimuli. Ils montrent que les patients aphasiques commettent significativement plus d'erreurs que les sujets normaux et que les patients avec une lésion droite aux deux tâches temporelle et spatiale, alors que les patients avec une lésion droite ont uniquement des difficultés dans la tâche spatiale. Gainotti *et al.* (1978) ont également constaté que les patients avec une lésion gauche (et particulièrement les patients aphasiques) présentaient des difficultés plus importantes que les patients avec une lésion droite à une tâche de reconnaissance visuelle à court terme. Signalons enfin que Davidoff & Ostergaard (1984) ont décrit le cas d'un patient ayant un déficit spécifique de la MCT portant sur les couleurs à la suite d'une lésion temporo-occipitale gauche.

2. Troubles de la mémoire épisodique

Peu d'études ont abordé la MLT épisodique chez les patients présentant une lésion corticale postérieure à la lumière d'un modèle de fonctionnement de la mémoire. Le plus souvent, les travaux ont tenté de mettre en évidence des troubles mnésiques spécifiques à un matériel donné ou à une modalité perceptive particulière (voir Beauvois, 1973; Beauvois & Lhermitte, 1975). Quelques recherches récentes ont cependant tenté d'explorer la nature des troubles mnésiques chez les patients aphasiques. Ainsi, Risse *et al.* (1984) ont soumis à des patients aphasiques ayant des lésions du lobe frontal inférieur et/ou des noyaux de la base ainsi qu'à des patients ayant des lésions temporopariétales une épreuve d'apprentissage d'une liste de mots (en rappel et en reconnaissance) ainsi qu'une série de tests d'empan mnésique (en présentation visuelle et auditive). Les résultats montrent que les patients avec des lésions frontales présentent des difficultés importantes dans l'apprentissage (en rappel) de la liste de mots mais qu'ils obtiennent des résultats normaux aux tests d'empan mnésique. Le fait que leur performance en reconnaissance est bonne suggère, selon les auteurs, que le trouble se situerait plutôt au niveau des processus de récupération. Il s'agirait d'une difficulté à mettre en œuvre une recherche efficace en mémoire, un rôle qui serait donc dévolu au lobe frontal gauche. Ce trouble serait la conséquence directe d'une lésion reliant les aires frontales impliquées dans les fonctions langagières au système hippocampo-diencéphalique. Par ailleurs, le pattern de troubles manifesté par les patients avec une lésion postérieure est inverse : leur empan mnésique est faible mais ils n'ont pratiquement pas de difficultés dans l'apprentissage de la liste de mots.

Cermak *et al.* (1984) ont comparé des aphasiques de Broca et des patients de Korsakoff à une tâche consistant à détecter des répétitions de mots, de phonèmes ou de rimes dans une liste d'items. Une liste contient deux items-cibles : le premier apparaît en troisième, cinquième et septième position et le second items suit immédiatement le premier ou est séparé par un, deux ou trois autres items. Les deux groupes de patients ont des performances pratiquement normales aux tâches de détection du mot ou du phonème répété. Par contre, seuls les aphasiques de Broca ont des difficultés à détecter la rime et ce, seulement dans les cas où les items qui riment sont séparés par deux ou trois autres items. La tâche de détection de rimes est la seule condition qui exige une comparaison des caractéristiques des items, les deux autres tâches nécessitant simplement la reconnaissance d'une répétition directe. Les auteurs suggèrent dès lors que les patients aphasiques auraient des difficultés à manipuler les caractéristiques d'un mot à des fins mnésiques. Dans une deuxième expérience, ils soumettent aux patients aphasiques et aux patients Korsakoff une série de mots et ils leur demandent d'analyser les caractéristiques physiques, phonémiques ou sémantiques de ces mots (et ce, au moyen de questions du type : « le mot peut-il compléter la phrase X ? », « le mot rime-t-il avec Y ? » ou « le mot est-il écrit en majuscules ? »). Ensuite, ils soumettent les patients à un test de reconnaissance « surprise ». Les résultats montrent que les patients aphasiques bénéficient comme les sujets normaux des questions suscitant une analyse plus profonde et ce, contrairement aux patients de Korsakoff. Pour Cermak *et al.*, les patients aphasiques sont donc capables d'analyser les caractéristiques de l'information stockée. Cependant, durant la tâche de détection de rimes, les sujets doivent récupérer une analyse antérieure, la comparer à l'analyse présente et finalement prendre une décision. Comme les patients aphasiques sont capables de repérer une rime qui suit immédiatement la précédente, il ne semble pas que le trouble affecte l'étape de décision. Le déficit se situerait donc au niveau de la récupération et de la comparaison des analyses. Cette incapacité à utiliser cognitivement les caractéristiques de l'information stockée sous-tendrait les déficits en rappel libre et pourrait aussi déterminer en partie le manque du mot observé chez ces patients.

Par ailleurs, Grober (1984) a montré que les patients aphasiques avaient des performances normales à une tâche consistant à juger de la fréquence d'apparition d'un mot dans une liste ainsi qu'à une tâche consistant à rappeler la localisation d'un objet. Les patients aphasiques seraient donc capables d'effectuer des opérations d'encodage automatique.

3. Troubles de la mémoire sémantique

La connaissance sémantique des aphasiques a été abordée au moyen de techniques diverses (Koemeda-Lutz et al., 1987) : des tests de compréhension, de catégorisation ou d'association, des tests de priming, des tâches consistant à dessiner des objets de mémoire, des tests d'appariement pantomimes-objets... De très nombreux travaux utilisant ces procédures ont montré que les patients aphasiques pouvaient présenter un déficit de l'organisation sémantique ou de l'accès à la connaissance sémantique. La présentation de ces recherches et des problèmes théoriques et méthodologique qu'elles posent dépassent de beaucoup le cadre de ce travail. Signalons néanmoins que des études récentes ont rapporté des cas de perturbation sélective du stockage ou de l'accès en mémoire sémantique. Ainsi, ont été décrites des perturbations sélectives de la connaissance des objets animés et de la nourriture (Warrington & Shallice, 1984), des objets animés et en particulier des animaux (Gainotti, 1986), des objets inanimés (Warrington & McCarthy, 1983). Sur la base de ces observations, Warrington & Shallice (1984) ont suggéré l'existence de deux systèmes sémantiques à modalités spécifiques (les unes visuelle, les autres verbales). Il y aurait un système basé sur des spécificités fonctionnelles et verbalisables permettant de traiter les inanimés et un système basé sur des caractéristiques sensorielles (notamment visuelles), lequel appréhenderait en premier lieu les animés, les deux systèmes étant néanmoins reliés.

Depuis longtemps, les neuropsychologues s'intéressent à un autre type de connaissance sémantique à savoir la connaissance topographique. Il et généralement admis que les troubles de la connaissance topographique sont causés par des lésions dans les régions pariéto-occipitales de l'hémisphère droit. La plupart des études dans ce domaine se fondent essentiellement sur des observations cliniques. Dans un travail préliminaire (Van der Linden & Seron, 1987), nous avons élaboré diverses épreuves destinées à explorer, chez un patient présentant d'importants troubles d'orientation dans l'espace, les représentations topographiques et en particulier, les représentations en réseau et en vecteur (Byrne, 1982). Les données recueillies suggèrent la présence d'une dissociation entre ces deux types de représentations, les représentations en réseau étant mieux conservées.

D) Traumatismes crâniens et troubles de la mémoire

Les troubles de la mémoire constituent une séquelle très fréquente d'un traumatisme crânien. Ces troubles sont particulièrement évidents après un traumatisme crânien grave (Brooks, 1983; Schacter & Crovitz, 1977). Cependant, un traumatisme mineur, n'ayant entraîné qu'une brève, voire aucune perte de connaissance, peut, lui aussi, donner lieu à un trouble persistant du fonctionnement mnésique (Binder, 1986; Van Zomeren & Van Den Burg, 1985). Deux types de déficits mnésiques peuvent être observés chez les traumatisés crâniens : l'amnésie post-traumatique (APT) et les troubles mnésiques consécutifs à l'APT.

1. L'amnésie post-traumatique (APT)

L'amnésie post-traumatique (APT) est une des caractéristiques les plus distinctives du traumatisme crânien. Elle concerne l'état de confusion et de désorientation qui apparaît immédiatement après le traumatisme ou après la période de coma, et durant laquelle le patient présente d'importantes difficultés de mémoire rétrograde et antérograde. La durée de l'APT varie de quelques secondes à quelques semaines. Selon Russel et Nathan (1946), le point final de l'amnésie post-traumatique correspond à la réapparition de la mémoire continue, laquelle est déterminée rétrospectivement sur base d'un jugement du patient. Récemment, plusieurs auteurs ont tenté de suivre l'évolution de l'APT de manière prospective, en posant périodiquement au patient des questions d'orientation ainsi que des questions destinées à établir le retour de la continuité de la mémoire (Levin et al., 1979, 1982; Gronwall & Wrightson, 1980; Fortuny et al., 1980). Gronwall & Wrightson (1980) ont trouvé une relative indépendance entre la désorientation et l'APT chez des traumatisés crâniens légers. Levin et al. (1984) considèrent cependant que la désorientation et le trouble mnésique seraient liés dans le cas de traumatismes plus graves. Par ailleurs, une étude préliminaire de Levin et al. (1984) suggère une variabilité importante dans les relations qui unissent la durée de l'APT et la durée du coma et plusieurs cas d'APT prolongée ont été observés en dépit de périodes relativement brèves de coma.

Peu d'études se sont intéressées à la nature des troubles mnésiques rétrogrades et antérogrades observés durant la période d'APT. Il semble exister deux types d'amnésie rétrograde : une amnésie permanente qui s'étend généralement sur une courte période avant le traumatisme et une amnésie temporaire qui, au départ, couvre plusieurs semaines, plusieurs mois voire plusieurs années, puis qui rétrécit graduellement. L'amnésie rétrograde permanente serait la conséquence d'un déficit dans le processus de consolidation. Cette hypothèse a notamment été suggérée par le travail de Yarnel & Lynch (1973). Ces auteurs ont exploré les troubles rétrogrades chez des joueurs de football américain après qu'ils aient été victimes d'un traumatisme crânien. Interrogés immédiatement après le choc, les joueurs étaient capables de fournir des informations exactes concernant les événements du jeu qui se déroulaient juste avant la survenue du traumatisme. Réinterrogés 3 à 20 minutes plus tard, ils avaient complètement perdu l'information pré-traumatique. Ces données indiquent que l'information qui précède immédiatement le traumatisme a bien été enregistrée puisqu'elle est disponible pendant un certain temps après le traumatisme. Cependant, les souvenirs de cette information disparaîtraient car ils n'ont pas été consolidés. Il faut signaler que certains patients sont tout à fait capables de se souvenir de ce qui s'est passé immédiatement avant l'accident alors que d'autres (la majorité) ne le sont pas. Selon Barbizet (1970), ce fait serait lié à l'état émotionnel dans lequel se trouvaient les sujets au moment de l'accident. Cette impression clinique mériterait d'être examinée de manière rigoureuse.

En ce qui concerne l'amnésie temporaire, plus étendue, elle serait la conséquence d'un déficit de récupération (Benson & Geschwind, 1967). Un certain nombre d'études cliniques ont rapporté que le déficit rétrograde était plus important pour les événements récemment acquis (Ribot, 1882; Russel & Nathan, 1946). Levin *et al.* (1985) ont exploré le pattern d'amnésie rétrograde pendant et après la période d'APT au moyen de test objectifs. Dans une première étude, ils ont utilisé un test de reconnaissance de titres d'émissions télévisées, lesquelles avaient été programmées de 1968 à 1981. Ce test fut administré à 18 traumatisés crâniens se trouvant dans la phase d'APT ainsi qu'à un groupe contrôle. Les résultats montrent que les patients reconnaissent moins d'émissions que les sujets contrôles et les performances ne sont pas meilleures pour les souvenirs d'émissions plus anciennes. Après la période d'APT, les performances des patients s'améliorent tout en demeurant inférieures à celles des sujets contrôles, et les auteurs ne retrouvent toujours pas le gradient temporel décrit par les études cliniques. Dans une deuxième recherche, Levin *et al.* ont interrogé les patients sur les événements principaux de leur vie personnelle et ils ont vérifié cette information autobiographique auprès des proches des patients. Pour ce type d'information, ils constatent clairement que les souvenirs anciens sont mieux rappelés que les souvenirs récents. Par contre, quand la phrase d'APT se termine, le gradient temporel disparaît. Levin *et al.* (1985) interprètent cette discordance dans les résultats en suggérant que les événements personnels anciens, souvent évoqués, sont intégrés dans une structure sémantique qui existe indépendamment du souvenir des événements originaux et qui est moins sensible à l'amnésie rétrograde. Par contre, la connaissance des programmes de télévision dépendrait plus de la mémoire épisodique, laquelle serait perturbée pendant la période d'APT. Dans un certain nombre de cas, l'amnésie rétrograde rétrécit progressivement (Benson & Geschwind, 1967) : le patient récupère d'abord les souvenirs lointains et l'évocation s'améliore au fur et à mesure que l'on s'éloigne de la date du traumatisme. Selon Parkin (1987), ce phénomène de rétrécissement est compatible avec l'hypothèse selon laquelle les souvenirs anciens et les souvenirs récents sont issus d'une source différente. En début de phase d'APT, le patient se fonderait essentiellement sur la connaissance générale qu'il a de lui-même, connaissance qui est plus étendue pour les périodes anciennes de sa vie ; quand le processus de restauration s'installe, les souvenirs épisodiques deviendraient disponibles et ainsi, les événements plus récents pourraient être récupérés. Le gradient temporel de cette récupération s'expliquerait par le fait que les événements lointains sont plus largement distribués en mémoire que ne le sont les souvenirs récents. Dès lors, le processus graduel de restauration porterait d'abord sur certains éléments des souvenirs plus anciens.

Une étude de Sisler & Penner (1975) nous indique que l'amnésie rétrograde est, en fait, un problème complexe et qu'il s'agit probablement d'un phénomène hétérogène. Ces auteurs ont évalué la longueur du déficit rétrograde manifesté par 24 patients traumatisés crâniens et ce, au moyen d'une interview psychiatrique administrée à différents moments après le traumatisme. Ils observent que cinq patients ne présentent aucun changement dans la longueur de l'amnésie rétrograde, huit patients montrent un rétrécissement, cinq un accroissement et six un accroissement et un rétrécissement. Ces données ne s'accordent guère avec la conception traditionnelle d'un rétrécissement unidirectionnel de l'amnésie rétrograde. Cette étude montre en outre que ces fluctuations dans la longueur de l'amnésie rétrograde existent en dehors de la période d'APT. Comme le signale Barbizet (1970), l'analyse de ce problème est rendue encore plus difficile par le fait que des facteurs de personnalité peuvent s'ajouter aux causes organiques et qu'ils peuvent amener le patient « à reconstruire de façon erronée ou fantastique son passé, ou bien, au contraire, à négliger de façon persistante non pas une certaine période de sa vie mais bien certains événements précis de celle-ci ».

Un autre problème qui a été peu exploré jusqu'à présent concerne les capacités des patients en période d'APT de stocker et de récupérer une nouvelle information. Dunn & Brooks (1974) ont exploré les performances mnésiques de cinq traumatisés crâniens et de cinq sujets contrôles. Sur la base de différences de performance en rappel libre et en rappel indicé, ils ont suggéré que les patients APT sont encore capables d'encoder et de stocker une information mais qu'ils ont des difficultés à la récupérer. Fodor (1972) propose une interprétation du même type, mais les procédures qu'elle a utilisées sont insuffisamment décrites ; par ailleurs, comme le signalent Schacter & Crovitz (1977), elle n'a pas adopté de critère indépendant permettant de déterminer la présence ou l'absence d'APT et il est dès lors possible que tous les patients testés ne soient pas dans la période d'APT. D'autres études sont nécessaires afin d'explorer plus avant les processus mnésiques des patients pendant la phase d'APT. Ces travaux pourraient utilement s'inspirer des procédures utilisées dans l'étude du syndrome amnésique. Par ailleurs, les troubles mnésiques présentés par les patients APT pourraient être comparés à ceux observés chez d'autres types de patients et notamment les patients Korsakoff. Enfin, il semblerait particulièrement intéressant de tester les capacités de mémoire implicite de ces patients.

2. Les troubles mnésiques postérieurs à l'APT

Quand l'APT a régressé, il peut subsister, outre un déficit de mémoire rétrograde, un trouble dans l'acquisition d'informations nouvelles. Ces troubles de la mémoire antérograde ont été l'objet de très nombreuses études et ce, en partie, parce que leur exploration est plus facile que celle des troubles rétrogrades (Baddeley *et al.*, 1987) : en effet, contrairement à l'amnésie rétrograde, les conditions d'apprentissage, l'intervalle de rétention et les conditions de récupération peuvent être mis sous le contrôle de l'examinateur.

Plusieurs travaux, et en particulier ceux de l'équipe de Glasgow (Brooks, 1972, 1974a, 1976 ; Brooks *et al.*, 1980) ont trouvé une association entre la durée de l'APT et les performances aux tests mnésiques. Il semble cependant que plusieurs variables, dont l'âge des patients et l'intervalle de temps entre le traumatisme et le testing de la mémoire, ont un effet sur cette association. Ainsi, Brooks (1974a) a montré que l'APT pouvait prédire l'existence de troubles mnésiques chez des patients âgés de plus de 30 ans mais pas chez ceux âgés de moins de 30 ans. Par ailleurs, il semble que les prédictions que permet la durée de l'APT sont meilleures si le testing mnésique est effectué peu après le traumatisme. Il faut en outre noter que quand l'APT est courte, elle est difficile à évaluer et le compte rendu qu'en font les patients après trois mois ne semble pas très fidèle (Gronwall & Wrightson, 1980).

En ce qui concerne les troubles de la MCT, Brooks (1975) constate, chez des traumatisés crâniens graves, un empan mnésique et un effet de récence normaux. Ces données suggèrent que la boucle articulatoire et le stock phonologique à CT seraient relativement intacts chez ces patients. Une exploration plus spécifique de la mémoire de travail et en particulier de l'administrateur central devrait cependant être menée.

Il existe de nombreuses données dans la littérature qui indiquent que les traumatisés crâniens présentent un trouble de la MLT et plus particulièrement de la mémoire épisodique (Schacter & Crovitz, 1977). Cependant, la nature de ce déficit est loin d'être comprise. Brooks (1975) a tenté d'évaluer chez les traumatisés crâniens l'importance relative de l'encodage phonémique ou sémantique en considérant le type d'erreurs effectuées par les sujets en rappel libre. Il a trouvé que les traumatisés crâniens ne différaient pas des sujets contrôles dans le nombre de confusions phonémiques qu'ils produisaient mais bien dans le nombre de confusions sémantiques. Ces résultats ont amené Brooks à postuler l'existence d'un déficit dans l'utilisation de l'encodage sémantique. Par ailleurs, Brooks (1975) a examiné les erreurs d'intrusion c'est-à-dire le rappel de mots appartenant à une liste antérieure. Ce type d'erreur indiquerait que l'information a bien été stockée mais qu'elle n'a pas été correctement récupérée. Or, les patients produisent significativement moins d'erreurs d'intrusion que les sujets contrôles, ce qui est interprété par Brooks comme la conséquence d'un trouble dans la capacité des sujets de discriminer entre les listes successives et ce, du fait d'un déficit de stockage. A l'opposé, Thomsen (1977) a trouvé que les patients traumatisés crâniens ont tendance à produire plus d'erreurs d'intrusion dans leur rappel. En outre, Richardson (1984) ne constate pas de réduction dans le nombre de confusions sémantiques à la suite d'un traumatisme crânien, ni de diminution ou d'augmentation des erreurs d'intrusion. Il faut cependant noter que les patients de Richardson présentaient des traumatismes crâniens plus légers que ceux explorés par Brooks (1975). Par contre, Richardson (1984) observe que les sujets contrôles manifestent une nette tendance à produire des erreurs d'intrusion qui possèdent une concrétude comparable à celle des items cibles, tendance qui est totalement absente chez les traumatisés crâniens. Ce déficit serait la conséquence d'une difficulté à se centrer sur les caractéristiques d'imagerie des stimuli verbaux à mémoriser. Richardson (1979) et Richardson & Snape (1984) ont également montré que les patients avec traumatismes crâniens graves et légers ont un trouble dans le rappel libre de mots concrets mais pas dans le rappel libre de mots abstraits, alors que les sujets contrôles manifestent une supériorité dans le rappel de mots concrets. Richardson & Barry (1985) ont aussi observé que les traumatisés crâniens légers ne présentaient pas de difficultés à une épreuve de rappel libre d'objets dessinés. En conséquence, le traumatisme crânien aurait un effet sélectif sur l'encodage de l'information verbale sous la forme d'images mentales. Enfin, Richardson & Barry (1985) ont également constaté que les patients obtenaient des performances normales dans le rappel d'un matériel concret quand les consignes de mémorisation impliquaient la création d'images mentales interactives. Le déficit mnésique des traumatisés crâniens serait donc attribuable à une incapacité d'utiliser spontanément l'imagerie durant l'apprentissage.

Levin & Goldstein (1986) ont examiné la capacité qu'ont des patients traumatisés crâniens d'avoir accès à une connaissance sémantique acquise antérieurement et d'utiliser cette connaissance afin de guider l'encodage et la récupération. Les sujets devaient apprendre en plusieurs essais trois types de listes de mots : une liste composée de mots non reliés entre eux, une liste de mots reliés (c'est-à-dire appartenant à différentes catégories sémantiques) mais non groupés suivant ces catégories et une liste de mots reliés et groupés en catégories. Les résultats montrent que les patients comme les sujets contrôles ont des performances de rappel meilleures pour la liste de mots groupés que pour les listes de mots non reliés et non groupés. Cependant, les niveaux de rappel des patients pour les trois listes sont inférieurs à ceux des sujets contrôles. Par ailleurs, les patients ont moins tendance que les contrôles à rappeler les listes de mots reliés et non groupés en imposant leur propre groupement. Cette faible proportion de groupement est indépendante du nombre total de mots rappelés à chaque essai et elle ne peut donc pas être attribuée à une réduction globale de la mémoire. Enfin, l'analyse de l'organisation subjective des rappels aux essais successifs montre que les patients manifestent une moins grande tendance que les sujets contrôles à rappeler les mots par paires et ce, pour les listes non reliées et non groupées. Pour Levin & Goldstein, les traumatisés crâniens semblent donc pouvoir bénéficier de l'organisation sémantique du matériel (le groupement en catégories) mais ils n'adoptent pas spontanément une stratégie active pour récupérer l'information. Cependant, avant de conclure de manière ferme à un déficit de récupération, il faudrait contrôler les processus d'encodage et s'assurer que les patients ont effectivement encodé les stimuli selon les dimensions catégorielles. Récemment, Baddeley et al. (1987) ont administré à des traumatisés crâniens modérés à sévères une épreuve de rappel d'une liste de mots, dans laquelle les processus d'encodage et de récupération sont contrôlés par l'examinateur : les mots à mémoriser appartiennent à différentes catégories sémantiques ; lors de la phase d'encodage, les sujets doivent pour chaque stimulus fournir le nom de la catégorie correspondante ; lors de la phase de rappel, les noms des catégories sont fournis comme indices de récupération. Malgré la réalisation effective d'un encodage sémantique (verbal) et en dépit de l'indiçage fourni lors de la phase de récupération, les patients obtiennent des résultats inférieurs à ceux des sujets normaux. Une interprétation possible de ces données serait que le type d'encodage et le type d'indice de récupération imposés par l'examinateur ne sont pas suffisant pour produire une performance normale et que les sujets normaux encodent une information supplémentaire. Par ailleurs, les performances des patients sont également inférieures à celles du groupe contrôle au test de reconnaissance oui/non qui suivait la phase de rappel ainsi qu'à une épreuve d'apprentissage de mots couplés. Notons que les résultats obtenus par les patients à ces différentes épreuves ne diffèrent pas significativement de ceux obtenus par un groupe de sujets âgés. Enfin, les auteurs ne constatent pas de différences dans la quantité d'oubli entre les groupes de sujets lors d'un retest effectué une semaine plus tard. Il ne faut cependant pas conclure de ce travail que le taux d'oubli est normal chez les traumatisés crâniens dans la mesure où les niveaux d'apprentissage entre les groupes n'ont pas été égalisés de manière satisfaisante.

Brooks (1974a ; 1974b) a tenté d'aborder les troubles mnésiques des traumatisés crâniens en suivant une voie quelque peu différente. Son but était d'examiner si les déficits mnésiques des patients étaient liés à des changements dans les critères de décision. Il leur a administré un test de reconnaissance continue sur un matériel visuel. Dans cette épreuve, on présente successivement une série de stimuli ; si un stimulus apparaît pour la première fois dans la série, il doit être désigné comme « nouveau » et si un stimulus réapparaît, il doit être désigné comme « ancien ». Les résultats montrent que les patients traumatisés crâniens commettent significativement plus d'erreurs du type « faux négatifs » (c'est-à-dire considérer un stimulus ancien comme nouveau) que les sujets contrôles alors qu'aucune différence n'est observée dans les erreurs du type «faux positifs» (c'est-à-dire considérer un nouveau stimulus comme ancien). L'analyse de ces données à partir de la Théorie de la Détection du Signal a amené Brooks (1974b) à suggérer que le déficit mnésique des patients était la conséquence d'une perturbation dans le fonctionnement mnésique associée à un critère de décision plus strict c'est-à-dire à une prudence accrue quand ils doivent décider qu'un stimulus a été présenté auparavant. L'interprétation qu'a proposé Brooks de ses données a cependant été contestée par Richardson (1979) ainsi que par Hannay *et al.* (1979). Contrairement à Brooks, Hannay *et al.* (1979) trouvent que les patients traumatisés crâniens semblent être moins prudents quand ils doivent dire qu'un stimulus était ancien, et ils constatent en outre que les erreurs du type «faux positifs» permettent de distinguer les patients en fonction de la gravité du traumatisme.

Si de nombreuses données ont été recueillies concernant la mémoire épisodiques des traumatisés crâniens, on connaît par contre beaucoup moins de choses sur leur mémoire sémantique et implicite. Dans un travail récent, Baddeley *et al.* (1987) ont exploré la mémoire sémantique de patients traumatisés crâniens modérés à sévères au moyen de trois procédures. La première est une épreuve de vocabulaire (le «Mill Hill Vocabulary Test», Raven, 1943) qui consiste à présenter un mot au sujet et à lui demander de sélectionner un synonyme parmi six possibilités. La deuxième tâche est destinée à explorer la vitesse d'accès à la mémoire sémantique : il s'agit de la tâche de traitement d'énoncés développée par Collins & Quillian (1969) et dans laquelle le sujet doit lire et vérifier un certain nombre d'énoncés, la moitié étant des descriptions correctes de certains aspects du monde, l'autre moitié consistant en énoncés incorrects construits en combinant deux items corrects ; les temps de réponse sont enregistrés. La troisième tâche a pour but d'évaluer la fluence de l'accès à la mémoire sémantique : on demande au sujet de donner, en une minute, le plus grand nombre possible de mots commençant par une lettre ou appartenant à une catégorie sémantique. Quant à l'évaluation de la mémoire implicite, Baddeley *et al.* (1987) ont administré aux patients deux tâches. La première est la tâche des mots fragmentés conçue par Weiskrantz & Warrington (1970) dans laquelle on présente au sujet les deux premières lettres d'un mot fréquent de cinq lettres ; on lui demande ensuite de deviner ce mot et s'il échoue, on lui présente les trois premières lettres ; s'il échoue encore, on lui montre le mot entier ; huit mots sont présentés de cette manière jusqu'à ce que tous les mots aient pu être identifiés à partir des deux premières lettres et ce, à deux essais consécutifs ou après douze essais si le critère n'a pas été atteint ; cette procédure est répétée une semaine plus tard. La deuxième tâche est une adaptation de l'épreuve d'amorçage conçue par Jacoby & Witherspoon (1982). Vingt mots sont amorcés soit en les intégrant dans une question, soit en les suscitant dans la réponse. La moitié de ces mots sont des homophones et l'autre moitié des non homophones. Dans les homophones, une des épellations est beaucoup moins fréquente que l'autre (MAIN, MANE) et c'est la forme la moins fréquente qui est amorcée. Immédiatement après l'amorçage, on administre au sujet un test d'épellation dans lequel il entend et doit épeler les vingt mots amorcés et vingt nouveaux mots (dont la moitié sont des homophones). Enfin, on soumet le sujet à un test de reconnaissance oui/non comprenant les vingt mots amorcés et vingt nouveaux mots. La procédure est recommencée une semaine plus tard. Weiskrantz & Warrington (1970) et Jacoby & Witherspoon (1982) ont montré que les patients amnésiques se comportaient normalement à ces deux épreuves. Les traumatisés crâniens obtiennent par contre des performances inférieures à celles des contrôles à ces deux tâches de mémoire implicite. Par contre, leurs performances au test de vocabulaire sont bonnes. De même, ils commettent peu d'erreurs à l'épreuve de traitement des énoncés mais ils présentent une vitesse d'accès à la mémoire sémantique qui est perturbée. Ils ont également des difficultés aux tâches de fluence. Baddeley *et al.* (1987) avaient, en plus des traumatisés crâniens et des sujets contrôles, évalué un groupe de sujets âgés. Ceux-ci présentent des patterns de performance tout à fait comparables à ceux constatés chez les traumatisés crâniens. Un des objectifs de Baddeley *et al.* (1987) était de différencier le déficit mnésique des patients traumatisés crâniens de celui observé dans le syndrome amnésique classique et dans le vieillissement normal. Les trois groupes montrent un déficit de la mémoire épisodique et un maintien de l'empan mnésique, de l'effet de récence ainsi que de l'information sémantique bien apprise. Cependant, les traumatisés crâniens et les sujets âgés présentent, contrairement aux patients avec syndrome amnésique, un déficit de la mémoire implicite et une perturbation de la vitesse d'accès à la mémoire sémantique. L'étude de Baddeley *et al.* (1987) a clairement mis en évidence chez les traumatisés crâniens, un trouble dans divers tests de mémoire. Les auteurs s'interrogent cependant sur l'utilité de telles épreuves dans l'identification des problèmes mnésiques quotidiens. Nous reviendrons ultérieurement sur cette question et en particulier sur le rôle que pourrait jouer d'autres outils d'évaluation tels que les questionnaires ou les simulations d'activités mnésiques quotidiennes. Un point sur lequel nous reviendrons également concerne le trouble de la mémoire autobiographique observé chez certains patients traumatisés crâniens par Baddeley & Wilson (1986).

Les travaux neuropsychologiques qui ont abordé les déficits mnésiques consécutifs à un traumatisme crânien ont fourni des résultats souvent contradictoires et en tout cas, ils sont loins d'avoir identifié clairement la nature des processus perturbés. En fait, l'exploration des troubles mnésiques chez les traumatisés crâniens est confrontée à un problème méthodologique majeur : c'est celui de l'hétérogénéité des populations étudiées. Ce problème se pose de façon générale en neuropsychologie mais il est particulièrement aigu dans les études menées sur les traumatisés crâniens. Un traumatisme crânien est, en effet, caractérisé par la complexité de sa physiopathologie et de ses complications (Eisenberg & Weiner, 1987). Les lésions cérébrales qu'il provoque (lésions fermées ou pénétrantes, macroscopiques, microscopiques ou fonctionnelles) forment des combinaisons qui peuvent considérablement varier d'un patient à l'autre. La plupart des études essayent de sélectionner leurs patients sur la base d'un critère de gravité du traumatisme : on distinguera ainsi des patients ayant subi un traumatisme léger, modéré ou grave selon la durée de l'APT ou le score à l'Echelle de Coma de Glasgow (Jennet, 1983). Cependant, les groupements opérés sur la base de tels indices ne limitent pas nécessairement la diversité des tableaux observés. En effet, pour un groupe donné, le type et la localisation des lésions dépendent de la vitesse, du site et de la direction de l'impact. Par ailleurs, d'autres facteurs peuvent ajouter à cette diversité. Ainsi, plusieurs études (Field, 1976; Rimel et al., 1981) ont trouvé une fréquence plus importante d'alcoolisme chronique et de traumatismes crâniens antérieurs dans une population de traumatisés que dans une population contrôle. Richardson & Snape (1984) ont également suggéré qu'une partie des difficultés de mémoire des patients traumatisés crâniens sont en fait la conséquence du stress provoqué par la situation d'accident et que ces difficultés semblent en partie déterminées par l'âge. Enfin, un traumatisme crânien peut avoir des effets différés plusieurs semaines, plusieurs mois et même plusieurs années après le traumatisme (Mortimer & Pirozzolo, 1985). Tous ces facteurs peuvent s'intégrer de façon variable avec les facteurs lésionnels primaires pour créer des tableaux très différents. On peut dès lors s'interroger sur la signification des études effectuées sur des groupes de patients. Existe-t-il réellement des troubles mnésiques dont la nature serait spécifique aux traumatismes crâniens ? N'y a-t-il pas plutôt autant de tableaux qu'il y a de patients ? Dans ce cas, une investigation précise des troubles mnésiques provoqués par un traumatisme crânien ne pourrait se concevoir que comme l'étude longitudinale de cas uniques.

L'interprétation des déficits mnésiques observés chez un patient traumatisé crânien est confrontée à un autre problème qui est celui de l'absence d'informations concernant le fonctionnement mnésique antérieur du sujet. Or, plusieurs études ont montré que le traumatisme crânien se rencontrait plus fréquemment chez des sujets dont le fonctionnement antérieur pré-morbide n'était pas optimal notamment sur le plan scolaire. Ainsi, Haas *et al.* (1987) ont montré que 50% des patients ayant été victimes d'un traumatisme crânien grave avaient présenté avant le traumatisme des troubles d'apprentissage, des échecs scolaires multiples, une interruption de la scolarité. Les causes de ces difficultés scolaires peuvent être diverses mais il est possible qu'un certain nombre de ces patients présentaient des difficultés mnésiques antérieures à l'accident, difficultés qu'il faudra distinguer de celles liées au traumatisme crânien. Un dernier problème concerne les relations entre les déficits mnésiques et d'autres difficultés attentionnelles, instrumentales ou intellectuelles provoquées par le traumatisme. De telles difficultés pourraient être en partie à l'origine des troubles mnésiques. Il s'agit dès lors d'étendre l'exploration neuropsychologique des patients à d'autres fonctions que les fonctions mnésiques.

E) Les troubles de la mémoire dans le vieillissement et dans la maladie d'Alzheimer

Un pourcentage croissant de la population est constitué de personnes de plus de 65 ans. Un grand nombre de ces personnes âgées se plaignent de difficultés mnésiques et de plus en plus fréquemment, elles consultent un médecin ou un psychologue afin d'être rassurées ou conseillées. Par ailleurs, l'incidence des processus démentiels dans ce groupe d'âge est très grande et varie selon les études de 1,3% à 6,2% pour les démences graves et de 2,6% à 15,4% pour les démences plus légèrs (Mortimer *et al.*, 1981). La maladie d'Alzheimer constitue la forme la plus courante des maladies démentielles et les études neuropathologiques disponibles montrent qu'elle intervient dans 50% à 70% des cas de démence (Kasczniak, 1986). Un symptôme important et précoce de la maladie d'Alzheimer est la détérioration du fonctionnement mnésique.

De très nombreux travaux ont tenté d'identifier la nature des déficits mnésiques observés chez le sujet âgé normal et chez le patient présentant une démence d'Alzheimer. Ces études peuvent contribuer à une meilleure compréhension du fonctionnement de la mémoire mais elles peuvent également fournir au neuropsychologue clinicien des informations particulièrement utiles. Le neuropsychologue qui évalue une personne âgée se plaignant de difficultés mnésiques est souvent confronté à un épineux problème de diagnostic. Il doit, en effet, pouvoir préciser si les modifications de la mémoire décrites par le patient sont une manifestation normale du vieillissement ou si elles constituent les premiers signes d'un trouble dégénératif. Une telle investigation ne peut pas être effectuée de manière efficace sans une bonne connaissance de la nature des processus mnésiques perturbés dans le vieillissement et dans les états démentiels. Cette connaissance est également indispensable si le neuropsychologue est impliqué dans la mise en œuvre et le contrôle de stratégies de traitement comportemental ou pharmacologique.

A) *Mémoire et vieillissement*

1. *Introduction*

Il est généralement admis que les performances mnésiques diminuent avec l'âge. Les personnes âgées elles-mêmes se plaignent fréquemment que leur mémoire «n'est plus ce qu'elle était». L'existence des problèmes mnésiques liés à l'âge est à ce point reconnue que, récemment, on leur a donné un nom et on leur a attribué des critères de diagnostic. Un groupe de travail formé aux Etats-Unis par le «National Institute of Mental Health» (Crook *et al.*, 1986) s'est en effet réuni dans le but de proposer des critères terminologiques et diagnostiques destinés à faciliter la communication entre chercheurs et à promouvoir la recherche dans les domaines de l'épidémiologie, de la caractérisation clinique et du traitement des troubles mnésiques du sujet âgé. Le terme suggéré par les membres de ce groupe pour décrire le déclin de la mémoire avec l'âge est «age-associated memory impairment (AAMI)». Ce terme s'applique aux hommes et aux femmes ayant plus de 50 ans et qui se plaignent de problèmes mnésiques dans la vie quotidienne. Pour être inclus dans cette catégorie diagnostique, les troubles doivent être décrits comme présentant un début graduel. Par ailleurs, la performance mnésique des sujets doit être au moins inférieure d'un écart-type à la moyenne établie pour des adultes jeunes à un test standardisé de mémoire disposant de données normatives adéquates. Les sujets doivent présenter une efficience intellectuelle normale (attestée par un score brut d'au moins 32 au sous-test de Vocabulaire de l'Echelle d'Intelligence de Wechsler pour Adultes, WAIS). Enfin, ils ne doivent présenter aucun signe de démence (ils doivent obtenir un score de 24 ou plus au «Mini-Mental State Examination», Folstein, 1983). Parmi les critères d'exclusion, il faut mentionner la présence d'un trouble neurologique qui pourrait produire une détérioration cognitive, d'une maladie cérébrale infectieuse ou inflammatoire, de traumatismes mineurs mais répétés ou d'un seul traumatisme ayant entraîné une perte de connaissance d'au moins une heure. De plus, sont exclus les sujets ayant une histoire ou un diagnostic d'alcoolisme et de toxicomanie, des signes de dépression, un trouble médical qui pourrait être à l'origine d'une détérioration cognitive, ou les sujets qui ont pris des médicaments pouvant affecter le fonctionnement cognitif pendant le mois qui précède le testing psychométrique.

Il existe de nombreux travaux expérimentaux qui ont mis en évidence des différences dans les performances mnésiques entre les sujets âgés et les sujets jeunes. L'interprétation de ces différences n'est cependant pas chose aisée. L'application de critères stricts de diagnostic, tels ceux proposés par Crook *et al.* (1986), peut certainement contribuer à éliminer certains facteurs extérieurs au vieillissement normal et qui affectent le fonctionnement de la mémoire. Il subsiste néanmoins d'autres facteurs, non reliés à la mémoire, qui peuvent expliquer certaines des différences observées. La plupart des études effectuées sur la mémoire des personnes âgées ont adopté, pour des raisons pratiques, la méthode de l'analyse transversale. Il s'agit de comparer, à certaines tâches mnésiques, des groupes de sujets qui diffèrent selon leur âge chronologique. Classiquement, ces groupes sont constitués de sujets jeunes et de sujets âgés qui sont testés approximativement au même moment. Cette méthode s'oppose à l'analyse longitudinale dans laquelle un même sujet est testé à différents moments. L'utilisation de la méthode transversale pose divers problèmes. Ainsi, des différences de performances mnésiques entre des sujets appartenant à deux groupes d'âge pourraient être confondues avec des différences dans la formation scolaire entre les deux générations (Zivian & Darjes, 1983). Meudell (1983) soulève un autre problème lié à l'adoption d'une méthode d'analyse transversale. Il semble que les recherches transversales sur le fonctionnement intellectuel selon l'âge ont tendance à indiquer une diminution des capacités plus importante que ne le font les études longitudinales (Botwinick, 1977). Par ailleurs, d'autres travaux (Riegal & Riegal, 1972; Palmore & Cleveland, 1976) ont montré que cette chute dans certaines capacités intellectuelles pourrait en fait être attribuée à des changements cognitifs se produisant chez les sujets âgés durant une période de cinq ans avant leur mort (le «terminal drop»). Si ces observations s'appliquent également au fonctionnement mnésique, cela signifierait que les études transversales surestiment l'importance des déficits mnésiques liés au vieillissement et que ces déficits peuvent n'apparaître que peu avant la mort.

D'autres interprétation non cognitives ont été proposées pour rendre compte de l'affaiblissement des fonctions mnésiques avec l'âge. Il y a notamment l'interprétation basée sur l'observation que les sujets âgés adoptent un comportement plus prudent. En conséquence, ils auraient tendance à ne répondre à un test que s'ils sont certains de l'exactitude de leurs réponses, et ils obtiendraient ainsi des scores plus faibles. Un autre facteur concerne le fait que les sujets plus âgés ne répondent pas au testing «abstrait» qui leur est proposé avec la même motivation et la même expérience des stratégies à adopter en face d'un tel testing que les sujets plus jeunes. C'est en fait le problème de la validité écologique des épreuves utilisées qui est posé. Kausler (1985) soulève un dernier problème, lié d'ailleurs au précédent. Il constate que la majorité des études sur les différences liées à l'âge en mémoire épisodique se sont concentrées sur une des composantes de la mémoire épisodique, c'est-à-dire la mémoire pour le contenu d'une liste (dans des tâches de rappel de mots, d'apprentissage de mots couplés...). Par ailleurs, ces études sont le plus souvent effectuées dans une situation d'apprentissage intentionnel. Or, cette mémoire intentionnelle pour le contenu d'une liste contribue probablement fort peu aux activités mnésiques des sujets âgés dans la vie quotidienne et ce, contrairement aux sujets étudiants qui constituent généralement le groupe de comparaison. Dans la vie quotidienne, la mémoire d'événements épisodiques opère souvent de manière incidente, en l'absence d'intention consciente. C'est notamment le cas pour la mémoire de la plupart des tâches que nous effectuons dans le cadre de nos activités journalières.

Ces différents problèmes limitent, de manière variable selon les études, les conclusions que nous pouvons tirer concernant les effets de l'âge sur la mémoire. Ils ne peuvent cependant pas conduire à mettre totalement en doute la réalité des difficultés mnésiques liées au vieillissement. Nous présenterons dans la suite de ce chapitre quelques travaux récents ayant investigué les troubles de la mémoire manifestés par les sujets âgés. Nous envisagerons parallèlement les problèmes méthodologiques qui pourraient rendre compte des nombreuses contradictions existant entre ces études.

2. Les troubles de la mémoire de travail

Les performances des personnes âgées à certaines tâches de MCT semblent être relativement normales. Ainsi, l'effet de récence ne semble pas être affecté par le vieillissement (Craik, 1978). Les sujets âgés se comportent également assez bien à l'épreuve d'empan de chiffre (en avant) bien qu'on observe une légère diminution avec l'âge (Parkinson, 1972; Craik, 1977). A l'opposé, la procédure d'empan de chiffre en arrière paraît plus sensible aux effets de l'âge (Bromley, 1958; Botwinick & Storandt, 1974), ce qui semble indiquer que les sujets âgés se comportent moins bien quand les tâches de MCT sont plus complexes.

Craik (1977) a suggéré que le processus de vieillissement laissait la MCT intacte sauf quand les tâches exigent la réorganisation du matériel ou une répartition attentionnelle entre deux ou plusieurs opérations mentales. Dans une même direction, Baddeley (1986) envisage la possibilité qu'un déficit dans la capacité de l'administrateur central constitue une caractéristique particulièrement importante de vieillissement. Plusieurs études ont effectivement montré que les sujets âgés avaient des difficultés pour stocker et manipuler simultanément un matériel. Ainsi, Broadbent & Gregory (1965) présentent un mélange de lettres et de chiffres (à chaque oreille) et demandent aux sujets de rappeler tous les chiffres d'abord, puis toutes les lettres, ou l'inverse. Les résultats indiquent que la nécessité de réorganiser le matériel accroît la sensibilité de la tâche aux effets de l'âge. Par ailleurs, Inman & Parkinson (1983) constatent des différences liées à l'âge à une tâche de Brown-Peterson, dans laquelle les sujets (âge moyen : 20,5 et 72,4 ans) devaient rappeler des lettres après un intervalle de rétention. Durant cet intervalle, on demandait aux sujets de lire ou d'additionner des paires de chiffres. Le déficit des personnes âgées se marque tant dans le niveau global de rappel que dans le déclin de la performance en fonction de l'intervalle de rétention. Si les différences de performance entre les groupes d'âge étaient la conséquence d'une diminution dans la capacité de l'administrateur central, la tâche intercalaire qui exige le plus de ressources (c'est-à-dire l'addition de chiffres) auraient dû provoquer un déclin plus important dans le rappel des sujets âgés. En fait, les résultats ne montrent pas d'effet statistiquement significatif du type de tâche intercalaire. Cependant, il existe une nette tendance, et comme le signalent les auteurs, la taille inégale des groupes et l'importante variance interindividuelle pourrait avoir contribué à cette absence d'interaction entre l'âge et le type de tâche intercalaire.

L'hypothèse d'une diminution des capacités de traitement dans la mémoire de travail des personnes âgées a été abordée plus directement par Wright (1981). Dans une première expérience, il demande à des sujets jeunes et âgés (âge moyen : 25,8 et 68,7 ans) d'effectuer une tâche de raisonnement tout en maintenant en mémoire une série de chiffres. La tâche de raisonnement était composée d'énoncés du type «A est précédé par B-AB» et les sujets devaient répondre «Vrai ou Faux» selon que l'énoncé décrivait correctement l'ordre des lettres qui suivaient. Le degré de difficulté des deux tâches était manipulé en variant le nombre de chiffres à rappeler et en modifiant la nature active/passive et positive/négative de l'énoncé. Les résultats montrent que les performances des deux groupes chutent quand les tâches deviennent plus exigeantes. Cependant, la chute est plus importante et apparaît pour des niveaux d'exigences moins élevés chez les sujets âgés que chez les sujets jeunes. Une deuxième étude fut entreprise afin de contrôler si ces différences associées à l'âge étaient la conséquence d'un partage attentionnel entre des stimuli ou si elles étaient suscitées par un partage attentionnel (ou un partage des capacités de traitement) entre des opérations mentales en compétition. Pour ce faire, Wright (1981) propose une expérience qui ne requiert pas une division d'attention entre deux tâches différentes comme dans la première expérience mais plutôt une division d'attention ou de capacités de traitement entre plusieurs opérations mentales dans une tâche unique. Elle propose aux sujets une tâche d'addition mentale. Ils doivent en fait ajouter un nombre de deux chiffres à un nombre de trois chiffres et on leur demande d'additionner d'abord les chiffres dans la colonne des unités, puis des dizaines et enfin des centaines. Après chaque sous-opération, le sujet doit écrire le résultat obtenu et ce, afin de ne pas imposer une charge supplémentaire à la mémoire. La quantité d'information tenue en mémoire est manipulée en variant les conditions de présentation visuelles et/ou auditives des nombres. Quand les deux nombres sont présentés visuellement, la charge de stockage en mémoire est nulle. Quand ils sont présentés auditivement, la charge est maximale. Dans les autres cas, elle est intermédiaire. La quantité d'opérations mentales nécessaire est variée en manipulant le nombre d'opérations de report requises pour obtenir la bonne solution (pas de report, report dans les dizaines et/ou dans les centaines). De nouveau, les résultats montrent que l'augmentation des demandes de capacité de traitement, définies par le nombre d'items à maintenir en mémoire et par le nombre d'opérations de report, perturbe la performance pour les deux groupes, mais de manière plus importante pour le groupe des sujets âgés.

Une réduction des capacités de la mémoire de travail pourrait être à la base d'autres déficits mnésiques manifestés par les sujets âgés. Cohen & Faulkner (1984) ont notamment suggéré que les troubles dans la mémoire de récits fréquemment observés chez les personnes âgées pourraient être liés à une perturbation de la mémoire de travail. Ils font entendre à des sujets de brefs passages sur un thème donné. Les sujets doivent ensuite répondre à des questions concernant ces passages. Certaines questions portent sur une information factuelle qui a été explicitement mentionnée. D'autres questions nécessitent d'effectuer une inférence à partir du matériel présenté. Les résultats montrent que les sujets âgés se comportent comme le sujets jeunes dans le rappel de l'information factuelle. Par contre, ils commettent plus d'erreurs aux questions qui requièrent une inférence. Dans une deuxième étude, les sujets entendent une série d'affirmations, cohérentes ou non avec une information qu'ils ont reçue auparavant ou avec la connaissance générale du monde. On leur demande d'identifier les énoncés incohérents. De nouveau, les sujets âgés ont des performances inférieures à celles des sujets jeunes dans la détection des deux types d'anomalies. Enfin, dans une dernière expérience, les auteurs administrent aux sujets une tâche de rappel de récit. Les résultats indiquent que le rappel global est plus faible dans le groupe de sujets âgés. De plus, chez les sujets jeunes, le rappel des éléments importants est plus élevé que le rappel des détails, ce qui n'est pas le cas chez les sujets âgés. Cohen & Faulkner interprètent ces données en suggérant que les sujets âgés disposent de moins de capacités de traitement, ce qui les empêche d'entreprendre concurremment plusieurs opérations mentales : traiter le message oral, le relier à une information antérieure ou à la mémoire sémantique et effectuer les inférences qui contribuent au maintien de la cohérence et de la continuité du récit.

    Cette hypothèse selon laquelle la mémoire de travail détermine les différences dans la mémoire de récits chez les sujets âgés a également été explorée par Light & Anderson (1985). Ils demandent à des sujets jeunes et à des sujets âgés (âge moyen : 25,8 et 68,7 ans) de lire de courts textes, puis, pour chacun de ces textes, de répondre à deux questions. Une des questions requiert la récupération d'un fait qui a été explicitement décrit dans le texte. L'autre question implique que les sujets identifient le référent d'un pronom mentionné dans une phrase précédente. Les sujets sont, par ailleurs, soumis à une série de tâches traditionnelles d'empan mnésique : empan de chiffres en avant et en arrière et empan de mots. Ils reçoivent également une tâche d'empan de phrases conçue par Daneman & Carpenter (1980) : les sujets doivent lire des phrases à voix haute et on leur demande de se souvenir du dernier mot de chaque phrase en vue d'un rappel ultérieur. Daneman & Carpenter ont montré que cette tâche, contrairement à l'empan de mots, était un bon prédicteur de l'exactitude des réponses aux deux questions (fait et référent du pronom) concernant la mémoire de textes. Dans une deuxième expérience, la mémoire de textes est évaluée en situation de reconnaissance et les sujets (âge moyen : 26,7 et 72,4 ans) reçoivent les mêmes tâches d'empan. Les résultats montrent que les sujets jeunes ont des empans mnésiques supérieurs à ceux des sujets âgés et ce, pour les quatre tâches d'empan. De même, les performances des sujets âgés aux tâches de mémoire de textes (rappel et reconnaissance) sont inférieures à celles des sujets jeunes. Par contre, aucune des mesures d'empan ne fournit de bonnes prédictions de la performance en rappel ou en reconnaissance et ce, tant chez les sujets jeunes que chez les sujets âgés. Ces données n'impliquent cependant pas l'abandon de la conception qui attribue à la mémoire de travail, et en particulier à l'administrateur central, un rôle déterminant dans les déficits de mémorisation de récits associés à l'âge. En effet, il est possible que les tâches d'empan utilisées par Light & Anderson ne soient pas suffisamment sensibles du fait qu'elles appréhendent principalement les fonctions de stockage et non les fonctions de traitement de la mémoire de travail. Il faudrait dès lors contrôler si des tâches plus exigeantes conduisent à des résultats différents. Il faut noter que, contrairement aux données recueillies par Daneman & Carpenter (1980), la tâche d'empan de phrases n'est pas mieux corrélée avec la rétention de récits que les autres tâches d'empan. Cette discordance entre les résultats est difficile à interpréter dans la mesure où les autres données obtenues dans les deux études sont très semblables.

3. Les troubles de la mémoire épisodique

Le trouble mnésique principal des sujets âgés porte sur la mémoire épisodique. Il ne semble pas que ce trouble puisse être attribué à un déficit du stockage : en effet, plusieurs études ont montré que les taux d'oubli sont généralement parallèles chez les sujets jeunes et chez les sujets âgés du moins pour des intervalles de rétention inférieurs à 24 heures (voir Kaszniak et al., 1986). En fait, la conception la plus répandue suggère que les opérations d'encodage et de récupération deviennent moins efficaces avec l'âge (Craik & Rabinowitz, 1984). Il ne s'agirait cependant pas d'une incapacité d'entreprendre ces opérations car, dans certaines circonstances, le fonctionnement mnésique d'une personne âgée pourrait pratiquement être amené au niveau de celui des adultes jeunes. Selon Craik (1984), les différences de performances mnésique liées à l'âge sont peu importantes quand les opérations efficaces sont induites directement par les stimuli ou par l'environnement, ou quand elles sont pratiquées fréquemment et donc surapprises. Par contre, les différences sont plus nettes quand des traitements d'encodage et de récupération doivent être entrepris spontanément et quand le sujet doit élaborer et organiser l'information de manière distincte, sans pouvoir recourir à des schémas existants. Dans cette perspective, les résultats faibles obtenus par les sujets âgés à une tâche d'apprentissage et de rappel libres s'expliquent par le fait que, dans cette situation, ils ne disposent d'aucune indication concernant les stratégies d'encodage les plus efficaces; de plus, aucun indice de récupération ne leur est fourni.

Pourquoi les sujets âgés n'entreprennent-ils pas spontanément les opérations mentales bénéfiques qu'ils sont pourtant capables d'effectuer? L'hypothèse proposée par Craik et ses collaborateurs (Craik & Simon, 1980; Craik & Rabinowitz, 1984) est qu'ils disposent de moins de ressources attentionnelles (ou de capacités de traitement central) que les sujets jeunes. En conséquence, ils seraient moins enclins à entreprendre les traitements exigeants («effortful») nécessaires pour qu'un événement puisse être encodé de manière distincte en mémoire. Cette hypothèse est notamment appuyée par les études de Rabinowitz *et al.* (1982) et Craik & Byrd (1982) qui montrent qu'en situation d'attention divisée, le pattern de performances des sujets jeunes est semblable à celui des sujets âgés. Macht & Buschke (1983) ont également montré qu'une tâche de rappel libre interfère plus avec une tâche secondaire (de temps de réaction) chez les sujets âgés que chez les sujets jeunes. Cette réduction des ressources mnésiques n'affecterait pas uniquement le fonctionnement mnésique mais elle toucherait également tous les aspects de la cognition qui exigent un «effort cognitif».

De nombreuses recherches ont tenté de montrer que les sujets âgés n'effectuaient pas spontanément une analyse profonde (sémantique) des stimuli et qu'ils n'organisaient pas le matériel pendant l'acquisition. Plusieurs procédures ont été utilisées pour identifier ce type de trouble mais l'approche la plus directe s'est inspirée de la théorie de la profondeur d'encodage (Craik & Lockhart, 1972). Dans cette approche, les stratégies d'encodage sont manipulées par l'utilisation de tâches d'orientation appropriées. Par ailleurs, des travaux ont également examiné s'il était possible de réduire ou d'éliminer les troubles mnésiques des sujets âgés en induisant un encodage sémantique ou en fournissant des consignes qui suscitent une organisation du matériel à mémoriser. Enfin, des études ont été menées afin d'évaluer d'éventuels déficits de récupération. Le plus souvent, la récupération a été évaluée en comparant les performances en rappel et en reconnaissance. D'autres procédures ont impliqué la comparaison des performances en rappel libre et en rappel indicé.

Ces différents travaux ont fourni des résultats fréquemment contradictoires. Par ailleurs, bon nombre de résultats sont difficiles à interpréter (pour une revue de question détaillée et critique, voir Burke & Light, 1981 ; Meudell, 1983). Une partie des discordances est probablement liée à des différences qualitatives (cognitives, affectives ou motivationnelles) entre les groupes de sujets jeunes et âgés étudiés. Nous reviendrons sur ce point ultérieurement. Une autre partie des discordances ainsi qu'un grand nombre de difficultés d'interprétation proviennent certainement de différences dans le contrôle qui a été exercé par l'examinateur sur les opérations d'encodage et/ou de récupération. Selon Meudell (1983), les expériences qui ont pour but d'explorer les déficits d'encodage devraient recueillir des mesures sur la manière avec laquelle les sujets réalisent les stratégies d'encodage induites. De plus, lors de la phase de récupération, on devrait confronter les sujets aux conditions d'encodage afin d'éviter que les effets des manipulations d'encodage ne soient confondus avec des problèmes de récupération. Enfin, il importe d'établir une ligne de base c'est-à-dire de prévoir une condition avec des consignes d'apprentissage ordinaire et dans laquelle les performances des sujets âgés et des sujets jeunes ont été égalisées en manipulant le temps de présentation ou l'intervalle de rétention. Il s'agira ensuite de comparer chez les sujets âgés et chez les sujets jeunes, différentes stratégies d'encodage, dans les mêmes conditions (de temps de présentation ou d'intervalle de rétention) que celles qui ont conduit à égaliser les performances dans la situation d'apprentissage ordinaire. Si les sujets âgés ne s'engagent pas dans une analyse sémantique avec des consignes ordinaires d'apprentissage, ils pourraient améliorer leurs performances de manière plus importante que les sujets jeunes (qui eux effectueraient une analyse élaborée en situation ordinaire) si on les pousse à adopter une stratégie d'encodage appropriée. Inversement, si on empêche les sujets âgés d'effectuer une analyse sémantique (en induisant une stratégie d'encodage superficiel), cela devrait avoir relativement peu d'effet sur les performances mnésiques par rapport à une condition d'apprentissage ordinaire puisqu'ils n'encodent pas spontanément la signification quand ils sont libres de le faire. Par contre, les sujets jeunes seraient désavantagés si on les empêche de s'engager dans un traitement élaboré des stimuli. En ce qui concerne l'évaluation du déficit de récupération, l'observation que les sujets âgés obtiennent des résultats faibles en rappel libre alors qu'ils se comportent comme les sujets jeunes à un test de reconnaissance (Schonfield & Robertson, 1966) ne suffit pas à établir que le trouble se situe à l'étape de récupération. En effet, les tests de reconnaissance fournissent aux sujets plus d'informations sur ce qu'ils essayent de récupérer que les tests de rappel. Dès lors, la préservation relative de la performance en reconnaissance chez les sujets âgés pourrait simplement signifier qu'un système mnésique dans lequel il y a certains déficits d'encodage (ou de stockage) peut néanmoins contenir une information suffisante pour permettre une réponse correcte à un test de reconnaissance mais pas à un test de rappel. Il s'agit d'un argument qui vaut également pour toute comparaison rappel libre/rappel indicé. En fait, il s'agit de nouveau d'égaliser le niveau initial d'apprentissage des sujets âgés et des sujets jeunes. Bien peu d'études rencontrent ces différentes exigences méthodologiques, et en conséquence, leurs résultats posent divers problèmes d'interprétation.

Récemment, quelques travaux ont comparé les performances des sujets âgés et des sujets jeunes au moyen de procédures qui permettent d'induire chez tous les sujets le même type d'opérations et de s'assurer que ces opérations ont réellement été effectuées. Ainsi, Dorfman et al. (1986) ont examiné si les déficits des sujets âgés pouvaient être éliminés en minimisant les exigences de la récupération par l'utilisation d'un test de reconnaissance et en égalisant l'encodage au moyen d'une tâche d'apprentissage incident (une tâche de décision lexicale). Les différences dans les stratégies adoptées durant la tâche de décision lexicale ont été contrôlées en demandant aux sujets d'être attentifs à la vitesse ou à l'exactitude de leurs réponses. Durant la phase d'apprentissage incident, on présente donc aux sujets des mots et des non-mots et ils doivent décider si un item présenté est ou non un mot de la langue. Parmi les mots, il y a de mots fréquents et des mots non fréquents. Dans la condition vitesse, on leur demande de répondre le plus vite possible. Par contre, dans la condition exactitude, on leur demande de répondre le plus exactement possible sans tenir compte du temps qu'ils mettent pour répondre. Immédiatement après la tâche de décision lexicale, on administre aux sujets un test de reconnaissance surprise. On leur présente les mots de la tâche précédente mélangés à des distracteurs et ils doivent identifier les items anciens et les items nouveaux. Dans cette tâche, l'examinateur insiste sur l'importance de la vitesse et de l 'exactitude des réponses. Les résultats indiquent que les deux groupes de sujets (âge moyen : 19,6 et 74 ans) répondent plus vite pour les mots fréquents que pour les mots non fréquents et que les non-mots suscitent les temps de réponse les plus longs. On constate également que les consignes de vitesse et d'exactitude sont efficaces : en effet, les deux groupes montrent une augmentation du temps moyen de réponse et du pourcentage de réponses correctes dans la condition «exactitude». On observe en outre que les sujets âgés réalisent la tâche de décision lexicale au moins aussi bien que les sujets jeunes. La différence dans les temps de réponse entre les deux groupes n'est pas significative mais les sujets âgés fournissent significativement plus de réponses correctes que les sujets jeunes. Cette différence pourrait être la conséquence d'un niveau de scolarité plus élevé chez les sujets âgés. En ce qui concerne les réponses au test de reconnaissance, les sujets jeunes obtiennent des résultats significativement supérieurs à ceux des sujets âgés et ce, pour les deux conditions. En dépit d'une procédure expérimentale qui a induit le même type de traitement à l'encodage et qui a limité les exigences de la récupération, il subsiste un déficit mnésique lié à l'âge. L'existence de ce déficit est d'autant plus remarquable que les sujets âgés se comportent mieux que les sujets jeunes à la tâche d'encodage.

Buschke & Grober (1986) ont adopté une autre technique pour tenter de susciter chez des sujets âgés (âge moyen : $81 \pm 6,9$) et chez des sujets jeunes (âge moyen $44,6 \pm 12.9$) des stratégies d'encodage et de récupération efficaces tout en contrôlant la réalisation effective de ces stratégies. Les 48 items à mémoriser, des mots écrits sur des cartons, sont placés en face des sujets, par groupes de quatre. L'examinateur demande aux sujets de chercher et de lire chaque item (par exemple, éléphant) quand son indice catégoriel est fourni (par exemple, animal). Quand les quatre items ont été correctement identifiés, l'examinateur retire les cartons et administre au sujet un test de rappel indicé immédiat (uniquement pour les quatre items qui viennent d'être identifiés) : il fournit l'indice catégoriel et les sujets doivent rappeler l'item appartenant à la catégorie. Si des items ne sont pas récupérés lors de cette phase de rappel indicé, on représente ces items aux sujets et on leur demande de nouveau de les identifier en réponse aux indices. Ensuite, le rappel indicé de ces items est testé et cette procédure est répétée jusqu'à ce que chaque item ait été récupéré. L'utilisation du rappel indicé pendant la phase d'encodage est motivée par le fait que, selon Rabinowitz & Craik (1986) «successful cued recall may act like an orienting task at encoding, to guide retrieval processes effectively». Par ailleurs, un rappel réussi fournit un entraînement à la récupération (Craik & Rabinowitz, 1984) et il permet de contrôler que l'encodage initial a été correctement réalisé et que les sujets ont compris la tâche. Immédiatement après cette phase d'encodage, survient la phase de récupération des 48 items également sous la forme d'un rappel indicé. L'examinateur lit chaque indice catégoriel à voix haute et les sujets doivent rappeler l'item-cible qui était spécifié par l'indice. Si les sujets commettent une erreur ou s'ils s'abstiennent de répondre, l'examinateur leur fournit la réponse correcte. La phase de rappel indicé est effectuée deux fois consécutivement et l'indiçage se déroule dans le même ordre que celui de l'identification lors de l'encodage. Après le deuxième test de rappel indicé, l'examinateur administre aux sujets un test de reconnaissance à choix forcé (chaque item-cible est présenté avec un distracteur appartenant à la même catégorie sémantique). Avant de commencer le test de reconnaissance, on signale aux sujets qu'ils seront soumis à un test de rappel indicé des items-cible et des distracteurs et qu'ils doivent dès lors essayer de mémoriser les distracteurs durant le test de reconnaissance. Quand chaque carton comportant l'item-cible et le distracteur est présenté, l'examinateur fournit l'indice afin de faciliter le rappel indicé ultérieur des distracteurs. Cette phase est destinée à évaluer le rappel indicé dans une condition où l'encodage n'est plus contrôlé. En ce qui concerne les résultats, il faut d'abord noter que les sujets âgés obtiennent des scores significativement moins bons que les sujets jeunes au test de rappel indicé immédiat (durant la phase d'encodage), ce qui pourrait être le signe d'un déficit d'encodage. Par ailleurs, les performances des sujets jeunes sont significativement meilleures que celles des sujets âgés aux deux tests de rappel indicé : ils rappellent en moyenne 46,2 et 47,9 items sur 48 alors que les sujets âgés évoquent seulement 40,43 et 42,86 items. On ne constate pas de différence significative en reconnaissance (les sujets jeunes reconnaissent 47,78 items et les sujets âgés 47,95 items). L'analyse individuelle des résultats révèle que quelques sujets âgés ne semblent pas présenter de déficit en rappel indicé. En effet, si on applique le critère selon lequel les sujets âgés présentent un déficit mnésique s'ils obtiennent un score inférieur d'un écart-type à la moyenne des sujets jeunes, on constate que 3 sujets sur 14 sont dans les limites normales. Si on prend le critère plus traditionnel de deux écart-type, 5 sujets ont alors des capacités mnésiques préservées. On observe en outre que les sujets jeunes rappellent significativement plus d'items-cible que les sujets âgés au test de rappel indicé qui suit la reconnaissance (47,95 contre 44,79). Cette différence liée à l'âge est beaucoup plus importante dans le rappel indicé des distracteurs (34,2 items pour les sujets jeunes et 16,21 items pour les sujets âgés). Le fait que les sujet âgés montrent une diminution de performance aux deux tests de rappel indicé en dépit d'un traitement efficace du matériel durant l'encodage et la récupération corrobore les résultats de Dorfman *et al.* (1986). Ces données ne s'accordent pas avec l'hypothèse défendue par Craik et ses collaborateurs. En effet, selon cette conception, l'induction chez les sujets âgés de stratégies qu'ils sont censés ne pas utiliser spontanément aurait dû gommer les différences entre les groupes d'âge. Pour Buschke & Grober, les résultats obtenus ont des implications théoriques importantes. En particulier, ils ne sont guère compatibles avec la conception de la mémoire que défend Craik (1984). Celui-ci considère que mémoriser n'est pas différent de percevoir ou de comprendre et qu'il n'est dès lors pas nécessaire de faire appel à des processus mnésiques distincts des processus impliqués dans la compréhension et dans la perception. La mise en évidence de difficultés mnésiques qui résistent à des opérations adéquates d'encodage et de récupération indique au contraire que ces troubles sont liés à la perturbation de processus mnésiques véritables («genuine memory deficit») et ils se distinguent des troubles mnésiques apparents («apparent memory deficit»), lesquels sont la conséquence d'un trouble touchant des processus cognitifs non mnésiques. Cette distinction renvoie notamment au problème des relations entre encodage, cognition et mémoire. Comme le signale Morton (1985), le terme «encodage» recouvre à la fois les opérations cognitives effectuées sur le matériel présenté et l'opération qui consiste à mettre quelque chose en mémoire. Un déficit mnésique pourrait être uniquement la conséquence d'une perturbation dans les mécanismes qui placent en mémoire le produit d'autres opérations cognitives. Il s'agirait là d'un déficit mnésique «véritable». Une autre interprétation des troubles mnésiques résistants observés chez certaines personnes âgées est cependant possible. La conception de Buschke & Grober se fonde sur l'idée que les opérations d'encodage effectuées par les sujets jeunes et les sujets âgés sont comparables. Or, on peut imaginer que les sujets jeunes sont capables d'encoder plus d'informations que les sujets âgés : ils pourraient, par exemple, en plus de l'information catégorielle, encoder une autre information sur l'item ou une information contextuelle. Les sujets jeunes disposeraient ainsi de plusieurs indices de récupération qui pourraient éventuellement suppléer l'indice catégoriel, ce qui ne serait pas le cas pour les sujets âgés. En tout cas, cette procédure de rappel indicé avec contrôle de l'apprentissage pourrait s'avérer utile dans l'identification des troubles mnésiques chez les sujets âgés. Grober & Buschke (1987) ont montré, dans un autre travail, que des sujets qui présentaient une mémoire déficitaire à une épreuve semblable mais comportant uniquement 16 items au lieu de 48 étaient susceptibles de développer une maladie démentielle. En ce qui concerne le maintien apparent du rappel indicé observé chez quelques sujets âgés, il pourrait être la conséquence d'un effet-plafond dans le rappel des sujets jeunes et il est possible qu'une différence apparaîtrait à un test comportant plus d'items. Ce problème est constamment présent dans l'évaluation de la mémoire. Il n'est possible de comparer le rappel de groupes différents que s'il n'y a pas d'effet-plafond. Cependant, une évaluation exacte de la mémoire implique que tous ou pratiquement tous les items disponibles en mémoire soient rappelés. C'est d'ailleurs pour cette raison que le rappel indicé est utile : en effet, il permet de récupérer plus d'items stockés que le rappel libre (Tulving & Pearlstone, 1966). Comme l'indiquent Buscke & Grober, une manière de sortir de ce dilemme est de répéter l'évaluation sur un plus grand nombre d'items. Une autre donnée intéressante concerne le rappel indicé des distracteurs. Les deux groupes obtiennent des résultats inférieurs à ceux obtenus dans le rappel indicé des items-cible, ce qui serait lié au fait que, dans le cas des distracteurs, l'encodage n'a pas été contrôlé. Par ailleurs, les sujets âgés ont des scores nettement inférieurs à ceux des sujets jeunes. Il est probable que ce déficit particulier est dû à une réduction des capacités de traitement des sujets âgés. Ceux-ci éprouveraient de grandes difficultés à apprendre les distracteurs tout en effectuant le test de reconnaissance.

Outre la mise en évidence de difficultés mnésiques qui résistent à des opérations d'encodage et de récupération adéquats, la conception qui attribue le déficit mnésique des sujets âgés à un trouble dans les processus de traitement du fait d'une réduction des ressources attentionnelles est confrontée à un autre problème. Un des corollaires de cette conception est que les tâches mnésiques qui ne requièrent pas d'effort cognitif (les tâches automatiques) ne devraient pas provoquer de diminution de performance associée à l'âge. Plusieurs travaux ont comparé les performances des sujets jeunes et des sujets âgés à de telles tâches, et notamment, à une tâche de mémoire de la fréquence d'apparition d'un événement. Il s'agit d'une activité qui est considérée comme automatique dans la mesure où l'exactitude des jugements de fréquence ne dépend pas de la nature intentionnelle ou incidente de l'apprentissage. Kausler & Puckett (1980) et Attig & Hasher (1980) ont montré que les sujets jeunes et les sujets âgés obtenaient des résultats comparables à une tâche de jugements de fréquence relatifs. Cependant, cette absence de différence semble être liée à la trop grande facilité de la tâche. En effet, dans des conditions qui suscitent un niveau global de performance moins élevé, Kausler et al. (1984) ont trouvé un déficit lié à l'âge et ce, bien que les résultats des sujets âgés soient comparables en mémoire incidente et en mémoire intentionnelle. Un trouble dans l'établissement de jugements de fréquence absolus et relatifs à également été observés chez les sujets âgés par Freund & Witte (1986). La mémoire des modalités de présentation (auditive ou visuelle) d'une information est aussi considérée comme relevant d'un processus automatique. Or, Lehman & Mellinger (1984) ont constaté, dans ce type de tâche, un déficit chez les personnes âgées, malgré des performances égales en situation de mémoire incidente et intentionnelle. La mémoire de nos propres activités constitue un autre exemple de processus qui habituellement se produit de manière automatique. Kausler & Hakami (1983, a) ont comparé la mémoire d'activités chez des sujets jeunes et chez des sujets âgés. Les sujets devaient réaliser, en situation de mémoire intentionnelle ou incidente, une série d'activités plus ou moins exigeantes (par exemple, une tâche de barrage de lettres, une tâche de résolution d'anagrammes...). Chaque activité était pratiquée pendant trois minutes. Ensuite, ils étaient soumis à une épreuve de rappel de ces activités. Les sujets âgés rappellent significativement moins d'activités que les sujets jeunes et ils ont pourtant des résultats comparables dans les conditions de mémoire incidente et intentionnelle. Ce déficit lié à l'âge dans le rappel d'activités antérieures pourrait être lié à un trouble dans le processus «effortful» de récupération mais il pourrait également être associé à un trouble dans les opérations d'encodage automatique. Dans une autre étude, Kausler *et al.* (1985) ont examiné la mémoire temporelle d'activités. Les sujets devaient effectuer, en condition de mémoire intentionnelle ou incidente, 16 tâches distribuées sur quatre périodes séparées par des moments de repos. Ils recevaient ensuite deux tests de mémoire temporelle. Dans le premier test, ils devaient identifier la période durant laquelle chaque activité avait été réalisée. Dans le deuxième test, ils devaient reconstruire l'ordre dans lequel les tâches avaient été accomplies. Les résultats montrent que la mémoire temporelle des activités est équivalente dans les conditions incidente et intentionnelle. Cependant, un déficit lié à l'âge est observé pour chaque mesure. Ces données suggèrent de nouveau que les sujets âgés pourraient présenter certaines perturbations dans les processus d'encodage automatique.

Une autre manière de considérer ces déficits est de dire qu'ils constituent un trouble de la mémoire contextuelle (Burke & Light, 1981). En fait, la mémoire contextuelle des sujets âgés a été envisagée de deux façons fort différentes. Selon Burke & Light (1981), les sujets plus âgés semblent être moins capables que les sujets jeunes d'encoder l'information contextuelle de manière automatique et donc, l'encodage des caractéristiques contextuelles est devenue pour eux un processus «effortful». Par contre, pour Rabinowitz *et al.* (1982) et Craik & Rabinowitz (1984), la réduction des capacités de traitement présentée par les sujets âgés les empêche d'intégrer efficacement l'événement-cible et l'information contextuelle, cette intégration nécessitant un traitement «effortful». En conséquence, le contexte ne peut plus constituer un indice de récupération efficace pour l'événement-cible; inversément, l'événement-cible récupéré ne peut pas servir d'indice efficace pour l'information contextuelle et dès lors, l'événement-cible peut être évoqué indépendamment du moment et du lieu de son apparition. Récemment, McIntyre & Craik (1987) ont utilisé cette dernière interprétation pour rendre compte des difficultés observées chez les sujets âgés dans la mémoire de la source d'une information. Dans cette étude, les auteurs ont repris en partie la procédure que Schacter *et al.* (1984) avaient adoptée pour explorer l'amnésie de source chez les patients cérébro-lésés. Ils présentent aux sujets des faits inventés concernant des personnages connus. La moitié des faits est présentée oralement par l'examinateur, l'autre moitié est lue par les sujets. Ensuite, après un délai de dix minutes puis d'une semaine, on demande aux sujets de rappeler ces faits et d'indiquer où ils les ont appris (soit dans le cadre de l'expérience, en présentation orale ou visuelle, soit en dehors de l'expérience par le biais de la télévision, de livres...). Les résultats montrent que les sujets âgés commettent significativement plus d'erreurs extra-expérimentales que les sujets jeunes et ce, surtout pour le délai le plus long. Ces erreurs concernent les items que le sujet a correctement rappelés mais dont il a attribué la connaissance à une source extérieure à l'expérience. La présence de ces erreurs n'est pas simplement liée à la quantité d'oubli général, car les sujets jeunes (comme les sujets âgés) oublient un grand nombre de faits après une semaine mais ils oublient très rarement la source d'un fait évoqué. En ce qui concerne les items correctement rappelés et correctement attribués à l'expérience, les données sont moins claires du fait d'une effet-plafond, mais elles montrent néanmoins, chez les sujets âgés, une tendance à commettre plus d'erreurs dans le choix de la modalité de présentation. Ces résultats indiquent que l'amnésie de source n'est pas spécifique aux sujets amnésiques mais que, dans certains cas, elle peut se rencontrer chez les sujets normaux. Selon McIntyre & Craik, ce phénomène serait une manifestation d'une difficulté plus générale observée chez les sujets âgés (et chez les amnésiques) à intégrer l'événement-cible et le contexte et ce, du fait d'une réduction des capacités de traitement. Il faut cependant noter que l'amnésie de source pourrait également être interprétée dans le cadre de la conception selon laquelle les sujets âgés ont un déficit dans les traitements automatiques de l'information contextuelle.

Quoi qu'il en soit, si les sujets âgés ont un déficit dans l'utilisation de l'information contextuelle associée à un événement, cela devrait les rendre plus sensibles à l'interférence. En effet, ce déficit aura pour conséquence de réduire le caractère distinctif de l'événement et dès lors, d'accroître sa ressemblance avec d'autres événements. Winocur et Moscovitch (1983) ont examiné la sensibilité à l'interférence chez des sujets âgés et chez des sujets jeunes au moyen d'une procédure de transfert négatif analogue à celle utilisée par Winocur & Kinsbourne (1978). Une liste 1 de mots couplés, sémantiquement reliés, est présentée quatre fois aux sujets. Ensuite, survient une phase de rappel dans laquelle les sujets doivent fournir le mot-réponse (B) qui était associé au mot-stimulus (A). Vingt minutes plus tard, les sujets reçoivent une seule présentation d'une liste 2, laquelle est composée du même mot-stimulus (A) que la liste 1 mais d'un mot-réponse (C) différent. Cette présentation est suivie d'une série d'essais au cours desquels les sujets doivent essayer de retrouver le mot-réponse (C) associé au mot-stimulus (A). Cette condition expérimentale est comparée à une condition « sans interférence » dans laquelle seule la liste 2 est apprise (en suivant la même procédure que dans la condition « avec interférence »). Trois groupes de sujets ont été testés : des sujets âgés (ayant entre 70 et 85 ans) vivant en maison de retraite, des sujets âgés vivant à domicile, et des sujets jeunes (ayant entre 20 et 35 ans). Les sujets sont tous d'un niveau socio-culturel équivalent. Par ailleurs, les sujets âgés ne présentent pas de déficit cognitif, ni d'affection neurologique ou cardio-vasculaire et ils ne sont soumis à aucune médication pouvant affecter le fonctionnement cognitif. Les résultats ne montrent aucune différence entre les sujets dans l'apprentissage de la liste 1, ni dans la condition « sans interférence ». Par contre, en ce qui concerne l'apprentissage de la liste 2 dans la condition « avec interférence », les sujets âgés vivant en maison de retraite commettent beaucoup plus d'erreurs que les deux autres groupes. Les sujets âgés vivant à domicile commettent également plus d'erreurs que les sujets jeunes mais la différence entre les deux groupes est beaucoup moins importante. Le même pattern est observé quand les groupes sont comparés sur la base du nombre d'essais nécessaires pour attendre un critère fixé dans l'apprentissage de la liste 2. Par ailleurs, les deux tiers des erreurs commises par les deux groupes de sujets âgés sont des réponses consistant à substituer un mot de la liste 1 à un mot de la liste 2. Par contre, chez les sujets jeunes, ce type d'erreur atteint seulement 37 % du nombre total d'erreurs. Ces données indiquent que la compétition entre réponses constitue un facteur important dans le déficit des sujets âgés. Dans une autre étude, les auteurs ont examiné les effets sur l'interférence d'une variation du contexte intrinsèque et ce, en pairant les mots de chaque liste suivant des règles différentes. Dans la liste 1, la relation entre le mot-stimulus et le mot-réponse est phonétique ou sémantique et dans la liste 2, la relation est inversée. Les résultats indiquent que, proportionnellement, les trois groupes bénéficient de manière identique d'un changement de contexte intrinsèque. Les auteurs ont également exploré l'influence d'une modification du contexte extrinsèque et ce, en faisant apprendre la liste 1 dans un contexte standard ou dans un contexte rendu distinctif par la présence d'un éclairage rouge et par la diffusion de musique classique, et la liste 2 dans un contexte opposé. Dans cette condition, on observe que seuls les sujets âgés vivant en institution profitent de la manipulation contextuelle extrinsèque et que leur performance dans l'apprentissage de la liste 2 rejoint celle des sujets âgés vivant à domicile. Par contre, la performance des sujets jeunes et des sujets âgés vivant à domicile n'est pas influencée par la modification des contextes. Cette étude suggère donc que les sujets âgés montrent une plus grande sensibilité à l'interférence que les sujets jeunes. Par ailleurs, il semble exister d'importantes différences dans cette sensibilité entre les sujets âgés institutionnalisés et les sujets âgés vivant à domicile. De plus, seuls les sujets âgés institutionnalisés paraissent bénéficier d'un changement de contexte extrinsèque alors que tous les sujets profitent du changement de contexte intrinsèque. Pour Winocur & Moscovitch (1983), les sujets âgés vivant en maison de retraite profiteraient des indices contextuels extrinsèques parce qu'ils sont incapables d'encoder suffisamment d'information liée à la tâche. Cette hypothèse a été confirmée par un travail ultérieur de Winocur et al. (1987). Ils ont fait apprendre à des sujets âgés vivant en institution et à des sujets âgés vivant à domicile une liste de mots couplés, soit dans une pièce standard, soit dans une pièce possédant des caractéristiques distinctives. Ils ont ensuite testé le rappel dans le même contexte ou dans le contexte opposé. Les résultats montrent que les sujets âgés vivant en institution ont plus de difficultés que les sujets âgés vivant à domicile à apprendre la liste dans les conditions standard. De plus, ils bénéficient plus des indices contextuels mais essentiellement quand les indices sont fournis durant la phase d'encodage. Selon Winocur et al. (1987), ces données suggèrent que les sujets âgés institutionnalisés ne peuvent pas encoder les différents épisodes d'apprentissage de manière distincte. Dans cette étude comme dans celle de Winocur et Moscovitch (1983), les performances des sujets âgés vivant en institution sont très semblables à celles des patients amnésiques. Pour Winocur et al. (1987), il est possible que ces similitudes indiquent un déficit neurologique commun, lequel serait simplement plus grave chez les patients amnésiques. Les auteurs signalent que les structures qui semblent être impliquées dans le syndrome amnésique (c'est-à-dire les régions hippocampiques et frontales) sont également des structures qui se détériorent d'une façon précoce et marquée avec l'âge. Par ailleurs, le déficit observé chez les sujets âgés vivant en maison de retraite soulèvent le problème des effets d'une institutionalisation de longue durée sur le fonctionnement cognitif des personnes âgées. Winocur & Moscovitch (1987) ont abordé cette question en administrant à des groupes pairés de sujets âgés vivant à domicile et en maison de retraite, une batterie de 14 tests cognitifs destinés à évaluer les capacités d'apprentissage et de mémoire. Ils observent des différences significatives à 9 tests sur 14 et toutes en faveur des sujets vivant à domicile. Cependant dans le groupe institutionalisé, il y a un sous-groupe d'environ 30 % qui ne peut pas être distingué du groupe non institutionalisé et il y a même quelques données montrant que la performance dans ce sous-groupe s'améliore avec la longueur de l'institutionalisation. Selon Winocur et al. (1987), « this study suggested that instutionalization can have positive, as well as negative, consequences and that cognitive performance in institutionalized old people may be related to adjustement within the institutional context ». Afin d'explorer plus avant les relations existant entre le fonctionnement cognitif du sujet âgé institutionalisé et différentes variables psychologiques et environnementales, Winocur et al. (1987) ont soumis à des sujets âgés en bonne santé et vivant en institution une batterie de tests cognitifs ainsi que des épreuves destinées à évaluer le stress, le niveau d'activité et la concordance entre ce que souhaitent les sujets comme contrôle personnel sur leur vie dans l'institution et le contrôle qu'ils perçoivent réellement. Les sujets ont été évalués à deux reprises, séparées d'environ 10 mois. Les résultats montrent que le stress n'est pas corrélé de manière significative avec les autres mesures. Par contre, on observe des relations significatives entre le sentiment de contrôle personnel, l'activité et le fonctionnement cognitif. En fait, les corrélations les plus élevées dans cette étude concernent les changements dans les tests cognitifs entre le premier et le deuxième testing et les changements dans le sentiment de contrôle et dans l'activité. L'observation d'une telle relation entre le fonctionnement cognitif et des variables psychosociales n'implique cependant pas l'existence d'un lien de causalité, et d'autres recherches sont nécessaires pour clarifier les mécanismes qui sous-tendent cette relation. Néanmoins, comme l'indique Meudell (1983), « such attempts as Winocur's are obviously along the right lines : mnemonic impairment cannot be studied independently of other cognitive and social factors in the old and individual differences in the elderly must be measured, presented and taken into account when assessing memory ».

Parallèlement au développement de recherches qui abordent le fonctionnement mnésique des sujets âgés à la lumière de facteurs psychosociaux, on voit également apparaître des travaux qui sortent du cadre étroit des épreuves d'apprentissage de listes de mots pour s'intéresser à des activités mnésiques qui font partie intégrante de la vie des personnes âgées. Dans le chapitre consacré à l'approche écologique dans l'étude de la mémoire, nous avons décrit quelques travaux consacrés à la mémoire prospective ou à la mémoire topographique des sujets âgés. Dans une autre direction, Kausler & Hakami (1983, b) ont exploré les différences liées à l'âge dans une activité quotidienne de mémoire incidente, à savoir la mémoire des conversations. Les sujets jeunes (des étudiants) et les sujets âgés (âge moyen : 68 ans) reçoivent une série de 12 thèmes de discussions. Pour chaque thème, l'examinateur pose aux sujets trois questions qui exigent une réponse par oui ou par non. Les sujets doivent ensuite, pour chaque question, expliquer les raisons de leur réponse et ce, pendant une minute. Six thèmes de discussion concernent personnellement les sujets (par exemple, les situations qui les rendent irritables), les six autres thèmes portent sur des problèmes généraux (par exemple, la qualité de la télévision commerciale). Dans la condition de mémoire incidente, on signale aux sujets que le but de l'étude est de comparer les opinions des sujets jeunes et des sujets âgés. Dans la condition de mémoire intentionnelle, les consignes sont identiques mais on prévient les sujets qu'ils devront en fin de séance rappeler les différents thèmes de discussion. Les performances mnésiques des sujets sont comparées en rappel et en reconnaissance. Les résultats montrent que, globalement, le rappel des conversations est assez faible pour les deux groupes d'âge. Cependant, les performances des sujets âgés sont inférieures à celles des sujets jeunes et ce, malgré un niveau de scolarité plus élevé chez les sujets âgés. Les scores de rappel sont équivalents dans les conditions de mémoire incidente et intentionnelle, ce qui confirme l'hypothèse d'un encodage automatique du contenu des conversations. On n'observe pas non plus d'effet du type de thème proposé. Par ailleurs, en reconnaissance, les différences entre les groupes d'âge disparaissent. Selon Kausler & Hakami, ces données suggèrent que les problèmes présentés par les sujets âgés dans la mémoire des conversations sont principalement liés à un déficit dans la récupération des traces mnésiques de ces conversations. Le fait que les différences liées à l'âge sont négligeables en situation de reconnaissance a des implications théoriques importantes. Cependant, dans la vie quotidienne, c'est essentiellement le rappel des conversations qui est concerné. Il s'agit, dès lors, d'identifier les variables qui déterminent le trouble observé chez les sujets âgés dans la récupération du contenu des conversations. D'une manière plus générale, comme beaucoup d'activités de la vie quotidienne impliquent un encodage incident et une récupération intentionnelle, il paraît indispensable de mieux comprendre les relations qui lient ces deux types de traitement.

Les études concernant la mémoire épisodique des sujets âgés ont donc de plus en plus tendance à aborder les activités mnésiques quotidiennes et à tenir compte de divers facteurs psychosociaux. Une autre orientation de recherche qui tend à se développer est l'étude de l'adaptation individuelle au vieillissement et à ses conséquences sur le plan de la mémoire. Dans cette perspective, un problème essentiel concerne la présence fréquente d'une dépression chez le sujet âgé. Les déficits cognitifs qui accompagnent la dépression peuvent être suffisamment importants que pour être confondus avec une démence. Il semble d'ailleurs que la majorité des patients qui reçoivent un diagnostic erroné de démence souffrent en fait de dépression (Garcia et al., 1981). Un des facteurs qui contribuent à ces difficultés de diagnostic différentiel est la présence de plaintes et/ou de troubles mnésiques dans la dépression.

Les données de la littérature concernant l'existence ou la nature des troubles mnésiques associés à la dépression sont particulièrement contradictoires (voir Johnson & Magaro, 1987). Certains travaux attribuent les troubles mnésiques des sujets déprimés à des problèmes attentionnels ou à un biais de réponse (par exemple, une stratégie de prudence). D'autres ne mettent pas en évidence de difficultés mnésiques dans la dépression (Davis & Unruh, 1980). Parmi les études qui soutiennent l'existence de problèmes mnésiques réels chez les déprimés, les interprétations théoriques s'opposent et elles attribuent le trouble mnésique tantôt à un dysfonctionnement de la MCT (Cronholm & Ottoson, 1961), tantôt à un déficit d'encodage en MLT (Calev & Erwin, 1985). Pour Cohen et al. (1982), les patients dépressifs présenteraient des déficits dans la performance mnésique seulement quand un traitement «effortful» est requis, que ce soit à l'encodage ou à la récupération (voir également Tariot & Weingartner, 1986). Par ailleurs, Hart et al. (1987) ont comparé chez des patients déprimés et chez des patients déments le taux d'oubli de dessins d'objets et ce, après avoir égalisé le niveau initial de performance en variant le temps d'exposition des stimuli. Ils montrent que les déprimés et les déments présentent des déficits d'apprentissage mais que seul le groupe des patients déments manifeste un oubli plus rapide. Récemment, Wolfe et al. (1987) ont comparé des patients présentant une dépression unipolaire et bipolaire à une tâche d'apprentissage d'une liste de mots. Ils montrent que le rappel et la reconnaissance sont perturbés dans les deux groupes et ce, contrairement à Dunbar *et al.* (1984) qui avaient observé une mémoire de reconnaissance intacte chez les déprimés. Par ailleurs, Wolfe *et al.* constatent que le pattern de performance mnésique des sujets déprimés bipolaires ressemble à celui des patients avec une Chorée de Huntington, ce qui suggérerait une base neurologique commune (les noyaux de la base). Sur la base d'une revue étendue de la littérature, Johnson & Magaro (1987) proposent deux axes d'interprétation des troubles mnésiques dans la dépression et plus généralement, dans les troubles affectifs. En premier lieu, le déficit mnésique ne présenterait pas un caractère spécifique en fonction de problèmes affectifs particuliers (dépression, état maniaque...) mais il serait en fait lié à un facteur de pathologie général et à un facteur de gravité de la maladie. Une pathologie plus grave produirait des déficits mnésiques plus importants car elle réduirait la motivation et la capacité de soutenir un effort cognitif. Le deuxième axe d'interprétation se fonde sur la théorie cognitive de la dépression et des «schémas» dépressifs (Beck, 1967) ainsi que sur le concept d'apprentissage dépendant de l'état (voir Peeters & d'Ydewalle, 1987). L'état d'humeur manifesté par le patient serait essentiel dans la détermination du contenu des traces mnésiques récupérées. Son rôle peut être envisagé de deux manières. D'une part, l'humeur pourrait servir d'indice contextuel et, suivant le principe de spécificité d'encodage, elle influerait sur le type de souvenirs qui sont rappelés : la présence d'une humeur dépressive augmenterait la probabilité de rappeler des informations négatives. D'autre part, l'humeur dépressive activerait un «self schéma» dépressif lequel encoderait et récupérerait sélectivement en MLT, l'information congruente avec l'état d'humeur. Enfin, les auteurs font également l'hypothèse d'une relation dynamique entre le contenu mnésique conscient et l'état d'humeur : plus l'humeur est dépressive, plus la probabilité d'avoir des pensées négatives est grande et plus il y a de pensées négatives, plus l'humeur est dépressive.

Bien qu'il n'ait pas été conçu spécifiquement dans ce but, le modèle de Johnson & Margaro (1987) pourrait utilement servir de cadre à l'étude du fonctionnement mnésique des sujets âgés déprimés. Il existe en fait peu de recherches qui ont investigué les relations entre mémoire, vieillissement et dépression. Une étude récente du Niederehe (1986) tombe dans la catégorie des travaux qui n'ont pas observé de déficit mnésique particulier dans la dépression. Il a comparé un groupe de sujets déprimés jeunes (entre 20 et 45 ans), un groupe de sujet déprimés âgés (entre 50 et 80 ans) et deux groupes contrôles à différentes tâches de mémoire épisodique et sémantique ainsi qu'à un questionnaire d'auto-évaluation de la mémoire. Cette étude met en évidence des différences de performance liées à l'âge mais peu de différences significatives entre les sujets contrôles et les sujets déprimés. Par ailleurs, les résultats ne montrent pas d'interaction âge/dépression, ce qui indique que les sujets déprimés âgés ne présentent pas plus de problèmes mnésiques que les sujets déprimés jeunes. Les résultats indiquent en outre que les sujets déprimés adoptent des critères de décision plus stricts (plus prudents) dans les réponses aux tests, et ce biais de réponse a tendance à augmenter avec l'âge. En ce qui concerne l'auto-évaluation de la mémoire, les sujets déprimés se perçoivent comme ayant plus de difficultés de mémoire que les sujets contrôles et ils se décrivent également comme étant plus concernés par le fonctionnement mnésique. En fait, comme le signale Niederehe (1986), le terme «dépression» est une étiquette qui s'applique à une catégorie très hétérogène de patients. Le problème prioritaire actuel est d'explorer comment la performance mnésique varie selon les différents sous-types diagnostiques et comment elle est affectée par des variables comme l'âge, la santé et l'état neurologique sous-jacent.

La dépression n'est pas le seul facteur qui doit être examiné dans le cadre de l'adaptation au vieillissement. Ainsi, Scogin *et al.* (1985) ont comparé des sujets âgés qui se plaignent de problèmes mnésiques et qui souhaitent une aide, et des sujets âgés qui ne se plaignent pas. Cette étude monte que les deux groupes ne diffèrent pas dans la performance mnésique, ni dans les scores de dépression. Ces données suggèrent que les plaintes mnésiques ne sont pas nécessairement le reflet de difficultés de mémoire ou d'une dépression. Il s'agirait d'examiner, chez les sujets qui se plaignent, leurs attentes vis-à-vis de leurs capacités cognitives ainsi que leur sensibilité aux changements liés à l'âge dans leur propre performance.

Une façon optimiste de conclure cette partie consacrée aux troubles mnésiques liés à l'âge est d'indiquer l'existence de capacités préservées d'apprentissage chez le sujet âgé. Light *et al.* (1986) ont fait apprendre une liste de 80 mots à des sujets jeunes (âge moyen : 23,41 ans) et à des sujets âgés (âge moyen : 69,41 ans). Ensuite, ils ont administré aux sujets un test de reconnaissance oui/non et un test de complètement de fragments de mots (certains de ces mots ayant été étudiés antérieurement). La tâche de complètement n'est pas présentée comme une tâche de mémoire. Les résultats montrent que les sujets jeunes ont des résultats plus élevés que les sujets âgés en reconnaissance mais pas à la tâche de complètement. Cette étude suggère donc que la mémoire implicite ne semble pas être affectée par l'âge. Il existe cependant quelques études discordantes (voir Howard, 1988, pour une revue de question).

B) Les troubles de la mémoire dans la maladie d'Alzheimer

1. Introduction

Le terme «maladie d'Alzheimer» est utilisé pour définir un syndrome clinique caractérisé par une altération des fonctions cognitives et de la personnalité, associée à des lésions cérébrales progressives, corticales, limbiques et sous-corticales (Arendt *et al.*, 1983; Terry & Davies, 1980; Whitehouse *et al.*, 1982). Dans la pratique clinique, le diagnostic de maladie d'Alzheimer est établi par exclusion, c'est-à-dire quand toutes les autres possibilités ont été écartées. La confirmation de ce diagnostic n'est obtenue que par l'observation de modifications neurohistologiques dans le tissu cérébral, le plus souvent lors de l'autopsie. Jusqu'il y a peu, la maladie d'Alzheimer renvoyait à un processus démentiel apparaissant avant 65 ans (c'est-à-dire une démence pré-sénile) et on réservait le terme «démence sénile de type Alzheimer» au processus dégénératif affectant les patients plus âgés. Actuellement, beaucoup de chercheurs considèrent que cette distinction est basée arbitrairement sur l'âge et que les deux formes de démence sont le reflet de la même maladie (Katzman, 1976).

Les troubles de la mémoire constituent un des critères principaux de diagnostic de la maladie d'Alzheimer, et à ce titre, ils ont été l'objet de nombreuses investigations neuropsychologiques. Nous envisagerons certaines de ces études en les groupant selon le type de système mnésique qu'elles sont censées aborder. Il faut noter que la plupart de ces recherches ont porté sur des patients se trouvant dans les premières étapes de la maladie, c'est-à-dire des patients pouvant comprendre les consignes de la tâche employée et fournir une réponse appropriée.

2. Les troubles de la mémoire de travail

Les patients Alzheimer présentent des déficits à diverses épreuves de mémoire à court terme. On constate notamment un empan mnésique réduit aux épreuves d'empan de chiffres (Kaszniak *et al.*, 1979; Kopelman, 1985) et de mots (Corkin, 1982) ainsi qu'au «block-tapping test», épreuve destinée à évaluer l'empan spatial (Corkin, 1982). Danzinger & Storandt (1982; cité dans Kaszniak *et al.*, 1986) signalent cependant que les patients avec une démence légère ne manifestent pas nécessairement de perturbation de l'empan mnésique. Des déficits nets ont également été observés à la tâche de Brown-Peterson (Corkin,

1972; Kopelman, 1985). Par ailleurs, Miller (1971; 1975) a montré que les patients Alzheimer présentaient une diminution de l'effet de récence à une tâche de rappel libre d'une liste de mots, mais le trouble était plus important encore pour le rappel du début de la liste. Wilson *et al.* (1983) ont analysé les résultats des patients Alzheimer à une épreuve de rappel libre en utilisant la technique de cotation développée par Tulving & Colotla (1970), technique qui permet de distinguer parmi les items rappelés, ceux qui sont issus de la mémoire primaire (SCT) de ceux issus de la mémoire secondaire (SLT). Dans cette procédure, on compte le nombre de mots présentés et rappelés qui interviennent entre la présentation et le rappel d'un mot. Si ce nombre est égal ou inférieur à six, le mot est attribué à la mémoire primaire. Wilson *et al.* (1982) ont observé une diminution modérée de la mesure de mémoire primaire ainsi qu'une diminution plus importante de la mesure de mémoire secondaire. Martin *et al.* (1985) ont utilisé la même technique et ont décrit une diminution modérée des deux mesures.

Morris (1984, 1986, 1987) a tenté d'expliquer ces troubles de la mémoire à court terme en adoptant le modèle de la mémoire de travail de Baddeley (1986). Il a d'abord montré que le stock phonologique et le mécanisme de la boucle articulatoire fonctionnent normalement chez les patients Alzheimer (Morris, 1984). En effet, malgré une réduction de l'empan mnésique, les effets de similitude phonologique et de longueur du mot sont aussi robustes chez les patients que chez les sujets contrôles. Par ailleurs, l'articulation concurrente abolit les effets de similitude et de longueur du mot et réduit l'empan mnésique de manière équivalente dans les deux groupes. Enfin, la vitesse articulatoire (mesurée par la vitesse de lecture) est normale (Morris, 1987), ce qui indique que la diminution de l'empan n'est pas liée à un recyclage moins rapide du matériel verbal par la boucle articulatoire. Si l'efficacité de la répétition articulatoire est maintenue, qu'est-ce qui contribue alors à la diminution de l'empan mnésique ? Pour Morris (1986), le déficit serait lié à une réduction des ressources de traitement du système de régulation et de contrôle de la mémoire de travail, c'est-à-dire l'administrateur central. Il a testé cette hypothèse en demandant à des patients Alzheimer de rappeler des triades de consonnes après un intervalle de 0, 5, 10 ou 20 secondes durant lequel ils doivent effectuer une tâche distractrice. Les tâches distractrices choisies sont plus ou moins exigeantes, c'est-à-dire qu'elles sont censées accaparer une plus ou moins grande proportion des ressources de traitement disponibles : le sujet doit soit taper sur la table de testing avec la main, soit articuler le mot «the», soit inverser ou additionner des paires de chiffres, soit encore ne rien faire. Les résultats montrent que, sans tâche distractrice, les patients Alzheimer et les sujets contrôles sont capables de rappeler les triades même après un intervalle de 20 secondes. Par contre, les déficits de rappel émergent chez les patients même pour une tâche distractrice très simple (articuler le mot « the » ou taper sur la table) et les troubles s'accroissent à mesure que les tâches distractrices deviennent plus difficiles. Selon Morris (1986), les patients Alzheimer présentent une réduction de la capacité de l'administrateur central et dès lors, ils ne disposent pas des ressources de traitement suffisantes pour mener à bien la tâche distractrice et la répétition des items à mémoriser, ce qui provoque l'oubli. Baddeley (1986) a suggéré qu'un trouble de l'administrateur central pourrait se manifester dans les expériences de tâche double. Dans cette direction, Baddeley *et al.* (1986) ont montré que les patients Alzheimer obtiennent des performances inférieures à celles des sujets contrôles dans la réalisation simultanée de deux tâches (une tâche de poursuite visuomotrice et une tâche d'empan de chiffres), le degré de difficulté des deux tâches prises isolément ayant été égalisé entre les groupes de sujets. Selon Baddeley *et al.*, cette technique de la tâche double pourrait s'avérer utile dans l'identification précoce d'un processus démentiel de type Alzheimer.

La plupart des études s'accordent donc sur le fait que les patients Alzheimer ont un trouble de la mémoire à court terme. Selon le modèle de la mémoire de travail, ce trouble serait lié à un dysfonctionnement de l'administrateur central. Par ailleurs, il semble exister une relation entre cette perturbation et la gravité de la démence. En effet, Corkin (1982) a montré que l'empan mnésique et la performance à la tâche de Brown-Peterson étaient corrélés avec le degré de perturbation dans les activités de la vie quotidienne. Kopelman (1985) a trouvé une relation entre le résultat au test de Brown-Peterson et le quotient intellectuel. Enfin, Wilson *et al.* (1983) ont constaté une détérioration du score de mémoire primaire lors de retests annuels pendant trois ans.

3. Les troubles de la mémoire épisodique

En ce qui concerne la mémoire à long terme, des données convergentes indiquent que les patients Alzheimer ont un trouble de la mémoire épisodique qui se manifeste dans l'apprentissage d'un matériel verbal ou non verbal, que ce soit en situation de rappel ou de reconnaissance (Kaszniak *et al*, 1986). Si l'accord est quasi général concernant la présence de déficits épisodiques dans la maladie d'Alzheimer, il n'en va pas de même pour ce qui est de la nature des troubles. Il semblent cependant que le problème principal de ces patients n'est pas lié à un oubli trop rapide. En effet, Kopelman (1985) a examiné le taux d'oubli des patients Alzheimer en utilisant la procédure de reconnaissance oui/non proposée par Huppert & Piercy (1978). Après avoir égalisé les performances initiales en variant le temps de présentation des stimuli, il ne met pas en évidence de différences dans le taux d'oubli pour les différents intervalles de temps (10 minutes, 24 heures, 7 jours) entre les patients Alzheimer, les patients Korsakoff et les sujets normaux. Freed et al. (cité dans Corkin, 1985) obtiennent des résultats qui vont globalement dans le même sens.

Quelques travaux ont fourni des données qui paraissent soutenir l'hypothèse d'un déficit de mémoire verbale se situant à l'étape d'acquisition du matériel à mémoriser. Ainsi, Wilson et al. (1983) ont constaté que les patients Alzheimer ne manifestent pas, à une tâche de reconnaissance, l'avantage pour les mots peu fréquents tel qu'il est observé chez les sujets normaux. Selon Mandler (1980), la reconnaissance est en partie déteminée par le changement dans la familiarité qui suit la présentation d'un item. Les mots de basse fréquence seraient ainsi mieux reconnus par les sujets normaux parce que la familiarité de ces mots change de manière plus importante à la suite de leur présentation. Les patients Alzheimer auraient un déficit dans l'analyse des stimuli, ce qui aboutirait à une augmentation réduite de la familiarité et donc à une reconnaissance plus faible ainsi qu'à une abolition de l'effet de fréquence. Il faut noter cependant que la différence dans l'effet de fréquence des mots entre les sujets normaux et les patients paraît faible par rapport à l'importance du déficit mnésique global des patients. Weingartner et al. (1981) ont, eux aussi, conclu à un déficit se situant à l'étape d'acquisition en analysant les performances mnésiques des patients en fonction du type de matériel à mémoriser. Ils ont administré à des patients Alzheimer une tâche de rappel libre portant sur trois types de listes de mots : une liste de mots non reliés, une liste composée de mots appartenant à deux catégories sémantiques mais non groupés selon ces catégories et une liste de mots groupés en catégories sémantiques. Les patients obtiennent des résultats inférieurs à ceux des sujets contrôles pour toutes les listes et de plus, ils ne tirent aucun bénéfice des relations sémantiques entre les mots, contrairement aux sujets contrôles. Cependant, comme l'indiquent Morris & Kopelman (1986), les performances des patients sont extrêment faibles, ce qui pourrait masquer des différences potentielles entre les trois conditions. Des données plus convaincantes sont fournies par une autre expérience dans laquelle les patients doivent également apprendre une liste de mots non reliés et une liste de mots sémantiquement reliés mais non groupés en catégories. Cependant, au lieu d'une seule présentation, chaque liste est présentée cinq fois et chaque présentation est suivie d'une phase de rappel libre. Enfin, les sujet sont soumis à une phase de rappel différé. Les sujets contrôles rappellent significativement plus de mots reliés que de mots non reliés et cet effet augmente en fonction du nombre de présentations. La différence entre le rappel de mots reliés et non reliés est plus importante encore en rappel différé. Par contre, chez les patients Alzheimer, on ne constate aucune différence entre les deux types de liste. Par ailleurs, les auteurs ont appliqué la mesure d'organisation subjective proposée par Sternberg & Tulving (1977). Il s'agit de calculer le nombre de mots rappelés par paires à l'essai N et qui ont également été pairés à l'essai N-1. Cet indice d'organisation n'est pas fonction du nombre total de mots rappelés. Chez les sujets contrôles, le nombre de mots rappelés ensemble augmente au fur et à mesure des présentations. Par ailleurs, le degré d'organisation est plus important pour les mots reliés que pour les mots non reliés. Par contre, les patients Alzheimer n'imposent aucune organisation à leur rappel même après plusieurs présentations de la même liste de mots. Pour Weingartner *et al.*, ces données indiquent que les patients Alzheimer sont incapables d'utiliser les relations entre les événements pour effectuer un encodage efficace.

Corkin (1982) a testé l'hypothèse du déficit d'encodage en adoptant plus directement le cadre théorique des niveaux de traitement de Craik & Lockhart (1972). Elle a manipulé la profondeur d'encodage du matériel à mémoriser en posant trois types de questions : « le mot est-il dit pas un homme ou une femme ?, « le mot rime-t-il avec... ?, « le mot est-il un type de... ?. Les résultats montrent que les patients Alzheimer, contrairement aux sujets contrôles, ne tirent pas avantage de l'encodage sémantique et ce, à une épreuve de reconnaissance. Martin *et al.* (1985) ont également abordé les troubles mnésiques des patients Alzheimer dans la perspective des niveaux de traitement mais ils ont apporté plusieurs modifications au paradigme communément employé. Au lieu d'administrer des questions oui/non destinées à susciter un niveau particulier d'encodage, ils demandent aux sujets de produire un type de mot associé à chaque mot présenté. Cette procédure permet de s'assurer que le patient est pleinement attentif et qu'il réalise le niveau d'encodage souhaité. Dans une condition d'encodage, le sujet doit trouver un mot qui rime avec l'item à mémoriser et dans l'autre condition, il doit dire où l'objet pourrait être trouvé. Une troisième condition (praxique) a été ajoutée dans laquelle le sujet doit effectuer un geste ou une série de gestes figurant l'usage de l'objet.

Ainsi, pour le mot « voiture », un sujet pourrait répondre « toiture » pour la rime, « garage » pour l'endroit où on trouve l'objet, et il pourrait faire le geste de conduire une voiture. Afin d'établir une ligne de base, tous les sujets sont d'abord testés en condition d'encodage libre. Une phase de rappel libre est administrée immédiatement après la présentation de la liste de mots. Enfin, une procédure d'indiçage est appliquée pour tous les mots que le sujet n'a pas pu rappeler. Les indices fournis sont en fait les associations proposées par le sujet pour chaque item. Cette technique d'indiçage sélectif doit permettre d'explorer les processus de récupération. En effet, si les patients souffrent d'un déficit de récupération, l'indiçage devrait améliorer leurs performances d'une manière plus importante que pour les sujets contrôles. Les résultats indiquent que les patients Alzheimer rappellent significativement moins de mots que les sujets contrôles et ce, pour toutes les conditions. Cependant, leur pattern de rappel est qualitativement semblable à celui des contrôles. En effet, leur performance est meilleure pour les conditions d'encodage sémantique que pour la condition d'encodage phonémique. De plus, le rappel en condition d'encodage libre est comparable à celui produit dans les conditions sémantiques, ce qui indique que les patients Alzheimer sont capables d'encoder spontanément le matériel à un niveau sémantique. Enfin, les patients bénéficient autant que les sujets contrôles de l'indiçage sélectif, ce qui paraît s'opposer à l'hypothèse d'un déficit de récupération. Pour Martin *et al.* (1985), les patients d'Alzheimer restent capables d'effectuer différents types d'opérations d'encodage (phonémique, sémantique) mais ils sont incapables d'encoder autant d'attributs des stimuli que ne le font les sujets normaux. C'est cet encodage incomplet qui produit la diminution de performance quelle que soit la procédure utilisée. Il faut cependant noter que les résultats obtenus par Martin *et al.* sont relativement difficiles à interpréter et ce, pour deux raisons. D'abord, Morris & Kopelman (1986) signalent que la différence, en valeur absolue, entre les patients et les contrôles est plus grande dans la condition d'encodage sémantique que dans la condition phonémique. Malheureusement, l'interaction groupe X encodage comparant ces deux conditions n'est pas présentée, ce qui ne permet pas de contrôler si cet effet est statistiquement significatif. Il est néanmoins possible que les patients n'encodent pas le matériel à mémoriser aussi efficacement que les contrôles à un niveau sémantique. Ensuite, l'indiçage sélectif dans les conditions d'encodage sémantique et praxique amène chez les sujets contrôles des performances se situant à des niveaux-plafonds. Il est dès lors difficile d'établir si les deux groupes bénéficient d'une manière différente des trois procédures d'indiçage.

Grober & Buschke (1987) ont également exploré les troubles mnésiques d'un groupe de patients déments en contrôlant les opérations d'encodage et de récupération, selon une procédure analogue à celle utilisée par Buschke & Grober (1986) chez les personnes âgées normales. Cette procédure implique une phase d'exploration et d'identification du matériel à mémoriser (16 mots) sur la base d'indices sémantiques (les catégories sémantiques auxquelles les items appartiennent). La phase d'encodage est suivie par trois essais de rappel. Chaque essai comporte deux parties : une période de rappel libre suivie, pour les items non évoqués en rappel libre, d'une période de rappel indicé (les indices fournis étant ceux qui ont été utilisés lors de la phase d'encodage). Quand un item n'est pas évoqué en rappel indicé, l'examinateur fournit la réponse correcte au sujet qui doit la répéter. Quatre mesures de rappel sont obtenues : une note de rappel libre (RL), c'est-à-dire le nombre d'items récupérés sans indices à chaque essai ; une note de rappel total (RT), c'est-à-dire la somme du rappel libre et du rappel indicé à chaque essai ; une note de rappel libre consistant (RLC), c'est-à-dire le nombre d'items récupérés en rappel libre à tous les essais ; une note de rappel total consistant (RTC), c'est-à-dire le nombre d'items récupérés en rappel libre ou en rappel indicé à tous les essais et qui n'ont donc pas été représentés aux sujets. Les résultats indiquent que les sujets âgés normaux peuvent, en rappel indicé, rappeler presque tous les 16 items présentés (96 %) alors qu'ils sont seulement capables d'en évoquer 52 % en rappel libre. Les patients déments (dont une partie seulement a reçu le diagnostic d'Alzheimer) bénéficient également du rappel indicé mais dans une bien moins large mesure. Ainsi, ils peuvent récupérer quatre fois plus d'items en rappel indicé qu'en rappel libre (42 % contre 10 %) mais ils sont encore incapables de récupérer la moitié des items quand les indices de récupération sont fournis. La différence entre les deux groupes est encore plus importante si on compare les scores de RTC. Les sujets âgés récupèrent de manière consistante une moyenne de 15,2 items alors que les patients n'en récupèrent que 4,5. Ces données indiquent que, non seulement les patients ne récupèrent pas tous les items mais qu'en plus, quand ils récupèrent certains items, souvent, ils ne les récupèrent pas aux essais suivants. Pour Grober & Buschke (1987), ces différents patterns de performance montrent que les déficits des patients déments se situent à plusieurs niveaux. Le fait que certains items ne sont jamais rappelés (ni en rappel libre, ni en rappel indicé) suggère un déficit d'encodage analogue à celui proposé par Martin et al. (1985) : les patients ont stocké une information insuffisante concernant les items. Quand la trace mnésique est récupérée, elle contient trop peu d'information pour caractériser l'item de manière unique et de ce fait, il peut être confondu avec d'autres items sémantiquement semblables. Par ailleurs, l'inconsistance du rappel total indique que le trouble ne se limite pas à l'encodage mais qu'il existe également un trouble de la récupération. Le fait que les patients ne réussissent pas toujours à récupérer un item stocké serait la conséquence d'une variabilité de l'encodage : l'indice serait encodé différemment d'essai en essai et la récupération ne pourrait être réussie que dans les cas où il y a un recouvrement suffisant dans les traits spécifiques de l'indice durant l'encodage et la récupération. Cette variabilité d'encodage serait liée à un trouble dans l'organisation sémantique (Grober *et al.*, 1985). Il faut noter que certains patients obtiennent en rappel libre des résultats comparables à ceux des sujets âgés normaux et que c'est uniquement en rappel indicé que les performances se différencient. La procédure de rappel indicé (avec 16 items) semble donc pouvoir être utile dans l'identification de patients déments. Grober & Buschke (1987) ont d'ailleurs montré que le rappel indicé pouvait à lui seul rendre compte de 75 % de la variance dans le diagnostic de démence.

Récemment, Butters *et al.* (1987) ont administré à des patients Alzheimer une épreuve de mémoire de récits. Ils constatent que les patients déments rappellent peu de faits corrects et qu'ils commettent (comme les patients de Korsakoff) de nombreuses erreurs d'intrusion, liées aux récits présentés auparavant ou extérieures aux récits. Ces données confirment le fait que les intrusions constituent une caractéristique importante du trouble de mémoire épisodique des patients déments (Fuld *et al.*, 1982). Par ailleurs, la présence de ces intrusions est l'indice que les patients montrent une sensibilité accrue à l'interférence. Enfin, la similitude entre les patterns de performance des patients Alzheimer et des patients Korsakoff suggère l'existence d'un déficit commun.

4. Les troubles de la mémoire sémantique

On a vu que, pour Grober et Buschke (1987), le déficit de mémoire épisodique observé chez les patients déments serait en partie la conséquence d'une perturbation dans l'organisation sémantique de ces patients. L'existence d'une telle perturbation a notamment été suggérée par Grober *et al.* (1985). Ils ont demandé à des sujets déments (en majorité des patients Alzheimer) et à des sujets âgés normaux de sélectionner des attributs qui étaient reliés à divers concepts (par exemple, avion ou église). Ils leur ont également demandé de ranger des attributs en ordre d'importance. Les patients déments obtiennent des performances relativement bonnes à l'épreuve de sélection d'attributs, même s'ils ne choisissent pas autant d'attributs reliés que les sujets contrôles. Par contre, les classements d'attributs effectués par les patients et les sujets normaux diffèrent nettement : les patients considèrent des traits essentiels comme étant moins importants que d'autres traits et ce, trois fois plus souvent que les sujets non déments. Selon Grober *et al.*, cette perturbation dans l'organisation sémantique pourrait accroître la variabilité d'encodage et dès lors, affaiblir les performances en mémoire épisodique. En effet, à chaque présentation d'un concept à mémoriser, le sujet encode seulement un sous-ensemble d'attributs, et comme la sélection de ces attributs ne peut plus être guidée par des différences d'importance, il devrait y avoir moins de recouvrement dans les attributs encodés d'une présentation à l'autre.

D'autres travaux ont conclu à un trouble de la mémoire sémantique chez les patients Alzheimer. Ainsi, Martin & Fedio (1983) ont constaté que la plupart des erreurs produites en dénomination par des patients présentant une démence d'Alzheimer relativement légère étaient des erreurs sémantiques linéairement et hiérarchiquement reliées à l'item-cible. De même, à un test de fluence (qui consiste à évoquer, en une minute, le plus d'items possible pouvant être trouvés dans un supermarché), ils ont observé que les patients avaient tendance à fournir moins d'items que les sujets normaux et à produire proportionnellement plus de noms de catégories (par exempe, fruits ou légumes) que de noms d'items spécifiques (par exemple, banane ou poireau). Selon Martin & Fedio, les patients Alzheimer auraient des difficultés à différencier les attributs spécifiques à l'intérieur d'une même catégorie mais ils manifesteraient un maintien de l'information catégorielle superordonnée. Cette conception est également soutenue par Warrington (1975), Schwartz *et al.* (1979), Huff *et al.* (1986) et Flicker *et al.* (1987) et ce, sur la base des performances des patients Alzheimer en dénomination, en fluence verbale et à diverses épreuves de compréhension. Martin *et al.* (1985) interprètent le trouble de la mémoire épisodique verbale présenté par les patients Alzheimer à partir de cette difficulté à accéder aux attributs qui distinguent des items reliés. Ils administrent aux patients une tâche de rappel libre d'une liste de huit mots concrets (chacun de ces mots appartenant à une catégorie sémantique différente). Immédiatement après l'étape de rappel, ils demandent aux patients de reconnaître les items présentés antérieurement parmi quatre mots : un mot de la liste, un mot proche phonémiquement, un mot proche sémantiquement et un mot non relié. Il s'agit d'une tâche que les sujets normaux effectuent très facilement. Par contre, les patients Alzheimer commettent des erreurs de reconnaissance qui consistent surtout à choisir le mot sémantiquement lié à l'item-cible. Pour Martin *et al.* (1985), la présentation du mot à mémoriser suscite chez le patient Alzheimer la création d'une représentation catégorielle et non pas la création d'une représentation spécifique à l'item, ce qui favoriserait les confusions sémantiques lors de la reconnaissance.

Les patients Alzheimer ont-ils perdu l'information spécifique nécessaire pour distinguer les membres d'une catégorie, ou sont-ils incapables d'y avoir accès ? Huff *et al.* (1986) montrent que les items pour lesquels un patient commet une erreur sémantique à un test de reconnaissance de noms (est-ce que ceci s'appelle X?) sont aussi ceux qui posent des problèmes au patient en dénomination. Pour Huff *et al.*, le fait que des erreurs sont commises aux mêmes items dans les deux tests suggère que l'information sémantique spécifique est bel et bien perdue. Selon Nebes *et al.* (1984) par contre, l'organisation et la composition de la mémoire sémantique des patients Alzheimer sont intactes et le déficit observé est plutôt un problème de récupération. Ils signalent que la plupart des tâches qui ont révélé un trouble de la mémoire sémantique impliquent un traitement «effortful». Ils montrent par ailleurs que les patients réalisent correctement des tâches sémantiques qui exigent peu de traitement «effortful» et les patients déments présenteraient donc d'importantes difficultés dans l'exploration active de leur mémoire sémantique (comme par exemple dans une tâche de fluence verbale) mais l'activation et l'utilisation automatique de l'information sémantique pourrait encore s'effectuer même chez des patients présentant une démence modérée.

Il y a d'autres épreuves sémantiques pour lesquelles les patients déments présentent peu de difficultés. Ainsi, Weingartner *et al.* (1983) constatent des déficits à une épreuve de complètement de phrase et à une épreuve dans laquelle le sujet doit choisir, entre deux événements, celui qui se produit en premier dans une activité courante telle que manger au restaurant ; par contre, les patients Alzheimer ont relativement peu de difficultés aux tests conventionnels de vocabulaire tels que le sous-test de vocabulaire de la WAIS ou le test de vocabulaire de Mill Hill. Selon Morris & Kopelman (1986), la différence essentielle entre ces épreuves est que les réponses aux tests de vocabulaire sont surapprises et qu'elles ne requièrent pas la mise en œuvre de stratégies de récupération exigeantes.

5. *Les capacités résiduelles d'apprentissage*

L'existence de capacités résiduelles d'apprentissage a fréquemment été démontrée chez les patients Korsakoff. Qu'en est-il chez les patients Alzheimer? Eslinger & Damasio (1986) ont observé que les patients Alzheimer obtenaient de bonnes performances à une tâche perceptivo-motrice de poursuite. Par ailleurs, Moscovitch *et al.* (1986) ont montré que ces capacités d'apprentissage ne se limitaient pas à des habiletés générales perceptivo-motrices ou cognitives (des procédures ou des règles) mais que les patients pouvaient acquérir normalement une information spécifique relative aux items présentés. En fait, leur étude a porté sur un groupe de patients ayant des troubles mnésiques d'origine diverse mais dont plusieurs étaient des patients Alzheimer. Ils demandent aux sujets de lire des phrases à voix haute aussi rapidement que possible et sans commettre d'erreurs. Ces phrases sont écrites normalement ou transformées de telle manière que chaque lettre a subi une orientation de 180° sur son axe vertical. Cette transformation préserve une direction de lecture de gauche à droite. Une à deux heures plus tard et, de nouveau, 4 à 14 jours plus tard, on représente aux sujets des phrases anciennes normales et transformées mélangées à de nouvelles phrases normales et transformées. Les sujets doivent lire les phrases le plus rapidement possible et ils doivent indiquer pour chaque phrase s'ils l'ont déjà lue auparavant. Cette procédure permet donc d'évaluer la récupération consciente et ce, par la reconnaissance des phrases anciennes, ainsi que les effets de l'entraînement et ce, par le temps de lecture des phrases transformées. En général, les sujets normaux sont capables de distinguer les phrases anciennes des phrases nouvelles. De plus, les items qu'ils reconnaissent le mieux sont aussi ceux qu'ils lisent le plus rapidement. Par contre, les patients ne peuvent distinguer les nouveaux items des anciens, mais leur rétention évaluée par le temps de lecture est semblable à celle des sujets contrôles. Leur temps de lecture est le plus rapide pour les phrases anciennes, ce qui indique la rétention d'une information spécifique relative aux phrases présentées; par ailleurs, ils améliorent également leur temps de lecture pour les phrases nouvelles, ce qui indique l'acquisition et la rétention d'une habileté générale (la capacité de lire une écriture transformée). Dans une deuxième expérience, Moscovitch *et al.* demandent aux sujets d'apprendre des phrases et des paires de mots faiblement associés. Quelques minutes plus tard, ils évaluent la reconnaissance et la vitesse de lecture des patients et ce, pour des phrases et des paires de mots anciennes, nouvelles et recombinées (dans lesquelles des mots d'une phrase ou d'une paire étudiée ont été recombinés avec des mots d'autres phrases ou paires). Les résultats montrent que les patients ne peuvent distinguer les items anciens des items nouveaux ou recombinés au test de reconnaissance mais que, comme les sujets normaux, ils lisent plus rapidement les items anciens que les items nouveaux et recombinés. Ces données suggèrent que des patients présentant d'importants troubles mnésiques (et notamment des patients Alzheimer) peuvent néanmoins acquérir une information spécifique concernant les items qu'ils étudient et que, dans des conditions de testing appropriées, ils sont sensibles à un changement dans le contexte verbal dans lequel les mots apparaissent.

D'autres paradigmes ont été utilisés pour explorer les capacités mnésiques résiduelles chez les patients Alzheimer. Ainsi Moscovitch (1982) a appliqué à trois patients Alzheimer une procédure de «repetition priming» dans une tâche de décision lexicale. Dans cette procédure, les sujets doivent juger si une séquence de lettres forme un mot et normalement, la vitesse de décision diminue si le mot a été présenté auparavant. Les patients montrent un effet de priming normal mais par contre, ils ont des performances très faibles à une épreuve de reconnaissance qui consiste à juger si un mot a été ou non présenté antérieurement. Un effet de «priming» normal a également été observé par Nebes et al. (1984) en situation de dénomination de mots. Ils présentent en succession aux sujets 80 mots qui sont, en fait, composés de 40 paires de mots dont 20 sont fortement associées et les 20 autres ne sont pas reliées. Les sujets doivent dénommer à haute voix le mot visuellement présenté et le temps de dénomination du second mot de chaque paire est enregistré. Cette procédure permet donc d'étudier l'effet qu'a la relation sémantique du premier mot avec le second mot d'une paire sur le temps que le sujet prend pour énoncer le second mot. Après la phase de priming, les sujets sont soumis à un test de mémoire surprise : on leur demande de rappeler en deux minutes le plus de mots possible présentés lors de l'épreuve antérieure. Ensuite, on leur présente 40 cartes sur lesquelles le second mot de chacune des 40 paires est mélangé avec deux autres mots de même fréquence dans la langue. Les résultats indiquent que les patients déments et les sujets normaux montrent un effet de «priming» positif : leur temps d'énonciation est plus court quand le mot était précédé par un associé sémantique. Par contre, les sujets déments rappellent et reconnaissent significativement moins de mots que les sujets contrôles.

Il semble donc que les patients Alzheimer, comme les patients Korsakoff, sont capables d'acquérir de nouvelles informations dans la mesure où leur mémoire est testée de manière implicite, c'est-à-dire sans faire référence à un processus conscient de récupération. Il existe cependant quelques données discordantes. Ainsi, Shimamura et al. (1987) ont comparé des patients Alzheimer, des patients Korsakoff et des patients présentant une Chorée de Huntington à une tâche de complètement de mots. Dans cette épreuve, on demande d'abord aux sujets de lire 10 mots et d'évaluer leur préférence pour chacun de ces mots sur une échelle à cinq niveaux. Cette étape permet de présenter les mots aux sujets sans leur dire explicitement qu'il s'agit d'un test de mémoire. Après une seule présentation des mots, on montre aux sujets 20 débuts de mots (composés de trois lettres), parmi lesquels 10 peuvent être complétés par les mots présentés antérieurement et les 10 autres sont utilisés pour évaluer la tendance des sujets à compléter des mots qui n'ont pas été présentés auparavant. Après le test de complètement, on administre aux patients une épreuve de rappel et de reconnaissance d'une liste de mots (l'épreuve des 15 mots de Rey). Le test de mémoire explicite révèle des performances faibles dans les trois groupes de patients. En fait, les patients Alzheimer et les patients Korsakoff présentent le même niveau de performance en rappel et en reconnaissance. Néanmoins, seuls les patients Alzheimer présentent une capacité de priming perturbée c'est-à-dire qu'ils ne manifestent pas une tendance accrue à compléter les débuts de mots avec les mots présentés antérieurement. Cette perturbation du priming est robuste car Salmon et al. (1987) l'ont également observée sur un autre groupe de patients Alzheimer dans une condition où les mots étaient présentés deux fois avant la phase de complètement (au lieu d'une fois dans l'expérience précédente). Dans une autre étude (Grober, 1985), les patients Alzheimer présentent également des performances perturbées à une tâche de lecture en miroir, laquelle est généralement bien effectuée par les patients Korsakoff.

6. Les troubles de la mémoire rétrograde

De nombreuses observations cliniques mentionnent que les patients Alzheimer semblent capables d'évoquer des souvenirs personnels anciens tout en manifestant d'importantes difficultés dans l'évocation de souvenirs récents. L'existence d'un tel gradient temporel a cependant été contestée par deux études qui ont utilisé des tests objectifs de mémoire rétrograde. Wilson et al. (1981) ont investigué la mémoire rétrograde des patients Alzheimer en adoptant la procédure élaborée par Albert et al. (1979). Cette procédure comporte un test de reconnaissance de personnalités célèbres ayant vécus entre 1930 et 1975 et un test de rappel d'événements notoires qui se sont déroulés durant la même période. Les degrés de difficultés des différents items composant les tests ont été égalisés. Les résultats montrent que les patients Alzheimer obtiennent des performances inférieures à celles des sujets contrôles et que le déficit observé est relativement constant pour toutes les périodes de temps examinées. Corkin (1985) a également constaté que la mémoire des patients Alzheimer pour les événements publics est faible quelle que soit la décennie testée (de 1940 à 1980) et que le trouble concerne autant les événements que les dates. De même, le rappel d'événements autobiographiques est appauvri. Cependant, l'âge des épisodes personnels évoqués est similaire à celui des sujets contrôles : ces épisodes concernent la totalité de la vie du sujet et ils ne privilégient donc pas les périodes les plus anciennes. Corkin relève en outre une inconstance dans les comptes rendus d'un jour à l'autre. Seule une étude de Moscovitch (1982) signale la présence d'un gradient temporel chez les patients Alzheimer et ce, à l'épreuve d'identification de visages célèbres de Albert *et al.* (1979). Les patients se comportent aussi bien que les sujets normaux âgés pour toutes les décades à l'exception des plus récentes. Cependant, des indices sémantiques et phonémiques étaient fournis quand le patient était incapable d'évoquer le personnage connu, et les résultats sans indices ne sont pas présentés.

7. *Conclusions*

Les études qui tentent de décrire les déficits mnésiques associés à la maladie d'Alzheimer sont confrontées à de nombreux problèmes. En premier lieu, le diagnostic de maladie d'Alzheimer ne peut être posé avec certitude qu'à la suite de l'examen histologique direct du tissu cerébral. A l'exception de rares cas pour lesquels une biopsie cérébrale a été pratiquée, il subsiste toujours un certain degré d'incertitude quant à l'existence réelle d'une maladie d'Alzheimer. McKhann *et al.* (1984) ont notamment rapporté qu'environ 20% des cas qui avaient reçu le diagnostic de maladie d'Alzheimer présentaient en fait d'autres troubles, mis en évidence lors de l'autopsie. Au problème de l'incertitude diagnostique, s'ajoute celui de l'hétérogénéité des déficits observés chez les patients qui ont reçu le diagnostic provisoire de maladie d'Alzheimer. Certains patients présentent des déficits cognitifs relativement spécifiques centrés par exemple sur les fonctions verbales ou visuospatiales alors que d'autres montrent une détérioration plus globale (Albert & Moss, 1984; Martin *et al.*, 1985; Kaens, 1986; Corbisier, 1986). Comme l'indiquent Martin *et al.* (1985), «these individual patient differences suggest that, at present, a diagnosis of Alzheimer disease is not, by itself, sufficient justification for averaging data across subjects. Indeed, this practice may well serve to hinder, rather than advance, neuropsychological investigation of the disease process». Il s'en suit que seule une analyse détaillée de patients dans des études de cas uniques permettra peut-être d'établir des groupements sur la base d'un critère théorique pertinent. Il faut noter que Martin (1987) n'interprète pas les différences entre les patients

Alzheimer uniquement en fonction de différences dans la distribution régionale de la pathologie cérébrale mais également sur la base des acquisitions cognitives pré-morbides. Il s'agit là d'une voie de recherche particulièrement prometteuse.

La plupart des recherches ont tenté de réduire l'hétérogénéité des populations étudiées en adoptant des critères de gravité établis au moyen d'échelles évaluant diverses fonctions cognitives. Ces échelles fournissent cependant des évaluations fort grossières et les variations entre patients d'un niveau de gravité donné demeurent très importantes. D'une manière générale, il est difficile d'égaliser les patients par rapport à la gravité de la maladie. Il ne paraît en tout cas guère possible de déterminer la gravité du processus sur la base du nombre d'années depuis que le diagnostic a été posé ou depuis que les proches ont commencé à noter les premiers symptômes de la maladie. En effet, la vitesse d'évolution de la maladie varie très fort d'un patient à l'autre. De plus, il est rare que la famille puisse identifier avec précision le début des troubles.

Albert & Moss (1984) mentionnent deux autres problèmes méthodologiques associés à l'évaluation des troubles mnésiques dans la maladie d'Alzheimer. Le premier concerne l'âge des patients. Albert & Moss ont montré qu'après avoir égalisé le degré global de gravité (au moyen de l'échelle d'évaluation de la démence de Coblentz *et al.*, 1973), il subsistait des différences dans les performances en dénomination entre les sujets déments plus jeunes et les sujets plus âgés. Il est possible qu'une relation existe également entre l'âge et les troubles mnésiques. L'autre problème concerne l'impact que peuvent avoir d'autres déficits cognitifs sur les troubles mnésiques. Contrairement aux patients Korsakoff qui ont des difficultés mnésiques relativement isolées, les patients Alzheimer présentent généralement des perturbations qui touchent plusieurs fonctions et qui peuvent influer sur la performance mnésique. Ainsi, la performance à une tâche de mémoire verbale peut être en partie déterminée par la présence d'un manque du mot. De même, dans un paradigme de reconnaissance continue dans lequel le patient doit indiquer si oui ou non il a déjà vu l'item-cible auparavant, les erreurs peuvent être le reflet de tendances persévératives.

Le plus souvent, les études neuropsychologiques portent sur des patients Alzheimer se trouvant au début de leur maladie. Pour les patients plus gravement atteints, les procédures expérimentales proposées dans ces travaux sont généralement trop complexes. Albert & Moss (1984) suggèrent d'utiliser des paradigmes issus de la recherche sur l'animal tels que les tâches de reconnaissance différée. Dans ces épreuves, les consignes sont facilement comprises et la réponse exigée est simple. Par ailleurs, le sujet n'est pas directement confronté à ses échecs. Enfin, de nombreuses formes parallèles peuvent être construites, ce qui permet des évaluations répétées. Récemment, Moss et al. (1986) ont comparé des patients Alzheimer, des patients Korsakoff et des patients Huntington à une épreuve de reconnaissance différée. Il s'agit pour les patients d'identifier un nouveau stimulus parmi un ensemble croissant de stimuli. Dans la condition spatiale, des disques sont présentés simultanément aux patients dans des séries de longueur croissante. Après un délai déterminé durant lequel le sujet ne peut plus voir le dispositif, un nouveau disque est ajouté et le patient doit ensuite désigner ce nouveau stimulus. D'autres conditions ont été appliquées dans lesquelles les stimuli sont des couleurs, des formes, des mots et des visages. Contrairement à la condition spatiale, la position de ces stimuli est modifiée à chaque essai pour éviter que la disposition spatiale ne fournisse un indice supplémentaire. Les résultats montrent que les patients Alzheimer et les patients Korsakoff ont des performances inférieures à celles des sujets normaux pour toutes les conditions. Par contre, les patients Huntington se comportent normalement dans la condition verbale tout en ayant des difficultés dans les quatre autres conditions. Freedman & Oscar-Berman (1986) ont administré à des patients Alzheimer et à des patients présentant une maladie de Parkinson les procédures de réponse et d'alternance différées utilisées chez l'animal dans l'étude des lobes frontaux (voir partie B). Ils observent que les patients avec une maladie de Parkinson ont des déficits uniquement dans la condition de réponse différée alors que les patients Alzheimer montrent des difficultés dans les deux conditions. Pour les auteurs, ces données suggèrent la présence d'un dysfonctionnement des lobes frontaux tant dans la maladie Alzheimer que dans la maladie de Parkinson. Cependant, ce dysfonctionnement serait surtout dorsolatéral dans la maladie de Parkinson, tandis qu'il serait dorsolatéral et orbitofrontal dans la maladie d'Alzheimer. Ces études s'inscrivent dans une perspective de recherche comparative. Il s'agit, d'une part, d'utiliser les modèles animaux pour étudier la démence et d'autre part, de comparer différents types de démences.

Butters et ses collaborateurs ont également mené plusieurs études comparatives, portant sur les troubles mnésiques des patients Huntington, des patients Alzheimer et des patients Korsakoff (voir Butters et al., 1986, pour une présentation générale de ces travaux). Ils ont notamment montré que les patients Huntington présentaient des déficits dans l'acquisition d'habiletés perceptivomotrices (par exemple, la lecture en miroir) mais qu'ils gardaient la capacité d'apprendre de nouvelles informations uniquement quand des tests mnésiques de reconnaissance sont utilisés (Martone *et al.*, 1984). Le fait qu'ils aient également des difficultés aux tests de rappel semblerait indiquer un trouble dans les processus de récupération. Ce pattern de déficits paraît très différent de celui présenté par les patients Korsakoff. En effet, ceux-ci manifestent d'importantes difficultés dans le rappel et la reconnaissance d'informations verbales et non verbales tout en conservant la capacité d'apprendre diverses habiletés cognitives et perceptivomotrices. Ces résultats suggèrent que les structures limbiques (impliquées dans le syndrome de Korsakoff) et les noyaux de la base (impliqués dans la Chorée de Huntington) peuvent jouer des rôles qualitativement différents dans le fonctionnement mnésique. Butters *et al.* (1983) ont également mis en évidence des différences entre les patients Huntington et les patients Alzheimer. Ainsi, les patients Huntington, contrairement aux patients Alzheimer peuvent être aidés par la présentation de médiateurs verbaux dans la mémorisation de stimuli imagés.

Peu de travaux ont abordé le fonctionnement mnésique des patients déments dans un environnement naturel. On peut néanmoins citer l'étude de Schacter (1983) qui a observé les performances d'un patient Alzheimer durant deux parties de golf. Le patient avait conservé une bonne connaissance générale (sémantique ou procédurale) du golf mais il présentait d'importants déficits de mémoire épisodique. En effet, il maîtrisait relativement bien la technique du golf et il connaissait le vocabulaire spécialisé mais il était incapable de se souvenir de la localisation de ses coups et de rappeler la séquence des coups antérieurs. En fait, sa connaissance et sa maîtrise du golf dépassaient ce qu'on pouvait attendre sur la base des résultats aux tests de laboratoire. D'une manière plus générale, cette observation suggère la possibilité que la capacité d'un patient pour une activité bien connue avant la maladie (tel un hobby) soit supérieure au niveau fonctionnel suggéré par les tests cognitifs de laboratoire.

Si on peut regretter la quasi absence d'études écologiques, on peut également déplorer le manque d'études longitudinales menées sur des cas individuels. Ils existent quelques travaux menés sur des groupes de patients (Botwinick *et al.*, 1986; Wilson & Kaszniak, 1986) mais les données moyennes qu'elles fournissent ne permettent pas d'apprécier qualitativement la dynamique des déficits mnésiques pour un sujet donné. Ces travaux nous indiquent néanmoins qu'il peut y avoir d'importantes différences dans les vitesses d'évolution du processus dégénératif. Ainsi, Botwinick *et al.* (1986) ont suivi 18 patients durant une période de quatre ans et ce, au moyen de divers tests neuropsychologiques. Ils ont notamment montré que cinq de ces patients n'ont manifesté aucune évolution dans leurs déficits. L'identification des variables qui déterminent ces différences dans l'évolution des patients constitue un objectif de recherche essentiel tant au plan séméiologique qu'au plan thérapeutique.

La démence d'Azheimer fait l'objet d'études issues de disciplines très différentes et cependant, la communication interdisciplinaire garde un caractère encore très limité (Schacter, 1984). L'intérêt d'une telle communication est notamment illustré par une étude de Schacter *et al.* (1986). Ils montrent que des patients (en majorité des patients Alzheimer) ayant d'importants troubles mnésiques, présentent un pattern d'erreurs qui ressemble à l'erreur au stade IV (ou erreur A $\bar{B}$) observée chez les enfants âgés de 8 à 10 mois (Piaget, 1937). Ces patients ont un niveau intellectuel global se situant dans la moyenne. Ils sont capables de décrire des objets qu'ils ne peuvent voir et ils n'ont pas de difficultés de langage. L'examinateur cache trois fois, au vu des patients, un objet à un endroit A et les patients doivent retrouver cet objet, soit immédiatement, soit après un délai. Cette tâche est correctement réalisée par tous les patients. Dans une deuxième phase, un autre objet est caché à l'endroit B. Tous les patients retrouvent l'objet lors du test immédiat ; par contre, lors du test différé, six patients sur huit ne peuvent rappeler la localisation de l'objet et le cherchent à l'endroit A. Les huit sujets contrôles ne commettent aucune erreur à cette épreuve. L'essai à l'endroit B est suivi de deux essais supplémentaires à l'endroit A, puis un nouvel objet est placé à l'endroit C de telle façon qu'il soit parfaitement visible par les patients. Quand l'objet retourne de B en A, six patients le trouvent au premier essai et tous les patients au second essai. Par contre, quand l'objet est placé à l'endroit C, sept patients sur huit cherchent l'objet à l'endroit A alors qu'un seul sujet contrôle commet ce type d'erreur. Les auteurs ont en outre montré que les tendances persévératives associées aux lésions frontales n'étaient pas suffisantes pour produire ce pattern d'erreurs. En effet, trois patients frontaux présentant des persévérations au Wisconsin Card Sorting Test réalisent parfaitement la tâche proposée. L'observation de l'erreur au stade IV chez l'enfant tient une place centrale dans la conception piagétienne du développement de la permanence de l'objet et par extension, de la représentation symbolique. Durant le stade IV, le concept que possède l'enfant d'un objet est encore limité aux opérations sensori-motrices antérieures qui sont réalisées sur cet objet. Ces opérations sont suscitées quand l'enfant essaie de trouver l'objet. Comme elles étaient orientées vers un lieu particulier, elles continuent à être dirigées vers l'ancienne localisation même si l'objet a été placé à un autre endroit. Ce n'est que plus tard, quand la capacité de représentation symbolique s'est installée, que les enfants commencent à chercher directement vers la nouvelle localisation. Une telle interprétation n'est cependant pas applicable aux erreurs fournies par les patients qui de toute évidence ont développé la capacité de représentation symbolique. Schacter et al. (1986) proposent une interprétation mnésique des erreurs A $\bar{\text{B}}$ commises par les patients et par les enfants (voir également Moscovitch, 1985). Schacter & Moscovitch (1984), dans une revue de la littérature, constatent que les capacités mnésiques du jeune enfant ne peuvent être démontrées que par des tests d'habituation ou de conditionnement, tests qui ne requièrent pas une récupération volontaire (recollection) d'événements passés. Les performances des enfants à ces tests seraient dépendantes d'un système de mémoire précoce. Après huit mois, les enfants commencent à présenter des formes de rappel et de reconnaissance qui partagent certaines caractéristiques avec les capacités de la mémoire adulte. Ce système tardif de mémoire ressemble à celui qui est perturbé chez les patients et c'est lui qui serait responsable de l'erreur A $\bar{\text{B}}$ chez l'enfant et chez le patient ayant des troubles mnésiques. Plus spécifiquement, les enfants et les amnésiques pourraient être particulièrement sensibles aux effets de l'interférence proactive générée par la recherche à l'endroit A. Le système de mémoire précoce correspondrait à celui qui est épargné chez les patients cérébrolésés et qui est responsable de leurs capacités préservées d'apprentissage (les capacités de mémoire implicite). Autrement dit, les tests d'habituation ou de conditionnement utilisés pour tester la mémoire du nourrisson auraient des caractéristiques similaires aux tests de priming chez les patients cérébro-lésés. Comme l'indique Moscovitch (1985), cette étude neuropsychologique sur l'erreur A $\bar{\text{B}}$ amène à considérer que la représentation symbolique et l'évocation volontaire d'un événement antérieur sont conceptuellement et empiriquement séparables, ce qui va à l'encontre de la position de Piaget. Au plan du développement cognitif, cela implique que, même quand la représentation symbolique est en place, la reconnaissance et le rappel d'événements antérieurs doivent attendre le développement du système de mémoire tardif. Par ailleurs, un des critères de la représentation symbolique qui est l'évocation d'un objet en son absence peut être dépendant, dans certaines situations, du développement du système de mémoire tardif. Il est concevable, selon ce point de vue, que des enfants aient développé la capacité de représentation symbolique mais que, néanmoins, ils ne puissent pas l'exprimer autrement que dans des situations qui dépendent du système de mémoire précoce (habituation ou conditionnement). L'enfant serait dès lors dans la situation de certains patients Alzheimer ou Korsakoff qui ne sont capables de manifester des connaissances antérieures que dans des situations de mémoire implicite. Inversement, on pourrait considérer que la performance du patient Alzheimer devient de plus en plus dépendante du système mnésique précoce et donc, ressemble de plus en plus à celle du nourrisson.

Chapitre III
L'évaluation des troubles de la mémoire en neuropsychologie

Avant d'envisager les différentes orientations que peut prendre l'évaluation des troubles mnésiques, il importe d'abord d'en préciser les objectifs. Il existe en effet une interdépendance entre le contexte de l'évaluation et les moyens mis en œuvre pour la réaliser.

I. OBJECTIFS DE L'EVALUATION EN NEUROPSYCHOLOGIE

A) Le contexte diagnostique

Jusqu'il y a peu, le contexte d'évaluation le plus fréquent en neuropsychologie était le contexte diagnostique de type anatomo-clinique. Dans cette perspective, l'examen neuropsychologique est conçu comme faisant partie de l'examen neurologique. Il s'agit pour le neuropsychologue clinicien d'aider le neurologue à répondre à deux questions :

A) Le patient présente-t-il ou non une lésion cérébrale ?

B) Si oui, quelle est la latéralisation et la localisation de cette lésion ?

Le plus souvent, les questions qui lui sont adressées sont des questions de diagnostic différentiel : différencier le patient « organique » du patient « non-organique » ; différencier une démence pré-sénile d'un trouble lié à une tumeur frontale ; différencier les problèmes neuropsychologiques associés à une lésion pariétale de ceux liés à une lésion située ailleurs dans le cerveau. L'examen neuropsychologique sera considéré comme utile s'il fournit des mesures comportementales sensibles, permettant le diagnostic (précoce) d'une lésion cérébrale. Une fois que le diagnostic a été posé et que la présence d'une lésion cérébrale a été confirmée, il s'agit de décrire comment le problème neurologique affecte le patient. Dans ce contexte descriptif, l'évaluation est menée soit pour repérer des changements comportementaux dans le temps (observe-t-on une récupération ou, au contraire, des signes de détérioration?), soit pour contrôler les effets d'un traitement neurochirurgical (la résection d'une tumeur ou la dérivation d'une hydrocéphalie) ou d'un traitement pharmacologique. L'évaluation peut également être menée dans le cadre d'une expertise médico-légale, afin d'explorer les dommages subis par un patient à la suite d'un accident, ou pour estimer la capacité du patient de reprendre son travail antérieur ou de gérer ses biens.

Pour réaliser ces objectifs, les neuropsychologues ont soit utilisé des tests psychométriques créés en dehors du champ de la neuropsychologie, soit élaboré des batteries d'épreuves destinées à mettre en évidence des symptômes définis par la tradition clinique. Ils ont également développé divers types d'indices (le quotient de détérioration de Wechsler, 1958; l'indice de Halstead-Reitan, 1959), de cotations différentielles (les différences entre les tests verbaux ou non-verbaux de la WAIS), de clés taxonomiques (la taxonomie des aphasies) ou de patterns de réponses (les signes «frontaux») afin d'attribuer à un patient particulier un diagnostic précis : présence ou non d'une lésion cérébrale; lésion gauche, droite ou diffuse; lésion antérieure ou postérieure... Dans certains secteurs des troubles comportementaux, une taxonomie relativement complexe a été construite. C'est le cas notamment pour les troubles du langage : les classifications traditionnelles distinguent en effet sept types principaux d'aphasie (sept syndromes) qui sont diagnostiqués sur la base de différents aspects de la performance linguistique (Marshall, 1986). Dans cette perspective, la tâche du neuropsychologue est d'assigner un patient à une catégorie syndromique particulière afin de pouvoir inférer la localisation de la lésion sous-jacente.

En ce qui concerne les troubles mnésiques, une taxonomie fine n'a pas été élaborée et l'évaluation clinique se limite encore fréquemment à l'administration d'un ou deux tests psychométriques choisis parmi le Profil Rendement Mnésique de Rey ou P.R.M. (1966), le test des 15 mots de Rey (1970), le test de rétention visuelle de Benton (1974) ou la figure complexe de Rey (1959). En paraphrasant Loring & Papanicolaou (1987), on peut dire que beaucoup de psychologues considèrent encore que la mémoire est cette quantité que le P.R.M. ou le test de Benton mesurent. Leur objectif essentiel quand ils pratiquent un examen de la mémoire est de recueillir un score chiffré et de le situer par rapport à des normes. Quelquefois, ils utiliseront les profils de réponses qui ont été isolés en fonction de catégories diagnostiques générales. Ainsi, Rey (1966) a proposé, de manière empirique, des profils moyens de réponses au P.R.M. pour le groupe des sujets oligophrènes, des éthyliques chroniques, des encéphalopathies post-traumatiques... En fait, de nombreux tests psychométriques de mémoire ont été construits dans un but de diagnostic (voir Lezak, 1983, pour un inventaire complet) et il existe même quelques batteries intégrées de tests telles que l'échelle clinique de mémoire de Wechsler (1945) ou la batterie 144 de Signoret & Whiteley (1979). Cependant, l'information fournie par ces différentes épreuves est très limitée. Elles ont essentiellement pour but d'étudier l'effet du matériel présenté (notamment, un matériel verbal ou non verbal), l'effet des modalités de restitution (rappel ou reconnaissance) et éventuellement l'effet de l'intervalle de rétention. Les résultats aux tests verbaux et «non verbaux» seront fréquemment utilisés pour évaluer la «capacité mnésique» de l'hémisphère gauche et de l'hémisphère droit et donc, pour repérer une lésion latéralisée.

Très tôt, cette approche diagnostique a été contestée sur plusieurs points :

1. Pour Walsh (1978), elle néglige le principe de la détermination multiple, selon lequel des scores identiques à un test peuvent être la conséquence de déficits de nature très différente. Comme le signale également Kinsbourne (1972) : «Behavioral deficits are defined in terms of impaired test performance. But impaired test performance may be a final common pathway for expression of quite diverse types of impairement...». En fait, les épreuves psychométriques traditionnelles permettent de situer un individu par rapport à un groupe de référence, mais elles ne nous disent rien sur la nature du trouble, c'est à dire sur les stratégies adoptées par le sujet pour fournir une performance donnée (Bruyer, 1979). Le clinicien expérimenté affirmera qu'il ne se contente pas d'une évaluation quantitative mais qu'il analyse aussi la performance d'un point de vue qualitatif. Le problème est qu'en l'absence d'un cadre théorique explicite, ce clinicien aura tendance à adopter des critères personnels fondés sur ses propres théories implicites, lesquelles peuvent s'avérer totalement inadéquates.

2. Une autre critique concerne l'utilité des tests dans la détection d'une lésion cérébrale. Selon Walsh (1978), il est naïf de croire qu'un test isolé ou que quelques tests simples vont pouvoir déterminer si oui ou non une lésion cérébrale est présente. Cette idée se base sur une conception unitaire de la lésion cérébrale, selon laquelle un pattern stable de troubles peut être mis en évidence indépendamment du site et de la nature de la lésion, de l'âge du patient... Par ailleurs, l'hypothèse selon laquelle un test validé sur des groupes de patients cérébro-lésés bien définis peut être utile à des fins de diagnostic clinique a également été contestée. Pour Yates (1966), « if it can identify only those subjects whose brain damage is obvious, then the test serves no useful purpose, since it confirms what needs no confirmations ». Les tests devraient donc être validés sur des sujets pour lesquels le diagnostic est incertain au moment de la passation des épreuves et pour lesquels il sera possible d'obtenir un diagnostic rétrospectif (Heildbrun, 1962).

3. Enfin, une critique porte plus précisément sur le problème de l'évaluation du dommage hémisphérique sélectif. Certains tests mnésiques ont tendance à être considérés comme équivalents à l'exception de la dimension verbale versus non verbale. En conséquence, ils sont utilisés pour explorer le fonctionnement mnésique de l'hémisphère gauche et de l'hémisphère droit. C'est le cas par exemple du test verbal des 15 mots de Rey et du test visuel de reproduction de mémoire de la figure complexe de Rey, ou encore de l'item verbal de Mémoire Logique et de l'item de Reproduction Visuelle dans l'échelle clinique de mémoire de Wechsler. En réalité, ces tests diffèrent sur de nombreux autres points : le mode de présentation, le mode de réponse, le type d'opérations cognitives impliquées, le degré de familiarité du sujet avec la tâche, les procédures de cotation, la fidélité... Toutes ces différences peuvent influer sur la performance, laquelle ne peut dès lors pas être interprétée uniquement en termes de capacités mnésiques d'un ou de l'autre hémisphère cérébral (Loring & Papanicolaou, 1987).

Par ailleurs, les outils diagnostiques traditionnels utilisés par les neuropsychologues présentent de nombreuses lacunes. Très souvent, l'utilisateur dispose de données normatives totalement insuffisantes. En ce qui concerne, par exemple, le test très populaire des 15 mots de Rey, les normes proposées portent uniquement sur deux groupes de sujets : les sujets adultes et les sujets âgés de 70 à 90 ans (avec une distinction en fonction du niveau socioculturel). La performance d'un patient âgé de 20 ans et celle d'un patient de 65 ans seront donc confrontées aux mêmes normes recueillies sur un groupe de 30 sujets adultes. Par ailleurs, les critères de cotation de certaines épreuves sont tellement imprécis qu'ils peuvent mener à des discordances très importantes dans les résultats. Ainsi, Loring & Papanicolaou (1987) montrent que les moyennes de performance recueillies à l'item de Mémoire Logique de l'échelle de mémoire de Wechsler (une épreuve de rappel de récit) chez des sujets normaux d'âge équivalent (entre 20 et 35 ans) peuvent être très différentes selon les études : 7.1 pour l'étude de Cauthen (1977), 11.3 ± 3.8 pour Dodrill (1978), 13.6 ± 3 pour Kear-Cowell & Heller (1978), 9.3 ± 3.1 pour Wechsler (1945). Dans cette épreuve, l'examinateur lit deux récits courts et le sujet doit les répéter immédiatement après la lecture. Les histoires sont divisées en 22 ou 24 unités et un point est administré pour chaque idée fournie. Comme aucune instruction n'exige un rappel mot à mot, la cotation dépend du jugement personnel de l'examinateur concernant le caractère proche ou non de l'énoncé produit par le sujet. Certains auteurs ont suggéré des règles permettant d'attribuer un point ou un demi-point à certaines réponses (Power et al., 1979) ; d'autres ont proposé des exemples de cotation semblables à ceux utilisés pour l'item de vocabulaire de la WAIS (Schear, 1985). Mais ces propositions de critères gardent essentiellement un caractère empirique. Le problème de fond subsiste : les récits et les critères de cotation n'ont pas été sélectionnés à partir d'arguments théoriques. Or, les modèles actuels de grammaire des récits (Fayol, 1985) fournissent les moyens d'aboutir à certaines conventions dans l'identification d'une unité mnésique en tenant compte du fait que toutes les informations contenues dans un récit ne sont pas d'égale importance, ni mémorisées de la même manière. Enfin, une autre lacune manifestée par beaucoup d'épreuves classiquement utilisées, est que le matériel de test n'a pas été choisi sur la base de critères définis. Des caractéristiques telles que la fréquence d'usage des mots dans la langue, le degré d'imagerie ou de typicalité, la longueur des mots, les liens sémantiques ou phonémiques qui unissent ces mots, la complexité d'une image... sont rarement contrôlées et pourtant, elles peuvent influer sur la performance mnésique.

Dans le contexte diagnostique traditionnel, l'objectif essentiel du neuropsychologue est donc de repérer la présence d'une lésion cérébrale sur la base des performances à certaines épreuves. Il doit ensuite décider à quel syndrome correspondent les symptômes observés et en déduire des localisations cérébrales. En fait, cette approche anatomo-clinique ne semble pas très efficace. Ainsi, dans le domaine de l'aphasie, plusieurs études ont montré qu'un grand nombre de patients ne pouvaient pas être classés dans les catégories syndromiques proposées (voir Marshall, 1986). De plus, les corrélations anatomo-cliniques sont loin d'être parfaites (Basso *et al.*, 1987). Bon nombre d'épreuves psychométriques s'avèrent également peu efficaces quand elles doivent différencier des patients cérébro-lésés de patients psychiatriques ou quand elles doivent identifier la latéralisation d'une lésion (voir Walsh, 1978; Bruyer, 1979).

Le développement de techniques sophistiquées d'imagerie cérébrale (CT scan, PET scan, résonance magnétique nucléaire) a largement contribué au déclin de cette approche diagnostique de type anatomo-clinique. Ces techniques permettent en effet de détecter avec de plus en plus de précision et de manière non traumatisante, l'existence d'une lésion cérébrale, ce qui enlève une grande partie de son utilité diagnostique à l'examen neuropsychologique. Par ailleurs, l'intérêt croissant manifesté ces dernières années pour les problèmes de rééducation a également modifié les objectifs assignés à l'évaluation neuropsychologique. Dans cette perspective rééducative, la fonction de l'évaluation est de préciser le rôle des différentes variables en jeu dans les processus déficitaires. C'est en effet en décrivant avec précision le trouble présenté par un patient et en formulant une hypothèse quant à sa nature qu'il sera possible d'orienter le thérapeute vers les stratégies de rééducation les plus efficaces. Si la fonction de l'évaluation a changé, les critères de sélection des épreuves doivent également être modifiés. Les tests ne doivent plus être choisis en fonction de leur capacité de détecter la présence d'une lésion cérébrale mais parce qu'ils permettent d'aborder les processus cognitifs impliqués dans la réalisation d'une conduite. On voit actuellement se développer un courant d'évaluation «cognitive» dont l'objectif est de comprendre la nature d'un trouble en le situant dans un modèle de fonctionnement normal (Marshall, 1986).

B) L'évaluation cognitive

La démarche cognitive dans l'évaluation se fonde sur une conception qui envisage le système cognitif comme une construction complexe composée d'unités de traitement relativement indépendantes. Par ailleurs, elle s'articule autour de l'idée qu'une lésion cérébrale peut provoquer un trouble sélectif de certaines des composantes du système (c'est l'hypothèse de fractionnement: Caramazza, 1984) et que la performance pathologique observée permettra de discerner quelles composantes sont perturbées (c'est l'hypothèse de transparence). Toute tâche cognitive implique donc un ensemble de composantes de traitement et dès lors, une performance faible à une tâche particulière peut être la conséquence d'un trouble se situant à des niveaux très différents. En pratique, la lésion cérébrale affecte rarement une composante unique en épargnant complètement les autres. En conséquence, le clinicien doit disposer de suffisamment d'informations pour pouvoir déterminer de manière relativement claire si la performance observée chez un patient donné résulte de la perturbation d'une ou de plusieurs composantes. Ceci implique une analyse détaillée et exhaustive des performances de ce patient. Le neuropsychologue clinicien qui adopte une démarche d'évaluation cognitive se comporte comme un chercheur en ce sens qu'il essaye d'interpréter les troubles du patient en se référant à un modèle théorique. Dans cette perspective, la frontière entre la neuropsychologie expérimentale et la neuropsychologie appliquée tend à disparaître (Marshall, 1986). Cette approche conduit, par ailleurs, au rejet des syndromes classiques dans la mesure où les symptômes qui les composent ont été assemblés de manière empirique et non à partir d'un modèle psychologique de la conduite. En fait, les patients groupés sur la base de tels syndromes peuvent présenter des troubles affectant différents mécanismes de traitement.

Une évaluation cognitive des troubles de la mémoire ne peut pas être menée au moyen de quelques tests psychométriques traditionnels. D'une part, la plupart de ces épreuves n'ont pas été explicitement conçues dans le but d'investiguer un sous-processus particulier au sein d'un modèle de la mémoire. D'autre part, il semble de plus en plus évident que la mémoire constitue une combinaison complexe de sous-systèmes qu'il n'est pas possible d'aborder par un ou deux tests. Un score moyen de rappel à l'épreuve des 15 mots de Rey est loin de pouvoir nous fournir toutes les informations dont nous avons besoin pour caractériser le trouble mnésique d'un patient. Si cette note de rappel est inférieure aux normes attendues, cela nous indique que le patient présente des difficultés mnésiques mais il reste à en déterminer la nature. Sont-elles liées à un déficit d'encodage, de stockage ou de récupération? La capacité de reconnaissance du patient est-elle également perturbée? Le patient manifeste-t-il des capacités résiduelles d'apprentissage? De la même manière, un empan de chiffre faible peut être la conséquence d'un déficit situé au niveau du stock phonologique à court terme ou de la boucle articulatoire, et dès lors, il ne constitue pas, en tant que tel, une mesure suffisante de la mémoire de travail.

Comme il n'existe pas actuellement d'outils cliniques d'évaluation de la mémoire qui rencontrent les exigences d'une approche cognitive, le clinicien est amené à les concevoir lui-même. Cela le place dans une situation particulièrement inconfortable. En plus des difficultés pratiques d'une telle entreprise, il y a des difficultés de caractère théorique liées au choix d'un modèle adéquat et à la modification constante des modèles existants. Notons enfin que le clinicien ne doit pas être asservi aux modèles théoriques, ni aux procédures d'évaluation issues de ces modèles : d'une part, les analyses cliniques peuvent conduire à une mise en question d'un modèle ; d'autre part, l'observation en milieu naturel, chez un clinicien informé, peut susciter des hypothèses qu'il n'aurait peut-être pas été possible de formuler à partir d'une situation standardisée. Ce dernier point nous introduit directement au problème de la validité écologique dans l'évaluation de la mémoire.

C) La validité écologique des outils d'évaluation

Le développement des pratiques rééducatives en neuropsychologie a rendu les cliniciens plus sensibles à l'impact des troubles sur les activités de la vie quotidienne. Dans un contexte rééducatif, le neuropsychologue doit, en effet, être capable de prédire les conséquences d'un dysfonctionnement sur les activités sociales et sur les performances scolaires et professionnelles d'un patient. Il doit, en outre, pouvoir exprimer ces prédictions en utilisant des concepts qui sont compréhensibles par le patient et par ses proches. Il doit, enfin, planifier des programmer de revalidation dont les effets devront se généraliser aux situations quotidiennes (Hart & Hayden, 1986).

Le problème de la validité écologique est actuellement abordé de différentes façons par les neuropsychologues. Une première orientation consiste à analyser les relations qui existent entre les scores à divers tests neuropsychologiques et psychométriques traditionnels et le fonctionnement dans la vie quotidienne (Heaton & Pendleton, 1981 ; Acker, 1986). Le plus souvent, ces études de corrélations sont effectuées sans hypothèse précise quant à la nature du lien spécifique qui existe entre le test et la situation de la vie quotidienne. Dans cette mesure, il n'est pas facile d'identifier le facteur responsable d'une éventuelle corrélation positive, ni de contrôler l'influence possible d'autres facteurs. D'une manière générale, les prédictions effectuées sur les performances dans la vie quotidienne à partir des scores obtenus dans des situations standardisées doivent être considérées avec prudence. En effet, les exigences de traitement de l'information dans la vie quotidienne et en laboratoire peuvent être très différentes. Il est, par exemple, fréquent de constater que des patients héminégligents rééduqués se comportent bien aux épreuves de laboratoire (c'est-à-dire en situation de traitement contrôlé) mais que leur héminégligence réapparaît dans la vie quotidienne (en situation de traitement automatique). De même, beaucoup de patients se plaignent de difficultés mnésiques dans la vie réelle alors que leurs résultats aux tests de mémoire sont parfaitement normaux. En fait, l'examinateur aménage la situation de test de manière à éliminer les sources de distraction ou de bruit alors que dans la vie réelle, ces facteurs sont présents et peuvent influer sur la mémorisation. Inversément, de mauvais résultats aux épreuves mnésiques peuvent ne pas être associées à des problèmes importants dans la vie quotidienne car le patient vit dans un environnement particulièrement protégé ou a appris diverses stratégies efficaces de compensation.

Récemment, plusieurs neuropsychologues cliniciens (Cicerone & Tupper, 1986; Lezak, 1982) ont suggéré qu'il ne suffisait pas d'évaluer les performances des patients cérébro-lésés au moyen de tests neuropsychologiques standardisés, mais qu'il fallait également mettre en œuvre une évaluation plus dynamique au moyen d'épreuves moins structurées et qui permettent d'explorer le «potentiel d'apprentissage» des patients ainsi que leurs fonctions «administratives». S'inspirant du concept de «zone proximale de développement» proposé par Vygotsky (1978), Cicerone & Tupper (1986) considèrent qu'un des objectifs de l'évaluation est d'identifier le niveau d'assistance (c'est-à-dire la quantité d'indices) et le type d'indices nécessaires pour qu'un patient puisse se comporter de manière autonome dans une situation de la vie quotidienne. Il importe en outre d'évaluer les «fonctions administratives» du patient (Lezak, 1982) c'est-à-dire sa capacité de planifier, d'entreprendre, d'organiser, de maintenir et de contrôler son comportement. Ce type d'évaluation suppose l'utilisation de tâches ouvertes, proches des activités quotidiennes. Nous reviendrons sur cette approche ultérieurement, mais dès à présent ont peut souligner l'extrême généralité de cette conception ainsi que son absence d'articulation avec les interprétations proposées par la neuropsychologie cognitive.

L'intérêt pour la validité écologique de l'évaluation s'est manifesté plus directement par l'utilisation de méthodes et par l'élaboration d'outils destinés à aborder les problèmes des patients tels qu'ils s'expriment dans la vie quotidienne. En ce qui concerne les troubles mnésiques, une façon d'obtenir des données écologiquement valides est de demander au patient d'évaluer ses propres difficultés de mémoire (ou à une personne proche d'évaluer les problèmes du patient) et ce, au moyen d'une technique de questionnaire, de «check-list» ou de «diary» (Sunderland et al., 1983; Crovitz et al., 1984). Une autre manière de procéder est d'évaluer le patient sur des tâches qui simulent les activités mnésiques quotidiennes. Le Rivermead Behavioural Memory Test (Wilson, 1987) est un exemple d'épreuve basée sur le principe de la simulation. Cette approche écologique de l'évaluation ne nécessite pas uniquement la création de nouveaux outils. Elle doit également se fonder sur des modèles du fonctionnement cognitif quotidien. Or, les psychologues cognitivistes s'interrogent, eux aussi, sur la validité écologique des travaux qu'ils entreprennent (Neisser, 1985; Bruce, 1985) et de plus en plus d'études tentent d'investiguer les processus impliqués dans les activités de la vie réelle (Harris & Morris, 1984). Dans cette mesure, les relations étroites qui lient actuellement la psychologie cognitive et la neuropsychologie peuvent tout à fait s'étendre au domaine du fonctionnement quotidien.

Les objectifs de l'évaluation neuropsychologique ont donc subi de profonds changements : déclin de l'objectif diagnostique de type anatomo-clinique au profit d'une orientation cognitive et d'une approche des troubles dans la vie quotidienne. Il s'agit, dès lors, de reconsidérer globalement les pratiques d'évaluation à la lumière de ces modifications.

D) Les différents niveaux d'évaluation des troubles mnésiques

Une évaluation adéquate des troubles de la mémoire doit tenter d'identifier les sous-systèmes et les opérations mnésiques déficients. Pour ce faire, le neuropsychologue clinicien peut utiliser diverses épreuves standardisées. En suivant la suggestion de Bruyer (1979), nous intitulerons ce type d'évaluation, l'évaluation neuropsychométrique. Ces épreuves, contrairement aux tests psychométriques traditionnels, doivent être conçues sur la base de modèles du fonctionnement normal de la mémoire et sur la base d'hypothèses issues des études de neuropsychologie expérimentale.

L'évaluation dans une situation de test standardisé peut nous informer sur la nature du trouble mais elle ne nous renseigne que très imparfaitement sur les difficultés mnésiques telles qu'elles se manifestent dans la vie quotidienne. Un deuxième niveau d'évaluation doit dès lors être envisagé : il s'agit d'aborder les troubles dans la vie réelle soit par l'observation directe, le questionnaire de mémoire, le «diary» ou la «check-list», soit par la simulation d'activités mnésiques quotidiennes.

L'analyse des troubles mnésiques ne serait pas complète si elle n'incluait pas une investigation de la métamémoire, laquelle, on l'a vu, peut être schématiquement conçue comme la connaissance qu'a le sujet des propriétés et du contenu de sa mémoire ainsi que des stratégies qui peuvent aider le fonctionnement mnésique.

Nous développerons ces différents niveaux d'analyse, et pour chacun d'eux, nous essayerons de déterminer quels sont les outils d'évaluation les plus adaptés. Nous examinerons, en outre, le rôle que pourrait jouer l'ordinateur dans ces différentes approches.

II. L'EVALUATION NEUROPSYCHOMETRIQUE

Les tests psychométriques de mémoire habituellement utilisés en neuropsychologie ont essentiellement pour but d'évaluer différents types de mémoire, isolés empiriquement à partir des caractéristiques du matériel qui est testé ou des modalités de restitution de l'information : la mémoire verbale, la mémoire visuelle, la mémoire de rappel ou de reconnaissance... Ces tests envisagent les divers types de mémoire comme des entités unitaires et ils fournissent une information dont l'intérêt est limité. Comme l'indique Tulving (1987), «if the patient shows poor performance on a test for recall of words, but ‹normal› performance on a test of recognition memory for pictures, there is nothing much that can be done by way of interpreting such an outcome, other than restating the results : the patient's ‹verbal memory› or ‹recall memory for words›, is impaired, whereas his or her ‹picture memory› is not». Ces outils psychométriques ne permettent donc pas d'aborder la complexité des processus mnésiques et la diversité des troubles de mémoire révélées par les approches cognitives contemporaines. Par ailleurs, la plupart de ces tests n'ont pas été construits sur la base de critères méthodologiques rigoureux. Enfin, ils présentent souvent une faible fidélité (Morris, 1984), liée à la flexibilité et à la variabilité des processus mnésiques. Les mesures globales que fournissent ces tests négligent les variations spécifiques dans la connaissance antérieure du sujet ou dans l'activité d'encodage, lesquelles déterminent en partie la performance mnésique.

Dans une perspective d'évaluation cognitive, le neuropsychologue clinicien qui souhaite mettre au point une batterie d'évaluation des troubles mnésiques doit d'abord s'interroger sur les différents systèmes mnésiques qui devraient être examinés compte tenu des modèles théoriques existants. Par ailleurs, l'approche cognitive considère que chaque tâche mnésique comporte plusieurs composantes lesquelles sont sous-tendues par différents sous-processus qui peuvent être sélectivement perturbés par la lésion cérébrale. Il s'agit dès lors d'identifier les divers sous-processus impliqués dans la réalisation d'une tâche particulière et de déterminer les conditions et les variables qui affectent l'efficacité de chacun de ces sous-processus. En ce qui concerne la construction des épreuves qui permettront de réaliser ces objectifs, le clinicien peut utilement s'inspirer des procédures adoptées en neuropsychologie expérimentale. En effet, les exigences du clinicien et du chercheur se recouvrent largement (Mayes, 1986). Tous deux souhaitent des tests valides et fidèles qui leur permettent d'identifier les perturbations du traitement de l'information qui sous-tendent les troubles mnésiques. Notons cependant que le chercheur est moins dépendant que le clinicien des données normatives car, le plus souvent, il élabore ses propres outils et compare les performances des patients avec celles d'un groupe contrôle. De plus, le clinicien a notamment pour objectifs, de suivre le décours d'une récupération ou d'évaluer les effets d'une thérapie, ce qui implique l'utilisation de formes équivalentes des tests.

Selon Tulving (1987), il ne suffit pas d'évaluer un patient en lui administrant des tests mnésiques standardisés, non reliés les uns aux autres. Il assimile l'évaluation des fonctions mnésiques à la conduite d'expériences en miniature. Il s'agit d'administrer à un patient donné deux ou plusieurs tests mnésiques qui diffèrent les uns des autres par rapport à une variable. Les variables étudiées seront sélectionnées sur la base d'une théorie du fonctionnement mnésique. La comparaison de la performance du patient dans les différentes conditions permettront de relier les différences observées au processus mnésique qui est censé être affecté par la variable manipulée. Une telle procédure permet d'utiliser le patient comme son propre contrôle. Tulving (1987) propose notamment un exemple relatif à l'évaluation de la récupération. Des informations utiles concernant le processus de récupération et ses déficits éventuels peuvent être obtenues en testant un patient dans différentes conditions de récupération. Il s'agit de varier les indices qui sont fournis au sujet lors de la récupération de l'information. On peut ainsi comparer les performances du patient à un test de rappel libre dans lequel aucun indice spécifique de récupération n'est fourni, à un test de rappel indicé dans lequel les indices peuvent être des items associés expérimentalement ou pré-expérimentalement aux items à récupérer, ou encore à un test de reconnaissance dans lequel les indices constituent des copies des items à récupérer. Il est également possible de manipuler les conditions de récupération en modifiant l'environnement physique.

Il existe plusieurs manières de classer les processus mnésiques qu'il importe d'investiguer chez un patient. On peut distinguer différents systèmes mnésiques : MCT et MLT ; mémoire sémantique, épisodique ou procédurale. On peut également se baser sur les différentes étapes du comportement mnésique telles l'encodage ou la récupération. On peut enfin dissocier la mémoire antérograde de la mémoire rétrograde. Plusieurs aspects importants de la mémoire antérograde doivent être évalués : la MCT (ou mémoire de travail), l'apprentissage d'un matériel verbal et non verbal suivi par un test de rappel (libre et indicé) et de reconnaissance, la mémoire de l'information contextuelle, la sensibilité à l'interférence, le taux d'oubli et les capacités mnésiques préservées. L'évaluation de la mémoire rétrograde doit permettre de préciser si les troubles mnésiques rétrogrades sont présents tant en rappel qu'en reconnaissance, s'ils affectent tant la mémoire sémantique que la mémoire épisodique et s'ils respectent la loi de Ribot (selon laquelle les souvenirs sont moins perturbés simplement parce qu'ils sont plus anciens). Nous passerons en revue ces différents aspects de la mémoire en suggérant quelques procédures destinées à les investiguer.

A) L'évaluation de la mémoire de travail

La procédure la plus fréquemment employée pour évaluer le SCT auditivo-verbal est l'empan mnésique (de chiffres ou de mots). L'empan de chiffres (ou digit span) est, depuis longtemps, utilisé en neuropsychologie dans une perspective de diagnostic différentiel. De nombreuses études ont investigué la sensibilité de ce test aux lésions cérébrales et plus précisément, la sensibilité relative de la répétition de chiffres en ordre direct et en ordre inverse à des lésions latéralisées et à des déficits cognitifs associés. Récemment, Black (1986), a montré que cette épreuve a une utilité diagnostique limitée. Par ailleurs, il confirme l'hypothèse selon laquelle la répétition de chiffres en ordre inverse peut impliquer une composante de revisualisation non verbale chez certains patients ; cependant, ses données ne plaident pas en faveur d'un trouble différentiel de la répétition en ordre direct et inverse selon la latéralisation de la lésion.

Dans une perspective plus cognitive, l'empan mnésique (en ordre direct) ne semble pas non plus d'une grande utilité dans l'identification de la nature du trouble de SCT. En effet, si on adopte le modèle de la mémoire de travail de Baddeley (1986), un empan mnésique faible peut théoriquement être la conséquence de déficits se situant aux différents niveaux du modèle : stock phonologique, boucle articulatoire ou administrateur central. Un déficit du traitement phonologique peut également être à la base d'un empan faible (Allport, 1983). Comme l'indique Mayes (1986), quand on constate une performance déficitaire au digit span, il est nécessaire d'administrer d'autres épreuves afin de déterminer le niveau précis auquel se situe le trouble. En s'inspirant des procédures utilisées dans les travaux expérimentaux, on peut, provisoirement, concevoir cette batterie d'évaluation comme étant composé d'épreuves testant l'effet de similitude phonologique (répétition d'items phonologiquement proches et différents), l'effet de longueur (répétition de mots courts et longs) et ce, en présentation auditive et visuelle ; par ailleurs, il faut examiner la performance des patients à ces épreuves en condition de suppression articulatoire (en présentation visuelle). On administrera également des épreuves destinées à tester l'intégrité du traitement phonologique et en particulier l'intégrité du recodage phonologique d'un matériel visuel (jugements de rime, discrimination phonologique). Dans le cas de l'administrateur central, il n'existe pas d'accord quant aux techniques appropriées permettant de l'évaluer. Morris (1986) a utilisé la technique de Brown-Peterson (rappel de triplets de consonnes) en introduisant entre la présentation et le rappel, différentes tâches distractrices, lesquelles mobiliseraient une partie plus ou moins importante des ressources de l'administrateur central, ressources qui ne pourraient dès lors pas être consacrées à la répétition subvocale des items. Baddeley *et al.* (1986) ont adopté la technique de la tâche double en suggérant que des patients qui présenteraient un trouble de l'administrateur central auraient des difficultés particulières à intégrer et à coordonner deux tâches concurrentes. La tâche principale est une tâche de poursuite d'un carré blanc sur un écran au moyen d'un crayon optique et la tâche secondaire est une épreuve d'empan mnésique. La difficulté de la tâche de poursuite et la longueur de la séquence de chiffres sont ajustées de manière à égaliser les performances entre les patients et le groupe contrôle quand les tâches sont effectuées isolément.

En ce qui concerne l'évaluation du SCT visuospatial, le test le plus populaire est certainement le Test de Rétention Visuelle de Benton (1974). Dans sa forme la plus utilisée (administration A), on présente au patient un dessin durant 10 secondes puis on lui demande de le reproduire immédiatement. Cette épreuve ne constitue pas une méthode adéquate d'évaluation du SCT visuel dans la mesure où la performance mnésique du patient est par trop dépendante de ses habiletés graphiques. Par ailleurs, le matériel présenté n'a pas été sélectionné en fonction de critères de complexité ou d'abstraction. Corsi (cité dans Milner, 1971) a proposé une épreuve destinée à évaluer l'empan spatial c'est-à-dire le nombre de positions spatiales qu'un sujet est capable de reproduire après une seule présentation : il s'agit du «block-tapping test». Les stimuli sont des blocs de bois différenciés uniquement sur la base de leur position spatiale. On demande au sujet de taper sur ces blocs selon une séquence spatiale indiquée par l'examinateur. Des données normatives ont été recueillies par Smirni *et al.* (1983). Il est probable qu'une performance faible à cette épreuve peut, comme pour le digit span, être le reflet de troubles divers. Cependant, on ne dispose pas encore pour la mémoire de travail visuelle d'un modèle élaboré, analogue à celui développé pour la mémoire auditivo-verbale. Dès lors, il est difficile actuellement d'imaginer des outils d'évaluation plus analytiques. D'une manière générale, une procédure de reconnaissance paraît particulièrement adaptée à ce type d'évaluation. Par ailleurs, l'utilisation de l'ordinateur présente de nombreux avantages que ce soit dans la création de stimuli non verbalisables ou dans le contrôle de tâches concurrentes visuospatiales (le rôle de l'ordinateur dans l'évaluation de la mémoire et en particulier de la mémoire de travail sera envisagé dans la partie VI).

B) L'évaluation de la MLT

1. Apprentissage d'un matériel verbal ou non verbal

L'évaluation de la MLT consiste généralement à faire apprendre un matériel à un sujet puis à le tester au moyen d'une épreuve de rappel ou de reconnaissance. Le matériel présenté est soit verbal, soit difficilement verbalisable (par exemple, des visages). En ce qui concerne les tests de rappel, c'est la condition de rappel libre d'une liste de mots qui est la plus fréquemment utilisée : on demande au sujet de rappeler le plus de mots possible de la liste qui a été présentée et ce, dans n'importe quel ordre. La plupart des tests de rappel libre proposent un rappel immédiat et il y a souvent plusieurs essais de rappel, la liste de mots étant représentée complètement au sujet avant chaque nouvel essai. La procédure de «selective reminding» proposée par Buschke (1973) et Buschke & Fuld (1974) est une des premières tentatives visant à placer ces épreuves de rappel verbal dans le contexte d'un modèle théorique. Dans cette procédure et contrairement aux tests de rappel standard, l'examinateur ne représente au sujet que les mots qu'il n'a pas pu rappeler à l'essai précédent. Le fait que le sujet rappelle de plus en plus d'items spontanément, c'est-à-dire sans qu'il soit nécessaire de les remontrer, serait l'indice que ces items ont été stockés en MLT. Selon Buschke (1973), la présentation de la liste complète avant chaque essai conduit à dissimuler les items qui n'ont pas encore été appris parmi ceux déjà appris. De plus, elle entre en conflit avec l'organisation subjective que le sujet a imposé au matériel. Buschke établit une distinction entre le stockage à long terme (LTS), la récupération à long terme (LTR), la récupération consistante à long terme (CLTR), la récupération à long terme au hasard (Random LTR) et le rappel à court terme (STR). Suivant la définition de Buschke, un mot est stocké en mémoire à long terme (LTS) quand il a été rappelé deux fois consécutivement. Une fois qu'un item est stocké à long terme, il peut être récupéré soit de manière consistante (CLTR), c'est-à-dire à tous les essais subséquents, soit au hasard (Random LTR) et cela dépendra de l'intégrité du système de récupération. La somme des CLTR et des Random LTR constitue la récupération totale à long terme à chaque essai. Le rappel à court terme (STR) concerne les items qui n'ont pas satisfait au critère de rappel à deux essais successifs. Enfin, le CLTR est considéré comme un indice d'organisation subjective du matériel. Cette technique est couramment utilisée en neuropsychologie (voir Levin, 1986) que ce soit pour évaluer la mémoire d'un matériel verbal (Hannay & Levin, 1985) ou non verbal (Muramato, 1984; Fletcher, 1985). La tentative de Buschke de distinguer différents sous-processus dans la performance d'un sujet en rappel libre était intéressante. Malheureusement, le modèle théorique sur lequel cette procédure a été conçue (un modèle linéaire distinguant deux stocks mnésiques, un à court terme, l'autre à long terme) a considérablement vieilli. Il faut d'ailleurs noter que ces dernières années, Buschke a proposé des procédures d'évaluation très différentes et qui se fondent sur les notions de profondeur et de spécificité d'encodage (Buschke, 1984; Buschke et Grober, 1986). Comme le signalent Loring & Papanicolaou (1987), plusieurs travaux ayant utilisé la procédure de «selective reminding» ont trouvé des corrélations élevées entre les différents scores utilisés (LTS, LTR, CLTR, rappel total), ce qui indiquerait que ces mesures évaluent en fait des concepts semblables. Mac Leod (1985) a comparé la procédure de «selective reminding» avec la procédure standard dans laquelle la liste complète des items est remontrée aux sujets. Il constate que les deux procédures sont très semblables en ce qui concerne le taux d'acquisition, le pattern d'erreurs, l'organisation subjective et la rétention ultérieure. Il indique cependant que la procédure de «selective reminding» a l'avantage d'être plus rapide à administrer car on doit présenter moins d'items à chaque essai.

Dans la plupart des tests de rappel libre selon la procédure standard ou selon la procédure de «selective reminding», la présentation du matériel s'accompagne uniquement d'une consigne générale invitant le sujet à mémoriser le matériel. De même, lors de la phase de rappel, la consigne se limite à lui demander de rappeler le plus de mots possible. Le problème essentiel posé par ces tests est que les opérations d'encodage et de récupération effectuées par le sujet ne peuvent pas être repérées directement. Or, ces opérations peuvent varier chez le même sujet, ce qui expliquerait notamment la relative faiblesse des coefficients de fidélité test-retest (.48 à .65 selon les mesures) obtenus par Hannay et Levin (1985) au test de «selective reminding». Sur la base d'une telle fidélité test-retest, il est bien difficile de se prononcer sur l'évaluation (l'amélioration ou le déclin) de la performance mnésique d'un patient. Plus fondamentalement, l'impossibilité de repérer les traitements réalisés par les sujets ne permet pas de situer la nature du déficit mnésique observé. Une note faible à une épreuve de rappel libre pourrait ainsi être la conséquence de problèmes fort différents. Quelques méthodes indirectes ont été proposées afin d'investiguer l'organisation que les sujets imposent au matériel à mémoriser. Ainsi, Sternberg & Tulving (1977) suggèrent d'utiliser comme indice d'organisation le nombre de mots rappelés par paires à l'essai N et qui sont également pairés à l'essai antérieur N-1. D'autres indices ont été élaborés notamment pour explorer les groupements en catégories effectués par les sujets qui doivent mémoriser une liste de mots appartenant à différentes catégories sémantiques (Rubin & Butters, 1981). Cependant, un faible indice d'organisation subjective peut être le résultat d'un encodage ou d'une récupération désorganisée.

Les différences entre le rappel et la reconnaissance font l'objet de débats théoriques importants que ce soit en psychologie cognitive (voir Tiberghien & Lecocq, 1983) ou en neuropsychologie (Hirst et al., 1986). En conséquence, l'évaluation des troubles mnésiques devrait également porter sur la reconnaissance, et en particulier sur la comparaison entre le rappel et la reconnaissance. La situation de reconnaissance, c'est-à-dire l'identification d'items présentés antérieurement et le rejet d'items distracteurs, est facile à administrer : le type de réponse que doit fournir le sujet est simple, il limite au maximum l'influence de variables autres que les variables mnésiques et il n'implique pas une réponse orale ou écrite. La plupart des tests de reconnaissance commencent par une phase d'étude durant laquelle des stimuli visuels (des mots, des dessins ou des visages) sont présentés successivement pendant une durée déterminée. Ensuite, après un délai variable, le test de reconnaissance est présenté. Il peut prendre la forme d'une reconnaissance oui/non : on présente au sujet une liste d'items dans laquelle les items-cibles provenant de la liste d'étude sont mélangés à des items distracteurs et il doit identifier les items-cibles. Une autre possibilité consiste en une reconnaissance à choix forcé : le sujet sélectionne dans une paire d'items celui qu'il reconnaît comme ayant été présenté durant la phase d'étude. Les épreuves de reconnaissance fournissent diverses mesures : la détection correcte des items-cible (les réponses «oui» ou «vrais positifs»), la détection incorrecte de distracteurs (les réponses «oui» ou «faux positifs»), l'impossibilité de détecter un item présenté (les réponses «non» ou «faux négatifs»). Si on additionne les réponses correctes et les rejets corrects, on obtient un score total correct et si on soustrait le nombre de faux positifs du nombre de réponses correctes, on obtient le score corrigé. Il faut noter que le nombre de réponses correctes peut donner une indication biaisée de la rétention car le choix du sujet peut être influencé par beaucoup de variables et notamment par le fait qu'il adopte un critère plus ou moins strict de réponse. L'application de la théorie de la détection de signal (Hannay, 1986) permet de déterminer une mesure de la force de la mémoire et une mesure séparée du critère de réponse. Sur la base de ce type d'analyse, Niederehe (1986) a, par exemple, suggéré que les sujets dépressifs avaient tendance à répondre avec une plus grande prudence que les sujets normaux.

Il est possible d'explorer la mémoire de reconnaissance à partir d'un matériel très diversifié comme des visages (Warrington, 1984) ou des peintures abstraites (Beauvois et al., 1986). Signalons enfin qu'il peut être intéressant de mesurer les latences de choix et de demander au sujet d'estimer le degré de certitude de ses réponses (voir Baddeley et al., 1987; Hirst et al., 1986). Si la présentation des items durant la phase d'étude se fait sans consigne d'encodage particulière, les tests de reconnaissance posent les mêmes problèmes que les tests de rappel. Il ne sera en effet pas possible de détecter la présence éventuelle d'un trouble se situant au niveau de l'encodage du matériel. Dans certaines études (Butters & Cermak, 1975), la nature de l'encodage a été inférée à partir du type d'erreurs commises par le patient. Par exemple, le choix de distracteurs phonologiquement proches de l'item-cible indiquerait que le patient a effectué un traitement non sémantique, de bas niveau. Il s'agit cependant d'informations très indirectes. Dans la mesure où la reconnaissance est moins exigeante vis-à-vis du processus de récupération, on considère souvent que la présence d'une bonne performance en reconnaissance et d'un déficit en rappel libre est l'indice d'un trouble sélectif de la récupération. Or, comme l'indique Meudell (1983), ce pattern de performance pourrait simplement refléter le fait qu'une trace mnésique appauvrie ou affaiblie peut ne pas être adéquate pour permettre le rappel libre mais être suffisante pour supporter la reconnaissance. Cette remarque vaut d'ailleurs pour toute comparaison entre différentes méthodes de récupération (par exemple, rappel libre versus rappel indicé). Quoi qu'il en soit, la comparaison entre le rappel et la reconnaissance est aisée si la reconnaissance est normale : dans ce cas, il suffit de voir si la performance en rappel est déficitaire. Par contre, si le rappel et la reconnaissance sont faibles, il n'est pas facile de déterminer quel est le processus le plus atteint. Pour Mayes (1986), deux solutions sont possibles. La première suppose la construction de tests de rappel et de reconnaissance qui sont d'égale difficulté et qui ont des écart-type semblables dans les échantillons de sujets normaux. La deuxième implique d'apparier les patients et les sujets contrôles par rapport à la performance en reconnaissance et ce, en testant les contrôles après un intervalle de rétention plus long. Il s'agit ensuite d'examiner si les patients présentent encore des performances en rappel inférieures à celles des sujets normaux testés après un intervalle plus long.

Une autre procédure classiquement utilisée en neuropsychologie est l'épreuve des mots couplés. Dans cette épreuve, l'examinateur présente pendant une durée brève différentes paires de mots composées d'un mot-stimulus et d'un mot-réponse. Les deux mots peuvent être reliés selon une dimension particulière (par exemple, un lien sémantique) ou n'entretenir aucune relation. Quand toutes les paires de mots ont été présentées, l'examinateur fournit le mot-stimulus seul et le patient doit évoquer le mot-réponse avec lequel le mot-stimulus était apparié. L'apprentissage est mesuré en calculant le nombre d'essais nécessaires pour atteindre un critère fixé ou le nombre de réponses correctes à la fin d'un nombre fixe d'essais. Les paires peuvent également être composées d'items non verbaux (des dessins, des visages...). L'épreuve de mots couplés la plus populaire est certainement le sous-test IV des mots couplés de l'Echelle Clinique de Mémoire de Wechsler (1945). Certaines paires sont étroitement liées au plan sémantique (par exemple, nord-sud), pour d'autres, le lien est plus faible. Wilson *et al.* (1982) ont suggéré que l'apprentissage des paires faiblement associées sémantiquement impliquait la mémoire épisodique alors que la performance dans l'apprentissage de paires hautement reliées sémantiquement était en partie liée à l'activation de la mémoire sémantique. Par ailleurs, Shimamura & Squire (1984) ont montré que l'apprentissage de paires reliées dépend comme les effets de priming d'un phénomène d'activation. Il serait souhaitable de pouvoir disposer d'une épreuve d'apprentissage composée de mots couplés ayant été choisis sur la base de critères de sélection plus rigoureux que dans l'échelle de Wechsler. Delbecq-Derouesne *et al.* (1986) ont proposé un test d'apprentissage de 10 couples de mots faiblement associés, rigoureusement sélectionnés, et dans lequel l'apprentissage est poursuivi jusqu'à l'acquisition complète de 3 listes successives. Une épreuve composée de mots hautement et faiblement associés fournirait cependant des informations plus riches, en particulier, par rapport à la distinction épisodique-sémantique et au phénomène d'activation.

Comme le note Kausler (1985), la mémorisation intentionnelle du contenu d'une liste de mots ne correspond guère aux exigences mnésiques quotidiennes. Par contre, les épreuves de mémoire de récits (de textes ou de discours) ont certainement une validité écologique bien plus grande. Sunderland *et al.* (1983) ont d'ailleurs montré que la mémoire de récits est la seule épreuve de mémoire qui est corrélée avec des outils d'évaluation destinés à aborder le fonctionnement mnésique dans la vie quotidienne tels les questionnaires de mémoire ou les «check-lists». Et pourtant, le neuropsychologue clinicien est particulièrement dépourvu d'outils d'évaluation des récits, rigoureux au plan méthodologique et construits à partir d'un modèle théorique. Nous avons déjà signalé les faiblesses de l'item de Mémoire Logique de l'Echelle de Wechsler. En dehors de cette épreuve peu satisfaisante, il n'y a pas en langue française d'outils adaptés à des besoins neuropsychologiques. Il semble tout à fait prioritaire de commencer à élaborer des épreuves d'évaluation de la mémoire des récits en s'inspirant des études de psychologie cognitive. Il s'agit d'une tâche qui posera plusieurs problèmes délicats. Il faudra notamment déterminer le type de testing le plus adéquat et choisir entre la reconnaissance d'énoncés (avec ses problèmes de sélection des distracteurs), le rappel libre (plus proche de la vie quotidienne mais qui pose des problèmes de cotation), le rappel indicé ou le questionnaire. Il s'agira également d'envisager la question des relations entre les troubles de mémoire des récits, les troubles de la compréhension et d'autres problèmes cognitifs (par exemple, des difficultés à effectuer des inférences...). Par ailleurs, on se heurtera de nouveau au problème du contrôle des opérations d'encodage et de récupération. Il faut enfin noter que, dans la vie quotidienne, l'encodage d'un matériel organisé tel un récit ou un texte se fait souvent de manière incidente (c'est-à-dire involontairement et inconsciemment) et que la récupération est généralement intentionnelle. Les procédures d'évaluation devront tenir compte de cette distinction.

2. Le contrôle des opérations d'encodage et de récupération

De nombreux travaux ont montré que les opérations d'encodage, les conditions de récupération et leur interaction affectent de manière déterminante la performance mnésique (Tulving & Pearlstone, 1966; Tulving, 1979; Schacter & Tulving, 1982). Dès lors, une des tâches de l'évaluation est de s'assurer qu'une stratégie efficace a été appliquée par le patient durant l'apprentissage et la récupération de l'information. Or, la plupart des tests psychométriques de mémoire ne contrôlent pas les opérations effectuées durant ces étapes du comportement mnésique. Le plus souvent, on fournit au patient une consigne générale de mémorisation, et les types d'encodage et de récupération adoptés par le sujet sont inférés à partir de la nature du rappel. Dans la mesure où il existe une incertitude quant à la stratégie suivie par le patient, il n'est pas possible d'identifier si le déficit mnésique est lié à des troubles attentionnels, à la non utilisation d'une stratégie efficace en dépit de la capacité de le faire (c'est-à-dire un «déficit de production», Flavell, 1970) ou encore à l'incapacité d'entreprendre le traitement approprié (Buschke, 1984). Il s'agit donc de placer les opérations d'encodage et de récupération sous le contrôle de l'examinateur et ce, en manipulant les consignes durant la présentation du matériel à mémoriser et en fournissant des indices durant la phase de récupération. Par ailleurs, l'examinateur doit s'assurer que le type d'encodage qu'il souhaite voir suivre par le patient est effectivement réalisé. Dans certaines procédures, on présente aux sujets une liste de mots appartenant à plusieurs catégories sémantiques et on leur fournit les étiquettes catégorielles durant la présentation en espérant ainsi induire un encodage sémantique. L'interprétation de la performance en rappel implique l'hypothèse selon laquelle fournir les noms des catégories au moment de la présentation de la liste amène le sujet à traiter les mots selon une dimension sémantique. On n'est cependant nullement assuré qu'un tel traitement s'est bien produit.

Une manière de contrôler les traitements effectués pendant l'encodage consiste à poser au sujet des questions sur les caractéristiques de chaque item présenté : c'est le paradigme de base adopté dans les travaux sur les niveaux de traitement (Craik & Lockhart, 1972). Les questions peuvent orienter l'attention du sujet vers les caractéristiques superficielles des items (par exemple, le caractère majuscule ou minuscule de lettres). Elles peuvent également porter sur la signification des stimuli et amener ainsi le sujet à effectuer un traitement plus profond (par exemple, le mot fait-il partie de la catégorie des ... ?). Le fait que le sujet doit prendre une décision concernant le stimulus qui lui est présenté permet de vérifier qu'il réalise bien le traitement souhaité. En ce qui concerne les conditions de récupération, leur contrôle s'exercera en donnant au sujet des indices de récupération spécifiques. Dans un travail récent sur les traumatisés crâniens, Baddeley et al. (1987) ont adopté une procédure dans laquelle ils spécifient le type de traitement que le sujet doit entreprendre à l'encodage et à la récupération. Le matériel est composé de cartons sur lesquels sont écrits 6 noms de fleurs, 6 noms de fruits, 6 noms d'oiseaux, 6 noms d'animaux quadrupèdes, 6 métaux et 6 pierres. Le sujet doit classer chaque stimulus selon qu'il est un animal, un végétal ou un minéral; il doit travailler à son propre rythme et il est averti qu'il y aura un rappel ultérieur. L'étape de rappel consiste à fournir au sujet le nom de chaque sous-catégorie et à lui demander de rappeler le plus d'items possible.

Buschke (1984) a proposé une technique d'évaluation qui permet aisément de manipuler les conditions d'encodage et de récupération. Dans cette procédure dite de rappel indicé, les opérations effectuées pendant l'apprentissage sont contrôlées au moyen d'une procédure de recherche durant laquelle le patient utilise des indices spécifiques pour identifier chacun des items-cibles à mémoriser. Les items (des images) sont placés en face du patient de telle manière qu'ils soient tous visibles durant l'apprentissage. Chaque item appartient à une catégorie sémantique différente. L'examinateur fournit verbalement le nom de la catégorie pour chaque item et le sujet doit chercher et identifier l'item correspondant à la catégorie présentée. Une identification correcte des items montre que le patient a bien effectué le type d'encodage souhaité. Le traitement effectué pendant la récupération peut quant à lui être contrôlé par la présentation d'indices appropriés durant la phase de rappel indicé. Le fait que le sujet peut comprendre et utiliser le nom des catégories pour identifier les items rend possible leur utilisation comme indices de récupération. En fait, on demande d'abord au sujet un rappel libre des items. Ensuite, les noms des catégories pour les items non rappelés en rappel libre sont présentés verbalement un à un, afin de susciter un rappel indicé des items encore disponibles. Le rappel indicé fournit une estimation maximale du stockage et ce, dans la mesure où le rappel libre seul ne récupère pas toutes les informations stockées (Tulving & Pearlstone, 1966). Ainsi, il est possible d'identifier les échecs de rappel qui sont spécifiquement dus à un problème de stockage ou à un problème de récupération. Comme le signale Buschke (1984), les principes sous-tendant cette procédure dérivent directement de la théorie de la profondeur d'encodage (Craik & Lockhart, 1972) et plus encore du concept de spécificité d'encodage selon lequel un indice de récupération est efficace s'il est traité avec l'item-cible pendant l'apprentissage (Fisher & Craik, 1977; Thompson & Tulving, 1970; Tulving & Osler, 1968). Récemment, Grober & Buschke (1987), Buschke & Grober (1986) et Tuokko & Crockett (1987) ont montré l'utilité d'une telle procédure dans l'identification et la caractérisation des troubles mnésiques de patients déments et de sujets âgés normaux.

Le contrôle des traitements effectués pendant l'apprentissage et la récupération est nécessaire pour plusieurs raisons. Il permet de tester l'hypothèse d'un déficit de production et ce, en examinant la performance mnésique du patient dans une condition où les stratégies qu'il utilise sont les plus efficaces. Il permet de comparer la performance d'un sujet en manipulant de façon systématique différentes opérations d'encodage et divers indices de récupération, ce qui peut fournir des informations utiles concernant un éventuel déficit des processus d'encodage ou de récupération. Il permet la comparaison de patients et de sujets contrôles dans une situation où ils utilisent les mêmes stratégies. Enfin, il permet de suivre l'évolution de la performance mnésique et des stratégies de traitement chez un même patient en fonction du temps.

3. Taux d'oubli, mémoire contextuelle et sensibilité à l'interférence

Trois aspects importants de la mémoire sont le plus souvent négligés dans l'évaluation des troubles mnésiques, à savoir le taux d'oubli, la mémoire des caractéristiques contextuelles d'un événement et la sensibilité à l'interférence. L'évaluation du taux d'oubli est confrontée à un problème méthodologique majeur. En effet, si les patients diffèrent des sujets contrôles dans les capacités d'apprentissage, des différences dans les taux d'oubli pourront être observées du fait d'une quantité inégale d'apprentissage. Si on veut comparer les taux d'oubli, il importe donc d'égaliser le degré initial d'acquisition. Pour ce faire, on peut donner aux deux groupes un nombre différent d'essais. Malheureusement, cette méthode peut conduire à des résultats artificiels. Imaginons, en reprenant l'exemple proposé par Baddeley *et al.* (1987), qu'une liste de 10 items soit apprise en trois essais par un sujet et en neuf essais par un autre sujet. Le sujet qui apprend le plus lentement a probablement été capable d'évoquer certains items depuis le début des essais mais il a peut-être eu besoin de plus d'essais simplement parce qu'il ne pouvait pas rappeler un ou deux items. En fin d'apprentissage, le sujet lent aura bénéficié de 10 essais même pour des items qu'il pouvait rappeler dès le début alors que le sujet rapide n'a eu au mieux que trois essais par item. Souhaitant néanmoins évaluer le taux d'oubli chez des patients traumatisés crâniens, chez des sujets âgés et chez des sujets contrôles, Beddeley *et al.* ont adopté une méthode qui consiste à présenter une liste d'items dans laquelle certains items sont présentés une fois, certains deux fois et d'autres trois fois. Ils espéraient que le nombre de présentation influencerait le niveau d'apprentissage mais pas le taux d'oubli. Ils avaient également l'espoir qu'un item présenté trois fois chez un patient conduirait à un niveau de performance équivalent à celui obtenu par un sujet normal pour un item présenté une seule fois. Malheureusement, ils ont observé que les trois groupes de sujets avaient tendance à présenter moins d'oubli pour les items présentés une fois que pour ceux présentés deux ou trois fois, ce qui s'opposait évidemment à toute tentative d'utiliser le nombre de présentations pour égaliser le niveau initial d'apprentissage. Comme le signalent Baddeley *et al.* (1987), le fait que l'oubli paraît moins important pour un item présenté une seule fois est un phénomène qui mériterait en tant que tel d'être exploré. Une autre manière de procéder pour égaliser le niveau de performance est de varier le temps d'exposition des items. La méthode la plus courante (Huppert & Piercy, 1979 ; Kopelman, 1985) consiste à présenter aux sujets une longue série d'items (par exemple, 120 images) puis de tester la reconnaissance par une procédure oui/non ou à choix forcé pour différents sous-ensembles du matériel et ce, à différents délais (10 minutes, un jour et une semaine). Ainsi, par exemple, pour chaque test de reconnaissance aux différents délais, un ensemble différent de 40 images est mélangé à un ensemble différent de 40 distracteurs. La reconnaissance au délai le plus court est égalisée en manipulant le temps d'exposition des items et ce, afin d'obtenir un score initial de reconnaissance correcte se situant entre 70 et 85 %. Comme l'indique Mayes (1986), cette procédure est également peu satisfaisante. En effet, comme on attribue un temps d'exposition beaucoup plus long aux patients et comme le délai commence dès la fin de la liste, cela implique que le délai moyen item-test est plus élevé chez les patients. Or, la loi de Jost établit que si deux souvenirs sont de force égale, c'est le plus ancien qui sera oublié le plus lentement. Cette technique provoquera dès lors artificiellement un taux d'oubli lent chez les patients. En conséquence, Mayes suggère de déterminer le temps d'exposition nécessaire pour égaliser les performances entre les patients et les sujets contrôles et ensuite, de s'assurer que tous les sujets disposent du même délai entre les présentations d'items en comblant chez les sujets contrôles, une partie du temps par une activité distractrice. Le neuropsychologue clinicien devrait évidemment pouvoir disposer de données indicatives concernant les performances de sujets normaux soumis à de telles conditions d'apprentissage et ce, pour différents temps d'exposition.

L'évaluation de certaines caractéristiques contextuelles associées à un événement peut être réalisée au moyen d'une situation de reconnaissance. Au lieu de demander aux patients d'identifier un stimulus qui a été présenté antérieurement, on peut lui demander de fournir des jugements de fréquence d'apparition (Kausler & Puckett, 1980). Durant la phase d'acquisition, les stimuli apparaissent avec des fréquences variables. Dans la phase de testing, on présente au sujet des paires de stimuli et il doit sélectionner le mot le plus fréquemment vu. La performance dans la réalisation des jugements de fréquence devra être comparée à la performance dans le rappel et la reconnaissance de l'information-cible. Si le trouble mnésique du patient est la conséquence d'un déficit spécifique de la mémoire contextuelle, les jugements de fréquence devront être plus perturbés que le rappel ou la reconnaissance de l'item-cible. La condition de reconnaissance permet également d'évaluer les jugements de contexte temporel (Huppert & Piercy, 1976). On demande aux patients de distinguer des stimuli présentés 10 minutes auparavant, des stimuli présentés le jour avant et des stimuli distracteurs. De nouveau, la performance à cette tâche de jugement du contexte temporel sera comparée à la performance à une tâche de reconnaissance impliquant de distinguer des items familiers et des items non familiers indépendamment du contexte temporel d'apparition. D'autres caractéristiques contextuelles extrinsèques pourraient également faire l'objet d'une évaluation et notamment, la modalité de présentation (visuelle ou auditive) d'un stimulus (Lehman & Mellinger, 1974), la source d'une information (Schacter *et al.*, 1984) et le contexte spatial. La procédure utilisée par Smith & Milner (1984) paraît constituer un outil adéquat pour évaluer la mémoire contextuelle spatiale. Le matériel est composé de 16 petits jouets représentant un objet réel et disposés sur une plaque de carton blanc de 60 centimètres de côté. Il s'agit d'une tâche de mémoire incidente. L'examinateur demande aux sujets d'estimer le prix des objets réels qui sont représentés par les jouets. Ensuite, les sujets sont soumis à deux tâches de rappel : dans la première tâche, ils doivent rappeler les noms d'objets vus auparavant et dans la deuxième tâche, ils doivent placer les objets dans la même position que celle qu'ils occupaient lors de la tâche d'estimation de prix.

L'évaluation neuropsychologique des troubles mnésiques se doit aussi d'aborder la sensibilité à l'interférence proactive et rétroactive. Le phénomène d'interférence proactive renvoie à la diminution de la rétention d'une information due à l'apprentissage préalable d'une autre information. La procédure de transfert négatif de type AB/AC mise au point par Winocur & Weiskrantz (1976) permet d'explorer ce phénomène. Il s'agit de faire apprendre aux sujets en succession, deux listes de mots couplés sémantiquement reliés, composés du même mot-stimulus et d'un mot-réponse différent (par exemple, liste 1 : lune-ciel ; liste 2 : lune-étoile). La sensibilité à l'interférence sera déterminée par l'effet de l'apprentissage de la liste 1 sur l'apprentissage de la liste 2. En particulier, on relèvera dans l'apprentissage de la liste 2 le nombre d'erreurs d'intrusions en provenance de la liste 1. Cette procédure convient également à l'exploration de la réactivité du patient aux manipulations du contexte extrinsèque (Winocur & Kinsbourne, 1978 ; Winocur et Moscovitch, 1983). On peut, en effet, administrer au patient la tâche AB/AC en condition standard, puis, lui proposer ultérieurement une forme parallèle en fournissant un contexte distinctif pour l'apprentissage de la liste 1. Le phénomène d'interférence rétroactive concerne la diminution de la rétention d'une tâche A due à l'apprentissage d'une tâche B intercalée entre la tâche A et le testing de celle-ci. Ce phénomène peut être évalué par l'épreuve des 15 mots de Rey, forme de Taylor (Taylor, 1959) dans laquelle on fait apprendre aux patients une liste de mots en cinq essais ; ensuite, on leur administre une autre liste de mots en un seul essai, après quoi, les sujets doivent de nouveau rappeler les mots de la première liste. Cependant, comme le signale Mayes (1986), il s'agit de prévoir une condition-contrôle dans laquelle le délai entre le dernier essai de la liste 1 et le testing est occupé par une activité distractrice non pertinente et ce, afin de voir si le déficit observé n'est pas simplement la conséquence du délai entre les deux apprentissages. Par ailleurs, avant d'attribuer le trouble mnésique à un problème spécifique à l'interférence, il faut s'assurer que la sensibilité excessive à l'interférence n'est pas uniquement due au fait qu'on teste une mémoire faible chez les patients et une mémoire forte chez les sujets normaux. Il faudrait dès lors tenter d'égaliser les niveaux d'apprentissage du matériel-cible et du matériel interférent.

4. *Evaluation des capacités mnésiques préservées et de la mémoire*

Les études qui ont exploré les capacités de mémoire préservées (ou de mémoire implicite) ont adopté des procédures extrêmement variées : des tâches de conditionnement, des tâches d'apprentissage d'habiletés perceptivo-motrices ou cognitives (lecture en miroir, tour de Hanoi...) ou encore des tâches de « repetition priming » (voir Schacter, 1987). Il n'est pas certain que ces différentes tâches appréhendent toutes les mêmes processus. Par ailleurs, ce champ d'investigation est en plein bouillonnement et l'état des connaissances évolue très rapidement. Dans ce domaine encore plus que dans d'autres, le neuropsychologue clinicien est confronté à un problème difficile de choix des épreuves : quels sont les critères théoriques les plus pertinents et parallèlement, quelles sont les procédures les plus facilement applicables dans un contexte clinique ? La tâche de complètement de mot est une technique simple qui peut aisément être intégrée dans un examen neuropsychologique. L'examinateur soumet aux patients une liste de mots. Ensuite, dans la condition de mémoire implicite, il leur présente les premières lettres appartenant aux mots récemment présentés et à de nouveaux mots (par exemple, TAB — pour TABAC) et il demande simplement aux patients de compléter chaque fragment avec le premier mot qui leur vient à l'esprit. Les consignes doivent impérativement éviter de suggérer aux patients qu'il s'agit d'une tâche mnésique et que les fragments ont un rapport avec les mots présentés antérieurement. Dans la condition de mémoire explicite par contre, les consignes signalent aux sujets qu'ils doivent utiliser les premières lettres comme indices pour récupérer les mots de la liste présentée peu avant. Graf *et al.* (1984) ont montré que les patients amnésiques se comportaient comme les sujets normaux dans la condition de mémoire implicite tout en ayant d'importantes difficultés dans la condition de mémoire explicite. Cette tâche de complètement utilise des mots familiers qui possédaient une représentation en mémoire avant leur apparition dans la liste d'étude. On a ainsi suggéré que la présentation de l'item active sa représentation en mémoire et que cette activation se produit indépendamment des processus qui sous-tendent la mémoire explicite. Il s'agit également d'examiner si cet effet de priming s'observe pour des associations nouvellement acquises. Schacter & Graf (1986) ont utilisé non plus des mots isolés, mais des couples de mots non reliés. Ces mots, en tant que paire, ne possèdent pas de représentation en mémoire et dès lors, une nouvelle association doit être élaborée durant la phase d'étude. Ils présentent donc aux patients une série de couples de mots non reliés (par exemple, WINDOW-REASON) ; les patients doivent ensuite produire une phrase qui lie les deux mots d'une manière signifiante. Pour déterminer si les associations nouvellement acquises entre les mots non reliés affectent la performance en complètement, ils comparent le complètement quand les trois premières lettres du mot-réponse apparaissent avec le mot auquel il était associé (WINDOW-REA- ; condition « même contexte ») ou avec un autre mot (RIPE-REA-; condition «contexte différent»). Si les associations nouvellement acquises contribuent au priming, les premières lettres devraient être plus souvent complétées avec des mots de la liste d'étude dans la condition «même contexte» que dans la condition «contexte différent». Le test de complètement est administré deux minutes après la présentation de la liste de paires de mots. Ensuite les sujets sont soumis à un test standard de mémoire explicite dans lequel le premier mot de la paire est présenté (WINDOW) et on demande aux patients de rappeler le second mot. Schacter & Graf ont montré que les patients amnésiques complétaient significativement plus de fragments avec des mots de la liste d'étude dans la condition «même contexte» et qu'ils avaient des performances très perturbées à la tâche de mémoire explicite. McAndrews et al. (1987) ont adopté une autre technique permettant d'explorer la mémoire implicite pour une nouvelle information. Ils présentent aux patients une phrase difficile à comprendre (par exemple, «la maison est petite car le soleil est apparu») associée à un indice qui peut rendre la phrase compréhensible (par exemple, «igloo»). Ensuite, ils remontrent la phrase aux patients en leur demandant de fournir l'indice qui permet de la comprendre. Les résultats montrent qu'une seule présentation de la phrase et de l'indice facilite la capacité du patient de produire l'indice ultérieurement en dépit d'une absence totale de mémoire explicite des phrases et des indices. L'effet de priming observé est de longue durée puisqu'il est encore présent après une semaine. Ces quelques exemples parmi d'autres illustrent le fait qu'il est possible d'évaluer la mémoire implicite dans le cadre d'un examen clinique. Cependant, il n'existe pas de test prêt à l'emploi et le clinicien devra construire lui-même son matériel.

En ce qui concerne l'évaluation de la mémoire sémantique, la définition même de ce système mnésique indique qu'il est illusoire de vouloir déterminer quels sont les tests les plus adaptés. En effet, si comme Tulving (1987), on définit la mémoire sémantique comme «an organism's ability to acquire, retain and use general knowledge of the world that it shares with other members of the species», on voit mal comment aborder tous les aspects de cette capacité au moyen de quelques épreuves. Généralement, les études neuropsychologiques se sont limitées à évaluer l'accès à la mémoire sémantique verbale. Parmi les tests utilisés, on peut citer les épreuves de vocabulaire et de fluence verbale. Baddeley et al. (1987) ont exploré la vitesse d'accès à la mémoire sémantique en utilisant la tâche développée par Collins & Quillian (1969). Cette tâche consiste à vérifier des énoncés qui constituent une description correcte ou incorrecte de certains aspects du monde. D'autres travaux ont également tenté de déterminer si les difficultés sémantiques constatées chez certains patients constituaient un déficit d'accès à la mémoire sémantique ou au contraire une perturbation de l'organisation sémantique. Les problèmes méthodologiques et théoriques que posent ces travaux sont nombreux et dépassent le cadre de cette présentation. Niederehe (1986) a utilisé une méthode proche des exigences mnésiques quotidiennes et destinée à évaluer comment des sujets jeunes, des sujets âgés et des sujets déprimés (jeunes et âgés) peuvent récupérer une information générale sur le monde (voir également Lachman & Lachman, 1980). Il s'agit d'un questionnaire comportant cent items tirés de différents domaines : histoire, science, politique... Chaque item a été préparé sous trois formes : une forme «rappel libre», une forme «rappel indicé» et une forme «reconnaissance». Les items ont été préalablement testés afin d'établir des niveaux de difficulté appropriés et d'éliminer les items trop faciles et trop difficiles. Relevons que les sujets âgés se comportent mieux que les sujets jeunes et qu'il n'y a pas de différence significative entre les sujets déprimés et les sujets non déprimés. Par ailleurs, tous les groupes s'améliorent quand ils passent du rappel libre au rappel indicé et du rappel indicé à la reconnaissance. Enfin, les différences entre les groupes restent semblables quel que soit le mode de récupération.

C) L'évaluation de la mémoire rétrograde

GROUCHO. — «Chicolini, when were you born?»
CHICO. — «I don't remember, I was just a little baby at the time».

(Duck Soup)

La plupart des neuropsychologues évaluent la mémoire rétrograde de manière clinique, dans le cadre d'un entretien général. Cet examen clinique porte souvent sur des informations surapprises ou sur des événements qui ne peuvent pas être vérifiés, ce qui peut contribuer à créer l'impression d'un maintien des souvenirs les plus anciens (la loi de Ribot, 1881). Une autre façon de procéder serait d'interroger les amis et les proches du patient afin d'obtenir une biographie détaillée, laquelle permettrait d'élaborer un questionnaire couvrant chaque période de la vie du sujet. Cette démarche laborieuse n'est guère réaliste et dans de nombreux cas, elle ne pourrait pas être menée à bien. Afin de vaincre ces problèmes pratiques et méthodologiques, certains neuropsychologues anglais et américains ont suggéré d'évaluer la capacité du patient de se souvenir d'événement publics. Ils ont ainsi créé des questionnaires concernant les événements de l'actualité ancienne et ils ont également développé des tests visuels en utilisant des photographies de personnages connus (Warrington & Sanders, 1971 ; Marslen-Wilson & Teuber, 1975 ; Seltzer & Benson, 1974 ; Squire *et al.*, 1985). Ces techniques posent cependant plusieurs problèmes. D'abord, il existe d'importantes différences entre les individus dans l'intérêt qu'ils portent aux événements de l'actualité et souvent, cet intérêt varie avec le temps (Baddeley & Wilkins, 1984). Par ailleurs, il est difficile d'égaliser les niveaux de difficultés des items selon les différentes périodes envisagées. Il s'agit pourtant d'un facteur essentiel car la mise en évidence d'un gradient temporel pourrait être liée au fait que des questions plus difficiles ont été posées pour les périodes récentes. Un autre problème concerne la fréquence avec laquelle les événements ont été remontrés ou réanalysés ultérieurement. Ainsi, certains événements sont connus, non pas parce que les sujets ont un souvenir précis de la période où ils se sont déroulés, mais parce qu'ils font partie de la connaissance générale du monde. Une solution possible est de sélectionner un grand nombre d'événements pour chaque année, indépendamment de leur importance relative, puis de choisir ceux que les personnes qui n'étaient pas nées durant cette période connaissent peu (Warrington & Sanders, 1971). Une autre solution est d'analyser séparément les items faciles (c'est-à-dire ceux qui ont, dans le groupe contrôle, un score supérieur au score médian) et les items difficiles (ayant un score inférieur au score médian). C'est notamment la solution adoptée par Albert *et al.* (1979). Ces auteurs ont développé une batterie complète d'évaluation de la mémoire rétrograde (la «Boston Remote Memory Battery») qui comporte une tâche d'identification de visages célèbres, un test de rappel et un test de reconnaissance d'événements publics. Des indices sont fournis au patient en cas de non-réponse. Un dernier problème concerne le fait que les questionnaires doivent être remis à jour et restandardisés chaque année, ce qui est une tâche particulièrement difficile dans la mesure où on veut sélectionner des items de difficulté égale. Squire *et al.* (1975) et Squire & Fox (1980) ont conçu un test de mémoire rétrograde qui pose moins de problèmes méthodologiques. Leur procédure est basée sur la reconnaissance de titres d'émissions télévisées qui furent présentées durant une saison. Le degré d'exposition de ces émissions a été contrôlé en se référant aux taux d'écoute révélés par les sondages. Ces différents tests de mémoire rétrograde sont évidemment spécifiques à une culture et ils ne peuvent être administrés en dehors de leur pays d'origine. On ne dispose pas actuellement d'outils analogues en langue française. Signalons enfin que (Wilson &

Cockburn, 1988) ont mis au point un questionnaire qui n'a plus pour but d'évaluer les événements publics mais qui aborde la mémoire rétrograde en demandant aux patients d'estimer le prix de produits courants (par exemple, une bouteille de lait). Les auteurs postulent que, pour effectuer cette tâche, les patients doivent se référer à la période de temps disponible la plus récente. Les patients amnésiques auraient tendance à fournir des estimations de prix qui étaient en vigueur plusieurs années auparavant.

Une question fort débattue est de savoir si les questionnaires d'événements publics concernent la mémoire sémantique ou la mémoire épisodique. Récemment, quelques travaux ont tenté d'aborder ce qui est l'essence même de la mémoire épisodique c'est-à-dire la mémoire autobiographique (Zola-Morgan et al., 1983; Baddeley & Wilson, 1986). La procédure qu'ils ont adoptée consiste à présenter au patient un mot-indice (par exemple, le mot «jeu») et à lui demander d'essayer de récupérer («recollect») un événement personnellement vécu qui pourrait être relié à ce mot. Si le sujet fournit un événement général, on lui demande d'essayer de rappeler un incident spécifique. S'il en est incapable, on l'aide en lui suggérant une catégorie large d'événements. Pour chaque événement récupéré, l'examinateur essaye de faire préciser au sujet le moment et le lieu de l'événement et l'incite à fournir tous les détails disponibles. Cette méthode, initialement conçue par Galton (1883), a également été appliquée en neuropsychologie par Crovitz (1986). Se pose évidemment le problème de la validité des souvenirs récupérés. Comme il est rare qu'on puisse contrôler la véracité de l'incident rappelé par le patient, la seule solution est de retester le patient ultérieurement. Souvent, le patient ne se souviendra plus de l'examen antérieur, ce qui, comme l'indiquent Baddeley & Wilson (1986), constitue un avantage par rapport aux sujets normaux du point de vue de l'évaluation de la validité. Si le patient fournit un autre incident que celui proposé antérieurement, l'examinateur peut lui proposer une catégorie générale et lui redemander de récupérer un nouvel événement. Si l'événement précédent n'est toujours pas évoqué, on peut fournir au patient des indices de plus en plus spécifiques et, en derniers cours, on peut lui donner une description de cet événement et lui demander un jugement de familiarité de l'incident évoqué. Baddeley & Wilson ont mis au point un système de cotation destiné à quantifier la richesse des productions, leur caractère spontané et leur fidélité. Ces auteurs indiquent néanmoins que la méthode du mot-inducteur est loin d'être idéale en tant que technique clinique. Le sujet est libre de choisir des événements dans toutes les périodes de sa vie.

Dès lors, s'il récupère des faits dans des périodes pour lesquelles sa mémoire est intacte, il pourra fournir un tableau flatteur de ses capacités. Par ailleurs, il sera difficile d'obtenir une indication concernant l'étendue de l'amnésie rétrograde. Enfin, le fait de retester le patient ne permet pas d'établir avec certitude la fidélité de ses productions. En effet, il pourrait ne pas reconnaître un souvenir récupéré précédemment du fait d'un obscurcissement de la mémoire autobiographique. Baddeley & Wilson suggèrent de s'orienter plutôt vers une méthode proche de l'interview structurée dans laquelle le sujet doit récupérer des événements pour toutes les périodes de sa vie. Pour le guider dans sa recherche, l'examinateur lui fournirait des catégories d'événements vécus par l'ensemble de la population. Ce type d'interview a récemment été mis au point par Kopelman *et al.* (sous presse). En conclusion, il nous paraît important de pouvoir disposer d'outils adéquats pour l'évaluation de la mémoire autobiographique car, comme le notent Baddeley & Wilson (1986), «there seem little doubt that autobiographical memory by maintaining a record of the self, probably performs one of the most significant functions of human memory».

III. LES QUESTIONNAIRES DE MEMOIRE, DIARIES ET CHECK-LISTS

Les différentes épreuves de mémoire «neuropsychométriques» peuvent nous fournir des informations utiles concernant la nature du trouble mnésique mais elle ne révèlent pas nécessairement la signification de ce trouble pour un individu donné dans son environnement quotidien. Or, le but ultime de l'évaluation clinique de la mémoire n'est pas de découvrir la capacité qu'a un patient de réaliser ces épreuves mais bien de prédire, à partir des résultats aux tests, la présence de difficultés dans les situations de la vie quotidienne.

L'exactitude des prédictions qui peuvent être réalisées à partir des tests mnésiques est limitée et ce, pour plusieurs raisons :
– Premièrement, les tests de mémoire du type «apprentissage de listes de mots» sont très éloignés des tâches mnésiques communément rencontrées dans la vie quotidienne (se souvenir de noms de personnes, de visages, de directions, d'actions à effectuer...).
– La deuxième raison est que la fréquence des difficultés mnésiques d'un sujet n'est pas uniquement déterminée par ses capacités cognitives mais dépend également des exigences que son environnement et son style de vie font peser sur sa mémoire. Un patient manifestant d'importants problèmes mnésiques peut ne pas être très perturbé

dans sa vie quotidienne s'il mène une existence protégée et routinière ou s'il utilise de manière systématique des aide-mémoire.
– Enfin, les conditions dans lesquelles l'activité mnésique est évaluée en situation de test standardisé sont fort différentes des conditions réelles. Dans la vie quotidienne, la présence de bruit, l'état de fatigue, le niveau de motivation, l'état émotionnel, la réalisation concomittante de plusieurs activités sont des facteurs qui peuvent influer sur les difficultés mnésiques.

Ces différents problèmes ont amené les cliniciens à souhaiter d'autres outils d'évaluation. Nous avons vu que l'étude expérimentale de la mémoire s'orientait également vers l'exploration de phénomènes écologiquement valides. Dans cette perspective, plusieurs chercheurs ont considéré que les comptes rendus fournis par les sujets sur leur propre fonctionnement mnésique pouvaient constituer une première étape vers la compréhension de la mémoire quotidienne. Il s'agit de demander aux sujets de décrire leurs propres difficultés mnésiques dans des situations courantes, ou encore de se baser sur les observations d'une personne proche, en contact fréquent avec eux. Ces informations peuvent être recueillies à l'aide de questionnaires de mémoire qui interrogent le sujet ou la personne proche sur la fréquence de différents types d'erreurs mnésiques. Il est également possible d'utiliser la méthode du journal («diary») ou de la liste de contrôle («checklist») dans lesquelles le sujet enregistre l'incidence des différentes erreurs pendant une période déterminée. Ces méthodes d'investigation de la mémoire quotidienne sont progressivement entrées dans les pratiques neuropsychologiques.

A) Validité des questionnaires de mémoire

Le problème majeur posé par ces méthodes est celui de la validité : les questionnaires, listes de contrôle et journaux fournissent-ils un relevé exact de l'incidence réelle des difficultés mnésiques? Plusieurs études (voir Herrmann, 1984) ont montré des corrélations faibles à modérées (inférieures à .5) entre les questionnaires et divers tests objectifs de mémoire. Ainsi, Bennett-Levy & Powell (1980) ont comparé les performances de 17 sujets alcooliques chroniques et de 13 sujets sobres à six tests de mémoire (mémoire de récit, reconnaissance de mots dégradés, reconnaissance de dessins dégradés, mémoire de visages et de noms, rappel libre d'objets dessinés et digit span) ainsi qu'à leur questionnaire de mémoire (SMQ). Seul le test d'association visage-nom est corrélé avec le score total au questionnaire. L'analyse des scores par items montre que 24 items du SMQ sont corrélés avec une ou deux tâches mnésiques. Cependant, la plupart de ces items ont un contenu qui n'est pas relié au test avec lequel ils sont corrélés (par exemple : le test de mémoire de récit est corrélé avec l'item «oubli de ce qu'on est en train de faire»). Pour quelques items seulement, contenu et test sont liés (par exemple : le test visage-nom est corrélé avec l'item «mémoire des noms», ou le digit span corrélé avec l'item «mémoire des numéros de téléphone»). Les coefficients de corrélation sont peu élevés et toujours inférieurs à .56. Un autre travail de Wilkins & Baddeley (1978) ne rapporte aucune relation entre le «Cognitive Failure Questionnaire» (CFQ, Broadbent *et al.*, 1982) et une tâche de mémoire prospective simulant la prise de médicaments et consistant à presser sur un bouton à des moments déterminés. Cette faible corrélation entre questionnaire et mesures objectives peut avoir trois causes : soit les mesures subjectives n'évaluent pas de manière adéquate les échecs mnésiques, soit ce sont les tests objectifs qui sont inadéquats, soit enfin tests objectifs et mesures subjectives appréhendent des phénomènes et des variables différents.

Pour Morris (1984), le comportement d'un sujet qui remplit un questionnaire de mémoire peut être décomposé en différentes étapes ; à chacune de ces étapes peut correspondre un problème qui va affaiblir l'exactitude de son évaluation :

1. Le sujet doit d'abord avoir fait l'expérience dans sa vie personnelle de la difficulté mnésique spécifiée par l'item du questionnaire. En outre, l'auto-évaluation qu'il va effectuer devrait idéalement être basée sur un ensemble suffisant de situations vécues. Les différents items du questionnaire doivent donc être assez spécifiques pour susciter la récupération d'exemples précis d'échecs mnésiques mais doivent être assez généraux pour qu'ils puissent être applicables à une large couche de la population. Des questions très spécifiques pourront susciter des jugements sur la base d'ensembles de situations très différentes chez des sujets âgés en maison de retraite et chez des sujets jeunes et actifs : une personne âgée peut ne pas pouvoir s'évaluer à une question spécifique du type «Vous arrive-t-il de devoir présenter quelqu'un que vous connaissez bien à quelqu'un d'autre et de ne plus vous souvenir de son nom?», car elle mène une vie sociale tellement réduite qu'elle n'est jamais dans une telle situation. Par ailleurs, des questions très générales du type «Vous arrive-t-il d'oublier des noms de personnes?» susciteront peut être des exemples plus nombreux mais le type d'exemples récupérés qui servira de base à l'évaluation ne sera pas précisé. De plus, comme la récupération en mémoire

dépend d'indices de récupération spécifiques (le principe de spécificité d'encodage), il est possible qu'un indice général n'évoque aucune situation vécue d'échec mnésique.

2. Le sujet doit classer la difficulté de mémoire vécue comme un échec mnésique, et cela dépendra en partie des croyances qu'il entretient sur son fonctionnement mnésique. Ces croyances sont issues d'un ensemble de généralisations basées sur des informations de différentes sources. La source la plus évidente est l'expérience directe : en accumulant des expériences et en les catégorisant en oublis ou en souvenirs, une personne se construit des généralisations sur sa capacité de mémoire («J'ai une bonne mémoire des visages mais pas des noms»). Une deuxième source, c'est l'opinion ou l'évaluation d'autrui, soit directement («Ma mère m'a toujours dit que j'avais une mauvaise mémoire des visages») soit indirectement par un processus de comparaison sociale (par l'observation d'autrui, par les media...). Ainsi, les attentes des sujets plus âgés, et donc leur auto-évaluation sur un questionnaire, peuvent être influencées par la croyance largement répandue selon laquelle la mémoire décline avec l'âge. Enfin, certains sujets seront plus conscients de leurs difficultés mnésiques s'ils doivent utiliser fréquemment leur mémoire ou s'ils ont plus l'occasion d'être confrontés aux conséquences de leurs échecs.

3. Le sujet doit se souvenir de ses échecs mnésiques. C'est à ce niveau qu'intervient ce que Herrmann (1979) a appelé le «paradoxe de l'introspection mnésique» : ce sont les sujets qui ont le plus de difficultés mnésiques qui auront aussi le plus tendance à oublier que ces difficultés ont eu lieu ; autrement dit, plus les sujets oublient et plus ils oublient qu'ils oublient. En outre, si on postule que les sujets établissent leurs jugements de fréquence et de probabilité d'échecs mnésiques sur la facilité avec laquelle ils peuvent rappeler ces échecs (le sujet qui rappelle beaucoup d'exemples d'un certain type considérera que cet échec est fréquent), certains échecs pourtant fréquents ne seront pas jugés tels car le sujet est incapable d'en rappeler de nombreux exemples : c'est le cas des problèmes mnésiques que nous vivons très fréquemment mais qui ne perturbent pas notre vie et qui ne sont donc pas l'objet d'un traitement cognitif qui les façonnera en souvenirs distincts (par exemple : ne pas trouver le mot juste, oublier le nom d'une personne...). A l'opposé, des échecs qui se produisent rarement peuvent néanmoins être jugés fréquents car ils ont eu des conséquences importantes (par exemple : un rendez-vous important manqué). Notons que la récupération de situations d'échec mnésique peut varier avec le style de vie du sujet, avec sa personnalité et avec

l'utilisation qu'il fait d'aide-mémoire : pour certains individus, les échecs mnésiques peuvent avoir un impact émotionnel majeur, ce qui convertira un trouble banal en un échec important; de même, l'utilisation d'aide-mémoire peut diminuer le nombre d'erreurs embarrassantes.

Idéalement, la validité des questionnaires de mémoire devrait être examinée en comparant l'évaluation au questionnaire à une mesure plus directe de la fréquence des échecs dans la vie quotidienne, par exemple, par la méthode du journal («diary»). Shlechter et Herrmann (1981) n'ont pas trouvé de corrélation significative entre l'évaluation au «Short Inventory of Memory Experiences (SIME)» et la fréquence d'oublis enregistrés ultérieurement dans un «diary» pendant une période de dix jours. Cependant, les réponses fournies lors d'une deuxième administration du SIME (donnée après le diary) sont significativement corrélées pour cinq des huit facteurs du questionnaire. Cette étude suggère que la faible validité des questionnaires n'est pas due à la construction du questionnaire mais à la connaissance inadéquate qu'ont les sujets de leurs capacités mnésiques, soit par manque d'attention ou par manque de pratique et d'expérience. Dans la même direction, Herrmann *et al.* (1983) trouvent un faible corrélation entre l'évaluation de la capacité à réaliser 10 tâches mnésiques de laboratoire (au questionnaire SALT : Self Assessment of Laboratory Tasks) et les performances ultérieures à ces différentes tâches. Par contre, les réponses à une deuxième passation du SALT (après la réalisation des tâches et sans feedback sur la performance) fournissent huit corrélations significatives.

L'utilisation des questionnaires de mémoire pose d'autres problèmes, notamment ceux liés au type de réponse demandé au sujet (Morris, 1984; Gilewski & Zelinski, 1986). La plupart des questionnaires utilisent des échelles d'évaluation à 5, 7 ou 9 niveaux, composées de termes subjectifs («jamais», «de temps à autre», «fréquemment», «toujours»). Ces échelles subjectives suscitent de nombreux biais de réponse (Poulton, 1975; 1979) et notamment, la tendance des sujets à répondre au point milieu de l'échelle. Harris (1979) a également montré que les sujets pouvaient utiliser différemment ce type de catégories de réponse selon les questions posées : en ce qui concerne la fréquence d'utilisation d'aide-mémoire externes ou internes, l'utilisation, une fois par semaine, d'un aide-mémoire interne (par exemple : le procédé mnémotechnique de la première lettre) est considéré comme très fréquente alors que l'emploi de l'agenda, une fois par semaine, est considéré comme rare.

Un autre point concerne le fait que l'ensemble utilisable des différents niveaux de l'échelle peut être assez limité pour les sujets ne présentant pas de problèmes pathologiques : une échelle à sept niveaux (de jamais à toujours) peut se réduire à deux ou trois niveaux, la réponse «jamais» n'étant pas envisagée, pas plus que les réponses «une fois sur deux», «souvent» et «fréquemment» car des erreurs aussi nombreuses rendraient évidemment la vie impossible. D'autres modes de réponse ont été proposés comme par exemple l'échelle ordinale de Harris (1979); cette échelle comporte onze niveaux : A = jamais, B = environ une fois dans ma vie, C = plus qu'une fois dans ma vie mais moins qu'une fois par an, ... K = plus qu'une fois par jour. L'utilisation de ce type d'échelle en neuropsychologie paraît cependant très difficile notamment du fait des exigences qu'elle fait peser sur la mémoire du patient. Le libellé même des questions peut également influencer les réponses du sujet : le libellé «positif» (Avez-vous des difficultés pour...) peut susciter un biais d'affirmation, les sujets se soumettant à la suggestion que leur mémoire peut être défectueuse. Enfin, certains sujets peuvent répondre dans la direction qui leur paraît la plus socialement acceptable. Ces effets d'affirmation et de désirabilité sociale n'ont pas été contrôlés de manière systématique.

Un dernier problème concerne le nombre de mesures dépendantes que le questionnaire devrait fournir : un seul score mnésique global ou un score pour chaque facteur ou dimension. Comme le signale Morris (1984), il existe dans la littérature des données qui montrent qu'il n'y a pas une capacité mnésique générale mais plutôt des habiletés mnésiques spécifiques, activées dans certaines circonstances. Underwood *et al.* (1978) et Battig (1979) ont examiné les intercorrélations entre une trentaine de tests mnésiques et ont montré des corrélations faibles entre ces différents tests. Wilkins & Baddeley (1978) trouvent une relation négative entre les scores en rappel libre et une tâche de mémoire prospective. Ces différents processus mnésiques ne peuvent pas être appréhendés sur la base d'un score global à un questionnaire de mémoire, et il est probablement plus utile d'élaborer des questionnaires conçus spécifiquement pour évaluer chaque processus.

Notons pour terminer qu'un point fort des questionnaires de mémoire est leur fidélité élevée (tournant habituellement autour de .8 aux mesures test-retest). Cette fidélité est loin d'être aussi haute pour les tests objectifs de mémoire : Hannay & Levin (1985) ont noté une fidélité test-retest allant de .48 à .65 pour les différentes mesures du test de Selective Reminding (Buschke, 1973). Cette fidélité faible aux tests est probablement le reflet de la variabilité des processus mnésiques du sujet confronté aux différentes passations. Ceci limite l'étendue avec laquelle les mesures aux tests objectifs peuvent être corrélées avec les résultats au questionnaire.

Bien que divers problèmes peuvent rendre difficile une analyse quantitative exacte des réponses à un questionnaire de mémoire, cette méthode peut néanmoins fournir une contribution qualitative valable à l'étude de la mémoire dans la vie quotidienne. En outre, le questionnaire peut être utile pour indiquer quelles sont les croyances du sujet sur ses capacités mnésiques (Herrmann, 1984). La connaissance de ces croyances est particulièrement importante en neuropsychologie : elles peuvent déterminer l'engagement du patient dans une activité (le patient qui croit avoir une mauvaise mémoire topographique répugnera à s'engager seul dans un lieu peu connu); elles peuvent également déterminer le type de stratégie utilisée par un sujet pour réaliser une tâche et peuvent influer sur le déroulement d'une rééducation (le patient qui s'auto-évalue positivement malgré des problèmes mnésiques repérés par ailleurs ne verra pas de raisons d'entamer une rééducation).

B) Contenu des questionnaires de mémoire et propriétés psychométriques

A ce jour, de nombreux questionnaires ont été développés en langue anglaise : Herrmann (1984) en dénombre 18. Pour certains, les propriétés psychométriques (analyse factorielle, fidélité test-retest, validité) ont été étudiées. C'est le cas pour les questionnaires suivants :
– Inventory of Memory Experiences : IME (Herrmann & Neisser, 1978);
– Memory Scale : MS (Sehulster, 1981);
– Subjective Memory Questionnaire : SMQ (Bennett-Levy & Powell, 1980; McMillan, 1984);
– Metamemory Questionnaire : MMQ (Zelinski *et al.*, 1980);
– Memory Assessment Clinics, Self-Rating Scale : Mac.S (Winterling *et al.*, 1986);
– Everyday Memory Questionnaire : EMQ (Sunderland *et al.*, 1983).

Les phénomènes abordés par ces questionnaires sont de nature différente et ne se recouvrent pas totalement (Gilewski & Zelinski, 1986). On peut citer :
– le fonctionnement global de la mémoire;
– la fréquence d'oublis;

- les changements de performance avec l'âge ;
- les stratégies et les procédés mnémotechniques utilisés ;
- la métamémoire (connaissance des lois et principes de la mémoire) ;
- les exigences que l'environnement fait peser sur la mémoire ;
- la signification personnelle attribuée aux troubles mnésiques ;
- l'influence de facteurs non mnésiques sur les échecs mnésiques : stress, anxiété, fatigue, personnalité.. ;
- les efforts entrepris pour vaincre l'oubli.

Pour chaque type de phénomène, les questions portent parfois sur une étape particulière du traitement mnésique (acquisition, rétention, récupération) et peuvent spécifier le type de réponse (reconnaissance d'un visage ou rappel d'un nom).

Quant aux contenus sur lesquels on interroge les sujets, on peut distinguer avec Herrmann (1984) :
- Les événements et tâches courantes qui concernent les différents types d'échecs mnésiques auxquels nous sommes confrontés durant notre vie (la localisation d'objets, les rendez-vous, les noms de personnes, les visages, les voix, les conversations, les directions, ...).
- Les événements personnels et autobiographiques (rappel d'événements récents, d'événements de l'enfance...).
- L'information sémantique (les faits d'actualité, le vocabulaire, l'information apprise «par cœur», indépendamment des événements qui ont mené à l'acquisition de l'information).
- Diverses habiletés cognitives et perceptivo-motrices (les modes d'emploi, les règles de jeux...).

Ces différents domaines peuvent être regroupés selon les diverses catégories théoriques en usage : mémoire sémantique, épisodique, procédurale, prospective, rétrospective. Généralement, les questionnaires n'ont pas été créés *a priori* sur base de ces distinctions mais plutôt d'une manière empirique.

Pour quelques questionnaires, on dispose de données normatives recueillies sur des échantillons importants. Par exemple, McMillan (1984) a administré le questionnaire SMQ (Bennett Levy & Powell, 1980) à un échantillon de 222 sujets représentatif de la population du Royaume-Uni en ce qui concerne les niveaux socio-culturels. Les sujets étaient divisés en trois groupes d'âge (16-24, 25-34 et 35-65) ; il y avait 108 hommes et 114 femmes. L'auteur ne constate pas d'effets de l'âge, ni du sexe sur les scores globaux ; par contre, il y a un effet du niveau socio-culturel, les classes «supérieures» évaluant leur efficience mnésique avec plus d'optimisme que les classes «inférieures». Globalement, les sujets considèrent que leur mémoire se situe au-dessus de la moyenne (sur une échelle à cinq niveaux : très mauvais, mauvais, moyen, bon et très bon). En ce qui concerne l'analyse par items, on constate des différences entre sexes pour environ 50 % des 43 items. L'âge a peu d'effet sur les scores : des différences liées à l'âge sont trouvées dans sept questions et pour deux items seulement, la mémoire est évaluée comme plus mauvaise par les sujets plus âgés (les items 1 et 10 : noms de personnes et paroles de chansons). L'analyse en composantes principales révèlent 10 facteurs qui rendent compte de 86 % de la variance totale : mémoire masculine, mémoire féminine, lecture, distractions/mémoire prospective, films/télévision, lieux, musique, nom de personnes, reconnaissance de personnes (visages, voix) et un facteur dont l'étiquetage est difficile et qui regroupe notamment l'item «apprentissage d'habitudes nouvelles (les commandes d'une nouvelle voiture...)», l'item «oublier, au milieu d'une phrase, ce que vous étiez en train de dire». Les facteurs «distractions/mémoire prospective», «noms», et «lieux» sont fort semblables à ceux rapportés par d'autres études (Herrmann & Neisser, 1978) et le facteur «mémoire masculine/féminine» n'a pas été décrit ailleurs.

Signalons enfin que nous avons récemment mis au point en langue française un questionnaire d'auto-évaluation. Ce questionnaire a été administré à 400 sujets normaux âgés de 18 à plus de 70 ans (Van der Linden *et al.*, 1989).

C) Utilisation des questionnaires de mémoire, diaries et check-lists en neuropsychologie

Il existe peu d'études ayant utilisé la technique du questionnaire chez les patients cérébro-lésés. Bennett-Levy *et al.* (1980) ont évalué les plaintes mnésiques subjectives d'une population de 58 patients ayant subi une lobectomie temporale au moyen du SMQ (Bennett-Levy & Powell, 1980). Les patients se décrivent globalement comme ayant plus de problèmes mnésiques que les sujets normaux, mais 3 items seulement sur 43 ont montré une différence significative entre les patients avec lobectomie droite et gauche : les patients avec lésion droite rapportent une moins bonne mémoire pour deux items de mémoire des visages, les patients avec lésion gauche pour l'item de mémoire prospective. En outre, l'âge au moment de l'opération, le délai entre le testing et l'opération et le degré de récupération clinique sont des variables qui exercent un effet marqué sur l'auto-évaluation, de la même manière qu'elles le font sur les performances aux tests de laboratoire.

Kapur & Pearson (1983) ont, dans une première étude, demandé à un groupe de 100 patients, d'étiologie variée, de donner un exemple de leurs difficultés mnésiques (si les patients en fournissaient plusieurs, seul le premier était inclus dans l'analyse). Les symptômes les plus fréquemment cités concernent dans l'ordre : se souvenir des noms de personnes, la mémoire d'événements récents (qui se sont déroulés quelques jours ou quelques semaines plus tôt), la mémoire d'un message transmis oralement, se souvenir d'effectuer une action, l'orientation dans le temps et la mémoire des emplacements d'objets. Ces symptômes sont également fréquemment rapportés par un groupe de sujets contrôles, à l'exception de la désorientation dans le temps qui n'est pas mentionnée chez les sujets contrôles et de la mémoire d'événements récents qui est beaucoup plus fréquemment signalée chez les sujets cérébro-lésés. En outre, un résultat particulièrement intrigant est que l'oubli d'effectuer une action est plus souvent noté dans le groupe contrôle que dans le groupe lésé ; il est peu probable que ce résultat soit lié au fait d'une vie plus active chez les sujets contrôles car la plupart d'entre eux étaient des patients hospitalisés avec des atteintes de la colonne vertébrale. Il est possible que les patients cérébro-lésés ne disposent pas de feed-back quant aux conséquences de leurs oublis en mémoire prospective. Dans une deuxième étude, Kapur & Pearson (1983) ont examiné chez 14 patients avec traumatisme crânien (et présentant des problèmes mnésiques assez légers), la relation entre l'auto-évaluation des patients et l'évaluation par un proche sur un bref questionnaire de métamémoire, ainsi que la relation entre les évaluations subjectives et divers tests de mémoire (digit span, rappel de récit, reproduction visuelle de l'échelle clinique de mémoire de Wechsler et rappel différé de dessins). Une relation importante a été trouvée entre l'auto-évaluation et l'évaluation par un proche au moyen du questionnaire ; par contre, les corrélations sont généralement faibles et non significatives entre les évaluations subjectives (que ce soit par le patient ou la personne proche) et les tests mnésiques.

Pour Sunderland *et al.* (1984b), si les méthodes subjectives (questionnaire, «diary» ou «check-list») ont une quelconque validité neuropsychologique, elles doivent présenter deux caractéristiques :

1. Si deux de ces méthodes sont utilisées pour explorer la mémoire quotidienne, il doit y avoir un accord entre elles.

2. Si on sait, par d'autres sources, qu'un groupe de patients cérébrolésés présente une fréquence accrue de problèmes mnésiques, les méthodes utilisées doivent pouvoir les repérer.

La crédibilité des mesures de la mémoire quotidienne sera encore meilleure si on constate une relation entre la fréquence des difficultés mnésiques et la performance à certains tests, encore que ce ne soit pas une nécessité absolue puisque, comme nous l'avons vu, les deux niveaux d'évaluation peuvent porter sur des processus différents. Sunderland *et al.* (1983) ont mené ces différents contrôles de validité sur une population de 32 traumatisés crâniens graves et chez 37 sujets contrôles (des patients «orthopédiques» ayant été victimes d'un accident, mais sans traumatisme crânien). Ces sujets ont été l'objet de quatre types différents d'évaluation :

1. L'auto-évaluation par questionnaire : durant une interview, un questionnaire était administré par lequel on demandait aux sujets d'évaluer la fréquence avec laquelle ils présentaient 35 types de difficultés mnésiques. Ces 35 items étaient divisés en 5 sections : langage (oublier le nom d'amis ou de proches ou les appeler par un nom erroné), lecture et écriture (oublier la signification de mots non usuels), visages et lieux (oublier où des objets ont été mis, perdre des objets dans la maison), actions (oublier d'effectuer quelque chose qui normalement se fait de manière routinière) et apprendre de nouvelles informations (ne pas se souvenir du nom de quelqu'un rencontré récemment pour la première fois).

2. L'auto-évaluation par «check-list» : à la suite de l'interview, les 35 items du questionnaire étaient reproposés aux patients, sous la forme d'une liste de contrôle qu'ils devaient remplir durant 7 jours (en indiquant chaque jour les difficultés mnésiques rencontrées).

3. L'évaluation par un proche du patient (en contact quotidien avec lui) au moyen du questionnaire.

4. L'évaluation par la personne proche au moyen de la «check-list».

Les sujets étaient ensuite soumis à une batterie de tests mnésiques (apprentissage de paires associées, reconnaissance à choix forcé de mots, rappel d'un récit court et reconnaissance de visages et de patterns).

Au vu des travaux similaires chez les sujets normaux, l'objectif des auteurs n'était pas de trouver un accord parfait entre les évaluations ; celles-ci devaient néanmoins pouvoir indiquer quels types de troubles mnésiques apparaissaient le plus fréquemment et quels sujets présentaient les performances les plus faibles. Les résultats montrent qu'il existe un accord satisfaisant entre groupes et à l'intérieur des groupes sur les formes de troubles courantes ou non (par exemple, perdre des objets dans la maison est rapporté comme étant très fréquent par toutes les méthodes). Cependant, cette concordance pourrait simplement être le reflet d'une dépendance commune aux croyances antérieures sur la nature de la mémoire quotidienne. Le contrôle le plus convaincant de la validité des mesures devait reposer sur les corrélations entre les scores globaux pour les quatre types d'évaluation. Les quatre mesures montrent un assez haut degré de cohérence tant chez les sujets contrôles que chez les patients, à l'exception d'une faible corrélation dans le groupe contrôle entre le questionnaire du sujet et celui de la personne proche ; la corrélation la plus basse dans le groupe des traumatisés crâniens implique également le questionnaire du patient. De plus, le questionnaire rempli par le patient est la seule mesure à ne pas montrer une incidence plus élevée des troubles mnésiques dans le groupe des traumatisés crâniens. Il semble donc que le questionnaire rempli par le patient ne constitue pas une mesure exacte de la performance quotidienne, ce qui est d'ailleurs confirmé par l'absence de relation nette entre ce questionnaire et la performance aux tests de mémoire. A l'opposé, le questionnaire rempli par la personne proche indique bien l'augmentation des difficultés mnésiques chez les traumatisés crâniens et montre une corrélation importante avec la performance aux tests. Notons que les corrélations les plus fortes entre mesures subjectives et tests objectifs de mémoire concernent le rappel immédiat et différé d'un récit court, ce qui indiquerait que cette épreuve constitue un outil particulièrement valide d'un point de vue écologique.

Le questionnaire rempli par le patient apparaît donc comme une mesure peu valide de la mémoire quotidienne, et il semble judicieux de lui préférer le questionnaire rempli par la personne proche ou la « check-list ». Sunderland *et al.* (1984b) atténuent cependant quelque peu le caractère trop négatif de cette conclusion en soulignant que l'auto-évaluation par le questionnaire peut fournir des données qualitatives intéressantes et que, dans le contexte clinique, il peut être utile de savoir que certaines formes de difficultés existent sans pour autant en connaître la fréquence exacte. L'auto-évaluation permet également de recueillir des informations sur des difficultés mnésiques « privées », c'est-à-dire celles qui ne peuvent être observées par d'autres personnes ainsi que sur des problèmes trop peu fréquents que pour être explorés par la méthode de la liste de contrôle.

Dans une deuxième étude, Sunderland *et al.* (1984a) ont utilisé une version améliorée du questionnaire, dans laquelle ont été repris les items qui étaient les plus discriminatifs sur la base des résultats de l'étude antérieure ainsi que de nouveaux items correspondant à des plaintes fournies par les patients et leurs proches. Ce questionnaire amélioré fut utilisé dans une étude «par correspondance» destinée à comparer les séquelles mnésiques de deux groupes de traumatisés crâniens plusieurs années après le traumatisme : un groupe avec traumatisme grave (ayant présenté une amnésie post-traumatique d'au moins 24 heures) et un groupe avec traumatisme léger (ayant présenté une amnésie post-traumatique de 10 minutes au maximum). Deux versions du questionnaire étaient envoyées : une devait être remplie par le patient, l'autre par un ami ou un proche. Aucune différence n'émerge entre le groupe des traumatisés graves et celui des traumatisés légers sur la base du questionnaire rempli par les patients, ce qui confirme les résultats de l'étude précédente. Par contre, le questionnaire des proches produit un score significativement plus élevé dans le groupe des traumatismes graves. Il existe également un accord entre les personnes proches sur les types de problème mnésique les plus saillants après un traumatisme grave. Ce pattern de difficultés mnésiques rapporté par les proches serait déterminé, en partie, par la facilité avec laquelle les problèmes du patient peuvent être observés par une autre personne : par exemple, sur sept items relevés par les proches comme étant discriminatifs, quatre concernent le comportement pendant les conversations, comportement qui peut être directement observé par la personne proche. Sunderland *et al.* (1983) suggèrent dès lors d'élaborer une nouvelle version du questionnaire qui ne contiendrait que les items considérés comme les plus fréquents par les proches des patients traumatisés.

L'interprétation la plus cohérente de la faible validité du questionnaire rempli par les patients est que les traumatisés crâniens ne peuvent seulement récupérer qu'une petite partie de leurs difficultés mnésiques. Puisqu'une personne proche ne peut seulement observer qu'une partie des difficultés du patient (les troubles mnésiques «publics»), le nombre total de troubles signalés par les patients devrait logiquement être plus élevé que celui signalé par les proches : c'est effectivement le cas pour la majorité des sujets avec traumatisme crânien léger mais la moitié seulement des traumatisés graves présentent ce tableau. On pourrait interpréter ces données en disant que les traumatisés graves refusent d'admettre qu'ils souffrent de problèmes mnésiques : en fait, c'est peu probable car sept des huit patients avec traumatisme sévère qui admettent être handicapés par leurs problèmes de mémoire mentionnent, eux aussi, au questionnaire, moins de troubles que les proches. La limite principale du questionnaire rempli par le patient résulte donc du poids que cette évaluation fait peser sur la capacité qu'a ce patient de récupérer ses échecs mnésiques. Dès lors, une auto-évaluation plus exacte pourrait être réalisée à l'aide de méthodes qui minimisent la demande placée sur la mémoire du patient : par exemple, la «checklist». Des échelles d'évaluation moins exigeantes pourraient également être envisagées (avec des questions du type «ma mémoire des noms de personnes est inférieure ou est égale à la moyenne»); certains patients peuvent en effet être conscients qu'ils présentent des problèmes mnésiques particuliers mais être incapables d'en donner la fréquence d'apparition.

Si Sunderland *et al.* (1983) ont montré que la méthode de la «checklist» pouvait être considérée comme une mesure d'auto-évaluation plus valide que le questionnaire, aucun travail n'a abordé de manière comparative l'efficacité de la méthode du «diary». Crovitz *et al.* (1984) ont conduit une étude exploratoire sur l'utilisation du «diary». Dans un premier temps, ils ont demandé à des sujets normaux, adultes jeunes, de tenir un journal de mémoire pendant une semaine : ils devaient noter sur ce journal chaque oubli dès qu'ils en prenaient conscience. Ils avaient trois colonnes à remplir :

- la date et l'heure (pour permettre une analyse de la fréquence des oublis);
- le type d'oublis : «Qu'est-ce que vous avez oublié et quand deviez-vous vous en souvenir?»;
- les indices qui ont permis la découverte de l'oubli : «Qu'est-ce qui a fait que vous vous êtes rendu compte que vous aviez oublié quelque chose?»

Le contenu des journaux était ensuite classé selon différentes catégories : les catégories définies par Herrmann & Neisser (1978) pour les oublis et des catégories originales pour les indices. Les résultats montrent que la fréquence d'exemples d'oublis est la même pour les différents jours de la semaine. Il existe, par ailleurs, d'importantes différences inter-individuelles. Les oublis les plus fréquents concernent les actions à effectuer (par exemple : «J'ai oublié de téléphoner en réponse à une annonce dans le journal») alors que, dans les études avec questionnaire, il s'agit surtout de noms de personne. Quant aux indices qui permettent de prendre conscience d'un oubli, la catégorie la plus fournie est la catégorie «présence physique» : «J'ai vu une personne et je ne pouvais pas trouver son nom». Pour les auteurs, la prédominance des échecs de mémoire prospective serait liée au fait qu'il y aurait pour une période donnée, plus d'occasions d'oublis d'actions à effectuer que d'oublis de noms. De plus, la vie quotidienne fournirait plus d'indices de récupération associés à l'oubli d'actions qu'à l'oubli de noms : l'oubli d'actions peut avoir notamment des conséquences négatives qui peuvent servir d'indices de récupération permettant de se rappeler que l'action n'a pas été effectuée.

Dans la deuxième partie de leur travail, Crovitz *et al.* (1984) ont analysé les évaluations sur «diary» de trois sujets cérébro-lésés se plaignant de troubles mnésiques (un traumatisé crânien, un patient avec une hydrocéphalie et un patient ayant présenté une encéphalite virale) et de trois sujets normaux âgés de plus de 70 ans. Tant les sujets cérébro-lésés que les sujets âgés normaux donnent des résultats semblables à ceux des sujets jeunes quant à la fréquence des oublis. Pour deux sujets avec lésion cérébrale, les conjoints devaient également tenir à jour, de manière indépendante, les oublis de leur mari : on constate peu de recouvrement entre les évaluations des conjoints et des patients. En ce qui concerne la nature des oublis, les sujets cérébro-lésés signalent plus d'oublis relatifs à la mémoire autobiographique que les sujets adultes jeunes : ils ont, en fait, plus de difficultés à se souvenir d'expériences récentes. La comparaison sujet cérébro-lésés/sujets âgés n'a pu être effectuée que sur 2 cas qui avaient fourni suffisamment d'incidents : le sujet âgé (76 ans) signale beaucoup plus d'oublis ayant trait aux actions à effectuer (22 oublis de mémoire prospective sur 30 incidents) que le sujet amnésique avec encéphalite (4 exemples sur 32); pour les indices de récupération, la hiérarchie établie par ces deux sujets est identique à celle des sujets jeunes, en ce sens que c'est la présence physique de quelque chose ou de quelqu'un qui rappelle les oublis.

Cette étude est manifestement un travail préliminaire et l'utilisation de la méthode du journal devrait faire l'objet d'une évaluation plus organisée. Néanmoins, il semble que cette méthode peut fournir des indications sur les stratégies mnésiques mises en œuvre dans la vie quotidienne (par exemple, sur la façon d'organiser son temps pour que les actions à effectuer soient réalisées). Nous reviendrons ultérieurement sur ce problème de la mémoire prospective. Le «diary» peut également constituer un complément précieux au questionnaire afin de spécifier les difficultés réelles du patient dans la vie courante. Il s'agit d'une procédure souple mais cette souplesse peut cependant rendre son application malaisée chez certains patients présentant des problèmes d'organisation de l'action. La méthode de la liste de contrôle («check-list») est plus structurée mais pourrait s'avérer moins riche du fait notamment de la difficulté à faire entrer certains incidents dans les catégories pré-établies ; la multiplication des catégories rendrait par ailleurs la procédure peu manipulable. Une comparaison des mérites respectifs de ces deux stratégies en neuropsychologie reste à faire. Un point essentiel qu'il faut considérer est la présence de différences inter-individuelles importantes dans les évaluations, que ce soit dans les études de Sunderland ou dans celle de Crovitz. En conséquence, ces méthodes devraient être explorées non plus à partir de réponses de groupes de sujets mais à partir de protocoles individuels.

D) L'utilisation des questionnaires de mémoire chez les personnes âgées

Une des applications les plus populaires des questionnaires de mémoire est la comparaison des réponses de sujets jeunes et de sujets âgés. Les résultats des différentes études sont fort contradictoires que ce soit par rapport aux relations questionnaire — tests objectifs de mémoire ou à la fréquence des problèmes mnésiques chez les personnes âgées. Quelques travaux rapportent une certaine relation entre tests mnésiques et scores au questionnaire d'auto-évaluation. Zelinski *et al.* (1980) ont trouvé une corrélation complexe chez les sujets âgés entre le questionnaire et la performance à trois épreuves de mémoire (rappel différé, reconnaissance et rappel de récit), mais pas chez les sujets jeunes ; le questionnaire n'était cependant pas lié au rappel immédiat, ni à un test de connaissance générale.

Dixon et Hultsh (1983) observent une relation entre la performance au rappel de récits et l'évaluation à un questionnaire composé de 120 items groupés selon huit dimensions théoriques différentes : connaissance des stratégies mnésiques, connaissance des tâches et processus mnésiques, connaissance de ses propres capacités mnésiques, attitudes vis-à-vis de sa mémoire (perception des changements liés à l'âge), activités dépendant de la mémoire, mémoire et anxiété, mémoire et motivation, le type de contrôle (interne ou externe) dans les capacités mnésiques. Certaines différences liées à l'âge se manifestent dans les patterns de relations : la connaissance des stratégies mnésiques est le meilleur prédicteur de la performance en rappel pour les sujets jeunes ; par contre, la performance des sujets âgés est nettement plus reliée à la connaissance de la tâche et à des dimensions affectives comme la motivation, ce qui semblerait donc indiquer l'importance de facteurs non cognitifs dans la performance des personnes âgées.

Riege (1982) a également décrit des corrélations élevées entre réponses au questionnaire et tests de mémoire. Cependant, comme le notent Sunderland *et al.* (1986), le questionnaire qu'il utilise contient deux types d'items, certains demandant une évaluation de la fréquence d'échecs mnésiques, d'autres interrogeant le sujet sur sa capacité de rappeler une information de la vie quotidienne au moment de l'évaluation («Vous souvenez-vous où vous avez garé votre voiture?»...). Comme les réponses à ces deux types d'items ne sont pas analysées séparément, les corrélations avec les tests de mémoire peuvent en fait indiquer une relation avec le sentiment de connaître une information de la vie quotidienne plutôt qu'avec l'exactitude des estimations de la fréquence d'échecs. Enfin, Hulicka (1982) rapporte des corrélations significativement négatives entre les plaintes mnésiques et le rappel de récit, le digit span et le rappel libre mais pas entre les plaintes mnésiques et l'apprentissage de mots couplés.

A l'opposé, d'autres études (Perlmutter, 1978; Rabbitt, 1982) ne constatent pas de corrélations entre questionnaire et tests mnésiques. Larrabee & Levin (1986) n'observent pas de concordance entre trois facteurs issus d'une analyse en composantes principales effectuée sur l'échelle d'auto-évaluation de Squire (1979) et des tests mnésiques supposés refléter ces facteurs (par exemple, les scores de stockage et de récupération à long terme au test de «Selective Reminding» sont censées être les mesures objectives des facteurs subjectifs, stockage et récupération). Seul le facteur subjectif d'évaluation de la mémoire ancienne (la capacité de rappeler des événements qui se sont déroulés il y a longtemps) est associé aux tests objectifs de mémoire ancienne, c'est-à-dire le test «Recognition Memory for Television Shows» (Squire & Slater, 1975) et le test des Présidents Américains (Hamsher & Roberts, 1985).

Par ailleurs, il existe également des discordances entre études quant à l'augmentation des troubles mnésiques avec l'âge, telle que évaluée par le questionnaire. Certains travaux ont trouvé une fréquence d'oublis plus élevée chez les sujets âgés (Perlmutter, 1978; Zelinski *et al.*, 1981). D'autres ont montré quelques effets significatifs de l'âge mais dans le sens d'une meilleure mémoire pour les personnes âgées (Bennet-Levy & Powell, 1980; McMillan, 1984; Sunderland *et al.*, 1984b). Enfin, d'autres études n'ont montré aucune influence de l'âge (Chaffin & Herrmann, 1983). Sunderland *et al.* (1984b) et Baddeley (1981) interprètent l'absence d'augmentation des oublis avec l'âge en disant que les sujets plus âgés mènent une existence moins active et plus ordonnée et qu'ils ont dès lors moins d'occasions d'oublier. Cependant, Sunderland *et al.* (1984, b) ont également trouvé une meilleure auto-évaluation de la mémoire chez des sujets âgés qui n'ont pas encore atteint l'âge de la retraite. Pour Morris (1984), une autre possibilité est que les personnes âgées ont eu plus de temps et de raisons de développer des stratégies destinées à éviter les échecs mnésiques et qu'ils utiliseraient ainsi plus d'aide-mémoire. Peut-être sont-ils aussi moins perturbés par leurs oublis. Ces facteurs auraient tendance à réduire la masse des échecs mnésiques ou à les rendre moins marquants et donc moins récupérables. Gilewski & Zelinski (1986) proposent une interprétation des discordances entre les études, qui se base sur la nature des questions posées. Dans certains questionnaires, les questions sont très spécifiques : par exemple, il peut y avoir plusieurs questions qui portent sur les oublis de noms de personnes dans différentes situations. Dans d'autres, la formulation est plus générale et il y a une seule question sur les oublis de noms («Oubliez-vous souvent les noms de personnes?»). Les sujets jeunes rapporteraient plus de plaintes que les sujets âgés quand les questions sont spécifiques, et on observerait l'inverse quand les questions sont générales. Quand la comparaison sujets âgés/sujets jeunes porte sur des questions spécifiques, les jugements des personnes plus âgées seraient effectués à partir d'un ensemble d'exemples réduit, voire inexistant; par contre, les questions générales permettraient une évaluation à partir d'un nombre plus important d'oublis.

Un point relevé dans plusieurs recherches chez le sujet âgé est la relation entre la dépression et l'auto-évaluation de la mémoire (Khan *et al.*, 1975; Popkin *et al.*, 1982; Gilewski, 1983). Larrabee & Levin (1986) ont montré que les différentes dimensions de l'échelle d'auto-évaluation de Squire (1979) sont liées à l'échelle de dépression de Zung et non aux tests objectifs de mémoire (à l'exception de l'auto-évaluation de la mémoire ancienne). Une étude de Scogin *et al.* (1985) fournit cependant des résultats différents. Les auteurs comparent des sujets âgés qui avaient été recrutés de deux manières : soit par une annonce demandant la participation de personnes âgées se plaignant de problèmes mnésiques et souhaitant un entraînement mnésique, soit par une annonce demandant une participation à des recherches psychologiques sans que le thème de la mémoire ne soit mentionné. Bien que les deux groupes ne diffèrent pas pour ce qui est de l'auto-évaluation de la dépression, ni des performances aux tests mnésiques objectifs, le groupe de sujets âgés qui avait répondu à l'annonce souhaitant des sujets avec problèmes mnésiques rapporte plus d'oublis au questionnaire de mémoire que l'autre groupe. Scogin *et al.* ont par ailleurs examiné l'efficacité d'un programme d'entraînement mnésique (autoadministré) sur un groupe de sujets âgés se plaignant de problèmes de mémoire. Une analyse de covariance des mesures de performance aux tests mnésiques, des plaintes subjectives recueillies à un questionnaire et de l'évaluation de la dépression à l'échelle d'auto-évaluation de Zung, montre un effet significatif du programme d'entraînement sur la performance à certains tests mnésiques mais pas sur les plaintes subjectives, ni sur l'auto-évaluation de la dépression.

Si l'auto-évaluation du fonctionnement mnésique n'est pas systématiquement reliée aux mesures objectives de performance, ni à l'état affectif du sujet, qu'est-ce qui conduit les sujets âgés à se plaindre de leur mémoire et à rechercher un traitement? Pour Zarit *et al.* (1981), les sujets âgés qui cherchent un traitement sont plus concernés par le processus de vieillissement et/ou sont plus sensibles aux modifications liées à l'âge dans leur propre performance. Les sujets qui ne se plaignent pas acceptent plus aisément ce qu'ils considèrent comme un processus normal de vieillissement. Il semble donc important de mieux comprendre l'adaptation individuelle au vieillissement, afin notamment d'améliorer l'efficacité des procédures de traitement.

Dans la même perspective que l'étude menée sur les traumatisés crâniens, Sunderland *et al.* (1986) ont comparé chez des sujets âgés de 64 à 75 ans, plusieurs niveaux d'évaluation :
– l'auto-évaluation par questionnaire (le questionnaire comportant 28 items lus aux sujets) ;
– l'évaluation du sujet âgé par son conjoint, sur le même questionnaire ;
– l'évaluation par «check-list», remplie par les sujets âgés ;
– divers tests de mémoire.

Une cinquième mesure fut incluse en suivant la suggestion de Rabbitt (1982) : les sujets devaient évaluer la fréquence d'oublis pour chaque item quand ils étaient âgés de 30 ans. En effet, alors qu'il n'a trouvé aucune corrélation entre tests mnésiques et auto-évaluation à un questionnaire, Rabbitt a observé des corrélations significatives entre les performances aux tests et un score basé sur la différence d'estimation de la fréquence d'oublis entre «maintenant» et «à l'âge de 30 ans». Enfin, les sujets âgés devaient indiquer sur une échelle à quatre niveaux combien les difficultés mnésiques les contrariaient dans leur vie quotidienne. Une seconde administration du questionnaire était proposée aux sujets âgés, entre 3 et 6 mois après la première administration pour la moitié des sujets, entre 9 et 12 mois pour l'autre moitié.

Les résultats observés tant aux questionnaires qu'aux listes de contrôle montrent une fréquence d'oublis très faible. Il existe un large accord entre les trois mesures de mémoire quotidienne sur les types d'échecs les plus fréquents (lesquels étaient également les plus fréquents dans l'étude de 1984 sur les sujets normaux et les traumatisés crâniens). La « check-list » fournit une fréquence d'échecs plus grande que le questionnaire. La fréquence d'oublis pour les questions « maintenant » est significativement plus grande que pour les questions « à l'âge de 30 ans ». Les corrélations entre les différentes mesures sont toutes significatives mais n'indiquent pas une cohérence très élevée (les corrélations sont inférieures à .5). Contrairement à l'étude menée chez les adultes plus jeunes et les traumatisés crâniens, aucune des évaluations n'est caractérisée par une exactitude plus élevée : le questionnaire rempli par les sujets âgés ne fournit pas une mesure plus mauvaise que la « check-list » ou que le questionnaire rempli par la personne proche. Les corrélations avec les tests objectifs de mémoire sont également faibles, toutes inférieures à .4.

Quand elles sont utilisées chez des sujets âgés normaux, les mesures d'évaluation subjective semblent donc avoir une faible validité. Rabbitt (1982) et Chaffin & Herrmann (1983) ont suggéré que cela pouvait provenir de l'incapacité des personnes âgées d'émettre des jugements exacts sur la fréquence absolue d'échecs mnésiques tout en étant capables de juger de l'incidence relative des oublis. Cependant, Sunderland et al. (1986) ne retrouvent pas les corrélations observées par Rabbitt (1982) entre les estimations du déclin perçu (basées sur la différence des évaluations entre « maintenant » et « à l'âge de 30 ans ») et les tests mnésiques. La faible validité du questionnaire rempli par les personnes proches peut, quant à elle, être expliquée par le fait que les proches oublient les problèmes mnésiques de leur conjoint : étant du même groupe d'âge que les sujets, ils sont tout aussi susceptibles de souffrir des mêmes difficultés de mémoire, alors que dans l'étude sur les traumatisés crâniens, les proches étaient des adultes jeunes sans troubles mnésiques.

Les résultats de l'étude de Sunderland et al. (1986) doivent inciter les cliniciens à la prudence quand ils utilisent des méthodes subjectives d'évaluation de la mémoire chez les sujets âgés. Les questionnaires et la « check-list » donnent néanmoins quelques indications (faibles) sur la mémoire des sujets âgés dans la vie quotidienne comme l'indiquent les corrélations significatives entre le rappel immédiat et différé d'un récit, et entre les évaluations au questionnaire et à la « check-list » remplis par le sujet. Signalons enfin, que tout en percevant clairement que leurs capacités mnésiques ont diminué avec l'âge, très peu de sujets âgés considèrent leurs problèmes de mémoire comme un handicap, même léger. En confondant sous le terme «plaintes mnésiques», la conscience d'un déclin et la perception de ce déclin comme un handicap, on a peut être sous-estimé les capacités d'adaptation des personnes âgées à leurs troubles de mémoire.

IV. LA SIMULATION DES ACTIVITES MNESIQUES DE LA VIE QUOTIDIENNE

Les données recueillies par l'entretien clinique, le questionnaire, le diary ou la check-list nous informent sur l'existence et, dans une moindre mesure, sur la fréquence de certaines formes de difficultés mnésiques présentées par le patient dans sa vie quotidienne. Elles nous fournissent également des indications concernant la conscience qu'a le sujet de ses problèmes. Sur la base de ces données, l'idéal serait de mener des observations directement dans le milieu naturel des sujets afin d'analyser plus finement la nature des difficultés, leur fréquence d'apparition, les circonstances qui les entourent, les réactions de l'environnement, ainsi que les stratégies utilisées par le patient pour les combattre. Si ces observations sont possibles en milieu institutionnel, elles sont plus difficiles à conduire au domicile des patients, à la fois pour des raisons culturelles, pratiques et méthodologiques. En effet, nos conceptions occidentales, et plus particulièrement européennes, de la vie privée s'accommodent mal d'une intrusion dans le milieu de vie des patients. Ces observations sur le terrain peuvent également prendre beaucoup de temps particulièrement pour des troubles mnésiques qui, bien que très gênants, ne se produisent pas fréquemment. De plus, certains comportements peuvent être difficiles à observer car les situations habituelles dans lesquelles ils se manifestent ne sont pas présentes (par exemple, l'évaluation des habiletés professionnelles chez un sujet qui n'a pas encore repris le travail). Enfin, l'immixtion d'un observateur peut modifier les comportements du sujet et de ses proches. Pour toutes ces raisons, une autre approche nous paraît devoir être envisagée : la simulation des activités mnésiques de la vie quotidienne. Il s'agit d'amener le patient à mémoriser des informations dans des situations analogues à celles de la vie courante.

De plus en plus de neuropsychologues cliniciens s'accordent sur la nécessité de développer des outils d'évaluation à base de simulation, permettant d'explorer le plus directement possible les troubles mnésiques constatés dans la vie quotidienne du patient. L'élaboration de tels outils peut prendre deux orientations :

1. La première consiste à proposer aux patients des tâches qui ont une plus grande validité écologique mais qui, d'un point de vue formel, ont les mêmes caractéristiques (et, dans une certaine mesure, les mêmes limites) que les tests de mémoire conventionnels. Les consignes et les conditions d'application font que ces tests conservent un aspect relativement artificiel en ce sens qu'elles indiquent au patient qu'il est l'objet d'une évaluation, et qu'elles limitent, pour des raisons méthodologiques, le nombre de variables susceptibles de contrôler le comportement. Bien que plus attractives pour le patient, ces épreuves ne manipulent pas directement les conditions de motivation et les variables émotionnelles. C'est essentiellement cette approche qui est développée actuellement et nous l'illustrerons par quelques tests qui, à des degrés divers, simulent le fonctionnement mnésique quotidien : le «Rivermead Behavioural Memory Test» (Wilson, 1987), la batterie informatisée de tests «écologiques» mise au point par Crook et ses collaborateurs (Crook *et al.*, 1986), le E.F.R.T. (Executive Functions Route-Finding Task : Boyd *et al.*, 1986).

2. La deuxième direction est plus difficile à suivre et n'a d'ailleurs pas été souvent adoptée en neuropsychologie. Il s'agit, quelques fois par le biais d'une mise en scène efficace, de mettre le patient dans une situation qui permet l'évaluation d'une activité de mémoire sans qu'il soit conscient d'être l'objet d'une telle évaluation.

A) Le «Rivermead Behavioural Memory Test» (RBMT)

Le Rivermead Behavioural Memory Test a été créé en Angleterre par Barbara Wilson, Janet Cokburn et Alan Baddeley. Leur but était de développer un outil permettant de détecter les troubles du fonctionnement mnésique dans la vie quotidienne et de combler le fossé entre les tests classiques de mémoire (du type «laboratoire») et les mesures d'auto-évaluation fournies par les questionnaires, diaries et check-lists. Ce test propose diverses tâches analogues aux activités mnésiques quotidiennes ; elles ont été choisies sur la base des difficultés rapportées par les patients traumatisés crâniens dans l'étude de Sunderland *et al.* (1983) et sur la base d'observations de patients rééduqués au Rivermead Rehabilitation Center.

Les items impliquent soit de se souvenir d'entreprendre certaines tâches quotidiennes (situations de mémoire prospective), soit de retenir le type d'informations qui habituellement est nécessaire pour un fonctionnement mnésique quotidien adéquat (situations de mémoire rétrospective). Cette épreuve reflète bien l'intérêt manifesté par les psychologues cognitivistes pour une approche de la mémoire en milieu réel. Le RBMT tient compte également de variables relatives à la structure de la mémoire : il propose des tâches immédiates et différées ainsi que des tâches verbales, visuelles et spatiales. Les différents sous-tests sont les suivants (Wilson, 1987) :

1. Se souvenir d'un nom : on montre au sujet une photographie et on lui donne le nom et le prénom de la personne représentée. Le nom et le prénom sont testés après un délai durant lequel d'autres épreuves sont réalisées.

2. Se souvenir d'un objet caché : on emprunte au sujet un objet de peu de valeur (un peigne, un crayon...) qu'on cache dans un tiroir ou dans un placard, et on invite le sujet à réclamer son bien à la fin de la session et à se souvenir où il a été caché.

3. Se souvenir d'un «rendez-vous» : on programme une minuterie pour qu'elle sonne après 20 minutes, et on signale au patient que, dès que la minuterie retentit, il devra poser à l'examinateur une question particulière concernant son devenir.

4. Une épreuve de reconnaissance différée d'images : 10 images sont présentées et après un délai comblé par d'autres épreuves, le sujet doit les reconnaître parmi un ensemble de 20.

5. Une épreuve de rappel immédiat et différé d'un récit court : il s'agit d'une tâche de mémoire épisodique qui, selon Sunderland *et al.* (1983, 1986) semble fournir une bonne prédiction des problèmes mnésiques dans la vie courante.

6. Se souvenir d'un court trajet : un trajet de 5 sections effectué dans la pièce d'examen doit être reproduit immédiatement et après un délai.

7. Se souvenir de déposer un message : en effectuant le trajet pour le présenter au sujet, l'examinateur laisse une enveloppe à un endroit déterminé ; on demande au sujet de déposer l'enveloppe au même endroit quand il reproduit le trajet.

8. L'orientation spatio-temporelle : diverses questions d'orientation spatio-temporelle sont posées ainsi que des questions personnelles et courantes tirées de l'échelle de mémoire de Wechsler.

9. Se souvenir de la date : cet item est coté séparément du précédent car une étude pilote a indiqué qu'il n'était pas corrélé avec les autres items d'orientation.

10. Une épreuve de reconnaissance de visages : on montre au sujet 5 photographies de visages et lui demande de dire si la personne représentée est un homme ou une femme et si elle a plus de 40 ans ; on lui demande ensuite, après un délai comblé, de reconnaître les 5 visages parmi un ensemble de 10.

11. Apprendre une habileté nouvelle : le sujet doit apprendre les 6 étapes nécessaires pour introduire un message dans une calculatrice : 3 essais sont permis.

Pour certaines épreuves, des indices de récupération sont proposés en cas d'échec : par exemple, si, lorsque l'alarme sonne, le patient ne pose pas spontanément la question requise, l'examinateur lui demande « Que deviez-vous faire quand l'alarme a sonné ? » et il enregistre sa réponse. Deux systèmes de cotation sont disponibles : soit un système assez général où chaque item est coté de 0 ou 1, selon qu'il y a échec ou réussite, soit un système plus détaillé qui tient compte des différentes étapes de la tâche, du caractère immédiat ou différé de la réponse et de l'aide éventuelle apportée par les indices de récupération.

Dans une étude pilote, Wilson (1987) a administré le RBMT à 25 patients cérébro-lésés décrits par les ergothérapeutes du centre de revalidation comme ayant des problèmes mnésiques dans la vie courante et à 16 patients cérébro-lésés décrits comme ne présentant pas de difficultés de mémoire. Le nombre moyen d'items réussis est de 3,76 ± 2,84 pour le groupe de patients avec problèmes mnésiques et de 10,12 ± 1,16 pour le groupe sans problèmes mnésiques (les 12 items testés étaient : le nom, le prénom, l'objet personnel, le rendez-vous, le trajet immédiat, le trajet différé, le message, l'habileté nouvelle, l'orientation, la date, la reconnaissance de visages et la reconnaissance de dessins). Un groupe de 20 sujets normaux de 17 à 60 ans a obtenu un score maximal. Les items qui apparaissent les plus difficiles pour le groupe avec problèmes de mémoire sont : se souvenir du nom et du prénom, se souvenir d'un objet caché, se souvenir d'un rendez-vous et l'item de reconnaissance des visages. L'échec le plus fréquent pour le groupe « sans problèmes mnésiques » est observé pour l'item « se souvenir d'un rendez-vous ». Les scores obtenus au RBMT furent ensuite comparés aux résultats à divers tests objectifs d'intelligence et de mémoire (la WAIS, un test de paires associées, l'item de mémoire logique de l'échelle de mémoire de Wechsler, les tests de reconnaissance à choix forcé de mots et de visages de Warrington) ainsi qu'aux évaluations effectuées par les rééducateurs au moyen d'une check-list et ce, pendant deux semaines. Le RBMT n'est pas corrélé au test d'intelligence mais bien à tous les tests de mémoire et particulièrement au test de mémoire logique de Wechsler, tant en rappel libre que différé, ainsi qu'aux évaluations des thérapeutes. La fidélité inter-juges a été testée et est de 100 %. Par ailleurs, quatre formes parallèles ont été construites et la fidélité inter-formes est également élevée.

Sur la base de ces données, Wilson (1987) conclut que le RBMT constitue bien un test de mémoire et qu'il fournit plus d'informations que les tests standardisés dans la mesure où il évalue les habiletés nécessaires au fonctionnement adéquat de la mémoire dans la vie réelle plutôt que la performance sur un matériel expérimental. De plus, il s'agit d'une procédure courte, fidèle, facile à comprendre, à utiliser et à interpréter, et applicable dans des environnements variés. Un projet est en cours au Rivermead Rehabilitation Center pour voir dans quelle mesure les items individuels du RBMT sont effectivement corrélés avec des formes particulières d'échecs mnésiques dans la vie courante, repérées par une check-list (par exemple, le sujet qui a des difficultés à l'item «se souvenir des noms» est-il aussi décrit comme ayant des difficultés à mémoriser les noms des thérapeutes du centre de revalidation?).

Le développement du RBMT a permis à Cockburn *et al.* (1986) d'explorer la relation entre l'évaluation subjective des déficits de la mémoire par les patients et par leurs proches et la performance à un test conçu spécifiquement pour mesurer les problèmes mnésiques dans la vie quotidienne. Les auteurs ont comparé la performance au RBMT et les évaluations effectuées par un groupe de patients et leurs proches à l'échelle d'évaluation de Kapur & Pearson (1983), échelle dans laquelle le patient doit dire pour 10 situations, si sa mémoire est aussi bonne, légèrement plus mauvaise ou beaucoup plus mauvaise qu'avant l'accident ou la maladie. Les patients d'étiologie variée étaient distribuéés en trois groupes de 15, selon leurs résultats au RBMT : un groupe faible qui a réussi 0, 1 ou 2 items, un groupe moyen qui a réussi 5, 6 ou 7 items et un groupe bon qui a réussi 10, 11 ou 12 items. Les trois groupes étaient équivalents quant à l'âge, au sexe et à la catégorie neurologique générale. Les corrélations observées entre les scores des 3 groupes au RBMT et les évaluations subjectives effectuées par les patients et par les proches ne sont pas très élevées, les corrélations les plus hautes concernant le groupe «faible» (les coefficients de corrélation sont .12 et .04 pour le groupe «bon», .22 et .01 pour le groupe «moyen», .35 et .28 pour le groupe «faible»). Selon les auteurs, il est cependant possible que, étant donné la petite taille des groupes étudiés, une paire disparate de scores ait pu exercer une influence sur les résultats. Quand l'ensemble des trois groupes est considéré, les corrélations entre le RBMT et les évaluations des patients et des proches sont respectivement .46 et .50. Quoi qu'il en soit, cette étude confirme les données antérieures qui montraient une faible corrélation entre évaluations subjectives et tests objectifs. Les résultats montrent cependant des différences significatives dans les évaluations subjectives selon l'appartenance aux différents groupes c'est-à-dire selon le niveau de performance au RBMT. Les groupes «moyen» et «faible» s'évaluent comme ayant plus de difficultés de mémoire dans les situations de la vie quotidienne qu'avant leur accident ou leur maladie. Les échecs les plus fréquents portent sur les items «se souvenir de ce qu'on nous a dit», «se souvenir de l'endroit où on a déposé un objet» et «apprendre et se souvenir de nouveaux noms». Ces données indiquent donc que les patients ayant des troubles mnésiques (repérés au RBMT) sont conscients qu'ils ne sont pas aussi performants qu'avant leur maladie ou leur accident même s'ils ne reconnaissent pas toujours entièrement l'importance de leurs troubles.

Le RBMT semble donc être un outil valide pour prédire, chez les patients cérébro-lésés, la présence de difficultés mnésiques dans la vie quotidienne. Il permet également, grâce à ses formes parallèles, de contrôler la stabilité du fonctionnement mnésique. Mais ces fonctions ne répondent qu'à une partie des objectifs de l'évaluation de la mémoire. Le RBMT peut-il aider à formuler une hypothèse permettant de mettre au point une stratégie de rééducation? Peut-il enrichir les hypothèses proposées par les épreuves neuropsychométriques? Il peut effectivement fournir quelques indications sur la nature des troubles d'un patient : le trouble est-il observé en rappel immédiat ou différé? Les indices de récupération améliorent-ils ou non la performance? Les échecs sont-ils spécifiques à certaines activités? Ces informations sont cependant d'un intérêt limité et elles ne suffisent pas à épuiser la complexité des variables en jeu dans chaque activité explorée. Nous avons vu par exemple que les variables pertinentes et les sources d'erreurs dans les activités de mémoire prospective sont fort nombreuses et qu'elles ne peuvent certainement pas être explorées au moyen d'une ou deux tâches. Le RBMT ne peut donc être considéré que comme un point de départ pour des évaluations plus détaillées, au moyen d'outils qui gardent une bonne validité écologique mais qui ont été élaborés sur la base des modèles théoriques existants.

B) Les autres tests «écologiques»

La distinction entre les troubles mnésiques liés au vieillissement normal et les troubles associés à une démence débutante est une tâche particulièrement difficile. Pour Crook *et al.* (1986), ce problème est en partie dû au fait que la plupart des tests de mémoire standardisés n'ont que peu de rapport avec les problèmes comportementaux observés chez la personne âgée et chez le patient dément. En conséquence, et profitant des progrès technologiques réalisés dans les performances graphiques des ordinateurs et dans le stockage des images (le vidéo-disque), ils ont élaboré une batterie informatisée de tests comportementaux simulant des situations de la vie quotidienne. La plupart des épreuves sont basées sur des paradigmes qui avaient déjà été développés antérieurement (Crook *et al.*, 1979; Ferris *et al.*, 1980).

Les principaux tests proposés sont les suivants :
- Un test d'association nom-visage : une série de 14 personnes apparaissent sur un moniteur TV et se présentent en donnant leur nom ; lors de la phase de rappel, ils réapparaissent et parlent un court moment afin de fournir des indices tant visuels qu'auditifs et le sujet est invité à rappeler leur nom.
- Un test de mémoire topographique : on présente au sujet le film d'un trajet effectué en voiture, trajet qu'il perçoit comme s'il était le conducteur du véhicule ; le trajet est présenté une deuxième fois et, à chaque point de choix, le sujet doit indiquer la direction qui a été suivie par la voiture.
- Un test de rappel de la localisation d'objets : le sujet doit placer une série d'objets (que les gens perdent fréquemment, comme des clés, des lunettes...) dans les différentes pièces d'une maison présentée sur l'écran (la seule restriction imposée est de ne pas localiser plus de deux objets par pièce) ; après un délai, la maison et les objets sont de nouveau présentés et le sujet doit relocaliser les objets.
- Une tâche qui consiste à mémoriser et à composer un numéro de téléphone.

- Un test de mémoire épisodique : le sujet doit rappeler des informations factuelles après avoir assisté à la projection d'un journal télévisé.
- Une tâche de temps de réaction : la tâche simule la conduite d'une voiture, le sujet devant réagir aux signaux lumineux vert et rouge.

L'objectif explicite des auteurs est de proposer un outil permettant d'identifier les individus présentant des troubles mnésiques ainsi que d'évaluer l'efficacité de traitements pharmacologiques et comportementaux (Ferris *et al.*, 1986; Crook *et al.*, 1986). Les fondements théoriques de cette batterie se limitent à une répartition des épreuves selon les catégories MCT (la tâche du téléphone) et MLT, ainsi que mémoire verbale (le journal télévisé), mémoire non verbale (la reconnaissance de visages), mémoire spatiale (la localisation d'objets et la tâche topographique) et mémoire associative (l'association nom-visage). Aucune tâche n'a réellement été construite sur la base d'un modèle théorique et la question de la représentativité des différentes épreuves n'a pas été envisagée. Ainsi, le test de mémoire topographique permet d'évaluer la capacité d'apprendre de nouveaux trajets dans la situation de conduite d'une voiture, ce qui représente un secteur limité des habiletés topographiques nécessaires au fonctionnement normal dans la vie courante. Au plan du diagnostic, il est dès lors tout à fait possible que des troubles topographiques touchant d'autres processus ne soient pas repérés. De plus, même pour cette tâche isolée, les causes potentielles d'échec sont nombreuses (détection et mémorisation des points de repère, enregistrement et contrôle des changements de position durant le déplacement, difficultés dans les règles de production du trajet...). Ce type d'épreuve peut donc difficilement aider à la formulation d'hypothèses quant à la nature du trouble, d'autant plus que les résultats obtenus sont des mesures chiffrées globales. Il paraît peu raisonnable de penser qu'une batterie relativement courte comme le RBMT ou la batterie de Crook et ses collaborateurs, puisse répondre à tous les objectifs auxquels sont confrontés les neuropsychologues cliniciens et plus particulièrement à l'objectif d'évaluation pré- et post-rééducation. Si le rôle de ces batteries dans le repérage de certains troubles dans la vie quotidienne paraît plus justifié, la formulation d'hypothèses précises sur la nature des processus impliqués nécessite plus de temps et d'autres outils.

Nous avons vu que, pour certains neuropsychologues (Cicerone & Tupper, 1986), il importe non seulement de comprendre la nature des déficits présentés par un patient mais également d'évaluer son «potentiel d'apprentissage» et notamment sa capacité de profiter des indices ou des aides qui lui sont fournis. Il s'agit également de tester ses capacités de formuler un but, de planifier une action, de repérer et de corriger ses erreurs (c'est-à-dire les «executives functions» selon la formulation de Lezak, 1982). Pour mener à bien cette évaluation, il faudrait disposer de tâches ouvertes, qui reflètent les situations de la vie quotidienne dans lesquelles un sujet se comporte de manière indépendante. Boyd *et al.* (1986) ont proposé d'utiliser une tâche quotidienne d'orientation spatiale : la tâche EFRT (Executive Functions Route-Finding Task). Il s'agit pour le sujet de mener deux examinateurs d'un point de départ désigné vers un lieu non familier, dans le centre de revalidation. Les seules contraintes fournies sont que le patient ne peut demander de l'aide aux examinateurs et qu'il doit réaliser la tâche aussi rapidement que possible. Un des deux examinateurs observe le patient et évalue plusieurs aspects de son comportement : la compréhension de la tâche, la recherche d'information, les aspects mnésiques de la tâche, la détection et la correction des erreurs, le comportement durant la tâche (attention, digressions, ...). Chaque aspect de la conduite est scindé en quatre niveaux d'efficience. Des indices gradués peuvent être fournis au patient et ce, dans des conditions spécifiées : un indice non spécifique suggère au patient de contrôler sa performance («Dites-moi ce qu'il faut faire maintenant») et est distribué quand le patient dévie du chemin menant au but et qu'il manque une occasion de se corriger ; un indice spécifique procure une information sur la manière d'exécuter la tâche et est fourni après un indice non spécifique si le sujet ne se corrige pas. Boyd *et al.* (1986) ont montré qu'il existait une bonne fidélité inter-juges. Par ailleurs, les résultats d'une étude de Sautter (1986) indiquent que la performance de la tâche EFRT est corrélée à la vitesse de traitement de l'information, à l'organisation perceptive ainsi qu'à la compréhension verbale. Selon Sautter, la tâche EFRT est un outil utile d'évaluation fonctionnelle qui permet d'aborder les capacités d'auto-régulation d'un patient et qui permet de le situer sur un continuum allant de la dépendance totale à l'indépendance.

Cette tâche est l'illustration d'un courant en neuropsychologie qui propose un schéma général d'évaluation et d'intervention pour tous les types d'activités et ce, le plus souvent au détriment d'une analyse structurale fine. Dans cette perspective, la situation de vie quotidienne est utilisée non pas parce qu'elle permet d'étudier les processus spécifiques qui sont mis en œuvre par le patient mais bien parce qu'elle permet d'aborder le «potentiel d'indépendance» du patient. Ainsi, la grille d'évaluation dans la tâche EFRT (tâche de résolution d'un problème quotidien) n'est pas organisée en fonction des sous-processus particuliers impliqués dans la réalisation normale d'une tâche «topographique» (la prise de points de repère, le contrôle et le maintien de l'orientation pendant la locomotion, l'estimation de distances, de directions...) mais en fonction de processus généraux d'apprentissage ou d'organisation de l'action. Pour Cicerone & Tupper (1986), un des objectifs de l'évaluation est de contrôler le bénéfice que peut tirer un patient d'indices qui lui sont fournis. Ils reconnaissent avoir quelques difficultés à définir les types d'indices qui seront utilisés, et ils distinguent des indices généraux et des indices spécifiques. Boyd et al. (1986) définissent un indice spécifique comme une aide qui fournit une information sur la manière d'exécuter la tâche. Or, aucune analyse spécifique des processus impliqués dans la réalisation normale de la tâche EFRT n'a été effectuée, et sans une telle analyse, les indices ne pourront être choisis que sur une base strictement empirique, en suivant une procédure par essais et erreurs. Cette démarche empirique caractérise également l'analyse fonctionnelle prônée par les partisans de l'approche comportementaliste en neuropsychologie (McNeill, Horton & Miller, 1985). Les comportementalistes insistent, eux aussi, sur l'importance de la validité écologique de l'évaluation : il importe d'évaluer le comportement du patient dans son milieu de vie car l'analyse fonctionnelle doit notamment repérer les stimuli environnementaux qui sont susceptibles de contrôler la conduite. De nouveau, sans un modèle des processus impliqués dans la conduite, il n'est pas possible de déterminer, autrement que de manière empirique, les éléments pertinents de l'environnement. En fait, il nous paraît impossible de tenir séparées analyse fonctionnelle et analyse structurale comme si elles se rapportaient à des aspects intrinsèquement distincts de la réalité. En ce qui concerne l'évaluation des «executive functions» (Lezak, 1982), il est vrai qu'une partie des difficultés d'un patient, par exemple dans la tâche EFRT, peut être la conséquence de problèmes plus généraux d'organisation de l'action ou de problèmes attentionnels. Mais le rôle effectif de ces problèmes généraux ne pourra être déterminé que si une évaluation de l'intégrité des processus spécifiques à la tâche est menée parallèlement. Par ailleurs, le modèle proposé par Lezak peut être l'objet des mêmes critiques que celles adressées au modèle des conduites de résolution de problèmes de Luria (1966) dont il s'inspire. Comme le signale Seron (1976), il est difficile, à partir d'un modèle aussi général, de déterminer, sur la base d'un protocole d'observation, quels sont les processus altérés et ceux qui sont conservés.

C) Les problèmes liés à l'utilisation de simulations

Les critiques adressées aux tests de mémoire de type «laboratoire» et qui ont mené à l'utilisation de simulations d'activités mnésiques de la vie quotidienne portent sur deux points essentiels :

1. Ces tests sont très différents des situations quotidiennes de mémoire et donc, n'abordent pas nécessairement les processus en jeu dans ces situations. De plus, les concepts théoriques qui ont été développés à partir des tests de laboratoire ne sont pas toujours applicables aux situations réelles.

2. Ces tests ne rendent pas compte du type et du nombre de variables impliquées dans les activités mnésiques de la vie courante. En particulier, les dimensions motivationnelles et émotionnelles ne sont que faiblement représentées dans ces épreuves (Monsel, 1977).

Les quelques tâches à base de simulation qui ont été élaborées en neuropsychologie conservent globalement les mêmes caractéristiques formelles que les tests classiques de mémoire. Les consignes qui sont fournies au patient et les conditions d'application des épreuves limitent le nombre de variables en jeu. De plus, ces tâches ne manipulent pas vraiment les variables motivationnelles et émotionnelles (même si elles sont généralement plus attractives). Le plus souvent, les stimulations proposées ne sont que la représentation de stimulations réelles (par exemple des photographies de visages ou des visages animés sur écran vidéo). Ce souçi de simplification répond à des impératifs pratiques mais a également pour objectif d'éviter que des variables non contrôlées n'obscurcissent l'analyse. Cependant, quelques études ont indiqué que le caractère plus ou moins réaliste des simulations pouvait influer sur les résultats. Ainsi, Morris *et al.* (1981) ont montré que la mémorisation de scores de football simulés et la mémorisation de scores réels ne faisaient pas appel aux mêmes processus. Or, d'un point de vue technique, il était beaucoup plus aisé d'utiliser des scores simulés car les expériences pouvaient être menées n'importe quand durant la semaine, et les résultats pouvaient être manipulés. De même, Sharps & Gollin (1987) ont montré que mémoriser des localisations d'objets en milieu réel ou les mémoriser dans une condition où le milieu réel est représenté (par une carte) ne conduit pas à des résultats identiques. Il s'agit donc de rester prudent quand on étend aux situations de la vie quotidienne les résultats obtenus dans des situations simulées. En outre, il faudrait développer des situations d'évaluation qui permettent d'approcher la complexité des variables présentes dans la vie quotidienne, et qui autorisent la manipulation des dimensions motivationnelles et émotionnelles. Dans ce but, les neuropsychologues pourraient utilement s'inspirer des méthodes utilisées en psychologie sociale. L'élaboration de situations réalistes d'évaluation est particulièrement importante quand on veut contrôler si les progrès observés en rééducation sont également présents dans la vie quotidienne, c'est-à-dire quand on désire contrôler le transfert des apprentissages. Le patient qui a appris en rééducation une stratégie destinée à contourner ses problèmes mnésiques repère-t-il les situations de la vie courante où une telle stratégie doit être appliquée? A-t-il le temps de les mettre en œuvre et, si c'est le cas, les applique-t-il avec succès? Il s'agit en fait d'évaluer l'utilisation «on line» de la stratégie apprise.

Il y a peu d'exemple en neuropsychologie où des situations réelles ont été simulées sous une forme qui s'éloigne de la situation de test. Dans le domaine du langage, Monsel (1977) a mis au point une batterie d'épreuves dans laquelle certaines situations permettent une évaluation stricte sans pour autant que le patient ait conscience d'être l'objet d'un test; voici un exemple extrait de son travail :

Usage du téléphone

Vers la fin de la séance, l'examinateur quitte la pièce en disant : «Excusez-moi, je reviens tout de suite. Si on téléphone, vous décrocherez et vous dites que j'arrive, d'accord? Merci». Le téléphone a été préalablement placé près du patient. Quelques instants plus tard, un comparse téléphone au patient et dit le texte suivant :
— «Allo Monsieur X?
— (...)
— Qui est à l'appareil?
— (...)
— Bon. Quand il reviendra, vous voulez bien lui dire de descendre au secrétariat? C'est important. Merci».

Dans la salle d'examen, la communication téléphonique est enregistrée. On voit immédiatement que cette situation, conçue par Monsel pour évaluer les capacités de communication du patient lors d'un appel téléphonique, pourrait tout à fait être utilisée pour évaluer sa mémoire prospective et rétrospective. Le comportement cible ne sera plus le langage du patient mais sa capacité de se rappeler de transmettre l'information («il y a eu un appel téléphonique pour vous») et sa capacité de se souvenir du contenu du message («on m'a demandé de vous dire que...»). Nous avons nous-même adapté et utilisé chez les patients cérébro-lésés la situation de mémoire prospective proposée par Ceci & Bronfenbrenner (1985) pour étudier les stratégies utilisées durant la phase «wait» d'une tâche de mémoire prospective TWTE (Vander Linden, 1988). Dans une première étape, les patients effectuaient une tâche de résolution de problèmes. Après vingt minutes, ils étaient invités à interrompre cette tâche et à se rendre dans un autre local pour y réaliser un travail sur ordinateur. On leur signalait qu'ils devaient impérativement revenir dans le premier local à une heure déterminée pour y continuer la tâche entamée. De plus, on leur indiquait incidemment qu'ils pouvaient, en poussant sur une touche de l'ordinateur, voir s'afficher l'heure sur l'écran. En début de séance, l'examinateur avait pris soin de demander la montre du sujet sous un prétexte quelconque. L'ordinateur enregistrait donc le nombre d'appels d'heure et leur distribution dans le temps. L'idéal eut été de conserver les situations très quotidiennes utilisées par Ceci & Bronfenbrenner (par exemple, la cuisson d'un gâteau), ce que nous n'avons pu faire pour des raisons pratiques. En fait, ce type d'évaluation semble être particulièrement applicable dans le cadre du travail d'ergothérapie (voir Coyette, 1986; Seron et al., 1981). Les activités qui y sont réalisées peuvent servir de base à l'élaboration de situations réelles sur lesquelles portera l'évaluation (et la rééducation) des troubles mnésiques. Comme l'indiquent Seron et al. (1981), cela suppose bien évidemment une autre manière de penser le travail ergothérapeutique. Il s'agit d'analyser et de manipuler le type et la quantité d'informations que le sujet doit mettre en mémoire dans les différentes activités pratiques qui lui sont proposées. Dans la même direction, le neuropsychologue peut profiter des situations de groupe pour évaluer divers aspects «sociaux» de la mémoire : la mémoire des noms de personnes, des conversations... Notons que, comme ce type de «mise en scène» implique que le patient ignore le but réel de l'évaluation, il importe de prévoir une phase d'explication des objectifs réels qui ont été poursuivis (une phase de «debriefing»).

Une critique fréquemment formulée à l'égard des tests classiques de mémoire porte sur le fait qu'ils s'effectuent dans un environnement protégé de toutes stimulations intempestives : avant d'administrer un test, le clinicien consciencieux décroche son téléphone et place sur la porte de son bureau une pancarte qui en interdit l'entrée. Or, dans la vie courante, les patients sont amenés à mémoriser ou à rappeler des informations dans des environnements bruyants et dans des conditions de partage attentionnel. Seron et al. (1981) ont tenté d'aborder ce problème chez un patient traumatisé crânien, en l'évaluant dans des situations proches de celles qui lui causaient des difficultés mnésiques, et notamment, écouter et retenir des informations transmises à la radio tout en effectuant une autre activité. Ils lui délivraient sur un enregistreur une ou plusieurs informations relatives à un événement culturel, sportif ou politique et ce, pendant que le sujet s'adonnait à une activité de bricolage. Ces informations étaient surimposées à un enregistrement musical et elles étaient précédées d'un bref signal sonore avertisseur. Le type et le nombre d'informations délivrées ainsi que l'intervalle de rétention étaient manipulés. La difficulté, mentionnée par les auteurs, de calibrer les informations présentées nous renvoie de nouveau à un point essentiel : il importe de construire ces situations d'évaluation simulées sur des soubassements théoriques les plus solides possibles. Le contenu des informations manipulées dans ces tâches d'évaluation doit être choisi en fonction d'impératifs théoriques. Ainsi, Seron et al. (1981) se sont inspirés de l'analyse propositionnelle pour quantifier l'information délivrée au patient et pour mesurer ensuite le niveau de rétention. Dans certaines situations cependant, la nature des informations présentées ne peut pas être manipulée préalablement et c'est le contenu du testing de mémoire de ces informations qui devra reposer sur un cadre théorique. C'est le cas par exemple si on décide d'évaluer les difficultés qu'ont les patients de se souvenir du contenu des conversations. Il n'est guère possible de contrôler le déroulement de la conversation au sein d'un groupe de patients. Par contre, le testing ultérieur (par exemple, un test à choix multiple) pourra être élaboré en distinguant les énoncés à contenu interactif élevé des énoncés à contenu interactif bas. En effet, MacWhinney et al. (1982) ont montré que des sujets normaux manifestaient une excellente reconnaissance des énoncés à contenu interactif élevé (c'est-à-dire ceux qui véhiculent une information pragmatique et notamment l'information relative aux croyances et aux intentions de celui qui parle ainsi qu'à ses relations avec l'auditeur) et ce, après un délai de 72 heures.

L'approche écologique des troubles mnésiques en neuropsychologie doit donc se développer en étroite relation (bi-directionnelle) avec la psychologie cognitive qui a, elle aussi, de plus en plus tendance à sortir du laboratoire. Comme l'indiquent Seron & Deloche (1989), les différences entre les situations de laboratoire et les situations de la vie quotidienne peuvent être explorées par le biais de certaines variables qui sont actuellement l'objet d'investigations en psychologie cognitive : la répartition des ressources attentionnelles, les contraintes exercées par les limites de temps sur la réalisation d'une tâche, l'influence du contexte dans la mise en œuvre de traitements «top-down» ou «bottom-up»...

V. L'EVALUATION DE LA METAMEMOIRE

On connaît peu de choses sur la métamémoire des patients cérébro-lésés et sur les relations qu'elle entretient avec les troubles mnésiques. Or, il est possible qu'une partie des difficultés mnésiques consécutives à une lésion cérébrale soit la conséquence de déficits dans la métamémoire. Une connaissance inexacte de ce qui est stocké en mémoire et des stratégies susceptibles d'aider le fonctionnement mnésique pourrait contribuer aux performances faibles manifestées par les patients aux tests de mémoire. De plus, la mise en œuvre d'une rééducation dépend en partie de la conscience qu'a le sujet de ses déficits. L'évaluation de la métamémoire devrait, dès lors, faire partie de l'examen clinique des fonctions mnésiques, ce qui n'est généralement pas le cas. Si le neuropsychologue clinicien veut inclure cette évaluation dans son travail clinique, il doit d'abord s'interroger sur les méthodes les plus adéquates à utiliser. L'objectif de ce bref chapitre sera, d'une part, de présenter les méthodes de mesure de la métamémoire qui ont été adoptées dans les études chez le sujet normal et d'autre part, de décrire les rares travaux qui ont utilisé ces méthodes en neuropsychologie et en gérontologie.

A) Les méthodes de mesure

Les méthodes de mesure de la métamémoire peuvent être caractérisées selon qu'elles sont appliquées en l'absence ou en présence d'une activité de mémoire concomitante (Cavanaugh & Perlmutter, 1982). Dans le premier cas, il s'agit de découvrir ce que le sujet connaît de la mémoire, essentiellement au moyen de techniques de questionnaire et d'interview. Nous avons présenté en détail dans le chapitre III, partie III, la technique du questionnaire de métamémoire et les problèmes qu'elle pose. En ce qui concerne l'interview, celle conçue par Kreutzer et al. (1985) pour évaluer la métamémoire des enfants constitue le meilleur exemple de ce type de méthode. Elle se compose de questions générales qui portent sur les capacités mnésiques globales des enfants et de questions spécifiques. Dans les items spécifiques, une activité mnésique particulière est décrite de manière concrète (parfois à l'aide d'objets ou d'images) et l'examinateur interroge les enfants sur les différentes stratégies qu'il est possible d'adopter dans cette activité. Un des problèmes inhérents à ce type de technique est évidemment de s'assurer que le sujet a correctement interprété la question posée. Néanmoins, utilisées avec prudence, ces méthodes peuvent aider à formuler une hypothèse quant aux caractéristiques de la métamémoire d'un sujet par rapport à une tâche particulière. Une autre utilisation du questionnaire ou de l'interview consiste à évaluer la métamémoire d'un sujet après la réalisation effective d'une tâche de mémoire. Il s'agit, pour le sujet, d'évaluer rétrospectivement sa performance et de fournir un compte rendu verbal des stratégies qu'il a adoptées. Ces comptes rendus peuvent bien sûr être influencés par la perception qu'a le sujet des variables qui sont étudiées dans l'expérience : autrement dit, un sujet pourrait décrire des stratégies qu'il n'a pas utilisées personnellement mais qu'il croit être celles qui sont l'objet de l'étude. De plus, il est impossible de déterminer si les comptes rendus verbaux rétrospectifs fournissent des informations «réelles» ou s'ils sont des rationalisations ou des hypothèses élaborées par le sujet pour rendre compte de son comportement.

Ces différentes méthodes verbales sont évidemment difficiles à appliquer à des sujets ayant des capacités langagières limitées. Au lieu de décrire verbalement une activité mnésique puis d'interroger un sujet sur sa métamémoire par rapport à cette activité, certains chercheurs (Wellman, 1977, 1978 ; Yussen & Bird, 1979 ; Beal, 1985) ont développé une technique non verbale basée sur des séries d'images. Ainsi, Beal (1985) a investigué, chez des enfants, la connaissance de l'utilisation des indices de récupération dans des situations de mémoire prospective : elle montre aux enfants des séries d'images représentant un personnage qui effectue diverses tâches de mémoire prospective et qui utilise différentes stratégies ; les enfants doivent ensuite choisir l'image représentant la stratégie qui leur paraît être la plus adéquate.

Plusieurs méthodes ont été développées afin d'évaluer la métamémoire d'un sujet pendant la réalisation d'une tâche mnésique. Parmi ces méthodes, il y a celle du Feeling of Knowing (FOK) que nous avons décrite dans le chapitre I. Gruneberg *et al.* (1977) ont critiqué cette technique arguant que les jugements FOK étaient en fait basés sur ce que pensent les sujets de ce qu'ils devraient connaître pour ne pas paraître stupides. Pour Nelson *et al.* (1984), ce facteur de désirabilité sociale peut effectivement influencer l'établissement de jugements FOK absolus sur des items particuliers, mais il a moins d'importance quand la méthode des jugements relatifs est utilisée, c'est-à-dire quand les jugements FOK sont formulés pour toutes les paires d'items auxquels le sujet a répondu de manière incorrecte. Une autre technique consiste à demander aux sujets, avant la phase d'apprentissage d'une liste de stimuli, de prédire le nombre d'items qu'ils seront capables de rappeler. Enfin, on peut également demander aux sujets de déterminer si les items ont été suffisamment étudiés pour garantir leur rappel. Dans les deux cas, l'évaluation de l'exactitude des prédictions est effectuée en comparant les jugements à la performance réalisée. Notons que ces deux types de prédiction ne concernent qu'un des aspects de la métamémoire impliqués dans une tâche de mémoire épisodique. En effet, l'apprentissage d'une liste d'items en un seul essai inclut les activités de métamémoire suivantes (Lovelace & Marsh, 1985) : a) une conception *a priori* du nombre d'items d'un type particulier de matériel qu'on est capable de mémoriser, b) des jugements sur le caractère mémorisable d'items particuliers à l'intérieur de la liste, c) des jugements, au moment du rappel, sur la disponibilité d'un item qui ne peut pas être rappelé (FOK), d) l'évaluation de l'exactitude des réponses. Ce dernier aspect peut être évalué en demandant au sujet d'indiquer pour chaque réponse son degré de certitude sur une échelle à plusieurs niveaux.

Une autre manière d'évaluer la métamémoire est de se baser sur les verbalisations spontanées du sujet pendant la réalisation de la tâche mnésique. Il est également possible de demander au sujet de «penser à haute voix» ou de verbaliser entre les essais. Outre les problèmes de véracité liés à l'utilisation de protocoles verbaux, il est clair qu'une des difficultés posée par la méthode consistant à «penser à haute voix» concerne le partage attentionnel entre faire quelque chose et le décrire en même temps. Une technique récente, essentiellement employée chez l'enfant, consiste à apprendre une stratégie à un sujet qui doit lui-même l'apprendre à quelqu'un d'autre. La métamémoire est mesurée par la quantité et le type d'information transmise, sans qu'il y ait cependant de certitude sur le fait que le sujet a exprimé la totalité de sa connaissance. Une dernière technique implique l'utilisation des latences de réponse comme mesures de la métamémoire : des latences courtes sont interprétées comme étant le reflet de la confiance qu'a le sujet dans sa réponse (confiance dans l'exactitude de sa réponse ou dans le fait qu'il ne peut pas répondre), tandis que des latences longues indiquent l'incertitude et une recherche en mémoire. Le problème essentiel posé par cette méthode est qu'elle ne nous renseigne pas sur les aspects de la métamémoire qui sont reflétés par les latences de réponse (Lachman *et al.*, 1980).

Comme l'indiquent Cavanaugh & Perlmutter (1982), aucune de ces méthodes n'est à l'abri de critiques. Il paraît cependant préférable d'utiliser des méthodes non verbales et des méthodes qui évaluent la métamémoire en même temps que se déroule l'activité mnésique. Enfin, il est probablement judicieux d'adopter plusieurs techniques afin d'obtenir des données convergentes.

B) L'évaluation de la métamémoire en neuropsychologie

Les études neuropsychologiques sur la métamémoire ne sont pas très nombreuses. Quelques travaux ont examiné la capacité des patients cérébro-lésés d'évaluer la fréquence de leurs troubles mnésiques à l'aide d'un questionnaire. Sunderland *et al.* (1984) ont montré que des traumatisés crâniens graves avaient beaucoup de difficultés à évaluer exactement les conséquences des troubles de mémoire dans leur vie quotidienne. Ils ont notamment observé des discordances entre l'évaluation effectuée par le patient et l'évaluation effectuée par une personne proche. Par contre, Kapur & Pearson (1983) ont trouvé des corrélations significatives entre les évaluations des patients et des proches, mais il s'agissait d'un groupe hétérogène de patients présentant des troubles mnésiques légers. On a vu que les réponses d'un sujet à un questionnaire de mémoire dépendent de nombreux facteurs : la capacité de récupérer des exemples d'oublis, les croyances sur la mémoire, le style de vie, l'impact émotionnel des troubles, l'utilisation d'aide-mémoire, le libellé des questions... Ces différents facteurs peuvent interagir de façon variable d'un patient à l'autre, en fonction de la lésion, du type et de la gravité des troubles mnésiques, de l'âge, du niveau socio-culturel... Il paraît dès lors bien difficile d'interpréter les résultats moyennés d'un groupe de patients.

Hirst & Volpe (cité dans Hirst, 1982) ont administré à des patients Korsakoff une version adulte de l'interview élaborée par Kreutzer *et al.* (1985). Les réponses des patients semblent traduire une connaissance limitée des stratégies mnésiques : ils fournissent seulement une ou deux stratégies utilisables pour se souvenir de la soirée d'anniversaire d'un ami alors que des sujets adultes normaux en donnent quatre ou cinq ; dans la situation de mémorisation de listes de mots catégorisables, ils mentionnent tout autant la stratégie de répétition que la stratégie de catégorisation. Par contre, des patients amnésiques avec lésion du lobe temporal et des patients vasculaires fournissent des réponses beaucoup plus riches. Bauer *et al.* (1984) montrent également que des patients Korsakoff sont moins efficaces que des sujets contrôles dans la prédiction de leur performance à un test de rappel libre. Schachter *et al.* (1986) ont, eux aussi, étudié la prédiction de la performance en rappel chez des patients présentant des troubles mnésiques à la suite d'un traumatisme crânien, d'une rupture d'anévrisme de l'artère communicante antérieure ou de la maladie d'Alzheimer. Chaque groupe de patients rappelle significativement moins de mots que les sujets contrôles mais les patients avec un traumatisme crânien et ceux avec rupture d'anévrisme prédisent leur niveau de rappel aussi précisément que les sujets contrôles. Seuls, les patients avec démence d'Alzheimer ont des prédictions moins exactes : ils surestiment nettement leurs capacités de rappel. Ces données suggèrent donc qu'un trouble de la métamémoire n'est pas une conséquence nécessaire d'un trouble mnésique.

Pour Gaffan (1972), les patients amnésiques présenteraient, à l'étape de récupération, un trouble dans la discrimination de l'information pertinente, du fait de difficultés à juger de la familiarité de l'information en mémoire. Dès lors, les amnésiques auraient des performances faibles aux tâches pour lesquelles les jugements de familiarité sont essentiels ; c'est le cas par exemple de la tâche de reconnaissance, qui implique de distinguer items anciens et items nouveaux. A l'opposé, les amnésiques se comporteraient normalement aux épreuves où les jugements de familiarité ne jouent pas un rôle important, comme par exemple, les tâches de rappel indicé. Warrington & Weiskrantz (1974) ont effectivement montré que les patients amnésiques présentaient une mémoire de reconnaissance faible mais que les performances en rappel indicé pouvaient être proches de celles de sujets normaux testés au même intervalle de rétention. En fait, le rappel indicé des amnésiques n'est pas entièrement normal car pour Mayes & Meudell (1981), la confiance des patients dans leurs réponses est moindre que celle des sujets normaux. Les sujets devaient apprendre une liste de mots ; après un délai, on leur présentait les trois premières lettres de chaque mot de la liste et ils devaient rappeler le mot adéquat, en réponse à l'indice. Pour chaque réponse, ils devaient également évaluer leur confiance dans le fait que le mot rappelé appartenait à la liste étudiée. Bien qu'ayant des résultats relativement bons en rappel indicé, les patients manifestent cependant peu de confiance dans leurs réponses. Les auteurs ont en outre effectué sur ces données une analyse selon la théorie de la détection de signal : les jugements confiants sur les réponses correctes étaient considérées comme des bonnes réponses («hits») et les jugements confiants sur les réponses incorrectes comme des fausses alertes (false alarms»). Cette analyse indique que la tendance des amnésiques à être moins confiants dans leurs réponses n'est pas simplement la conséquence de l'adoption d'un critère de jugement plus strict. En effet, on constate une différence dans les mesures entre les amnésiques et les sujets contrôles, ce qui reflète, chez les amnésiques, une perte de la disponibilité ou de l'accessibilité de l'information sur laquelle les jugements d'exactitude de la mémoire sont effectués.

Pour Meudell & Mayes (1984), le pattern de troubles composé d'un bon rappel indicé, d'une faible confiance dans les réponses en rappel indicé et d'une mauvaise reconnaissance oui/non n'est pas spécifique aux patients amnésiques mais il est également observé chez des sujets normaux testés après un long intervalle de rétention ou quand on leur accorde un temps de présentation des items très court. Les auteurs concluent que la confiance dans les réponses en rappel indicé et la reconnaissance sont sous-tendues par des mécanismes mnésiques communs qui sont perturbés chez l'amnésique et qui, chez le sujet normal sont très sensibles au délai et à la manipulation du temps d'apprentissage. Le rappel indicé est considéré comme une forme de mémoire qui est épargnée chez l'amnésique. Comme le degré de confiance dans les réponses en rappel indicé (c'est-à-dire la connaissance du contenu de la mémoire) est directement reliée à la performance en reconnaissance, tant chez les amnésiques que chez les sujets normaux, Meudell & Mayes (1984) considèrent que le trouble de la métamémoire ne constitue pas la cause des déficits de mémoire chez les patients amnésiques, mais qu'il est plutôt le résultat du déficit mnésique lui-même.

Hirst *et al.* (1986) ont également étudié la confiance des patients amnésiques dans leurs réponses à une épreuve de reconnaissance. En fait, leur objectif principal était de comparer les performances d'amnésiques de Korsakoff, d'amnésiques avec d'autres étiologies et de sujets normaux en rappel et en reconnaissance. Les sujets devaient apprendre des listes de mots groupés en catégories sémantiques ou non reliés. Il y avait ensuite une phase de rappel suivie d'une phase de reconnaissance à choix forcé. Les sujets devaient, en outre, pour chaque choix en reconnaissance, estimer le degré de certitude de leurs réponses sur une échelle à trois niveaux (1 = pas sûr, 2 = moyennement sûr, 3 = très sûr). Les performances des trois groupes en reconnaissance ont été égalisées en accordant aux sujets amnésiques un temps de présentation plus long. Les résultats montrent que les deux groupes d'amnésiques présentent des résultats en rappel beaucoup plus faibles que les sujets normaux (même quand aucune différence n'est observée en reconnaissance). De plus, les deux groupes ont moins tendance à utiliser la structure en catégorie de la liste pour améliorer le rappel. En ce qui concerne les degrés de certitude, le profil général d'évaluation des deux groupes d'amnésiques est comparable à celui des sujets normaux en ce sens que les réponses correctes obtiennent une certitude plus élevée que les réponses fausses. Cependant, les différences entre les degrés de certitude pour les réponses correctes et pour les réponses fausses sont plus importantes chez les sujets contrôles et chez les amnésiques divers que chez les amnésiques avec Syndrome de Korsakoff. Ce résultat semble donc suggérer que les amnésiques de Korsakoff présentent quelques difficultés à évaluer l'exactitude de leur réponse même quand leur performance en reconnaissance est amenée à un niveau satisfaisant en augmentant le temps de présentation des items. Ces données doivent cependant être confirmées car les performances des trois groupes en reconnaissance n'ont pas été parfaitement égalisées. Notons enfin que chez les patients Korsakoff, on ne constate pas, contrairement aux sujets normaux et aux autres amnésiques, une confiance plus élevée quand ils sont testés sur la liste de mots groupés en catégories.

L'hypothèse d'un déficit de la métamémoire chez les patients avec Syndrome de Korsakoff a été abordée d'une autre manière par Shimamura & Squire (1986). Ils ont évalué chez des patients amnésiques et chez des sujets contrôles l'exactitude des jugements FOK pour une connaissance sémantique et pour une information épisodique nouvellement apprise. En ce qui concerne la tâche de mémoire sémantique, les sujets devaient répondre à des questions d'information générale, jusqu'à ce qu'un total de 24 réponses incorrectes soit atteint. Ils devaient ensuite effectuer des jugements FOK pour ces 24 questions, en les rangeant en ordre décroissant de la question qui suscite le FOK le plus élevé à la question qui suscite le FOK le plus bas. L'exactitude des jugements FOK était déterminée par un test de reconnaissance à choix forcé et en corrélant les évaluations FOK avec la performance en reconnaissance. En ce qui concerne la tâche de mémoire épisodique, les sujets devaient apprendre 24 phrases, puis on leur demandait de rappeler un mot manquant dans chaque phrase. Pour les phrases dont le mot manquant ne pouvait être rappelé, des jugements FOK et la mémoire de reconnaissance étaient évalués de la même manière que pour les questions d'information générale. Les résultats indiquent que les patients Korsakoff présentent un trouble dans la réalisation de jugements FOK, c'est-à-dire qu'ils sont incapables de prédire si la réponse à une question non réussie sera reconnue à un test à choix multiple. Ce trouble est observé tant pour une connaissance sémantique acquise avant la maladie que pour une connaissance épisodique nouvellement apprise. Par contre, les patients amnésiques non Korsakoff (patient ayant subi une thérapie électroconvulsive et patients devenus amnésiques à la suite d'un épisode ischémique, anoxique ou traumatique) ont des performances FOK aussi exactes que celles des sujets contrôles. Ce déficit de la métamémoire chez les patients Korsakoff ne peut pas être attribué à leur trouble mnésique car, à l'épreuve de mémoire épisodique (épreuve d'apprentissage de phrases), les patients non Korsakoff ont des résultats, en rappel, aussi perturbés que les patients Korsakoff et pourtant, ils effectuent correctement les jugements FOK. Ces résultats démontrent également que mémoire et métamémoire ne sont pas inextricablement liés et qu'un «Feeling of Knowing» perturbé n'est pas une composante obligatoire de l'amnésie antérograde. Ce travail de Shimamura & Squire (1986) met donc en évidence la présence d'un déficit réel de métamémoire chez les patients Korsakoff, mais il ne nous informe pas sur les relations entre les troubles de la métamémoire et les déficits mnésiques. Il est possible que le trouble dans la capacité d'effectuer des jugements sur le contenu de la mémoire affecte les stratégies de recherche et de récupération. En particulier, il peut avoir des conséquences sur le «lieu» où s'effectue la recherche et sur le temps consacré à cette recherche. Nous avons vu que Nelson (1984) distingue deux types de mécanismes pouvant contribuer aux jugements FOK : des mécanismes d'accès à la trace et des mécanismes inférentiels qui n'opèrent pas sur l'information spécifique dont il faut se souvenir, mais sur l'information contextuelle et reliée. Pour Shimamura & Squire (1986), les troubles observés chez les patients Korsakoff dans la mémoire contextuelle et dans les épreuves frontales (Oscar-Berman, 1980) pourraient affecter les mécanismes inférentiels qui contribuent à l'établissement de jugements FOK adéquats.

Récemment, Baddeley & Wilson (1986) ont observé chez quelques patients frontaux la présence d'un trouble net de mémoire autobiographique. Ils ont suggéré que ce trouble pourrait être le reflet d'un déficit dans le processus actif de recherche en mémoire (processus de «recollection», Baddeley, 1982a). Les patients auraient des difficultés à diriger le processus de récupération et/ou à évaluer le résultat de ce processus. On sait peu de choses sur la manière avec laquelle les sujets normaux évaluent l'exactitude de leurs souvenirs anciens. L'exploration de cette question chez les patients frontaux pourrait nous fournir des indications utiles permettant de mieux comprendre cet aspect de la métamémoire.

Les quelques travaux que nous avons décrits portent sur des aspects différents de la métamémoire : la connaissance des capacités mnésiques, la connaissance du contenu de la mémoire, la connaissance des stratégies efficaces... Les informations fournies par ces études sont encore très partielles et elles ne nous permettent pas encore de comprendre les relations complexes qui existent entre la métamémoire et les troubles de la mémoire. Pour Meudell & Mayes (1984), les difficultés présentées par les patients amnésiques dans l'évaluation de la familiarité de leurs réponses (pour une tâche de mémoire épisodique) ne constituent pas la cause des troubles de mémoire de ces patients mais plutôt la conséquence. Par contre, Shimamura & Squire (1986) ont montré qu'un déficit dans la réalisation de jugements FOK n'est pas la conséquence du trouble mnésique et que, dès lors, il pouvait jouer un rôle dans le déterminisme de ce trouble. Quoi qu'il en soit, l'évaluation de la métamémoire est un secteur de l'évaluation de la mémoire qu'il nous paraît important de développer. Nous disposons pour cela d'un certain nombre de méthodes issues de travaux chez le sujet normal, et applicables aux sujets cérébro-lésés.

C) L'évaluation de la métamémoire chez les personnes âgées

Quelques travaux ont tenté d'étudier les relations entre la mémoire et la métamémoire chez les personnes âgées. Ainsi, Dixon & Hultsch (1983) ont comparé la métamémoire (évaluée à l'aide d'un questionnaire) et la performance à une épreuve de mémoire de récits chez des sujets jeunes et des sujets âgés. Les résultats montrent que les patterns de relation diffèrent selon l'âge. Chez les sujets jeunes, ce sont surtout les connaissances sur les stratégies mnésiques et les processus mnésiques généraux qui prédisent le mieux la performance en rappel de récits. Par contre, chez les sujets âgés, ce sont essentiellement des facteurs affectifs et motivationnels (les sentiments et les croyances sur la mémoire et sur les tâches mnésiques) qui sont reliés à la performance en rappel. Scogin *et al.* (1985) ont, par ailleurs, montré que des sujets âgés pouvaient avoir des résultats comparables aux tests objectifs de mémoire et pourtant différer en ce qui concerne la métamémoire évaluée par un questionnaire.

La mémoire des sujets âgés a également été étudiée dans le décours d'une tâche mnésique. Lachman *et al.* (1980) n'ont pas constaté de différences selon l'âge dans les évaluations FOK. Perlmutter (1978) a demandé à des sujets jeunes et à des sujets âgés de prédire le nombre absolu de mots qu'ils seraient capables de rappeler à la suite d'une tâche d'apprentissage incident et intentionnel. Elle observe que les deux groupes de sujets ont tendance à surestimer le nombre de mots qu'ils pourraient rappeler, mais il n'y a pas de différences dans l'exactitude des prédictions en dépit de différences dans le niveau réel de rappel. D'autres travaux ont, par contre, trouvé des différences dans la métamémoire, liées à l'âge. Murphy *et al.* (1981) présentent à des sujets âgés et à des sujets jeunes des séries de plus en plus longues de dessins; ils doivent indiquer la série qu'ils croient être la limite de leur empan mnésique immédiat. Ensuite, les sujets doivent étudier, en temps libre, des listes de dessins de longueur croissante, et ils doivent signaler quand ils considèrent avoir suffisamment étudié une liste que pour pouvoir la rappeler. Les adultes jeunes sous-estiment leur empan mnésique alors que les sujets âgés le surestiment. Par ailleurs, les sujets âgés sont moins sensibles à la difficulté croissante de la tâche à mesure que le nombre de dessins augmente : ils adaptent moins bien leur temps d'étude que les sujets jeunes. Bruce *et al.* (1982) ont demandé à trois groupes de sujets (âgés de 18 à 31 ans, de 60 à 69 ans et de 70 à 79 ans) de prédire le nombre de mots d'une liste de 20 mots qu'ils seraient capables de rappeler. Avant la phase de prédiction, on montre aux sujets quatre exemples du type de mots qu'ils auront à étudier. Les prédictions sont ensuite comparées avec la performance en rappel. Les résultats indiquent également que les deux groupes de sujets âgés surestiment leur capacité de rappel.

Rabinowitz *et al.* (1982) ont utilisé un paradigme qui permet d'examiner les trois caractéristiques de la métamémoire décrites par Flavell & Wellman (1977) : les variables «sujet», les variables «tâche» et les variables «stratégie». Les sujets doivent étudier 50 paires de mots, chacune pendant 10 secondes. Après la période d'étude de 10 secondes, ils doivent évaluer, pour chaque paire et sur une échelle à 10 niveaux, la probabilité avec laquelle ils pourront se souvenir du mot-cible de la paire quand on leur donnera le mot-indice. La liste de paires de mots est composée de mots hautement, moyennement ou faiblement reliés. Par ailleurs, il y a deux conditions d'étude : une condition avec imagerie (dans laquelle on demande aux sujets de construire une image mentale reliant les deux mots d'une paire) et une condition sans imagerie. En ce qui concerne la variable «sujet», les résultats n'indiquent pas de différences dans l'exactitude des prédictions selon l'âge : les sujets jeunes et les sujets âgés sont capables de prédire correctement leur capacité de rappel. Quant à la variable «tâche», les prédictions des deux groupes de sujets sont également sensibles aux différences dans le degré de liaison entre les mots. Enfin, en ce qui concerne la variable «stratégie», les prédictions des sujets jeunes et des sujets âgés ne sont pas sensibles aux effets bénéfiques de l'utilisation de l'imagerie durant l'encodage. Les auteurs concluent que les capacités de métamémoire des sujets jeunes et des sujets âgés semblent comparables et donc, que les problèmes mnésiques des personnes âgées ne sont pas la conséquence de différences dans la métamémoire.

Selon Lovelace & Marsh (1985), les différences observées entre les résultats de Murphy *et al.* (1981) et Bruce *et al.* (1982) et ceux de Rabinowitz *et al.* (1982) s'expliquent simplement par le fait qu'ils évaluent des aspects différents de la métamémoire. Rabinowitz *et al.* se sont centrés sur la capacité d'un sujet de prédire le rappel d'un item individuel alors que Murphy *et al.* ont demandé à leurs sujets des jugements globaux sur la quantité de matériel qui pouvait être rappelé. Lovelace & Marsh suggèrent que la performance plus faible des sujets âgés à une tâche de mémoire épisodique pourrait, du moins en partie, être la conséquence de trois difficultés de métamémoire : percevoir la tâche comme plus facile qu'elle ne l'est en réalité, ne pas discriminer les items qui sont plus facilement mémorisables de ceux qui le sont moins, et évaluer de manière incorrecte l'exactitude des réponses. Ils ont utilisé un paradigme analogue à celui de Rabinowitz *et al.* : les sujets devaient apprendre 60 paires de mots non reliés et évaluer pour chaque paire la probabilité avec laquelle le mot-cible pourrait être donné en réponse au mot-indice. Après la réalisation de la phase de rappel, les sujets devaient évaluer l'exactitude de chacune de leurs réponses. Les sujets jeunes et les sujets âgés sont capables de prédire la probabilité relative de rappel des items : l'évaluation moyenne des items qui ont été correctement rappelés est supérieure à celle des items qui n'ont pas été rappelés. Par contre, les sujets âgés, contrairement aux sujets jeunes, sous-estiment la difficulté de la tâche : il surestiment le nombre total d'items qu'ils pourraient rappeler correctement. Enfin, les deux groupes de sujets ont des performances relativement bonnes dans l'évaluation de l'exactitude de leurs réponses. Le déficit d'évaluation présenté par les sujets âgés pourrait résulter soit d'une surestimation de leurs capacités mnésiques, soit d'une sousestimation de la difficulté de la tâche. En fait, les commentaires effectués par les sujets âgés avant la présentation des paires indiquent qu'ils ne sont guère confiants dans leurs capacités de mémoire. La surestimation du nombre de rappels corrects par les sujets âgés pourrait dès lors être liée au manque d'expérience récente avec les tâches proposées et elle n'apparaîtrait pas nécessairement dans des tâches familières et plus écologiques.

Les différents aspects de la métamémoire semblent donc être affectés différemment par le vieillissement. Les relations entre les problèmes de métamémoire observés chez le sujet âgé et ses troubles mnésiques n'ont cependant pas encore été clairement établies. La plupart des études sur la métamémoire ont été menées dans le cadre de tâches d'apprentissage de listes de mots. Il est à souhaiter que les études ultérieures utilisent des situations ayant une plus grande validité écologique. De ce point de vue, la tâche utilisée dans beaucoup d'études FOK (les questions d'information générale) est peut-être plus proche d'une situation quotidienne de récupération. Récemment, Nelson *et al.* (1986) ont adopté le paradigme FOK pour étudier les effets de l'intoxication alcoolique sur la métamémoire. Des sujets ayant absorbé de l'alcool et du placebo devaient répondre à des questions d'information générale. Ils devaient ensuite évaluer l'exactitude de leurs réponses puis, pour les réponses incorrectes, effectuer des jugements FOK. Alors qu'il existe des données montrant que les sujets ayant absorbé de l'alcool surestiment leurs capacités de conduite automobile, les résultats n'indiquent pas d'excès de confiance dans l'évaluation des réponses, ni dans les jugements FOK. Les effets de l'alcool sur la confiance des sujets semblent donc être spécifiques à certaines situations. Des études comparant la métamémoire et la métacognition dans des situations non mnésiques devraient être effectuées en neuropsychologie et chez les sujets âgés. Notons que Metcalfe (1986) a montré que, contrairement aux tâches mnésiques, les jugements FOK dans des tâches de résolution de problèmes (c'est-à-dire l'évaluation de la probabilité avec laquelle on pourra résoudre un problème) ne sont pas corrélés avec la solution du problème.

VI. LE ROLE DE L'ORDINATEUR DANS L'EVALUATION DES TROUBLES DE LA MEMOIRE

L'usage des micro-ordinateurs se répand de plus en plus dans la vie courante. Cette technologie nouvelle s'introduit également peu à peu dans le champ de la psychologie et quelques outils informatisés d'évaluation et de rééducation commencent à être à la disposition des psychologues. L'argument le plus souvent avancé pour défendre l'utilisation des techniques d'évaluation informatisées est le gain de temps qu'elles permettent, temps qui peut dès lors être consacré à d'autres activités cliniques. Cet argument de rapidité n'est cependant pas essentiel car une technique d'évaluation s'apprécie d'abord sur la base des informations qu'elle fournit (Fery, 1987). De plus, il existe un risque de voir le psychologue consacrer de plus en plus de temps à la mise au point de programmes au détriment du travail clinique. Comme le signale Skilbeck (1984) : « Programming can be addictive ».

En fait, l'intérêt d'une nouvelle technologie doit s'évaluer par rapport aux objectifs poursuivis par les pratiques dans lesquelles elle s'insère. Or, nous avons vu que, ces dernières années, les objectifs de l'évaluation neuropsychologique se sont profondément modifiés : déclin de l'objectif diagnostique de type anatomo-clinique, développement de l'évaluation cognitive à des fins de rééducation et intérêt pour la validité écologique des épreuves utilisées.

C'est dans le contexte de ces changements qu'il faut situer l'implantation de l'ordinateur dans l'évaluation neuropsychologique. A défaut de considérer cette évolution, on risque de se limiter à transférer sur ordinateur des tests classiques dont l'utilité et les bases théoriques sont contestées par ailleurs (Seron, 1985). Un autre risque est d'employer de nouvelles procédures simplement parce que leur utilisation a été rendue possible par l'introduction de l'ordinateur mais qui n'ont aucun fondement théorique.

L'ordinateur présente néanmoins plusieurs avantages par rapport aux outils d'évaluation classiques, non automatisés (Seron, 1985; Skilbeck, 1984; Fery, 1987) :
- il permet un contrôle plus précis des contraintes temporelles de la tâche (contrôle du temps de présentation des stimuli et de la durée des tâches interférentes, enregistrement des latences de réponse) ;
- il offre des possibilités accrues dans la présentation de stimuli visuels et spatiaux et, en particulier, de stimuli en mouvement ;
- il rend possible le développement de tests qui simulent les activités de la vie quotidienne ;
- il enregistre, analyse et stocke automatiquement les réponses et il peut fournir rapidement plusieurs éléments de statistique descriptive (moyenne, écart-type, normes appropriées).

L'ordinateur permet en outre le développement de programmes modulaires (des «squelettes» de test) que le neuropsychologue peut personnaliser en ajustant, selon ses besoins, les différents paramètres de l'épreuve (temps de présentation, nombre et taille des items, nombre d'essais, nombre et type de distracteurs...). Nous illustrerons chacun de ces avantages en présentant quelques niveaux d'évaluation des troubles mnésiques qui peuvent tirer un profit direct de l'ordinateur.

A) L'évaluation de la mémoire de reconnaissance

La tâche de reconnaissance s'adapte particulièrement bien à une implantation sur ordinateur. En effet, on peut aisément concevoir un «squelette» d'épreuve à partir duquel les diverses applications d'un test de reconnaissance (reconnaissance oui/non; reconnaissance à choix forcé; reconnaissance continue; jugements de fréquence ou de contexte temporel...) peuvent être élaborées, et ce, en manipulant le contenu des items, la longueur du test, le taux de présentation, la durée d'exposition et l'intervalle de rétention. Par ailleurs, les épreuves de reconnaissance permettent des mesures diverses qui, sur ordinateur, peuvent être calculées automatiquement : la détection correcte des items cibles (les réponses «oui» ou vrais positifs), la détection incorrecte de distracteurs (les réponses «oui» ou faux positifs), l'impossibilité de détecter un item présenté (les réponses «non» ou faux négatifs). Ces différentes mesures peuvent en outre être l'objet d'une analyse basée sur la Théorie de la Détection du Signal (Hannay, 1986). Enfin, il est possible de calculer les latences de réponse, ce qui constitue une mesure de la métamémoire fréquemment utilisée. Des latences courtes sont interprétées comme un indice de confiance dans la réponse (que la réponse soit correcte ou non). Ces temps de latence peuvent être mis en relation avec une autre mesure de métamémoire : on peut en effet demander au sujet d'évaluer son degré de certitude après chaque réponse (par exemple, sur une échelle à 3 niveaux : 1 = pas sûr, 2 = moyennement sûr, 3 = très sûr).

Récemment, Albert & Moss (1984) et Moss *et al.* (1986) ont mis au point une tâche de reconnaissance différée qui est une adaptation directe d'une tâche utilisée chez le singe. Il s'agit pour le sujet d'identifier un nouveau stimulus parmi un ensemble croissant de stimuli vus antérieurement. Les stimuli sont présentés l'un après l'autre sur un tableau en une suite de longueur croissante. Chaque nouveau stimulus est ajouté après un délai prescrit (durant lequel le sujet ne peut voir le tableau de présentation). La tâche du sujet est simplement d'indiquer le nouveau stimulus qui a été ajouté pendant le délai. Dès que le sujet donne une réponse incorrecte (c'est-à-dire choisit un stimulus «familier» antérieurement présenté au lieu du nouveau stimulus), la série est interrompue et une nouvelle suite est proposée. Plusieurs modalités de stimuli peuvent être utilisées. Quand des mots, des couleurs, des visages ou des formes géométriques sont employées, la position spatiale des stimuli est modifiée au hasard pendant le délai afin d'éviter qu'elle ne fournisse un indice supplémentaire. Si c'est la disposition spatiale qui est testée, on ne modifie bien sûr pas la position des stimuli. Il s'agit donc d'une épreuve de reconnaissance dont les consignes sont faciles à comprendre et qui implique une réponse simple (pointage de l'item), mais qui permet le contrôle d'un grand nombre de variables : la nature des stimuli, le temps de présentation, la durée du délai, la nature de la tâche interférente durant le délai. L'administration d'une telle épreuve pourrait être grandement facilitée par l'utilisation de l'ordinateur. Il est en effet possible d'imaginer un module d'épreuve qui permettrait de gérer de manière souple différents types de stimuli et de manipuler les composantes temporelles de la tâche.

Le programme pourrait également contrôler automatiquement le passage d'une série à l'autre après un nombre défini d'échecs et il pourrait créer de nombreuses formes parallèles. Enfin, la latence des réponses pourrait être mesurée du moins s'il existe une interaction directe patient/écran (par le biais d'un crayon optique ou d'un écran tactile).

B) L'évaluation de la mémoire de travail

Le terme MCT renvoie à une catégorie de tâches mnésiques dans lesquelles la quantité de matériel à mémoriser est relativement petite et le délai entre la présentation et le test est court (de l'ordre de quelques secondes). La notion de stock à court terme unique a été l'objet de nombreuses critiques. Baddeley (1980) a notamment proposé l'existence d'un système de mémoire de travail composé de plusieurs sous-processus (le «central executive», la boucle articulatoire, le stock phonologique à court terme, le «visuo-spatial sketchpad») et spécialisé dans le maintien temporaire et la manipulation d'information pendant la réalisation de différentes tâches cognitives (de compréhension, de raisonnement ou d'apprentissage). La stratégie sous-tendant la mise en évidence des diverses composantes de ce système repose sur l'hypothèse que la mémoire de travail est de capacité limitée et que, si une quantité substantielle de cette capacité est occupée par la réalisation d'une tâche concurrente, la performance se détériorera.

L'ordinateur peut constituer une aide importante pour la mise en place et la coordination d'épreuves d'évaluation de la mémoire de travail impliquant la présentation brève de stimuli, des délais courts entre le présentation et le rappel ainsi que la réalisation de tâches concurrentes. Récemment, Baddeley *et al.* (1986) ont exploré l'hypothèse selon laquelle les patients avec démence d'Alzheimer présenteraient un trouble de la composante «central executive», c'est-à-dire le centre de contrôle de la mémoire de travail; ce trouble se manifesterait notamment dans la capacité qu'ont les sujets de réaliser simultanément deux tâches concurrentes. Ils ont montré que les patients avec démence d'Alzheimer ont plus de difficultés que des sujets normaux du même âge à effectuer une tâche de poursuite d'une cible se déplaçant sur un écran en même temps qu'une tâche concurrente d'empan de chiffres ou de temps de réaction, et ce, malgré le fait que les deux tâches sont rendues également difficiles pour les deux groupes. En ce qui concerne la tâche de poursuite, le sujet doit suivre au moyen d'un crayon optique le mouvement d'un carré blanc qui se déplace au hasard sur un écran. La vitesse de déplacement du carré est adaptée pour que chaque sujet maintienne le crayon sur la cible pendant plus de 60 % du temps. La tâche secondaire de temps de réaction est également gérée par l'ordinateur.

En ce qui concerne l'évaluation des autres composantes de la mémoire de travail, et notamment celles impliquées dans le maintien d'un matériel verbal (boucle articulatoire et stock phonologique), l'ordinateur peut également être utile pour les tâches qui nécessitent la présentation visuelle de stimuli verbaux (lettres, mots) durant un bref délai rempli par une tâche interférente. Quant au système impliqué dans le maintien des images visuo-spatiales (le « visuo-spatial sketchpad », VSSP), son évaluation suppose l'utilisation de tâches concurrentes visuo-spatiales telles que des tâches de poursuite d'une cible, et donc nécessite aussi l'emploi de l'ordinateur.

D'une manière plus générale, l'évaluation de la mémoire visuelle à court terme (et à long terme) implique la rétention de stimuli visuels abstraits qui ne sont pas facilement dénommables : or, l'ordinateur peut aisément créer ce type de matériel. Un exemple de test informatisé sur matériel visuel abstrait est le test de reconnaissance visuelle de Acker (1980).

C) L'évaluation écologique des troubles de la mémoire

Les progrès réalisés dans les performances graphiques des ordinateurs et dans les capacités de stockage des images (le vidéo-disque) permettent actuellement de concevoir des épreuves informatisées qui simulent les tâches mnésiques de la vie quotidienne. Ainsi, Crook *et al.* (1986) ont proposé une batterie informatisée d'épreuves destinées à évaluer la mémoire des noms de personnes, la mémoire d'un trajet, la mémoire de la localisation d'objets... Les moyens technologiques leur ont permis d'utiliser des stimuli verbaux et visuels réalistes et des types de réponse simples (par exemple, sur écran tactile). Malheureusement, les fondements théoriques de ces épreuves sont très limités et les résultats sont présentés uniquement sous la forme de notes globales. Ces tâches informatisées et écologiques révèlent donc les mêmes faiblesses que les tests psychométriques traditionnels : elles ne nous informent pas sur la nature du dysfonctionnement. La mise au point d'outils écologiques grâce à l'informatique doit impérativement être sous-tendue par une réflexion théorique, sans quoi on risque d'être submergé par une masse d'épreuves bien réalisées sur le plan technique, mais dont on ne sait pas trop ce qu'elles évaluent.

Parmi les méthodes destinées à aborder les troubles mnésiques dans la vie quotidienne, le questionnaire d'évaluation de la mémoire, rempli par le patient et par une personne proche, peut fournir des informations importantes sur le type de troubles présentés par le patient ainsi que sur sa nosognosie. La plupart des questionnaires de métamémoire existants sont administrés sous la forme d'une procédure papier-crayon. Quand le questionnaire comporte de nombreux items, l'établissement du profil de réponse du patient et la comparaison de ce profil avec les normes et avec les réponses fournies par la personne proche peuvent prendre beaucoup de temps. L'informatisation de la passation (avec réponse sur le clavier) permettrait de recevoir plus rapidement les éléments de statistique descriptive souhaités. Il s'agit évidemment de s'assurer de l'équivalence des normes recueillies dans les deux conditions de passation. Dans certains cas, la passation informatisée peut cependant s'avérer impraticable mais on peut prévoir la possibilité d'introduire dans l'ordinateur les réponses recueillies par la procédure papier-crayon.

D) L'évaluation du Feeling of Knowing

La latence de réponse et le degré de certitude du sujet constituent des mesures de la métamémoire qui peuvent être facilement obtenues lors d'un test de reconnaissance informatisé. Il existe une autre méthode d'évaluation de la métamémoire dont la mise en œuvre peut être aidée par l'emploi de l'ordinateur : il s'agit de l'évaluation du Feeling of Knowing. Shimamura *et al.* (1981) ont conçu un programme informatisé (Factretrieval) qui permet la réalisation des trois étapes du paradigme FOK traditionnel :

– La présentation de 240 questions d'information générale (du type « Quel est le nom de l'inventeur du phonographe ? »), issues des normes établies par Nelson & Narens (1980) ; l'exactitude et la latence des réponses sont enregistrées et analysées automatiquement (l'examinateur peut limiter le nombre de questions présentées en fixant à l'avance un critère pour le nombre de questions non réussies).

– L'évaluation du FOK : des jugements relatifs de FOK sont effectués pour toutes les pairs de questions auxquelles le sujet n'a pas correctement répondu (le sujet choisit, dans chaque paire, la question dont il croit pouvoir reconnaître la réponse, ce qui conduit à un rangement ordonné de toutes les questions non réussies).

– Le test de reconnaissance à choix forcé sur huit possibilités de réponse.

Le programme fournit également un tableau résumant les réponses aux trois étapes de la procédure et il calcule la corrélation gamma Goodman-Kruskal pour le rangement des jugements FOK et la performance en reconnaissance (c'est-à-dire la validité du FOK).

E) Limites des outils d'évaluation informatisés

L'utilisation de la micro-informatique dans l'évaluation des troubles mnésiques paraît justifiée à plusieurs niveaux : elle facilite l'administration d'outils traditionnels, elle permet le recueil d'informations nouvelles (notamment la latence de réponse) et elle favorise le développement de nouveaux outils. Le micro-ordinateur présente cependant un certain nombre de limites, liées à la relative rigidité de son fonctionnement. Quand il administre un test papier-crayon, le neuropsychologue clinicien retire habituellement un ensemble d'informations indirectes sur le comportement du patient, et il peut, dans certains cas et en fonction de ces informations, s'écarter des consignes standard du test afin de vérifier une hypothèse quant à la stratégie adoptée par le sujet. Le déroulement complètement automatique d'une épreuve informatisée peut dès lors avoir pour conséquence un certain appauvrissement des informations recueillies. En fait, l'évaluation informatisée ne doit occuper qu'une place limitée, au sein d'un ensemble d'épreuves dont certaines nécessitent des interactions directes patient/clinicien. Un deuxième problème concerne la standardisation de l'équipement informatique : il est tout à fait indispensable que l'ensemble des systèmes d'affichage (écran) et des dispositifs de réponse (clavier, joystick...) soient parfaitement identiques si on veut comparer les performances de patients examinés dans des centres neuropsychologiques différents. Un dernier problème est celui de la familiarité avec les procédures informatisées : une pratique préalable doit être prévue même si les conditions de passation semblent élémentaires (et c'est d'autant plus vrai en ce qui concerne l'évaluation des personnes âgées).

Conclusions

L'objectif de ce travail était avant tout d'établir les bases d'un examen efficace des troubles mnésiques. Préalablement, il était indispensable de préciser les modèles théoriques actuels du fonctionnement mnésique normal. Nous avons ainsi parcouru, souvent trop rapidement, ce domaine complexe que constitue la mémoire. De ce périple, s'est dégagé l'image d'une mémoire composée de plusieurs sous-systèmes. Les études neuropsychologiques ont notablement contribué au développement de cette conception modulaire de la mémoire. Ainsi, Shallice & Warrington (1970) ont montré que certains patients pouvaient présenter un trouble spécifique de la MCT tout en ayant une MLT normale. Ultérieurement, ce système de MCT a lui-même été fractionné et il a été conçu comme une mémoire de travail ayant plusieurs composantes (Baddeley & Hitch, 1974). La MLT a également été subdivisée en différents systèmes : mémoire épisodique, mémoire sémantique et mémoire procédurale. Un soutien important à ce modèle d'une MLT multiple a été fourni par les recherches neuropsychologiques qui ont montré que les patients amnésiques avaient une mémoire implicite normale en dépit d'un trouble majeur de la mémoire explicite (Shimamura, 1986). Les tâches de mémoire implicite que les sujets amnésiques effectuent normalement ont toutes en commun le fait qu'elles n'exigent pas une récupération consciente d'un apprentissage antérieur. Certains ont interprété ces observations en proposant que les patients amnésiques avaient une mémoire procédurale normale et une mémoire déclarative déficitaire (Cohen, 1984). Pour d'autres auteurs (Parkin, 1982), le pattern de déficits observé chez les amnésiques illustre plutôt la distinction entre mémoire épisodique et mémoire sémantique. Dans cette perspective, les patients amnésiques posséderaient une mémoire sémantique intacte. Pour Tulving (1985) cependant, il est prématuré, dans l'état actuel de nos connaissances, de déterminer quel est le système mnésique qui sous-tend ces tâches correctement effectuées par les patients. Quoi qu'il en soit, un nombre croissant de chercheurs travaillant sur la mémoire se rallient à l'idée que la mémoire est composée de différents systèmes. Quelques études semblent également indiquer une certaine forme de modularité au sein même de la mémoire sémantique. Il s'agit en particulier des travaux qui montrent que des patients peuvent présenter un trouble sémantique limité à une catégorie d'objets (Warrington & Shallice, 1984). Sur la base de ces observations, il est tentant de conclure que la mémoire humaine est composée de modules séparés, chacun étant relativement localisé dans le cerveau. Du point de vue du clinicien, il s'agit dès lors de concevoir des outils qui permettent d'aborder ces différents domaines de la mémoire.

Notre tour d'horizon des concepts et modèles théoriques nous a conduit non seulement à considérer la structure de la mémoire mais également les opérations effectuées sur cette structure. Les notions de profondeur et surtout de spécificité d'encodage (Craik & Lockhart, 1972; Thomson & Tulving, 1970), la distinction entre traitements automatiques et contrôlés, le rôle du contexte dans la mémorisation sont tous des éléments dont le clinicien doit tenir compte dans la création d'outils d'évaluation. La mise en œuvre des opérations d'encodage et de récupération dépend pour une part de la métamémoire du sujet, c'est-à-dire des connaissances qu'il possède sur le fonctionnement et le contenu de sa mémoire. Il s'agit d'une dimension qui doit aussi être intégrée dans l'évaluation et qui exige l'élaboration d'outils spécifiques.

La psychologie expérimentale, et en particulier la psychologie de la mémoire, est actuellement traversée par un courant qui insiste sur l'importance de la validité écologique dans les recherches effectuées. Cette question concerne directement le clinicien. En effet, le développement de modèles qui tentent de rendre compte des activités mnésiques quotidiennes ne peut que lui être profitable dans la mesure où il pourra se servir de ces modèles pour concevoir des méthodes d'évaluation également plus écologiques. De surcroît, une perspective de recherche plus proche de la vie quotidienne donne au clinicien un rôle important dans la validation et le développement des modèles théoriques.

En fait, le travail d'évaluation effectué par le clinicien n'est pas différent de l'activité du chercheur en neuropsychologie : tous deux tentent de découvrir la nature du trouble mnésique à la lumière dun modèle théorique. Seuls les objectifs différent : dans un cas, il s'agit de tester le modèle théorique ; dans l'autre cas, le but est de découvrir une piste qui permettra la mise en place d'une rééducation. Comme le signalent Seron & Deloche (1989), cette conception de l'évaluation suppose que le clinicien se spécialise dans un domaine plus limité du comportement. Il n'est en effet pas possible qu'il puisse maîtriser l'ensemble des conceptions théoriques relatives au langage, à l'attention ou à la mémoire. Par ailleurs, il serait souhaitable que se développe un secteur de psychologie appliquée qui aurait notamment pour but de mettre à la disposition du praticien des outils d'évaluation ayant une pertinence théorique.

La position du clinicien qui souhaite fonder sa pratique sur une base théorique est particulièrement inconfortable. En effet, les modèles théoriques se transforment et quelquefois, de manière radicale. Il suffit pour s'en convaincre de considérer le développement actuel des modèles connexionnistes (McClelland *et al.*, 1986). Selon ces modèles, l'information n'est pas stockée (ni récupérée) à un endroit particulier de la mémoire, comme le postulent les modèles traditionnels. Dans une perspective connexionniste, c'est la participation collective de plusieurs unités qui constitue un souvenir et des représentations différentes peuvent correspondre à différents patterns d'activité dans les mêmes unités. Il n'est pas possible de prédire l'impact exact qu'aura ce type de modèle sur le travail clinique. En tout cas, l'interprétation des troubles mnésiques pourrait s'en trouver modifiée et dans cette mesure, le clinicien doit rester attentif à l'évolution de ce courant...

Bibliographie

ACKER W. (1980), « In support of the microcomputer based automated testing : a description of the Maudsley automated psychological screening tests (MAPS) », *British Journal of Alchohol and Alcoholism*, 15, 144-147.
ACKER M.B. (1986), « Relationship between test scores and everyday life functioning », in *Clinical neuropsychology of intervention* (B. Uzzel et Y. Gross, éd.), Martinus Nijhoff Publishing, Dordrecht.
ALBERT M.S., BUTTERS N., LEVIN J. (1979a), « Temporal gradients in the retrograde amnesia of patients with alcoholic Korsakoff's disease », *Archives of Neurology*, 36, 211-216.
ALBERT M.D., BUTTERS N., LEVIN J. (1979b), « Memory for remote events in chronic alcoholics and alcoholic Korsakoff patients », in *Alcohol intoxication and withdrawal* (H. Begleiter et B. Kissen, éds), Plenum Press, New York.
ALBERT M.S., MOSS M. (1984), « The assessment of memory disorders in patients with Alzheimer's disease », in *Neuropsychology of memory* (L.R. Squire et N. Butters, éds), Guilford Press, New York.
AGGLETON J.P., MISHKIN M. (1983a), « Memory impairments following restricted medial thalamic lesions in monkeys », *Experimental Brain Research*, 52, 199-209.
AGGLETON J.P., MISHKIN M. (1983b), « Visual recognition impairment following medial thalamic lesions in monkeys », *Neuropsychologia*, 21, 189-197.
AGGLETON J.P., MISHKIN M. (1985), « Mamillary — body lesions and visual recognition in monkeys », *Experimental Brain Research*, 58, 190-197.
ALLPORT D.A. (1980), « Attention and performance », in *Cognitive Psychology : New Directions* (B. Claxton, éd.), Routledge & Kegan Paul, Londres.
ALLPORT D.A. (1983), « Auditory verbal short-term memory and conduction aphasia », in *Attention and Performance*, vol. 10 (H. Bouma et D. Bouwhuis, éds), Erlbaum, Hillsdale, N.J.
ANDERSON J.R., BOWER G.H. (1973), *Human associative memory*, Winston, Washington DC.
ARENDT J., BIGL V., ARENDT A., TENNSTEDT A. (1983). « Loss of neurons in the nucleus basalis of Meynert in Alzheimer's disease, Paralysis Agitans and Korsakoff's disease », *Acta Neuropathologica (Berl.)*, 61, 101-108.

ATKINSON R.C., SHIFFRIN R.M. (1968), « Human memory : a proposed system and its control processes », *The psychology of learning and motivation* (K.W. Spence, J.T. Spence, éds), vol. 2, Academic Press, New York.

AUBLE P.M., FRANKS J.J. (1978), « The effects of effort toward comprehension on recall », *Memory and Cognition*, 6, 20-25.

BADDELEY A.D. (1966a), « Short-term memory for word sequences as a function of acoustic, semantic and formal similarity », *Quarterly Journal of Experimental Psychology*, 18, 302-309.

BADDELEY A.D. (1966b), « The influence of acoustic and semantic similarity on long-term memory for word sequences », *Quarterly Journal of Experimental Psychology*, 18, 362-365.

BADDELEY A.D. (1976), *The psychology of memory*, Harper & Row Publishers, New York.

BADDELEY A.D. (1978), « The Trouble with levels : a re-examination of Craik and Lockhart's framework for memory research », *Psychological Review*, 85, 139-152.

BADDELEY A.D. (1981), « The cognitive psychology of everyday life », *British Journal of Psychology*, 72, 257-269.

BADDELEY A.D. (1982a), « Domains of recollection », *Psychological Review*, 89, 708-729.

BADDELEY A.D. (1982b), « Amnesia : A minimal model and an interpretation », in *Human memory and amnesia* (L.S. Cermak, éd.), Erlbaum, Hillsdale, N.J.

BADDELEY A.D. (1984), « Memory theory and memory therapy », in *Clinical management of memory problems* (B.A. Wilson, N. Moffart, éds), An Aspen Publication, Rockeville.

BADDELEY A.D. (1986), *Working memory*, Oxford University Press, Oxford.

BADDELEY A.D. (1986), « Editorial : Modularity mass-action and memory », *Quarterly Journal of Experimental Psychology*, 38 A, 527-533.

BADDELEY A.D., WARRINGTON E.K. (1979), « Amnesia and the distinction between long and short-term memory », *Journal of Verbal Learning and Verbal Behavior*, 9, 176-189.

BADDELEY A.D., WARRINGTON E.K. (1973), « Memory coding and amnesia », *Neuropsychologia*, 11, 159-165.

BADDELEY A.D., HITCH G.J. (1974), « Working memory », in *Recent advances in learning and motivation*, vol. VIII (G. Bower, éd.), Academic Press, New York.

BADDELEY A.D., GRANT W., WIGHT E., THOMSON N. (1975), « Imagery and visual working memory », in *Attention and Performance* (P.M.A. Rabbit et S. Dornic, éds), Academic press, Londres.

BADDELEY A.D., HITCH G.J. (1977), « Recency re-examined », in *Attention and Performance VI* (S. Dornic, éd.), Erlbaum, Hillsdale, N.J.

BADDELEY A.D., LIEBERMAN K. (1980), « Spatial working memory », in *Attention and Performance VIII* (R. Nickerson, éd.), Erlbaum, Hillsdale, N.J.

BADDELEY A.D., WILKINS A. (1984), « Taking memory out of the laboratory », in *Everyday memory, actions and absent-mindedness* (J.E. Harris, P.E. Morris, éds), Academic Press, Londres.

BADDELEY A.D., WILSON B. (1985), « Phonological coding and short-tern memory in patients without speech », *Journal of Memory and Language*, 24, 490-502.

BADDELEY A.D., LOGIE R., BRESSI S., DELLA SALLA S., SPINNLER H. (1986), « Dementia and working memory », *Quarterly Journal of Experimental Psychology*, 38A, 603-608.

BADDELEY A.D., WILSON B. (1986), «Amnesia, autobiographical memory and confabulation», in *Autobiographical Memory* (D.C. Rubin, éd.), Cambridge University Press, Cambridge.
BADDELEY A.D., HARRIS J., SUNDERLAND A., WATTS K.P., WILSON B. (1987), «Closed head injury and memory», in *Neurobehavioural recovery from head injury* (H. Levin et H. Eisenberg, éds), Oxford University Press, New York.
BAHRICK H.P. (1984), «Semantic memory content in permastore : 50 years of memory for Spanish learned in school», *Journal of Experimental Psychology : General*, **113**, 1-29.
BAHRICK H.P., BAHRICK P.O., WITTHINGER R.P. (1975), «Fifty years of memory for names and faces : a cross-sectionnal approach», *Journal of Experimental Psychology : General*, **104**, 54-75.
BARBIZET J. (1970), *Pathologie de la mémoire*, P.U.F., Paris.
BARTLETT F.C. (1932), *Remembering : a study in experimental and social psychology*, Cambridge University Press, Londres.
BASSO-A., SPINNLER H., VALLAR B., ZANOBIO E. (1982), «Left hemisphere damage and selective impairment of auditory verbal short-term memory. A case study», *Neuropsychologia*, **20**, 263-274.
BASSO A., LECOURS A.R., MORASCHINI S., VANIER M. (1987), «Anatomo-clinical correlates of the aphasias as defined through computerized tomography : exceptions», *Brain and Language*, **26**, 201-229.
BATTIG W.F. (1979), «The flexibility of memory», in *Levels of processing in human memory* (L.S. Cermak et F.I.M. Craik, éds), Erlbaum, Hillsdale, N.J.
BAUER R.H., KYAW D., KILBEY M.M. (1984), «Metamemory of alcoholic Korsakoff patients», *Society for Neuroscience Abstracts*, **10**, 318.
BEAUVOIS M.F. (1973), «Rôle des lésions corticales restreintes dans les déficits mnésiques partiels», *L'Année Psychologique*, **73**, 273-309.
BEAUVOIS M.F., LHERMITTE F. (1975), «Déficits mnésiques électifs et lésions corticales restreintes», *Revue Neurologique (Paris)*, **131**, 3-22.
BEAUVOIS M.F., DELBECQ-DEROUESNE J., SHALLICE T., DELISLE A., PERNIN C., ALDIN B. (1986), «Test de reconnaissance incidente avec orientation de l'attention : effet de l'âge et du niveau culturel», poster présenté à la Société de Neuropsychologie de Langue Française, Paris.
BECK A.T. (1967), *Depression : clinical, experimental and theoretical aspects*, Harper and Row, New York.
BECKER J.T., BOLLER F., SAXTON J., McGONIGLE-GIBSON K.L. (1987), «Normal rates of verbal and non-verbal material in Alzheimer's disease», *Cortex*, **23**, 59-72.
BEKERIAN D.A., BADDELEY A.D. (1980), «Saturation advertising and the repetition effect», *Journal of Verbal Learning and Verbal Behavior*, **19**, 17-25.
BENNETT-LEVY J., POLKEY C.E., POWELL G.E. (1980), «Self-report of memory skills after temporal lobectomy : the effect of clinical variables», *Cortex*, **16**, 543-557.
BENNETT-LEVY J., POWELL G.E. (1980), «The subjective memory questionnaire (SMQ). An investigation into the self-reporting of ‹real-life› memory skills», *British Journal of Clinical Psychology*, **19**, 177-188.
BENSON D.F., GESCHWIND N. (1967), «Shrinking retrograde amnesia», *Journal of Neurology, Neurosurgery and Psychiatry*, **30**, 539-544.
BENTON A.L. (1974), «Revised Visual Retention Test», *New York : The Psychological Corporation*.
BIBER C., BUTTERS N., ROSEN J., GERTSMANN L., MATTES S. (1981), «Encoding strategies and recognition of faces by alcoholic Korsakoff and other brain-damaged patients», *Journal of Clinical Neuropsychology*, **3**, 315-330.

BINDER L. (1986), « Persisting symptoms after mild head injury : a review of the postconcussive syndrome », *Journal of Clinical and Experimental Neuropsychology*, **8**, 323-346.
BJORK R.A., WHITTEN W.B. (1974), « Recency-sensitive retrieval processes », *Cognitive Psychology*, **6**, 173-189.
BLACK F.W. (1986), « Digit repetition in brain-damaged adults : Clinical and theoretical implications », *Journal of Clinical Psychology*, **42**, 770-782.
BLAKE M. (1973), « Prediction of recognition when recall fails : exploring the feeling-of-knowing phenomenon », *Journal of Verbal Learning and Verbal behavior*, **12**, 311-319.
BLAKE F.W. (1976), « Cognitive deficits in patients with unilateral war-related frontal lobe lesions », *Journal of Clinical Psychology*, **32**, 366-372.
BOTWINICK J. (1977), « Intellectual abilities », in *Handbook of the Psychology of Aging (J.E. Birren and K.W. Schare, éds)*, Van Nostrand Reinhold, New York.
BOTWINICK J., STORANDT M. (1974), « Memory-related functions and age », Thomas Springfield.
BOTWINICK J., STORANDT M., BERG L. (1986), « A longitudinal behavioral study of senile dementia of the Alzheimer type », *Archives of Neurology*, **43**, 1124-1127.
BOWER G.H., WINZENZ D. (1969). « Group structure, coding and memory for digit series », *Journal of Experimental Psychology*, Monograph, **80**, 1-17.
BOWER G.H., BLACK J.B., TURNER T.J., (1979), « Scripts in memory for texts », *Cognitive Psychology*, **11**, 177-220.
BOWER G.H. (1983), « Affect and cognition », *Philosophical Transactions of the Royal Society of London* (Series B), **302**, 387-402.
BOYD T.M., SAUTTER S., BAILEY M.B., ECHOLS L.D., DOUGLAS J.W. (1986), « Executive Functions Route-Finding Task (EFRT) : reliability and validity of a measure of everyday problem solving », Paper presented at the INS.
BRICKNER R.M. (1936), « The intellectual functions of the frontal lobes », McMillan, New York.
BRION S. (1969), « Korsakoff's syndrom : clinico-anatomical and physiopathological considerations » in *The pathology of memory* (A. Talland and N.C. Waugh, éds), Academic Press, New York.
BROADBENT D.E. (1958), *Perception and communication*, Pergamon Press, Londres.
BROADBENT D.E., GREGORY M. (1965), « Some confirmatory results on age differences in memory for simultaneous stimulation », *British Journal of Psychology*, **56**, 77-80.
BROADBENT D.E., COOPER P.F., FITZGERALD P., PARKES K.R. (1982), « The cognitive failures questionnaire (CFQ) and its correlates », *British Journal of Clinical Psychology*, **21**, 1-16.
BROMLEY D.B. (1958), « Some effects of age on short-term learning and memory », *Journal of Gerontology*, **13**, 398-406.
BROOKS D.N. (1972), « Memory and head injury », *Journal of Nervous and Mental Disease*, **155**, 350-355.
BROOKS D.N. (1974a), « Recognition memory and head injury », *Journal of Neurology, Neurosurgery and Psychiatry*, **37**, 794-801.
BROOKS D.N. (1974b), « Recognition memory after head injury : a signal detection analysis », *Cortex*, **10**, 224-230.
BROOKS D.N. (1975), « Long and short term memory in head injury », *Journal of Neurology, Neurosurgery and Psychiatry*, **37**, 794-801.
BROOKS D.N., BADDELEY A.D. (1976), « What can amnesic patients learn ? », *Neuropsychologia*, **14**, 111-122.

BROOKS D.N., AUGHTON M.E., BOND M.R., JONES P., RIZVI S. (1980), « Cognitive sequelae in relationship to early indices of severity of brain damage after severe blunt head injury», *Journal of Neurology, Neurosurgery and Psychiatry*, **43**, 529-534.
BROWN J. (1958), « Some tests of the decay theory of immediate memory», *Quarterly Journal of Experimental Psychology*, **10**, 12-21.
BROWN R., McNEILL D. (1966), « The ‹tip of the tongue› phenomenon», *Journal of Verbal Learning and Verbal Behavior*, **5**, 325-337.
BROWN R., SHEVELL S.K., RIPS L.J. (1986), « Public memories and their personal context», in *Autobiographical memory* (D.C. Rubin, éd.), Cambridge University Press, Cambridge.
BRUCE D. (1985), « The how and why of ecological memory», *Journal of Experimental Psychology : General*, **114**, 78-90.
BRUCE P.R., COYNE A.C., BOTWINICK J. (1982), « Adult age differences in metamemory», *Journal of Gerontology*, **37**, 354-357.
BRUCE P.R., HERMAN J.F. (1987), « Adult age differences in spatial memory : effects of distinctiveness and repeated experience», *Journal of Gerontology*, **41**, 774-777.
BRUYER R. (1979), « Neuropsychologie et psychométrie. Limites et voisinage», *Acta psychiatrica belgica*, **79**, 274-299.
BRUYER R. (1987), *Les mécanismes de reconnaissance des visages*, Presses Universitaires de Grenoble.
BUSCHKE H. (1973), « Selective reminding for analysis of memory and learning», *Journal of Verbal Learning and Verbal Behavior*, **12**, 543-550.
BUSCHKE H. (1984a), « Cued recall in amnesia», *Journal of Clinical Neuropsychology*, **4**, 433-440.
BUSCHKE H. (1984b), « Control of cognitive processing», in *Neuropsycholoy of memory* (L. Squire and N. Butters, éds), Guilford Press, New York.
BUSCHKE H., FULD P.A. (1974), « Evaluating storage, retention and retrieval in disordered memory and learning», *Neurology*, **24**, 1019-1025.
BUSCHKE H., GROBER E. (1986), « Genuine memory deficits in age-associated memory impairment», *Developmental Neuropsychology*, **2**, 287-307.
BUFFERY A.W.H. (1967), « Learning and memory in baboons with bilateral lesions of frontal or infero-temporal cortex», *Nature*, **204**, 1054-1056.
BURKE D.M., LIGHT L.L. (1981), « Memory and aging : the role of retrieval process», *Psychological Bulletin*, **90**, 513-546.
BUTTERS N. (1985), « Alcoholic Korsakoff's syndrome : some unresolved issues concerning etiology, neuropathology and cognitive deficits», *Journal of Clinical and Experimental Neuropsychology*, **7**, 181-210.
BUTTERS N. (1987), « Procedural learning in dementia : a double dissociation between Alzheimer and Huntington's disease patients on verbal priming and motor skill learning», *Paper presented at the meeting of the International Neuropsychological Society*, Washington DC.
BUTTERS N., SAMUELS I., GOODGLASS H., BRODY B. (1970), « Short-term visual and auditory memory disorders after parietal and frontal lobe damage», *Cortex*, **6**, 440-459.
BUTTERS N., CERMAK L.S. (1975), « Some analyses of amnesic syndromes in brain-damaged patients», in *The hippocampus* (R. Isaacson and K. Pribram, éds), Plenum Press, New York.
BUTTERS N., CERMAK L.S. (1980), *Alcoholic Korsakoff's Syndrome : an information processing approach to amnesia*, Academic Press, New York.

BUTTERS N., ALBERT M.S., SAX D.S., MILIOTIS P., STERSTE A. (1983), «The effect of verbal elaborators on the pictorial memory of brain-damaged patients», *Neuropsychologia*, **21**, 307-323.

BUTTERS N., CERMAK L.S. (1986), «A case study of the forgetting of autobiographical knowledge : implications for the study of retrograde amnesia», in *Autobiographical Memory* (D.C. Rubin, éd.), Cambridge University Press, Cambridge.

BUTTERS N., WOLFE J., GRANHOLM E., MARTONE M. (1986), «An assessment of verbal recall, recognition and fluency abilities in patients with Huntington disease», *Cortex*, **22**, 11-32.

BUTTERS N., MARTONE M., WHITE B., GRANHOLM E., WOLFE J. (1986), «Clinical validators : comparison of demented and amnesic patients», in *Handbook for clinical memory assessment of older adults* (L.W. Poon, éd.), American Psychological Association, Washington DC.

BUTTERS N., GRANHOLM E., SALMON D., GRANT I. (1987), «Episodic and semantic memory : a comparison of amnesic and demented patients», *Journal of Clinical and Experimental Neuropsychology*, **9**, 479-497.

BYRNE R.W. (1982), «Geographical knowledge and orientation», in *Normality and pathology in cognitive functions* (A.W. Ellis, éd.), Academic Press, Londres.

CALEV A., ERWIN P.G. (1985), «Recall and recognition in depressives : use of matched tasks», *British Journal of Clinical Psychology*, **24**, 127-128.

CARAMAZZA A. (1984), «The logic of neuropsychological research and the problem of patient classification in aphasia», *Brain and Language*, **21**, 9-20.

CAUTHEN N.R. (1977), «Extension of the Wechsler Memory Scale norms to older age groups», *Journal of Clinical Psychology*, **33**, 200-211.

CAVANAUGH J.C., PERLMUTTER M. (1982), «Metamemory : a critical examination», *Child Development*, **53**, 11-28.

CECI S.J., BRONFENBRENNER U. (1985), «Don't forget to take the cupcakes out of the oven : prospective memory, strategic time-monitoring and context», *Child Development*, **56**, 152-164.

CERMAK L.S. (1976), «The encoding capacity of a patient with amnesia due to encephalitis», *Neuropsychologia*, **14**, 311-326.

CERMAK L.S. (1982), «The long and short of it in amnesia», in *Human Memory and Amnesia* (L.S. Cermak, éd.), Erlbaum, Hillsdale, N.J.

CERMAK L.S. (1984), «The episodic-semantic distinction in amnesia», in *Neuropsychology of memory* (L.R. Squire et N. Butters, éds), Guilford Press, New York.

CERMAK L.S., BUTTERS N. (1972), «The role of interference and encoding in the short-term memory deficits of Korsakoff patients», *Neuropsychologia*, **10**, 89-95.

CERMAK L.S., BUTTERS N., MOREINES J. (1974), «Some analyses of the verbal encoding deficit of alcoholic Korsakoff patients», *Brain and Language*, **1**, 141-150.

CERMAK L.S., REALE L. (1978), «Depth of processing and retention of words by alcoholic Korsakoff patients», *Journal of Experimental Psychology : Human Learning and Memory*, **4**, 165-174.

CERMAK L.S., STIASSNY D., UHLY B. (1984), «Reconstructive retrieval deficits in Broca's aphasia», *Brain and Language*, **21**, 95-104.

CERMAK L.S., TALBOT N., CHANDLER K., WOLBARST L. (1985), «The perceptual priming phenomenon in amnesia», *Neuropsychologia*, **23**, 615-622.

CHAFFIN R., HERRMANN D.J. (1983), «Self reports of memory performance as a function of age in adulthood», *Human Learning*, **2**, 17-28.

CICERONE K.D., TUPPER D.E. (1986), «Cognitive assessments in the neuropsychological rehabilitation of head-injured adults», in *Clinical neuropsychology of intervention* (B.P. Uzzel and Y. Gross, éds), Martinus Nijhoff Publishing, Dordrecht.

CLAPARÈDE E. (1981), «Récognition et moitié», *Archives de Psychologie*, Genève, **11**, 79-90.

COBLENTZ J.M., MATTIS S. et al. (1973), «Presenile dementia : clinical aspects and evaluation of cerebrospinal fluid dynamics», *Archives of Neurology*, 29, 299-308.
COKBURN J., WILSON B., BADDELEY A., HIORNS R.W. (1986), *How well do people with memory problems recognise their difficulties? Paper presented at the Ninth European Conference of the International Neuropsychological Society*, June, Veldhoven.
COHEN N. (1984), «Preserved learning capacity in amnesia : evidence for multiple systems», in *Neuropsychology of memory* (L. Squire and N. Butters, éds), Guilford Press, New York.
COHEN N.J., SQUIRE L.R. (1981), «Retrograde amnesia and remote memory impairment», *Neuropsychologia*, 19, 337-356.
COHEN R.M., WEINGARTNER H., SMALLBERG S.A., PICKAR D., MURPHY D.L. (1982), «Effort and cognition in depression», *Archives of General Psychiatry*, 39, 593-597.
COHEN G., FAULKNER D. (1981), *Memory for text : some age differences in the nature of the information that is retained after listening to texts. Attention and performance X* (H. Bouma et D.G. Bouwhuis, éds). Erlbaum, Hillsdale, N.J.
COLLE H.A., WELSH A. (1976), «Acoustic masking in primary memory», *Journal of Verbal Learning and Verbal Behavior*, 15, 17-32.
COLLINS A.M., QUILLIAN M.R. (1969), «Retrieval time from semantic memory», *Journal of Verbal Learning and Verbal Behaviour*, 8, 240-247.
COLLINS A.M., LOFTUS E.F. (1975), «A spreading-activation theory of semantic processing», *Psychological Review*, 82, 407-428.
COLTHEART M. (1983), «Sensory memory», in *Attention and performance X* (H. Bouma and D.G. Bouwhuis, éds), Erlbaum, Hillsdale, N.J.
CONRAD R. (1964), «Acoustic confusions in immediate memory», *British Journal of Psychology*, 55, 75-84.
CONRAD R. (1970), «Short-term memory processes in the deaf», *British Journal of Psychology*, 61, 179-195.
CONRAD R., HULL A.J. (1984), «Information, acoustic confusion and memory span», *British Journal of Psychology*, 55, 429-432.
CORBISIER B. (1986), «La maladie d'Alzheimer, syndrome homogène?», *Mémoire de licence en logopédie*, Université de Liège.
CORKIN S. (1982), «Some relationships between global amnesias and the memory impairments in Alzheimer's disease», in *Alzheimer's disease : a report of progress* (S. Corkin et al., éds), Raven Press, New York.
CORKIN S. (1985), «Neuropsychological studies in Alzheimer's disease», in *Normal aging, Alzheimer's disease and senile dementia*, (C.G. Gottfries, éd.), Editions de l'Université de Bruxelles.
COYETTE F. (1986), «Neuropsychologie et ergothérapie : la réinsertion dans la vie sociale et professionnelle», *Textes et documents de travail en Neuropsychologie et en Neurolinguistique*, Université de Liège.
CRAIK F.I.M. (1968), «Two components in free recall», *Journal of Verbal Learning and Verbal Behavior*, 7, 996-1004.
CRAIK F.I.M. (1977), «Age differences in human memory», in *Handbook of the psychology of aging* (J.E. Birren, K.W. Schaie, éds), Van Nostrand Reinhold, New York.
CRAIK F.I. (1984), «Age differences in remembering», in *Neuropsychology of memory* (L.R. Squire, N. Butters, éds), Guilford Press, New York.
CRAIK F.I.M., LEVY B.A. (1970), «Semantic and accoustic information in primary memory», *Journal of Experimental Psychology*, 86, 77-82.
CRAIK F.I.M., LOCKHART R.S. (1972), «Levels of processing : a framework for memory research», *Journal of Verbal Learning and Verbal Behavior*, 11, 671-684.

CRAIK F.I.M., JACOBY L.L. (1979), «Elaboration and distinctiveness in episodic memory», in *Perspectives on memory research : essays in honor of Uppsala University's 500th anniversary* (L.G. Nilsson, éd.), Erlbaum, Hillsdale, N.J.
CRAIK F.I.M., SIMON E. (1980), «Age differences in memory : the roles of attention and depth of processing», in *New directions in memory and aging* (L.W. Poon et al., éds), Hillsdale, New York.
CRAIK F.I.M., BYRD M. (1982), «Aging and cognitive deficits : the role of attentional resources», in *Aging and cognitive processes* (F.I.M. Craik, S.E. Trehub, éds), Plenum, New York.
CRAIK F.I.M., RABINOWITZ J.C. (1984), «Age differences in the acquisition and use of verbal information», in *Attention and Performance X* (H. Bouma, D.G. Bouwhuis, éds), Erlbaum, Hillsdale, N.J.
CRONHOLM B., OTTOSON J.O. (1961), «The experience of memory function after electroconvulsive therapy», *British Journal of Psychiatry*, **109**, 251-258.
CROOK T., FERRIS S.H., McCARTHY M. (1979), «The misplaced objects tasks : a brief test for memory dysfunction in the aged», *Journal of the American Geriatrics Society*, **27**, 284-287.
CROOK T., SALAMA M., GOBERT J. (1986), «A computerized test battery for detecting and assessing memory disorders», *Senile Dementias : early detections* (A. Bès, éd.), John Libbey Eurotext.
CROOK T., BARTUS R.T., FERRIS S.H., WHITEHOUSE P., COHEN G., GERSHON S. (1986), «Age-associated memory impairment : Proposed diagnostic and measures of clinical change. Report of a National Institute of Mental Health Work Group», *Developmental Neuropsychology*, 1986, 261-276.
CROVITZ H.F. (1986), «Autobiographical memory after head injury» in *Autobiographical memory* (D.C. Rubin, éd.), Cambridge University Press, Cambridge.
CROVITZ H.F. (1987), «Techniques to investigate posttraumatic and retrograde amnesia after head injury» in *Neurobehavioral recovery from head injury* (H.S. Levin, J. Grafman, H.M. Eisenberg, éds), Oxford Press, New York.
CROVITZ H.F., CORDONI C.N., DANIEL W.F., PERLMAN J. (1984), «Everyday forgetting experiences : real-time investigations with implications for the study of memory management in brain-damaged patients», *Cortex*, **20**, 333-349.
CROWDER R.G. (1982), «General forgetting theory and the locus of amnesia«, in *Human memory and amnesia* (L.S. Cermak, éd.), Erlbaum, Hillsdale, New York.
DAMASIO A.R. (1979), «The frontal lobes», in *Clinical Neuropsychology* (K.M. Heilman and E. Valenstein, éds), Oxford University Press, New York.
DAMASIO A.R., GRAFF-RADFORD N.R., ESLINGER P.J., DAMASIO H., KASSEL N. (1985), «Amnesia following basal forebrain lesions», *Archives of Neurology*, **42**, 263-271.
DANEMAN M., CARPENTER P.A. (1980), «Individual differences in working memory and reading», *Journal of Verbal Learning and Verbal Behavior*, **19**, 450-466.
DAVIDOFF J.B., OSTERGAARD A. (1984), «Colour anomia resulting from weakened short-term colour memory : a case study», *Brain*, **107**, 415-432.
DAVIS H., UNRUH W.R. (1980), «Word memory in nonpsychotic depression», *Perceptual and motor skills*, **51**, 699-705.
DELANEY R.C., ROSEN A.J., MATTSON R.H., NOVELLY R.A. (1980), «Memory function in focal epilepsy : a comparison of non-surgical unilateral temporal lobe and frontal lobe samples», *Cortex*, **16**, 103-117.
DELBECQ-DEROUESNE J., SHALLICE T., BEAUVOIS M.F., ADLIN B., PERNIN Ch., DELISLE A. (1986), «Apprentissage et rétention de mots couplés. Effet de l'âge et du niveau culturel», poster présenté à la Société de Neuropsychologie de Langue Française, Paris.

DE RENZI E., NICHELLI P. (1975), « Verbal and non-verbal short-term memory impairment following hemispheric damage », *Cortex*, 11, 341-354.
DIAMOND R., ROZIN P. (1984), « Activation of existing memories in the amnesic syndromes », *Journal of Abnormal Psychology*, 93, 98-105.
DIXON R.A., HULTSCH D.F. (1983), « Metamemory and memory for text relationships in adulthood : a cross-validation study », *Journal of Gerontology*, 38, 689-694.
DODRILL C.B. (1978), « A neuropsychological battery for epilepsy », *Epilepsia*, 19, 611-623.
DORFMAN D., GLANZER M., KAUFMAN J. (1986), « Aging effects on recognition memory when encoding and strategy are controlled », *Bulletin of the Psychonomic Society*, 24, 172-174.
DUNCAN J. (1986), « Desorganization of behaviour after frontal lobe damage », *Cognitive Neuropsychology*, 3, 271-290.
DUNN J., BROOKS D.N. (1974), « Memory and post-traumatic amnesia », *Journal of International Research Communications*, 2, 1497.

EBBINGHAUS H. (1885), *Ueber das gedachtnis*, Leipzig, Dunker.
EICH J.E. (1980), « The cue-dependent nature of state-dependent retrieval », *Memory and Cognition*, 8, 157-173.
EISENBERG H.M., WEINER R.L. (1987), « Input variables : how information from the acute injury can be used to characterize groups of patients for studies of outcome », in *Neurobehavioral recovery form head injury* (H.S. Levin, J. Grafman, H.M. Eisenberg, éds), Oxford Press, New York.
ERICSSON K.A., CHASE W.F., (1980), « Acquisition of a memory skill », *Science*, 208, 1181-1182.
ESLINGER P.J., DAMASIO A.R. (1986), « Preserved motor learning in Alzheimer's disease : implications for anatomy and behavior », *The Journal of Neuroscience*, 6, 3006-3009.
EVANS G.W., BRENNAN P.L., SKORPANICH M.A., HELD D. (1984), « Cognitive mapping and elderly adults : verbal and location memory for urban landmarks », *Journal of Gerontology*, 4, 452-457.
EYSENCK M.W. (1979), « The feeling of knowing a word's meaning », *British Journal of Psychology*, 70, 234-251.
EYSENCK M.W. (1984), *A handbook of cognitive psychology*, Erlbaum, Hillsdale, N.J.
EYSENCK M.W., EYSENCK M.C. (1979), « Processing depth, elaboration of encoding, memory stores and expended processing capacity », *Journal of Experimental Psychology : Human Learning and Memory*, 2, 472-484.

FAYOL M. (1985), « Le récit et sa construction : une approche de psychologie cognitive », *Delachaux et Niestlé*, Neuchâtel.
FAYOL M., MONTEIL J.M. (1988). The notion of script : from general to developmental and social psychology, Cahiers de Psychologie Cognitive, 8, 335-351.
FERRIS S.H., CROOK T., CLARK E., MACCARTHY M., RAE D. (1980), « Facial recognition memory deficits in normal aging and senile dementia », *Journal of Gerontology*, 5, 707-714.
FERRIS S.H., CROOK T., FLICKER C., REISBERG B., BARTIUS R.T. (1986), « Psychometric assessment of treatment effects », in *Handbook for clinical memory assessment of older adults* (L.W. Poon, éd.), American Psychological Association. Washington DC.
FERY P. (1987), Rôle de l'informatique dans l'évaluation neuropsychologique. Communication faite au colloque « Les outils d'évaluation en neuropsychologie », Liège.
FIELD J.H. (1976), *A study of the epidemiology of head injury in England and Wales with particular application to rehabilitation*, HMSO, Londres.

FINAN J.L. (1942), «Delayed response with predelay reinforcement in monkeys after removal of the frontal lobes», *American Journal of Psychology*, **55**, 202-214.

FISCHER R.P., CRAIK F.I.M. (1977), «The interaction between encoding and retrieval operations in cued recall», *Journal of Experimental Psychology : Human Memory and Learning*, **3**, 701-711.

FLAVELL J.H. (1970), *Developmental studies of mediated memory*», in *Advances in Child development and behavior*, vol. 5 (H.W. Reese, L.P. Lipsitt, éds), Academic Press, New York.

FLAVELL J.H. (1978), «Metacognitive development», in *Structural process theories of complex human behavior* (J.M. Scandura and C. Brainerd, éds), Sijtoff and Noordhoof : Alphen an den Rijn.

FLAVELL J.H. (1981), «Cognitive monitoring», in *Children's oral communication skills* (P. Dickson, éd.), Academic Press, New York.

FLAVELL J.H., WELLMAN H.M. (1977), «Metamemory», in *Perspectives on the development of memory and cognition* (R.V. Kail and J.W. Hagan, éds), Erlbaum, Hillsdale, N.J.

FLETCHER J.M. (1985), «Memory for verbal and non verbal stimuli in learning disability subgroups : analysis by selective reminding», *Journal of Experimental Child Psychology*, **40**, 244-259.

FLICKER C., FERRIS S.H., CROOK T., BARTUS R.T. (1987), «Implications of memory and language dysfunction in the naming deficit of senile dementia», *Brain and Language*, **31**, 187-200.

FODOR I.E. (1972), «Impairment of memory functions after acute head injury», *Journal of Neurology, Neurosurgery ans Psychiatry*, **35**, 818-824.

FODOR J.A. (1983), *The modularity of mind*, M.I.T. Press, Cambridge.

FOLSTEIN (1983), «The mini-mental state exam.», in *Assessment in Geriatric Psychophamarcology* (T. Crook, S. Ferris, R. Bartus, éds), Mark Powley, New Canaan CT.

FORTUNY L.A.I., BRIGGS M., NEWCOMBE F., RATCLIFF G., THOMAS C. (1980), «Measuring the duration of post-traumatic amnesia», *Journal of Neurology, Neurosurgery and Psychiatry*, **43**, 377-379.

FRANCK G., SALMON E., SASZOT B., VAN DER LINDEN M., (1986), «Etude hémodynamique et métabolique par tomographie à émission de positons d'un cas d'atteinte ischémique thalamo-capsulaire droite», *Revue Neurologique*, Paris, **142**, 4, 475-479.

FREEDMAN M., CERMAK L.S. (1986), «Semantic encoding deficits in frontal lobe disease and amnesia», *Brain and Cognition*, **5**, 108-114.

FREEDMAN M., OSCAR-BERMAN (1986), «Selective delayed response deficits in Parkinson's and Alzheimer's disease», *Archives of Neurology*, **43**, 886-890.

FREEDMAN M., OSCAR-BERMAN M. (1986), «Bilateral frontal lobe disease and selective delayed response deficits in humans», *Behavioural Neuroscience*, **100**, 337-342.

FREUND J.S., WITTE K.L. (1986), «Recognition and frequency judgments in young and elderly adults», *American Journal of Psychology*, **99**, 81-102.

FULD, KATZMAN R., DAVIES P., TERRY R. (1981), «Intrusions as a sign of Alzheimer dementia : chemical and pathological verification», *Annals of Neurology*, **11**, 155-159.

FURST C. (1986), «The memory derby : evaluating and remediating intention memory», *Cognitive Rehabilitation*, May/June, 24-26.

GAFFAN D. (1972), «Loss of recognition memory in rats with lesions to the fornix», *Neuropsychologia*, **10**, 327-341.

GAFFAN D. (1974), «Recognition impaired and association intact in the memory of monkeys after transection of the fornix», *Journal of Comparative and Physiological Psychology*, **86**, 1100-1109.

GAINOTTI G., SILVERI M.C., VILLA G., CALTAGIRONE C. (1983), «Drawing objects from memory in aphasia», *Brain*, **106**, 613-622.
GAINOTTI G., CALTAGIRONE C., MICELI G. (1978), «Immediate visuo-spatial memory in hemisphere-damaged patients : impairment of verbal coding and of perceptual processing», *Neuropsychologia*, **16**, 501-507.
GALTON F. (1983), *Inquiries into human faculty and its development*, Macmillan, Londres.
GARCIA C.A., REDING M.J., BLASS J.P. (1981), «Overdiagnosis of dementia», *Journal of the American Geriatrics Society*, **29**, 407-410.
GAZZANIGA M. (1985), *The social brain*, Basic Books, New York.
GENTNER D., COLLINS A. (1981), «Studies of inference from lack of knowledge», *Memory & Cognition*, **9**, 434-443.
GIBSON J.J. (1966), *The senses considered as perceptual systems*, Houghton Mifflin, Boston.
GIBSON J.J. (1979), *The ecological approach to visual perception*, Hougton Mifflin, Boston.
GILEWSKI M.J. (1983), «Self-reported memory functioning in young-old and old-old age : structural models of predictive factors» (Doctoral dissertation, University of Southern California), *Dissertation Abstracts International*, **43**, 4170b.
GILEWSKI M.J., ZELINSKI E. (1986), «Questionnaire assessment of memory complaints» in *Handbook for clinical memory assessment of older adults* (L.W. Poon, éd.), American Psychological Association, Washington D.C.
GLANZER M. (1972), «Storage mechanisms in recall», in *The psychology of learning and motivation : advances in research and theory*, vol. V (G.H. Bower, éd.), Academic Press, New York.
GLANZER M., CUNITZ A.R. (1966), «Two storage mechanisms in free recall», *Journal of Verbal Learning and Verbal Behavior*, **5**, 351-360.
GLENBERG A., BRADLEY M.M. et al. (1980), «A two-process account of long-term serial position effects», *Journal of Experimental Psychology : Human Learning and Memory*, **6**, 355-369.
GLISKY E.L., SCHACTER D.L., TULVING E. (1986), «Computer learning by memory-impaired patients», *Neuropsychologia*, **24**, 313-328.
GOLDBERG E., ANTIN S.P., BILDER R.M., GERSTMAN L.J., HUGHES J.E.O., MATTIS S. (1981), «Retrograde amnesia : possible role of mesencephalic reticular activation in long-term memory», *Science*, **213**, 1392-1394.
GODDEN D., BADDELEY A.D. (1975), «Context-dependent memory in two natural environments», *British Journal of Psychology*, **66**, 325-331.
GODDEN D., BADDELEY A.D. (1980), «When does context influence recognition memory?», *British Journal of Psychology*, **71**, 99-104.
GOLDMAN P.S., ROSVOLD H.E. (1970), «Localization of function within the dorsolateral prefrontal cortex of the rhesus monkey», *Exp. Neurol.*, **27**, 291-304.
GRAF P., SQUIRE L.R., MANDLER G. (1984), «The information that amnesic patients do not forget», *Journal of Experimental Psychology : Learning, Memory and Cognition*, **9**, 164-178.
GRAF P., SCHACTER D.L. (1985), «Implicit and explicit memory for new associations in normal and amnesic subjects», *Journal of Experimental Psychology : Learning, Memory and Cognition*, **11**, 501-518.
GRAFF-RADFORD N.R., ESLINGER P.J., DAMASIO A.R., YAMADA T. (1984), «Nonhemorrhagic infarction of the thalamus : behavioral, anatomic and psychologic correlates», *Neurology*, Cleveland, **34**, 14-23.

GRAFMAN J., SALAZAR A., WEINGARTNER H., VANCE S., LUDLOW C. (1985), «Isolated impairment of memory following a penetrating lesion of the fornix cerebri», *Archives of Neurology*, **42**, 1162-1168.
GREENE R.L. (1986), «Sources of recency effects in free recall», *Psychological Bulletin*, **99**, 221-228.
GROBER E. (1984), «Nonlinguistic memory in aphasia», *Cortex*, **20**, 67-73.
GROBER E., BUSCHKE H., KAWAS C., FULD P. (1985), «Impaired ranking of semantic attributes in dementia», *Brain and Language*, **26**, 276-286.
GROBER E., BUSCHKE H. (1987), «Genuine memory deficits in dementia», *Developmental Neuropsychology*, **3**, 13-36.
GRONWALL D., WRIGHTON P. (1980), «Duration of post-traumatic amnesia after mild head injury», *Journal of Clinical Neuropsychology*, **2**, 51-60.
GRUNEBERG M.M., MONKS J., SYKES R.N. (1977), «Some methodological problems with feeling-of-knowing studies», *Acta Psychologica*, **41**, 365-371.
GUTBROD K., COHEN R., MAIER T., MEIER E. (1987), «Memory for spatial and temporal order in aphasics and right hemisphere damaged patients», *Cortex*, **23**, 463-474.

HAAS J.F., COPE N.D., HALL K. (1987), «Premorbid prevalence of poor academic performance in severe head injury, *Journal of Neurology, Neurosurgery and Psychiatry*, **50**, 52-56.
HABER R.N. (1983), «The impending demise of the icon : a critique of the iconic storage in visual information processing», *The Behavioral and Brain Sciences*, **6**, 1-54.
HAMSHER K. de S., ROBERTS R.J. (1985), «Memory for recent U.S. Presidents in patients with cerebral disease», *Journal of Clinical and Experimental Neuropsychology*, **7**, 1-13.
HANNAY (1986), «Psychological measurement techniques and their application to neuropsychology», in *Experimental techniques in human neuropsychology* (H.J. Hannay, éd.), Oxford Press, New York.
HANNAY H.J., LEVIN H.S., GROSSMAN R.G. (1979), «Impaired recognition memory after head injury», *Cortex*, **15**, 269-283.
HANNAY H.J., LEVIN H.S. (1985), «Selective reminding test : an examination of the equivalence of four forms», *Journal of Clinical and Experimental Neuropsychology*, **7**, 251-263.
HARRIS J.E. (1978), «External memory aids», in *Practical aspects of memory* (M.M. Gruneberg, P.E. Morris, R.N. Sykes, éds), Academic Press, Londres.
HARRIS J.E. (1979), «Everyday functioning : the need for assessment and some basic methodological issues. Paper presented to the London Conference of the British Psychological Society», Abstracted in *Bulletin of the British Psychological Society*, **33**, 26.
HARRIS J.E. (1980), «Memory aids people use : two interview studies», *Memory and Cognition*, **8**, 31-38.
HARRIS J.E. (1984), «Remembering to do things : a forgotten topic», in *Everyday memory, actions and absent-mindedness* (J.E. Harris, P.E. Morris, éds), Academic Press, Londres.
HARRIS J.E., WILKINS A.J. (1982), «Remembering to do things : a theoretical framework and an illustrative experiment», *Human Learning*, **1**, 123-136.
HART J.T. (1965), «Memory and the feeling-of-knowing experience», *Journal of Educational Psychology*, **56**, 208-216.
HART J.T. (1967), «Memory and the memory-monitoring process», *Journal of Verbal Learning and Verbal Behavior*, **6**, 685-691.

HART T., HAYDEN M.L. (1986), « The ecological validity of neuropsychological assessment and remediation », in *Clinical Neuropsychology of intervention* (B.P. Uzzel and Y. Gross, éds), Martinus Nijhoff Publishing, Dordrecht.
HART R.P., KWENTUS J.A., TAYLOR J.R., HARKINS S.W. (1987), « Rate of forgetting in dementia and depression », *Journal of Consulting and Clinical Psychology*, **55**, 101-105.
HASHER L., ZACKS T.T. (1979), « Automatic and effortful process in memory », *Journal of Experimental Psychology : General*, **108**, 356-388.
HEATON R.K., PENDLETON M.G. (1981), « Use of neuropsychological tests of predict adult patients everyday functioning », *Journal of Consulting and Clinical Psychology*, **49**, 807-821.
HECAEN H., ALBERT M.L. (1977), *Human Neuropsychology*, Wiley, New York.
HEILDBRUN A.B. (1962), « Issues in the assessment of organic brain lesion », *Psychological Reports*, **10**, 511-515.
HERRMANN D.J. (1979), « The validity of memory questionnaires as related to a theory of memory introspection », *Presented at the British Psychological Meeting*, Londres.
HERRMANN D.J., NEISSER U. (1978), « An inventory of everyday memory experiences », in *Practical aspects of memory* (M.M. Gruneberg, P.E. Morris, R.N. Sykes, éds), Academic Press, New York.
HERRMANN D.J., GRUBS L., SIGMUNDI R., GRUENEICH R. (1983), « Awareness of memory aptitude as a function of memory experience », *British Psychological Society*, New York.
HIRST W. (1982), « The amnesic syndrome. Descriptions and explanations », *Psychological Bulletin*, **91**, 435-460.
HIRST W., VOLPE B.T. (1984), « Encoding of spatial relations with amnesia », *Neuropsychologia*, **22**, 631-634.
HIRST W., JOHNSON M., KIM J., PHELPS E., RISSE G., VOLPE B. (1986), « Recognition and recall in amnesics », *Journal of Experimental Psychology : Learning, Memory and Cognition*, **12**, 445-451.
HITCH G.J. (1980), « Developing the concept of working memory », in *Cognitive Psychology : New Directions* (G. Glaxton, éd.), Routledge and Kegan Paul, Londres.
HITCH G.J., BADDELEY A.D. (1976), « Verbal reasoning and working memory », *Quarterly Journal of Experimental Psychology*, **28**, 603-621.
HITCH G.J., REJMAN M.J., TURNER N.C. (1980), « A new perspective on the recency effect », *Paper presented at the Experimental Psychology Society*, July Meeting, Cambridge.
HITCH G.J., HALLIDAY M.S. (1983), « Working memory in children », *Philosophical Transactions of the Royal Society*, Londres, **B302**, 325-340.
HOREL J.A. (1978), « The neuroanatomy of amnesia. A critique of the hippocampal memory hypothesis », *Brain*, **101**, 403-445.
HOWARD D.V. (1988), « Implicit and explicit assessment of cognitive aging », in *Cognitive Development in Adulthood : Progress in Cognitive Development Research* (M.L. Howe, C.J. Brainerd, éds), Springer-Verlag, New York.
HUFF F.J., CORKIN S., GROWDON J. (1986), « Semantic impairment and anomia in Alzheimer's disease », *Brain and Language*, **28**, 235-249.
HULICKA I.M. (1982), « Memory functioning in late adulthood », in *Advances in the study of communication and affect : vol. 8. Aging and cognitive processes* (F.I.M. Craik and S. Trehub, éds), Plenum Press, New York.
HUPPERT F.A., PIERCY M. (1976), « Recognition memory in amnesic patients : effect of temporal context and familiarity of material », *Cortex*, **4**, 3-20.
HUPPERT F.A., PIERCY M. ((1978), « Dissociation between learning and remembering in organic amnesia », *Nature*, **275**, 317-318.

HUPPERT F.A., PIERCY M. (1979), «Normal and abnormal forgetting in amnesia : effects of locus of lesion», *Cortex*, **15**, 385-390.
HYDE T.S., JENKINS J.J. (1973), «Recall of words as a function of semantic, graphic and syntactic orienting tasks», *Journal of Verbal Learning and Verbal Behavior*, **12**, 471-480.
INCISA DELLA ROCCHETTA A. (1986), «Classification and recall of pictures after unilateral frontal or temporal lobectomy», *Cortex*, **22**, 189-211.
INMAN V.W., PARKINSON S.R. (1983), «Differences in Brown-Peterson recall as a function of age and retention interval», *Journal of Gerontology*, **38**, 58-64.
INTONS-PETERSON M.J., FOURNIER J. (1986), «External and internal memory aids : when and how often do we use them?», *Journal of Experimental psychology : General*, **115**, 267-280.
JACKSON H.F. (1986), «The effects of varying cued-load on amnesic and normal cued recall», *Neuropsychologia*, **24**, 681-690.
JACOBSEN C.F. (1935), «Functions of the frontal association area in primates», *Archives of Neurology and Psychiatry*, **36**, 300-324.
JACOBY L.L., WITHERSPOON D. (1982), «Remembering without awareness», *Canadian Journal of Psychology*, **36**, 300-324.
JAMES W. (1890), *Principles of psychology*, vol. 1, Henry Holt, New York.
JENNET B. (1983), «Scale and scope of the problem», in *Rehabilitation of the head-injured adult* (M. Rosenthal et al., éds), F.A. Davis Company, Philadelphia.
JETTER W., POSER U., FREEMAN R., MARKOWISCH H.J. (1986), «A verbal long-term memory deficit in frontal lobe damaged patients», *Cortex*, **22**, 229-242.
JOHNSON M.K., KIM J.K., RISSE G. (1985), «Do alcoholic Korsakoff's syndrome patients acquire affective reactions?», *Journal of Experimental Psychology : Learning, Memory and Cognition*, **11**, 22-36.
JOHNSON M.H., MAGARO P.A. (1987), «Effects of mood and severity on memory processes in depression and mania», *Psychological Bulletin*, **101**, 28-40.
KAENS A.M. (1986), «La maladie d'Alzheimer : syndrome homogène?», *Mémoire de Licence en Logopédie*, Université de Liège.
KAHN R.L., ZARIT S.H., HILBERT N.M., NIEDEREHE G. (1975), «Memory complaint and impairment in the aged», *Archives of General Psychiatry*, **43**, 19-26.
KAPUR N., PEARSON D. (1983), «Memory symptoms and memory performance of neurological patients», *British Journal of Psychology*, **74**, 709-415.
KASZNIAK A.W. (1986), «The neuropsychology of dementia», in *Neuropsychological assessment of neuropsychiatric disorders* (I. Grant, K.M. Adams, éds), Oxford Press, New York.
KASZNIAK A.W., GARRON D.C., FOX J. (1979), «Differential aspects of age and cerebral atrophy upon span of immediate recall and paired associates learning in older patients with suspected dementia», *Cortex*, **15**, 285-295.
KASZNIAK A.W., POON L.W., RIEGE W. (1986), «Assessing memory deficits : an information-processing approach», in *Handbook for clinical memory assessment of older adults* (L.W. Poon, éd.), American Psychological Association, Washington DC.
KATZMAN R. (1976), «The prevalence and malignancy of Alzheimer's disease», *Archives of Neurology*, **33**, 217-218.
KAUSLER D.H. (1985), «Episodic memory : memorizing performance», in *Aging and human performance* (N. Charness, éd.), John Wiley & Sons, Chichester.
KAUSLER D.H., PUCKETT J.M. (1980), «Frequency judgements and correlated cognitive abilities in young and elderly adults», *Journal of Gerontology*, **35**, 376-382.

KAUSLER D.H., HAKAMI M.K. (1983a), «Memory for activities : adult age differences and intentionality», *Developmental Psychology*, **19**, 889-894.
KAUSLER D.H., HAKAMI M.K. (1983b), «Memory for topics of conversation : adult age differences and intentionality», *Experimental Aging Research*, **9**, 153-157.
KAUSLER D.H., LICHTY W., HAKAMI M.K. (1984), «Frequency judgements for distractor items in a short-term memory task : instructional variation and adult age differences», *Journal of Verbal Learning and Verbal Behavior*, **23**, 660-668.
KAUSLER D.H., LICHTY W., DAVIS R.T. (1985), «Temporal memory for performed activities : intentionality and adult age differences», *Developmental Psychology*, **6**, 1132-1338.
KEAR-COWELL J.J., HELLER M. (1980), «The Wechsler Memory Scale and closed head injury», *Journal of Clinical Psychology*, **36**, 782
KESSLER J., IRLE E., MARKOWITSCH H. (1986), «Korsakoff and alcoholic subjects are severely impaired in animal tasks of associative memory», *Neuropsychologia*, **24**, 671-680.
KIMURA D. (1960), «Deficits in visual retention following lesions of the right temporal lobe», *American Psychologist*, **15**, 482.
KIMURA D. (1963), «Right temporal-lobe damage. Perception of unfamiliar stimuli after damage», *Archives of Neurology*, **8**, 264-271.
KINSBOURNE M. (1972), «Contrasting patterns of memory span decrement in aging and aphasia», *Journal of Neurology, Neurosurgery and Psychiatry*, **35**, 192-195.
KINSBOURNE M., WINOCUR G. (1980), «Response competition and interference in paired-associate learning by Korsakoff amnesics», *Neuropsychologia*, **18**, 541-548.
KINTSCH W. (1970), «Models for free recall and recognition», in *Models of human memory* (D.A. Norman, éd.), Academic Press, New York.
KIRASIC K.C., ALLEN G.L. (1985), «Aging, spatial performance and spatial competence», in *Aging and human performance* (N. Charness, éd.), John Wiley, Chichester.
KLATZKY R.L. (1984), *Memory and awareness : an information-processing perspective*, W.H. Freeman and Company, New York.
KOEMEDA-LUTZ M., COHEN R., MEIER E. (1987), «Organization of access to semantic memory in aphasia», *Brain and Language*, **30**, 321-337.
KOPELMAN M.D. (1985a), «Multiple memory deficits in Alzheimer-type dementia : implications for pharmacotherapy», *Psychological Medicine*, **15**, 527-541.
KOPELMAN M.D. (1985b), «Rates of forgetting in Alzheimer-type dementia and Korsakoff's syndrome», *Neuropsychologia*, **23**, 623-638.
KOPELMAN M.D., WILSON B.A., BADDELEY A.D. (sous presse), «The autobiographical memory interview : a new assessment of autobiographical and personal semantic memory in amnesic patients», *Journal of Clinical and Experimental Neuropsychology*.
KORSAKOFF S.S. (1889), «Psychic disorder in conjunction with peripheral neuritis», Translated and republished, 1955, by M. Victor and P.I. Yakovlev, *Neurology*, **5**, 394-406.
KOSSLYN S.M. (1975), «Information representation in visual images», *Cognitive Psychology*, **7**, 341-370.
KOSSLYN S.M. (1980), *Image and mind*, Harvard University Press, Cambridge.
KOSSLYN S.M. (1987), «Seeing and imagining in the cerebral hemispheres : a computational approach», *Psychological Review*, **94**, 148-175.
KREUTZER M.A., LEONARD C., FLAVELL J.H. (1975), «An interview study of children's knowledge about memory», *Monographs of the Society for Research in Child Development*, **40**, (1 Serial n° 159).

KRINSKY R., NELSON T.O. (1985), « The feeling of knowing for different types of retrieval failure », *Acta Psychologica*, **58**, 141-158.

LACHMAN J.L., LACHMAN R. (1980), « Age and the actualization of world knowledge », in *New directions in memory and aging* (L. Poon, J. Fozard, L. Cermak, D. Arenberg, L. Thompson, éds), Erlbaum, Hillsdale, N.J.

LACHMAN J.L., LACHMAN R., THRONESBERY R. (1979), « Metamemory through the adults lifespan », *Developmental Psychology*, **15**, 543-551.

LARRABEE G.J., LEVIN H.S. (1986), « Memory self-ratings and objective test performance in a normal elderly sample », *Journal of Clinical and Experimental Neuropsychology*, **3**, 275-284.

LAURENT B., FISCHER C., TRILLET M. (1985), *Les amnésies : étude clinique*, UCB.

LEHMAN E.B., MELLINGER J.C. (1984), « The effects of aging on memory for presentation modality », *Developmental Psychology*, **20**, 1210-1217.

LEVIN H.S. (1986), « Learning and memory », in *Experimental techniques in human neuropsychology* (H.J. Hannay, éd.), Oxford Press, New York.

LEVIN H.S., O'DONNEL, V.M. GROSSMAN R.G. (1979), « The Galvestone orientation and amnesia test : a practical scale to assess cognition after head injury », *Journal of Nervous and Mental Disease*, **167**, 675-684.

LEVIN H.S., PAPANICOLAOU A., EISENBERG H.M. (1984), « Observations on amnesia after nonmissile head injury », in *Neuropsychology of memory* (L.R. Squire and N. Butters, éds), Guilford Press, New York.

LEVIN H.S., HIGH W.M., MEYERS C.A., von LAUFEN A., HAYDEN M.E., EISENBERG H. (1985), « Impairment of remote memory after closed head injury », *Journal of Neurology, Neurosurgery and Psychiatry*, **48**, 556-563.

LEVIN H.S., GOLDSTEIN F.C. (1986), « Organization of verbal memory after closed-head injury », *Journal of Clinical and Experimental Neuropsychology*, **8**, 643-656.

LEVY B.A. (1971), « The role of articulation in auditory and visual short-term memory », *Journal of Verbal Learning and Verbal Behavior*, **10**, 123-132.

LEVY B.A. (1977), « Reading : speech and meaning process », *Journal of Verbal Learning and Verbal Behavior*, **16**, 623-638.

LEVY R.L., CLARK H. (1980), « The use of an overt commitment to enhance compliance : a cautionary note, *Journal of Behavior Therapy and Experimental Psychiatry*, **11**, 105-107.

LEVY P., GOLDMAN M., BRADSHAW P.W., KINCEY J.A., WALKER C.M. (1973), « The comprehensibility of some X-ray leaflets », *Journal of the Institute of Health Education*, **10**, 47-55.

LEY P. (1972), « Primacy, rated importance and the recall of medical statements », *Journal of Health and Social Behavior*, **13**, 311-317.

LEY P. (1979), « Memory for medical information », *British Journal of Social and Clinical Psychology*, **18**, 245-255.

LEZAK M.D. (1982), « The problem of assessing executive functions », *International Journal of Psychology*, **17**, 281-297.

LEZAK M.D. (1983), « Neuropsychological Assessment, 2nd. edn. », Oxford University Press, New York.

LHERMITTE J. (1979), « Le lobe frontal », *Encéphale*, **1**, **24**, 87-118.

LHERMITTE F., SIGNORET J.L. (1972), « Analyse neuropsychologique et différenciation des syndromes amnésiques », *Revue Neurologique*, **126**, 86-96.

LHERMITTE F., SIGNORET J.L. (1976), « The amnesic syndrome and the hippocampal-mammillary system », in *Neural mechanisms of learning and memory* (M.R. Rosenzweig and E.L. Bennett, éds), M.I.T. Press, Cambridge, MA.

LICHTENSTEIN S., FISCHOFF B. (1977), «Do those who know more alos know more about how much they know? The calibration of probability judgements», *Organizational Behavior and Human Performance*, 20, 159-183.
LIDZ Th. (1949), «Analysis of a prefrontal lobe syndrome and its theoretical implications», *Archiv. Neurol. Psychiat.*, 62, 1-26.
LIGHT L., ANDERSON P. (1985), «Working-memory capacity, age and memory for discourse», *Journal of Gerontology*, 6, 737-747.
LINDQVIST G., NORLEN G. (1966), «Korsakoff's syndrome after operation on ruptured aneurysm of the anterior communicating artery», *Acta Psychiatrica Scandinavia*, 42, 24-34.
LINDSAY P.H., NORMAN D.A. (1980), «Traitement de l'information et comportement humain», *Editions Etudes Vivantes*, Saint-Laurent, Québec.
LOFTUS E.F. (1971), «Memory for intentions», *Psychonomic Science*, 23, 315-316.
LOFTUS E.F. (1975), «Leading questions and the eyewitness report», *Cognitive Psychology*, 7, 560-572.
LOGIE R.H. (1986), «Visuo-spatial processing in working memory», *Quarterly Journal of Experimental Psychology*, 38A, 229-247.
LORING D.W., PAPANICOLAOU A.C. (1987), «Memory assessment in neuropsychology : theoretical considerations and practical utility», *Journal of Clinical and Experimental Neuropsychology*, 9, 340-358.
LOVELACE E.A., MARSH G.R. (1985), «Prediction and evaluation of memory performance by young and old adults», *Journal of Gerontology*, 40, 192-197.
LURIA A.R. (1966), *Higher cortical functions in man*, Basic Book, New York.
LURIA A.R. (1973), *The Neuropsychology of memory*, Wiley, New York.

MCCLELLAND J., RUMELHART D. et the PDP Research Group (1986), *Parallel distributed processing Volume 2 : Psychological and biological models*, The M.I.T. Press, Bradford Books.
MCDOWALL J. (1979), «Effects of encoding instructions and retrieval cuing on recall in Korsakoff patients», *Memory and Cognition*, 7, 232-239.
MACHT M.L., BUSCHKE H. (1983), «Age differences in cognitive effort in recall», *Journal of Gerontology*, 1983, 38, 695-700.
MCINTYRE J.S., CRAIK F.I.M. (1987), «Age differences in memory for item and source information», *Canadian Journal of Psychology*, 41, 175-192.
MCKHANN G., DRACHMAN D., FOLSTEIN M., KATZMAN R., PRICE D., STADLAN E.M. (1984), «Clinical diagnosis of Alzheimer's disease : Report of the NINCDS-ADRDA work group under the auspices of the Department of Health and Human Services Task Force on Alzheimer's disease», *Neurology*, 34, 939-944.
MCLEOD C. (1985), «Learning a list for free recall : selective reminding versus the standard procedure», *Memory and Cognition*, 13, 233-240.
MCMILLAN T.M. (1984), «Investigation of everyday memory in normal subjects using the subjective memory questionnaire (SMQ)», *Cortex*, 20, 333-349.
MACNEILL HORTON Jr.A., MILLER G.W. (1985), «Neuropsychology and behavior therapy». In *Progress in behavior modification*, vol. 19 (M. Hersen R.M., Eisler P.M., Miller, éds), Academic Press, Londres.
MACWHINNEY B., KEENAN J.M., REINKE P. (1982), «The role of arousal in memory for conversation», *Memory & Cognition*, 10, 308-317.
MAHUT H., ZOLA-MORGAN S., MOSS M. (1982), «Hippocampal resections impair associative learning and recognition memory in the monkey», *Journal of Neurosciences*, 2, 1214-1229.
MAIR W.G.P., WARRINGTON E.K., WEISKRANTZ L. (1979), «Memory disorder in Korsakoff's psychosis, A neuropathological investigation of two cases», *Brain*, 102, 749-783.

MALAMUD N., SKILLICORN S.A. (1956), « Relationship between the Wernicke and Korsakoff Syndrome », *Archives of Neurological Psychiatry*, **76**, 585-596.
MALAMUT B.L., SAUDERS R.C., MISHKIN M. (1984), « Monkeys with combined amygdalo-hippocampal lesions succeed in object discrimination learning despite 24-hours intertrial intervals », *Behavioral Neurosciences*, **78**, 759-769.
MALMO R.B. (1942), « Interference factors in delayed response in monkeys after removal of frontal lobes », *Journal of Neurophysiology*, **5**, 295-308.
MANDLER G. (1980), « Recognizing : the judgement of previous occurence », *Psychological Review*, **87**, 252-271.
MARKOWITSCH H.J. (1984), « Can amnesia be caused by damage of a single brain structure ? », *Cortex*, **20**, 27-45.
MARKOWITSCH H.J. (1986), « Anatomical and functional organization of the primate prefrontal cortical system », in *Comparative primate biology, vol. IV : The neurosciences* (H.D. Steklis, éd.), Adam R. Liss, New York.
MARSHALL J.C. (1986), « The description and interpretation of aphasic language disorders », *Neuropsychologia*, **24**, 5-24.
MARSLEN-WILSON W.D., TEUBER H.L. (1975), « Memory for remote events in anterograde amnesia : Recognition of public figures from newsphotos », *Neuropsychologia*, **13**, 353-364.
MARTIN A. (1987), « Representation of semantic and spatial knowledge in Alzheimer's patients : Implications for models of preserved learning in amnesia », *Journal of Clinical and Experimental Neuropsychology*, **9**, 191-224.
MARTIN A., FEDIO P. (1983), « Word production and comprehension in Alzheimer's disease : the breakdown of semantic knowledge », *Brain and Language*, **19**, 124-141.
MARTIN A., BROUWERS P., COX C., FEDIO P. (1985), « On the nature of the verbal memory deficit in Alzheimer's disease », *Brain and Language*, **25**, 323-341.
MARTONE M., BUTTERS N., PAYNE M., BECKER J.T., SAX D.S. (1984), « Dissociations between skill learning and verbal recognition in amnesia and dementia », *Archives of Neurology*, **41**, 965-970.
MATTIS S.E., KOVNER R., GOLDMEYER E. (1978), « Different patterns of mnemonic deficits in two organic syndromes », *Brain and Language*, **16**, 179-191.
MAYES A.R. (1986), « Learning and memory disorders and their assessment », *Neuropsychologia*, **24**, 25-39.
MAYES A.R., MEUDELL P., NEARY D. (1978), « Must amnesia be caused by either encoding or retrieval disorders ? », in *Practical aspects of memory* (P.E. Morris et R.N. Sykes, éds), Academic Press, Londres.
MAYES A.R., MEUDELL P., NEARY D. (1980), « Do amnesics adopt inefficient encoding strategies with faces and random shapes ? », *Neuropsychologia*, **18**, 527-540.
MAYES A.R., BODDY J., MEUDELL P. (1980), « Is amnesia caused by an activational deficit ? », *Neuroscience letters*, **18**, 347-352.
MAYES A.R., MEUDELL P., SOW S. (1981), « Further similarities between amnesia in normal attenuated memory : effects of paired-associate learning and contextual shifts », *Neuropsychologia*, **18**, 655-664.
MAYES A.R., MEUDELL P. (1983), « Amnesia in humans and other animals », in *Memory in animals and humans* (A. Mayes, éd.), Van Nostrand Reinhold, U.K.
MAYES A.R., MEUDELL P.R., PICKERING A. (1985), « Is organic amnesia caused by a selective deficit in remembering contextual information ? », *Cortex*, **21**, 167-202.
MEACHAM J.A., LEIMAN B. (1975), « Remembering to perform future actions », in *Memory in its natural context* (U. Neisser, éd.), Freeman, San Francisco.
MEACHAM J.A., SINGER J. (1979), « Incentive effects in prospective remembering », *The Journal of Psychology*, **97**, 191-197.

MEACHAM J.A., KUSHNER S. (1970), «Anxiety, prospective remembering, and performance of planned actions», *Journal of General Psychology*, 103, 203-209.
MEACHAM J.A., LEIMAN B. (1982), «Remembering to perform future actions», in *Memory observed : remembering in natural contexts* (U. Neisser, éd.), Freeman, San Francisco.
MELTON A.W. (1963), «Implications of short-term memory for a general theory of memory», *Journal of Verbal Learning and Verbal Behavior*, 2, 1-21.
METCALFE J. (1986), «Feeling of knowing in memory and problem solving», *Journal of Experimental Psychology : Learning, Memory and Cognition*, 12, 288-294.
MEUDELL P. (1983), «The development and dissolution of memory», in *Memory in animals and humans* (A. Mayes, éd.), Van Nostrand Reinhold, U.K.
MEUDELL P.R., NORTHERN B., SNOWDEN J.S., NEARY D. (1980), «Long-term memory for famous voices in amnesic and normal subjects», *Neuropsychologia*, 18, 133-139.
MEUDELL P., MAYES A.R. (1984), «Patterns of confidence loss in the cued recall of normal people with attenuated recognition memory : their relevance to a similar amnesic phenomenon», *Neuropsychologia*, 22, 41-54.
MICHEL D., LAURENT B., FOYATIER N., BLANC A., PORTAFAIX M. (1982), «Infarctus thalamique paramédian gauche : Etude de la mémoire et du langage», *Revue Neurologique* (Paris), 138, 6-7.
MILLER G.A. (1956), «The magical number seven, plus ou minus two : some limits on our capacity for processing information», *Psychological Review*, 63, 81-97.
MILLER E. (1971), «On the nature of the memory disorder in presenile dementia», *Neuropsychologia*, 9, 75-78.
MILLER E. (1975), «Impaired recall and the memory disturbance in presenile dementia», *British Journal of Social and Clinical Psychology*, 14, 73-79.
MILLER G.A., GALANTER E., PRIBRAM K.H. (1960), *Plans and the structure of behavior*, Holt, Rinehart and Winston, New York.
MILNER B. (1963), «Effects of different brain lesions on card sorting», *Archives of Neurology*, 9, 100-110.
MILNER B. (1964), «Some effects of frontal lobectomy in man», in *The Frontal Granular Cortex and Behavior*, (J.M. Warren et K. Akert, éds), McGraw-Hill, New York.
MILNER B. (1965), «Visually-guided maze learning in man : effects of bilateral hippocampal, bilateral frontal and unilateral cerebral lesions», *Neuropsychologia*, 3, 317-338.
MILNER B. (1966), «Amnesia following operation on the temporal lobes», in *Amnesia* (C.W.M. Whitty et O.L. Zangwill, éds), Butterworths, Londres.
MILNER B. (1968), «Visual recognition and recall after right temporal-lobe excision in man», *Neuropsychologia*, 6, 191-209.
MILNER B. (1971), «Interhemispheric differences in the location of psychological process in man», *Br. Med. Bull.*, 27, 272-277.
MILNER B. (1982), «Some cognitive effects of frontal lobe lesions in man», in *The neuropsychology of cognitive function* (D.E. Broadbent et L. Weiskrantz, éds), The Royal Society, Londres.
MILNER B., CORKIN S., TEUBER H.L. (1868), «Further analysis of the hippocampal amnesic syndrome : 14-Year follow-up study of H.M.», *Neuropsychologia*, 6, 215-234.
MILNER B., PETRIDES M. (1984), «Behavioural effects of frontal lesions in man», *Trends in Neuroscience*, 7, 403-407.
MISHKIN M. (1978), «Memory in monkeys severely impaired by combined but not separate removal of amygdala and hippocampus», *Nature*, Londres, 273, 297-298.
MISHKIN M. (1982), «A memory system in the monkey», *Philosophical Transactions of the Royal Society*, Londres, B298, 85-95.

MISHKIN M. (1985), «Bartlett Lecture», *Experimental Psychology Society Meeting*, University of London.
MISHKIN M., PRIBRAM K.H. (1956), «Analysis of the effects of frontal lesions in the monkeys : II. Variations of delayed response», *Journal of Comparative and Physiological Psychology*, **49**, 36-40.
MISHKIN M., DELACOUR J. (1975), «An analysis of short-term visual memory in the monkey», *Journal of Experimental Psychology*, **1**, 326-334.
MISHKIN M., UNGERLEIDER L.G., MACKO A.K. (1983), «Object vision and spatial vision : two cortical pathways», *Trends in Neurosciences*, october, 414-417.
MISHKIN M., PETRI H.L. (1984), «Memories and habits : some implications for the analysis of learning and retention», in *Neuropsychology of memory* (L.S. Squire et N. Butters, éds), Guilford Press, New York.
MONSELL S. (1984), «Components of working memory underlying verbal skills : a distributed capacities view. A tutorial review», in *Attention and performance X* (H. Bouma et D.G. Bouwhuis, éds), Erlbaum, Hillsdale, N.J.
MONSEL Y. (1977), «Investigation préalable à l'élaboration d'une échelle fonctionnelle du comportement verbal pour patients aphasiques», *Mémoire de Licence en Psychologie*, Université de Liège, non publié.
MORRIS C.D., BRANSFORD J.D., FRANKS J.J. (1977), «Level of processing versus transfer appropriate processing», *Journal of Verbal Learning and Verbal Behavior*, **16**, 519-533.
MORRIS P.E. (1979), «Strategies for learning and recall», in *Applied problems in memory* (M.M. Gruneberg & Morris, éds), Academic Press, Londres.
MORRIS R.G. (1984), «Dementia and the functioning of the articulatory loop system», *Cognitive Neuropsychology*, **1**, 143-157.
MORRIS R.G. (1986), «Short-term forgetting in senile dementia of the Alzheimer's type», *Cognitive Neuropsychology*, **3(1)**, 77-97.
MORRIS R.G. (1987), «Articulatory rehearsal in Alzheimer type of dementia», *Brain and Language*, **30**, 351-362.
MORRIS R.G., KOPELMAN M.D. (1986), «The memory deficits in Alzheimer-type dementia : a review», *Quarterly Journal of Experimental Psychology*, **38A**, 575-606.
MORTIMER J.A., PIROZZOLO F.J. (1985), «Remote effects of head trauma», *Developmental Neuropsychology*, **1**, 215-229.
MORTON J. (1985), «The problem with amnesia : the problem with human memory», *Cognitive Neuropsychology*, **2**, 281-290.
MOSCOVITCH M. (1982), «Multiple dissociations of function in amnesia», in *Human memory and amnesia* (L.S. Cermak, éd.), Erlbaum, Hillsdale, N.J.
MOSCOVITCH M. (1984), «The sufficient conditions for demonstrating preserved memory in amnesia : a task analysis approach», in *Neuropsychology of memory* (L.R. Squire, N. Butters, éds), Guilford Press, New York.
MOSCOVITCH M. (1985), «Memory from infancy to old age : implications for theories of normal and pathological memory», *Annals of the New York Academy of Sciences*, **444**, 78-96.
MOSCOVITCH M., WINOCUR G., MCLACHLAN D. (1986), «Memory as assessed by recognition and reading time in normal and memory-impaired people with Alzheimer's disease and other neurological disorders», *Journal of Experimental Psychology : General*, **115**, 331-347.
MOSS M., MAHUT H., ZOLA-MORGAN S. (1981), «Concurrent discrimination learning of monkeys after hippocampal, entorhinal, or fornix lesions», *Journal of Neurosciences*, **1**, 227-240.

Moss M.B., Albert M.S., Butters N., Payne M. (1986), «Differential patterns of memory loss among patients with Alzheimer's disease, Huntington's disease and alcoholic Korsakoff's Syndrome», *Archives of Neurology*, 43, 239-246.
Munsat S. (1966), «The concept of memory», *Random House*, New York.
Muramoto O. (1984), «Selective reminding in normal and demented old people : auditory verbal versus visual spatial task», *Cortex*, 20, 461-478.
Murphy M.D., Sanders R.E., Gabrieheski A.S., Schmitt F.A. (1981), «Metamemory in the aged», *Journal of Gerontology*, 36, 185-193.
Murray D.J. (1968), «Articulation and acoustic Confusability in short-term memory», *Journal of Experimental Psychology*, 78, 679-684.
Murray E., Mishkin M. (1981), «The role of the amygdala and the hippocampus in tactual memory», *Society of Neuroscience Abstracts*, 7, 237.

Nauta W.J.H. (1962), «Neural associations of the amygdaloid complex in the monkey», *Brain*, 85, 505.
Naveh-Benjamin M., Ayres T.J. (1986), «Digit span, reading, rate and linguistic relativity», *Quarterly Journal of Experimental Psychology*, 38A, 739-751.
Nebes R.D., Martin D.C., Horn L.C. (1984), «Sparing of semantic memory in Alzheimer's disease», *Journal of Abnormal Psychology*, 93, 321-330.
Neisser U. (1976), *Cognition and reality*, Freeman, San Francisco.
Neisser U. (1978), «Memory : what are the important questions?», in *Practical aspects of memory* (M.M. Gruneberg, P.E. Morris, R.N. Sykes, éds), Academic Press, Londres.
Neisser U. (1982), *Memory observed : Remembering in natural contexts*, Freeman, San Francisco.
Neisser U. (1983), «The rise and fall of the sensory register», *The Brain and Behavioral Sciences*, 6, 1-54.
Neisser U. (1985), «The role of theory in the ecological study of memory : comment on Bruce», *Journal of Experimental Psychology : General*, 114, 272-276.
Neisser U. (1986), «Nested structure in autobiographical memory», in *Autobiographical memory* (D.C. Rubin, éd.), Cambridge University Press, Cambridge.
Nelson H.E. (1976), «A modified card sorting test sensitive to frontal lobe defects», *Cortex*, 12 313-324.
Nelson T.O. (1984), «A comparison of current measures of the accuracy of feeling-of-knowing predictions», *Psychological Bulletin*, 95, 109-133.
Nelson T.O., Narens L. (1980), «A new technique for investigating the feeling-of-knowing», *Acta Psychologica*, 46, 69-80.
Nelson T.O., Gerber D., Narens L. (1984), «Accuracy of feeling-of-knowing judgements for predicting perceptual identification and re-learning», *Journal of Experimental Psychology : General*, 113, 282-300.
Nelson T.O., McSpadden M., Fromme K., Marlatt G.A. (1986), «Effects of alcohol intoxication on metamemory and on retrieval from long-term memory», *Journal of Experimental Psychology : General*, 115, 147-254.
Niederehe B. (1986), «Depression and memory impairment in the aged», in *Handbook for clinical assessment of olders adults* (L.W. Poon, éd.), American Psychological Association, Washington DC.
Norman D.A., Shallice T. (1980), «Attention to action : Willed and automatic control of behavior», *CHIP Rep. N° 99*, San Diego, University of California.
Norman D.A., Sallice T. (1984), «Attention to action : Willed and automatic control of behavior», in *Consciousness and self-regulation : advances in research*, vol. IV (R.G. Davidson, G.E. Schwartz et D. Shapiro, éds), Plenum Press, New York.

OGDEN J.A. (1986), «Neuropsychological and psychological sequelae of shunt surgery in young adults with hydrocephalus», *Journal of Clinical and Experimental Neuropsychology*, **8**, 657-678.
OMMAYA A.K., BRUBB R.L., NAUMANN R.A. (1971), «Coup and contre-coup injury. Observations on the mechanics of visible brain injures in the rhesus monkey», *Journal of Neurosurgery*, **35**, 503-516.
ORBACH J., FISCHER G.F. (1959), «Bilateral resection of frontal granular cortex», *Archives of Neurology*, **1**, 78-86.
OAKLEY D.A. (1983), «The varieties of memory : a phylogenetic approach», in *Memory in animals and humans* (A. Mayes, éd.), Van Nostrand Reinhold, U.K.
OSCAR-BERMAN M. et ZOLA-MORGAN S. (1980), «Comparative neuropsychology and Korsakoff's syndrome I — Spatial and visual reversal learning», *Neuropsychologia*, **18**, 499-512.
OSCAR-BERMAN M. et ZOLA-MORGAN S. (1980), «Comparative neuropsychology and Korsakoff's syndrome II — Two-choice visual discrimination learning», *Neuropsychologia*, **18**, 513-525.

PAIVIO A. (1966), «Latency of verbal associations and imagery to noun stimuli as a function of abstractness and generality», *Canadian Journal of Psychology*, **20**, 378-387.
PAIVIO A. (1969), «Mental imagery in associative learning and memory», *Psychological Review*, **76**, 241-263.
PAIVIO A. (1971), *Imagery and verbal processes*, Holts, Rinehart and Winston, New York.
PAIVIO A., CSAPO K. (1969), «Concrete-image and verbal memory codes», *Journal of Experimental Psychology*, **80**, 279-285.
PAIVIO A., CSAPO K. (1973), «Picture superiority in free recall : imagery or dual coding», *Cognitive Psychology*, **5**, 176-206.
PALMORE E., CLEVELAND W. (1976), «Aging, terminal decline and terminal drop», *Journal of Gerontology*, **31**, 76-81.
PARKIN A.J. (1982), «Residual learning capability in organic amnesia», *Cortex*, **18**, 417-440.
PARKIN A.J. (1984), «Amnesic syndrome : a lesion-specific disorder?», *Cortex*, **20**, 497-508.
PARKIN A.J. (1987), *Memory and amnesia*, Blackwell, Oxford.
PARKIN A.J., LENG N., sous presse, «Comparative studies of human amnesia : methodological and theoretical issues», in *Information processing by the brain* (H.J. Markowitsch, éd.), Huber, Toronto.
PARKINSON S.R. (1972), «Performance deficits in short-term memory tasks : a comparison of amnesic Korsakoff patients and the aged», in *Human Memory and amnesia* (L.S. Cermak, éd.), Erlbaum, Hillsdale, N.J.
PARKINSON J.K., MISHKIN M. (1982), «A selective mnemonic role for the hippocampus in monkeys : memory for the location of objects», *Soc. Neurosc. Abstr.*, **8**.
PEETERS R., d'YDEWALLE G. (1987), «Influences of emotional states upon memory : the state of the art», *Communication & Cognition*, **20**, 171-190.
PERLMUTTER M. (1978), «What is memory aging the aging of?», *Developmental Psychology*, **14**, 330-345.
PERLMUTTER M. (1979), «A differences in adults'free recall, cued recall and recognition», *Journal of Gerontology*, **24**, 533-539.
PERRET E. (1974), «The left frontal lobe of man and the suppression of habitual responses in verbal categorical behavior», *Neuropsychologia*, **12**, 323-330.

PETERSON L.R., PETERSON M.J. (1959), « Short-term retention in individual verbal items », *Journal of Experimental Psychology*, **58**, 193-198.
PETRIDES M., MILNER B. (1982), « Deficits on subject-ordered tasks after frontal and temporal lesions in man », *Neuropsychologia*, **20**, 249-262.
PIAGET J. (1937), *La construction du réel chez l'enfant*, Delachaux et Niestlé, Neuchâtel.
POIRRIER R., VAN DER LINDEN M. (1985), « Bilan neuropsychologique des patients atteints du syndrome d'apnée du sommeil », *Belgian Sleep Bulletin*, novembre 1985, Special issue.
POPKIN S.J., GALLAGHER D., THOMPSON L.W., MOORE M. (1982), « Memory complaint and performance in normal and depressed older adults », *Experimental Aging Research*, **8**, 141-145.
POTTER M.C., FAULCONER B.A. (1975), « Time to understand pictures and words », *Nature* **253**, 437-438.
POULTON E.C. (1975), « Range effects in experiments on people », *American Journal of Psychology*, **88**, 3-32.
POULTON E.C. (1979), « Models for biases in judging sensory magnitude », *Psychological Bulletin*, **86**, 777-803.
POWER D.G., LOGUE P.E., et al. (1979), « Inter-rater reliability on the Russel revision of the Wechsler Memory Scale : an attempt to clarify some ambiguities in scoring », *Journal of Clinical Neuropsychology*, **1**, 343-345.
PRIBRAM K.H. (1961), « A further experimental analyses of the behavioral deficit that follows injury to the primate frontal cortex », *Exp. Neurol*, **3**, 432-466.
PYLYSHYN Z.W. (1973), « What the mind's eye tell the mind's brain : a critical of mental imagery », *Psychological Bulletin*, **80**, 1-24.
PYLYSHYN Z.W. (1978), « Imagery and artificial intelligence », in *Perception and Cognition : Issues in the foundations of psychology* (W. Savage, éd.), University of Minnesota Press, Minneapolis.

QUINN J.G., RALSTON G.E. (1986), « Movement and attention in visual working memory », *Quarterly Journal of Experimental Psychology*, **38A**, 689-703.

RABINOWITZ J.C., ACKERMAN B.P., CRAIK F.M.I., HINCHLEY J.L. (1982), « Aging and metamemory : the roles of relatedness and imagery », *Journal of Gerontology*, **37**, 688-695.
RABINOWITZ J.C., CRAIK F.I.M., ACKERMAN B.P. (1982), « A processing resource account of age differences in recall », *Canadian Journal of Psychology*, **36**, 325-344.
RABINOWITZ J.C., CRAIK F.I.M. (1986), « Prior retrieval effects in young and old adults », *Journal of Gerontology*, **41**, 368-375.
RABBITT P.M.A. (1982), « How good do you think you are ? ». Paper presented to the Experimental Psychology Society Meeting, Londres.
RAMIER A.M., HECAEN H. (1970), « Rôle respectif des atteintes frontales et de la latéralisation lésionnelle dans les déficits de la fluence verbale », *Revue Neurologique*, Paris, **123**, 17-22.
READ J.D., BRUCE D. (1982), « Longitudinal tracking of difficult memory retrievals », *Cognitive Psychology*, **14**, 280-300.
REASON J.T. (1977), « Skill and error in everyday life », in *Adult learning* (M. Howe, éd.), Wiley, Londres.
REASON J.T. (1979), « Actions not as planned : the price of automation », in *Aspects of Consciousness*, Vol. 1 (G. Underwood et R. Stevens, éds). Academic Press, Londres.

REASON J.T. (1984), «Absent-mindedness and cognitive control», in *Everyday memory, actions and absent-mindedness* (J.E. Harris et P.E. Morris, éds), Academic Press, Londres.
REDER (1987), «Strategy selection in question answering», *Cognitive Psychology*, 19, 90-138.
REISER B.J., BLACK J.B., KALAMARIDES P. (1986), «Strategic memory search processes», in *Autobiographical memory* (D.C. Rubin, éd.), Cambridge University Press, Cambridge.
REY A. (1966), *Les troubles de la mémoire et leur examen psychométrique*, Dessart, Bruxelles.
REY A. (1970), *L'examen clinique en neuropsychologie*, P.U.F., Paris.
RIBOT Th. (1881), *Les maladies de la mémoire*, Librairie Germer Baillière, Paris.
RICHARDSON J.T.E. (1979a), «Signal detection theory and the effects of severe head injury upon recognition memory», *Cortex*, 15, 145-148.
RICHARDSON J.T.E. (1979b), «Mental imagery, human memory and the effects of closed head injury», *British Journal of Social and Clinical Psychology*, 18, 319-327.
RICHARDSON J.T.E. (1984), «The effects of closed head injury upon intrusions and confusions in free recall», *Cortex*, 20, 413-420.
RICHARDSON J.T.E., BADDELEY A.D. (1975), «The effect of articulatory suppression in free recall», *Journal of Verbal Learning and Verbal Behavior*, 14, 623-629.
RICHARDSON J.T.E., SNAPE W. (1984), «The effects of closed head injury upon human memory : an experimental analysis», *Cognitive Neuropsychology*, 1, 217-231.
RICHARDSON J.T.E., BARRY C. (1985), «The effects of minor closed head injury upon human memory : further evidence on the role of mental imagery», *Cognitive Neuropsychology*, 2, 149-168.
RICHTER C.P., HINES M. (1938), «Increased spontaneous activity produced in monkeys by brain lesions», *Brain*, 61, 1-16.
RIEGAL K.F., RIEGAL R.M. (1972), «Development, drop and death», *Developmental Psychology*, 6, 306-319.
RIEGE W.H. (1982), «Self-report and tests of memory aging», *Clinical Gerontologist*, 1, 23-36.
RIMEL R.W., GIORDANI B., BARTH J.T., BOLL T.J., JANE J.A. (1981), «Disability caused by minor head injury», *Neurosurgery*, 9, 221-228.
RISSE G., RUBENS A., JORDAN L. (1984), «Disturbances of long-term memory in aphasic patients», *Brain*, 107, 605-617.
ROMAN M., BRONWELL H.H., POTTER H.H., SEIBOLD M.S. (1987), «Script knowledge in right hemisphere-damaged and in normal elderly adults», *Brain and Language*, 31, 151-170.
ROMAN-CAMPOS G., POSER C.M., WOOD F.B. (1980), «Persistent retrograde memory deficit after transient global amnesia», *Cortex*, 16, 509-516.
ROUSSEAU M., DELAFOSSE A., CABAERT M., LESOIN F., JOMIN M. (1984), «Amnésie rétrograde post-traumatique», *Cortex*, 20, 575-583.
ROY E. (1982), «Action and performance», in *Normality and pathology in cognitive functions*, (A.W. Ellis, éd.), Academic Press, Londres.
RUBIN D.D., BUTTERS N. (1981), «Clustering by alcoholic Korsakoff patients», *Neuropsychologia*, 19, 137-140.
RUMELHART D.E. (1980), «Schemata : the building blocks of cognition», in *Theoretical issues in reading comprehension* (R.J. Spiro, B.C. Bruce, W.F. Brewer, éds), Erlbaum, Hillsdale, N.J.
RUMELHART D.E., ORTONY A. (1977), «The representation of knowledge in memory», in *Schooling and the acquisition of knowledge* (R.C. Anderson, R.J. Spiro, W.E. Montagnies, éds), Erlbaum, Hillsdale, N.J.

RUMELHART D.E., NORMAN D.A. (1978), « Accretion, tuning and restructuring : three modes of learning », in *Semantics factors in cognition*, (J.W. Cotton et R.L. Klatzky, éds), Erlbaum, Hillsdale, N.J.
RUMELHART D.E., NORMAN D.A. (1982), « Representation in memory », CHIP 116, *Cognitive Sciences Laboratory*, University of California, San Diego.
RUMELHART D.E., NORMAN D.A. (1985), « Representation of knowledge », in *Issues in cognitive modeling* (A.N., Aitkenhead et J.M. Slack, éds), Erlbaum, Hillsdale, N.J.
RUSSEL W.R., NATHAN P.W. (1946), « Traumatic amnesia », *Brain*, **69**, 183-187.
RYBACK R. (1971), « The continuum and specificity of the effects of alcohol on memory : a review », *Quarterly Journal of Studies on Alcohol*, **32**, 995-1016.

SAFFRAN E.M., MARIN O.S.M. (1975), « Immediate memory for word lists and sentences in a patient with deficient auditory short-term memory », *Brain and Language*, **2**, 420-433.
SALAME P., BADDELEY A.D. (1982), « Disruption of short-term memory by unattended speech : implications for the structure of working memory », *Journal of Verbal Learning and Verbal Behavior* **21**, 150-164.
SALATAS H., FLAVELL J.H. (1976), « Behavioral and metamnemonic indicators of strategic behaviors under remember instructions in first grade », *Child Development*, **47**, 81-89.
SALMON D.P., SHIMAMURA A.P., BUTTERS N., SMITH S. (1988), « Lexical and semantic deficits in patients with Alzheimer's disease », *Journal of Clinical and Experimental Neuropsychology*, **10**, 477-494.
SAMUELS I., BUTTERS N., FEDIO P. (1972), « Short-term memory disorders following temporal lobe removals in humans », *Cortex*, **4**, 283-298.
SANDERS H.I., WARRINGTON E.K. (1971), « Memory for remote events in amnesic patients », *Brain*, **94**, 661-668.
SASS K.J., TREDEAU A., SPENCER D.D. (à paraître), « Memory impairments associated with mass lesions of the frontal lobes ».
SAUTTER S.W. (1986), « Facilitating self-regulation in the head-injured adult », *Clinical Biofeedbaack and Health*, **9**, 116-123.
SCHACTER D.L. (1983), « Amnesia observed : remembering and forgetting in a natural environment », *Journal of Abnormal Psychology*, **92**, 236-242.
SCHACTER D.L. (1984), « Toward the multidisciplinary study of memory : ontegeny, phylogeny and pathology of memory systems », in *Neuropsychology of memory*, (L.R. Squire et N. Butters, éds), Guilford Press, New York.
SCHACTER D.L. (1987), « Implicit memory : history and current status », *Journal of Experimental Psychology : Learning, Memory and Cognition*, **13**, 501-518.
SCHACTER D.L., CROVITZ H.F. (1977), « Memory function after closed head injury : a review of the quantitative research », *Cortex*, **13**, 150-176.
SCHACTER D.L., TULVING E. (1982), « Memory, amnesia and the episodic/semantic distinction », in *The expression of knowledge* (R.L. Isaacson et N.E. Spear, éds), Plenum Press, New York.
SCHACTER D.L., MOSCOVITCH M. (1984), « Infants, amnesics and dissociable memory systems », in *Infant memory* (D.L. Schacter, M. Moscovitch, eds), Plenum, New York.
SCHACTER D.L., HARBBUK J.K., MCLACHLAN D.R. (1984), « Retrieval without recollection : an experimental analysis of source amnesia », *Journal of Verbal Learning and Verbal Behavior*, **23**, 593-611.
SCHACTER D.L., WORLING J.R. (1985), « Attribute information and the feeling-of-knowing », *Canadian Journal of Psychology*, **39**, 467-475.

SCHACTER D.L., MOSCOVITCH M., TULVING E., MCLACHLAN D.R., FREEDMAN M. (1986), «Mnemonic precedence in amnesic patients : an analogue of the AB̄ error in infants?», *Child Development*, 57, 816-823.
SCHACTER D.L., GRAF P. (1986), «Preserved learning in amnesic patients : perspectives from research on direct priming», *Journal of Clinical and Experimental Neuropsychology*, 8, 727-743.
SCHACTER D.L., MCLACHLAN D.R., MOSCOVITCH M., TULVING E. (1986), «Monitoring of recall performance by memory-disordered patients», *Journal of Clinical Neuropsychology*, 131 (abstract).
SCHANK R.C., ABELSON R.P. (1977), «Scripts, plans, goals and understanding», Erlbaum, Hillsdale, N.J.
SCHEAR J.M. (1985), «Utility of half credit scoring of Russell's revision of the Wechsler Memory Scale», *Paper presented at the meeting of the International Neuropsychological Society*, San Diego.
SCHONFIELD D., ROBERSTON B.A. (1966), «Memory storage and aging», *Canadian Journal of Psychology*, 20, 228-236.
SCHOTT B., MAUGUIERE F., LAURENT B., SERCLERAT O., FISCHER C. (1980), «L'amnésie thalamique», *Revue Neurologique*, Paris, 136, 117-130.
SCHWARTZ M.F., MARIN D.S.M., SAFFRAN E. (1979), «Dissociations of language function in dementia : a case study», *Brain and Language*, 7, 277-306.
SCOGIN F., STORANDT M., LOTT L. (1985), «Memory-skills training, memory complaints and depression in older adults», *Journal of Gerontology*, 1985, 40, 562-568.
SCOVILLE W.B., MILNER B. (1975), «Loss of recent memory after bilateral hippocampal lesions», *Journal of Neurology, Neurosurgery and Psychiatry*, 20, 11-21.
SELTZER B., BENSON D.F. (1974), «The temporal pattern of retrograde amnesia in Korsakoff's disease», *Neurology*, 24, 527-530.
SERON X. (1985), *La micro-informatique dans le champ des pratiques neuropsychologique : réflexions critiques* (non publié).
SERON X. (1976), «Contribution à l'étude des processus intellectuels chez des patients aphasiques et chez des patients atteints de lésions frontales», *Thèse de doctorat en Psychologie*, Université de Liège.
SERON X. (1978), «Analyse neuropsychologique dans les lésions préfrontales chez l'homme», *L'Année Psychologique*, 78, 183-202.
SERON X., BRUYER R., RECTEM D., LEPOIVRE H., *Essai de revalidation des troubles post-traumatiques de la mémoire*, Monographie non publiée, Centre de Revalidation Neurologique (Service de Neurologie des Cliniques Universitaires St Luc).
SERON X., DELOCHE G. (1989), *Cognitive approaches in neuropsychological rehabilitation*, Erlbaum, Hillsdale, N.J.
SHALLICE T. (1982), «Specific impairments of planning», *Philosophical Transactions of the Royal Society London B 298*, 199-209.
SHALLICE T., WARRINGTON E.K. (1970), «Independent functioning of verbal memory stores : a neuropsychological study», *Quarterly Journal of Experimental Psychology*, 22, 261-273.
SHALLICE T., WARRINGTON E.K. (1977), «Auditory-verbal short-term memory impairment and conduction aphasia», *Brain and Language*, 4, 479-491.
SHALLICE T., BUTTERWORTH B. (1977), «Short-term memory impairment and spontaneous speech», *Neuropsychologia*, 15, 729-735.
SHALLICE T., EVANS M.E. (1978), «The involvement of the frontal lobes in cognitive estimation», *Cortex*, 14, 294-303.
SHALLICE T., SAFFRAN E. (1986), «Lexical processing in the absence of explicit word identification : evidence from a letter-by-letter reader». *Cognitive Neuropsychology*, 42, 336-341.

SHARPS M.J., GOLLIN E.S. (1987), «Memory for object locations in young and elderly adults», *Journal of Gerontology*, 42, 336-341.
SHEPARD R.N., COOPER L.A. (1982), *Mental images and their transformations*, M.I.T. Press, Cambridge.
SHERRY D.F., SCHACTER D.L. (1987), «The evolution of multiple memory systems», *Psychological Review*, 94, 439-454.
SHIMAMURA A.P. (1986), «Priming effects in amnesia : evidence for a dissociable memory functions», *Quarterly Journal of Experimental Psychology*, 38A, 619-644.
SHIMAMURA A.P., LANDWEHR R.F., NELSON T.O. (1981), «Factretrieval : A program for assessing someone's recall of general-informations facts, feeling-of-knowing judgments for nonrecalled facts, and recognition of nonrecalled facts», *Behavior Research Methods & Instrumentation*, 13, 691-692.
SHIMAMURA A.P., SQUIRE L.R. (1984), «Paired-associate learning and priming effects in amnesia : a neuropsychological study», *Journal of Experimental Psychology : General*, 113, 556-570.
SHIMAMURA A.P., SALMON D.P., SQUIRE L.R., BUTTERS N. (1987), «Memory dysfunction and word priming in dementia and amnesia», *Behavioral Neuroscience*, 101, 347-351
SHIMAMURA A.P., SQUIRE L. (1986), «Memory and metamemory : a study of the feeling-of-knowing phenomenon in amnesic patients», *Journal of Experimental Psychology : Learning, Memory and Cognition*, 12, 452-460.
SLECHTER T.M., HERRMANN D.J. (1981), «Multi-method approach to investigating everyday memory», *Paper presented at the meeting of the Eastern Psychological Association*, New York.
SIGNORET J.L., WHITELEY A. (1979), «Memory battery scale», *I.N.S. Bulletin*, 2, 26.
SISLER G., PENNER H. (1975), «Amnesia following severe head injury», *Canadian Psychiatry Ass. J.*, 20, 33-336.
SKILBECK C. (1984), «Computer assistance in the management of memory and cognitive impairment», in *Clinical management of memory problems* (B. Wilson, N. Moffart, éds), An Aspen Publication, Rockville.
SMIRNI P., VILLARDITA C., ZAPPALIA G. (1983), «Influence of different paths on spatial memory performance in the block-tapping test», *Journal of Clinical Neuropsychology*, 5, 355-359.
SMITH A.D., MILNER B. (1981), «The role of the right hippocampus in the recall of spatial location», *Neuropsychologia*, 19, 781-793.
SMITH A.D., MILNER B. (1983), «Effects of focal brain lesions on sensitivity to frequency of occurrence», *Soc. Neurosci. Abstr.*, 9.
SMITH M.L., MILNER B. (1984), «Differential effects of frontal lobe lesions on cognitive estimation and spatial memory», *Neuropsychologia*, 22, 697-705.
SNODGRASS J.G. (1980), «Towards a model for picture and word processing», in *Processing of visible language 2*, (P.A. Kolers, M.E. Wrolstad, H. Bouwa, éds), Plenum Press, New York.
SNODGRASS J.G. (1984), «Concepts and their surface representations», *Journal of Verbal Learning and Verbal Behavior*, 23, 3-22.
SPEEDIE L.J., HEILMAN K.M. (1982), «Amnesic disturbance following infarction of the left dorsomedial nucleus of the thalamus», *Neuropsychologia*, 20, 597-604.
SPEEDIE L.J., HEILMAN K.M. (1983), «Anterograde memory deficits for visuospatial material after of the right thalamus», *Archives of Neurology*, 40, 183-186.
SQUIRE L.R. (1979) «The hippocampus, space, and human amnesia», *Behavioral and Brain Sciences*, 2, 514-515.
SQUIRE L.R. (1981), «Two forms of amnesia : an analysis of forgetting», *Journal of Neurosciences*, 1, 633-640.

SQUIRE L.R. (1982), « Comparisons between forms of amnesia : some deficits are unique to Korsakoff's syndrome », *Journal of Experimental Psychology : Learning, Memory and Cognition*, **8**, 560-571.
SQUIRE L.R., SCHACTER P.C., CHACE P.M. (1975), « Retrograde amnesia : temporal gradient in very long-term memory following electroconvulsive therapy », *Science*, 1987, 77-79.
SQUIRE L.R., SLATER P.C. (1975), « Forgetting in very long-term memory as assessed by an improved questionnaire technique », *Journal of Experimental Psychology : Human Learning and Memory*, **104**, 50-54.
SQUIRE L.R., CHACE P.M., SLATER P.C. (1976), « Retrograde amnesia following electroconvulsive therapy », *Nature*, Londres, **260**, 775-777.
SQUIRE L.R., SLATER P.C. (1978), « Anterograde and retrograde memory impairment in chronic amnesia », *Neuropsychologia*, **16**, 313-322.
SQUIRE L.R., WETZEL C.D., SLATER P.C. (1978), « Anterograde amnesia following ECT : analysis of the beneficial effect of partial information », *Neuropsychologia*, **16**, 339-347.
SQUIRE L.R., MOORE R.Y. (1979), « Dorsal thalamic lesion in a noted case of chronic memory dysfunction », *Annals of Neurology*, **6**, 503-506.
SQUIRE L.R., FOX M.M. (1980), « Assessment of remote memory : validation of the television test by repeated testing during a seven-day period, *Behavioral Research Methods and Instrumentation*, **12**, 583-586.
SQUIRE L.R., COHEN N., NADEL L. (1984), « The medial temporal region and memory consolidation : a new hypothesis », in *Memory consolidation* (H. Weingartner et E. Parker, éds), Erlbaum, Hillsdale, N.J.
SQUIRE L.R., COHEN N.J. (1984), « Human memory and amnesia », in *Neurobiology of learning and memory* (J. McGaugh, G. Lynch et N. Weinberger, éds), Guilford Press, New York.
SQUIRE L.R., SHIMAMURA A.P., GRAF P. (1985), « Independence of recognition memory and priming effects : a neuropsychological analysis », *Journal of Experimental Psychology : Learning, Memory and Cognition*, **11**, 37-44.
STERN L.D. (1981), « A review of theories of human amnesia », *Memory and Cognition*, **9**, 247-262.
STERNBERG R.J., TULVING E. (1977), « The measurement of subjective organization in free recall », *Psychological Bulletin* **84**, 539-556.
STUSS D.T., KAPLAN E.F., BENSON D.F., WEIR W., CHIULLI S., SARAZEN F. (1982), « Evidence for the involvement of orbitofrontal cortex in memory functions : an interference effect », *Journal of Comparative and Physiological Psychology*, **96**, 913-925.
STUSS D.T., BENSON D.F. (1985), *The frontal lobes*, Raven Press, New York.
SUNDERLAND A., HARRIS J.E., BADDELEY A.D. (1983), « Do laboratory test predict everyday memory ? A neuropsychological study », *Journal of Verbal Learning and Verbal Behavioral*, **22**, 341-357.
SUNDERLAND A., HARRIS J.E., GLEAVE J. (1984a), « Memory failure in everyday life following severe head injury », *Journal of Clinical Neuropsychology*, **6**, 127-142.
SUNDERLAND A., HARRIS J.E., BADDELEY A.D. (1984b), « Assessing everyday memory after severe head injury », in *Everyday memory, actions and absent-mindedness* (J.E. Harris et P.E. Morris, éds), Academic Press, Londres.
SUNDERLAND A., WATTS K., BADDELEY A.D., HARRIS J.E. (1986), « Subjective memory assessment and test performance in elderly adults », *Journal of Gerontology*, 1986, 376-384.

TARIOT P.N., WEINGARTNER H. (1986), « A psychobiologic analysis fo cognitive failures », *Archives of General Psychiatry*, **43**, 1183-1188.
TAYLOR E.M. (1959), *Psychological appraisal of children with cerebral deficits*, Cambridge Mass., Harvard University Press.
TENNEY Y.J. (1984), « Ageing in the misplacing of objects », *British Journal of Developmental Psychology*, **2**, 43-50.
TERRY R.D., DAVIES P. (1980), « Dementia of the Alzheimer type », *Ann. Rev. Neurosci.*, **3**, 77-95.
THOMSON D.M., TULVING (1970), « Associative encoding and retrieval : weak and strong cues », *Journal of Experimental Psychology*, **86**, 255-263.
THOMPSON R.F., CLARK G.A., et al. (1984), « Neuronal substrates of learning : a multiple-trace view », in *Neurobiology of learning and memory* (G. Lynch, J.L. McGaughh et N.M. Weinberger, éds), Guilford, New York.
THOMSEN V. (1977), « Verbal learning in aphasic and non-aphasic patients with severe head injury », *Scand. J. Rehabil. med.*, **9**, 73.
TIBERGHIEN G., LECOCQ P. (1983), *Rappel et Reconnaissance*. Presses Universitaires de Lille, Lille.
TOLMAN E.C. (1948), « Cognitive maps in rats and man », *Psychological Review*, **55** 189-208.
TRILLET M., LAURENT B., FISCHER C. (1983), « Les troubles transitoires de mémoire », *Rapport de neurologie présenté au congrès de psychiatrie et de neurologie de langue française*, Masson, Paris.
TULVING E. (1968), « Theoretical issues in free recall », in *Verbal behavior and general behavior theory* (T.R. Dixon et D.L. Horton, éds), Prentice Hall, New Jersey.
TULVING E. (1972), « Episodic and semantic memory », in *The organization of memory* (E. Tulving et W. Donaldson, éds), Academic Press, New York.
TULVING E. (1979), « Memory research : what king of progress? », in *Perspectives on memory research : essays in honor of Uppsala University's 500th anniversary* (L.G. Nilson, éd.), Erlbaum, Hillsdale, N.J.
TULVING E. (1985), « How many memory systems? », *American Psychologist*, **40**, 385-398.
TULVING E. (1987), « Memory experiments : a strategy for research », in *Neurobehavioral recovery from head injury* (H. Levin, et al., éds), Oxford Press, New York.
TULVING E., PEARLSTONE Z. (1966), « Availability versus accessibility of information in memory for words », *Journal of Verbal Learning and Verbal Behavior*, **5**, 381-391.
TULVING E., OSLER S. (1968), « Effectiveness of retrieval cues in memory for words », *Journal of Experimental Psychology*, **77**, 593-601.
TULVING E., COLOTLA V.A. (1970), « Free recall of trilingual lists », *Cognitive Psychology*, **1**, 86-98.
TULVING E., THOMSON D.M. (1973), « Encoding specificity and retrieval process in episodic memory », *Psychological Review*, **80**, 352-373.
TULVING E., SCHACTER D.L., STARK H.A. (1982), « Priming effects in word fragment completion are independent of recognition memory », *Journal of Experimental Psychology : Learning, Memory and Cognition*, **8**, 336-342.
TZENG O.J.L. (1973), « Positive recency effect in delayed free recall », *Journal of Verbal Learning and Verbal Behavior*, **12**, 436-439.

ULATOWSKA H.K., FREEDMAN-STERN R., WEISS DOYEL A., MACABUSO-HAYNES S., NORTH A.J. (1983), « Production of narrative discourse in aphasia », *Brain and Language*, **19**, 317-335.

UNDERWOOD B.J., BORUCH R.F., MALMI R.A. (1978), «Composition of episodic memory», *Journal of Experimental Psychology : General*, **107**, 393-419.

VALLAR G., BADDELEY A. (1984), «Fractionation of working memory : neuropsychological evidence for a phonological store», *Journal of Verbal Learning and Verbal Behavior*, **23**, 151-161.

VALLAR G., PAPAGNO C. (1986), «Phonological short-term and the nature of the recency effect : evidence from neuropsychology», *Brain and Cognition*, **5**, 428-442.

VALLAR G., CAPPA S.F. (1987), «Articulation and verbal short-term memory : evidence from anarthria», *Cognitive Neuropsychology*, **4(1)**, 55-78.

VAN DER LINDEN M. (1988), «L'évaluation des troubles de la mémoire : différenciation des niveaux d'analyse», thèse de doctorat, Université de Liège.

VAN DER LINDEN M., SERON X. (1987), «A case of dissociation in topographical disorders : the selective breakdown of vector map representation», in *Cognitive processes and spatial orientation in animal and man* (P. Ellen, C. Thinus-Blanc, éds), Martinus Nijhoff, Dordrecht.

VAN DER LINDEN M., WYNS C.H., VON FRENKELL R., COYETTE F., SERON X (1989), *Un questionnaire d'auto-évaluation de la mémoire (Q.A.M.)*, Editest, Bruxelles.

VAN DER LINDEN M., VAN DER KAA M.A. (1989), «Reorganization therapy for memory impairments», in *Cognitive approaches in neuropsychological rehabilitation*, (X. Seron, G. Deloche, éds), Erlbaum, Hillsdale, N.J.

VAN ZOMEREN A.H., VAN DEN BURG W. (1985), «Residual complaints of patients two years after severe head injury», *Journal of Neurology, Neurosurgery and Psychiatry*, **48**, 21-28.

VICTOR M., ANGEVINE J.B., MANCALL E.L., FISHER C.M. (1961), «Memory loss with lesions of hippocampal formation», *Archives of Neurology*, **5**, 244-263.

VICTOR M., ADAMS R.D., COLLINS G.H. (1971), *The Wernicke-Korsakoff Syndrome*, Blackwell Scientific Publications, Oxford.

VYGOTSKY (1978), *Mind in society : the development of higher psychological processes*, Harvard University Press, Cambridge.

WALLESCH C.W., KORNHUBER K.H., KOLLNER C., HAAS H.C., HUFNAGEL J.M. (1983), «Language and cognitive deficits resulting from medial and dorsolateral frontal lobe lesions», *Archives of Psychiatry and Neurological Sciences*, **233**, 279-296.

WALSH K.W. (1978), *Neuropsychology : a clinical approach*, Churchill Livingstone, Edinburgh.

WALSH D.A., KRAUSS I.K., REGNIER V.A. (1981), «Spatial ability, knowledge and environmental use : the elderly», in *Spatial representation and behavior across the life span* (L. Liben, et al., éds), Academic Press, New York.

WARRINGTON E.K. (1975), «The selective impairment of semantic memory», *Quarterly Journal of Experimental Psychology*, **27**, 635-657.

WARRINGTON E.K. (1984), «Recognition memory test», *NFER-Nelson*, Windson.

WARRINGTON E.K., MCCARTHY R. (1983), «Category specific access dysphasia», *Brain*, 859-878.

WARRINGTON E.K, WEISKRANTZ L. (1970), «Amnesic syndrome : consolidation or retrieval?», *Nature*, **228**, 628-630.

WARRINGTON E.K., LOGUE V., PRATT R.T.C. (1971), «The anatomical localisation of selective impairment of auditory verbal short-term memory», *Neuropsychologia*, **9**, 377-387.

WARRINGTON E.K., WEISKRANTZ L. (1973), «An analysis of short-term and long-term memory defects in man», in *The physiological basis of memory* (J.A. Deutsch, éd.), Academic Press, New York.

WARRINGTON E.K., WEISKRANTZ L. (1974), «The effect of prior learning on subsequent retention in amnesic patients», *Neuropsychologia*, **12**, 419-428.
WARRINGTON E.K., WEISKRANTZ L. (1978), «Further analysis of the prior learning effect in amnesic patients», *Neuropsychologia*, **16**, 169-177.
WARRINGTON E.K., WEISKRANTZ L. (1979), «Conditioning in amnesic patients», *Neuropsychologia*, **17**, 187-194.
WARRINGTON E.K., WEISKRANTZ L. (1982), «Amnesia : a disconnection syndrome?», *Neuropsychologia*, **20**, 233-248.
WARRINGTON E.K., SHALLICE T. (1984), «Category specific semantic impairments», *Brain*, **107**, 829-854.
WATKINS M.J., PEYNIRCIOGLU Z.F. (1983), «Three recency effects at the same time», *Journal of Verbal Learning and Verbal Behavior*, **22**, 375-384.
WEBER R.J., BROWN L.T., WELDON J.K. (1978), «Cognitive maps of environnemental knowledge and preference in nursing home patients», *Experimental Aging Research*, **3**, 157-174.
WECHSLER D.A. (1945), «A standardized memory scale for clinical use», *Journal of Psychology*, **19**, 87-95.
WEINGARTNER H., KAYES S., SMALLBERG S.A., EGERT M.H., GILLIN J.C., SITARAM N. (1981), «Memory failures in progressive idiopathic dementia», *Journal of Abnormal Psychology*, **90**, 187-196.
WEINGARTNER H., GRAFMAN J., BOUTELLE W., KAYE W., MARTIN P.R. (1983), «Forms of memory failure», *Science*, **221**, 380-382.
WEISKRANTZ L. (1978), «A comparison of hippocampal pathology in man and other animals», in *Functions of the septo-hippocampal system* (CIBA Foundation Symposium 58), Elsevier, Oxford.
WEISKRANTZ L. (1986), *Blindsight*, Oxford Press, New York.
WEISKRANTZ L., WARRINGTON E.K. (1970), «Verbal learning and retention by amnesic patients using partial information», *Psychonomic Society*, **20**, 210-211.
WELFORD A.T. (1952), «Vieillissement et aptitudes humaines», Presses Universitaires de France, Paris.
WELLMAN H.M. (1977), «The early development of intentional memory behavior», *Human Development*, **20**, 86-101.
WELLMAN H.M. (1978), «Knowledge of the interaction of memory variables : a developmental study of metamemory», *Developmental Psychology*, **14**, 24-29.
WETZEL C.D., SQUIRE L.R. (1982), «Cued recall in anterograde amnesia», *Brain and Language*, **15**, 70-81.
WHITEHOUSE P.J., PRICE D.L., SRUBLE R.G., CLARK A.W., COYLE J.T., DELONG M.R. (1982), «Alzheimer's disease and senile dementia : loss of neurons in the basal forebrain», *Science*, **215**, 1237-1239.
WHITTY C.W.M., LEWIN W. (1960), «A Korsakoff syndrome in the post-cingulectomy confusional state», *Brain*, **83**, 648-653.
WICKENS D.D. (1970), «Encoding categories of words : an empirical approach to meaning», *Psychological Review*, **77**, 1-15.
WILKINS A.J. (1976), *A failure to demonstrate effects of the «retention interval», in prospective memory*, Manuscrit non publié.
WILKINS A.J., BADDELEY A.D. (1978), «Remembering to recall in everyday life : an approach to absent-mindedness», in *Practical Aspects of Memory* (M.M. Grunberg, P.E. Morris et R.N. Sykes, éds), Academic Press, Londres.
WILLIAMS M., PENNYBACKER J. (1954), «Memory disturbances in third ventricle tumours», *Journal of Neurology, Neurosurgery and Psychiatry*, **17**, 173-182.
WILLIAMS M.D., HOLLAN J.D. (1981), «The process of retrieval from very long-term memory», *Cognitive Science*, **5**, 87-119.

WILSON B. (1987), *Rehabilitation of memory*, The Guilford Press, Londres.
WILSON B., BADDELEY A.D. (sous presse), « Identification and remediation of everyday problems in memory impaired adults », in *Neuropsychology of Alcoholism : Implications for diagnosis and treatment* (P. Nathan et al., éds), Guilford Press, New York.
WILSON B., COCKBURN J., BADDELEY A. (1978), *The Rivermead Behavioural Memory Test*, Thames Valley Test Company, England.
WILSON B., COCKBURN J. (1988), « The prices test : a simple test of retrograde amnesia », in *Practical aspects of memory : current research and issues*, vol. 2 (M.M. Gruneberg, P.E. Morris, R.N. Sykes, éds), Wiley, Chichester.
WILSON R.S., KASZNIAK A.W., FOX J.H. (1981), « Remote memory in senile dementia », *Cortex*, 17, 41-48.
WILSON R.S., BACON L.D., KASZNIAK A.W., FOX J.H. (1982), « The episodic-semantic memory distinction and paired learning », *Journal of Consulting and Clinical Psychology*, 50, 154-155.
WILSON R.S., BAKER L.D., FOX J.H., KASZNIAK A. (1983), « Primary memory and secondary memory in dementia of the Alzheimer type », *Journal of Clinical Neuropsychology*, 5, 337-344.
WILSON R.S., KASZNIAK A.W. (1986), « Longitudinal changes : progressive idiopathic dementia », in *Handbook for clinical memory assessment of older adults* (L.W. Poon, éd.), American Psychological Association, Washington, D.C.
WINOCUR G., WEISKRANTZ L. (1976), « An investigation of paired-associate learning in amnesic patients », *Neuropsychologia*, 14, 97-110.
WINOCUR G., KINSBOURNE M. (1978), « Contextual cueing as an aid to Korsakoff amnesics », *Neuropsychologia*, 16, 671-682.
WINOCUR G., KINSBOURNE M., MOSCOVITCH M. (1981), « The effect of cuing on release from proactive interference in Korsakoff amnesic patients », *Journal of Experimental Psychology : Human Learning and Memory*, 7, 56-65.
WINOCUR G., MOSCOVITCH M. (1983), « Paired-associate learning in institutionalized and moninstitutionalized old people : an analysis of interference and context effects », *Journal of Gerontology*, 38, 455-464.
WINOCUR G., MOSCOVITCH M. (1987), A neuropsychological comparison of cognitive function in institutionalized and community-living old people, en préparation.
WINOCUR G., MOSCOVITCH M., FREEDMAN J. (1987), « An investigation of cognitive function in relation to psychosocial variables in institutionalized old people », *Canadian Journal of Psychology*, 41, 257-269.
WINOCUR G., MOSCOVITCH M., WITHERSPOON D. (sous presse), « Contextual cuing and memory performance in brain damaged amnesics and old people », *Brain and Cognition*.
WINTERLING D., CROOK T., SALAMA M., GOBERT J. (1986), « A self-rating scale for assessing memory loss », in *Senile dementias : early detection* (Bes, et al., éd.), John Libley Eurotext.
WOLFE J., GRANHOLM E., BUTTERS N., SAUNDERS E., JANOWSKY D. (1987), « Verbal memory deficits associated with major affective disorders : a comparison of unipolar and bipolar patients », *Journal of Affective Disorders*, 13, 83-92.
WRIGHT R.E. (1981), « Aging, divided attention and processing capacity », *Journal of Gerontology*, 36, 605-614.

YARNELL P.R., LYNCH S. (1970), « Progressive retrograde amnesia in concussed football players : Observation shortly postimpact, *Neurology*, 20, 416.
YATES A.J. (1966), « Psychological deficit », *Annual Review of Psychology*, 17, 111-144.

YUSSEN S.R., BIRD J.E. (1979), «The developmental of metacognitive awareness in memory, communication and attention», *Journal of Experimental Child Psychology*, **28**, 300-313.

ZANGWILL O.L. (1946), «Some qualitative observations on verbal memory in cases of cerebral lesions», *British Journal of Psychology*, **36**, 8-19.

ZARIT S.H., GALLAGHER D., KRAMER N. (1981), «Memory training in the community aged : effects on depression, memory complaint and memory performance», *Educational Gerontolgy*, **6**, 11-67.

ZELINSKI E.M., GILEWSKI M.J., THOMPSON L.W. (1980), «Do laboratory test relate to self-assessment of memory ability in the young and old?», in *New directions in memory and aging* (J.L. Poon et al., éds), Erlbaum, Hillsdale, N.J.

ZIVIAN M.T., DARJES R.W. (1983), «Free recall by in-school and out-of-school adults : performance and metamemory», *Developmental Psychology*, **19**, 513-520.

ZOLA-MORGAN S., OBERG R.G. (1980), «Recall of life experiences in an alcoholic Korsakoff patient : a naturalistic approach», *Neuropsychologia*, **18**, 549-557.

ZOLA-MORGAN S., COHEN N., SQUIRE L.R. (1983), «Recall of remote episodic memory in amnesia», *Neuropsychologia*, **21**, 487-500.

ZOLA-MORGAN S., SQUIRE L. (1985), «Medial temporal lesions in monkeys impair memory on a variety of tasks sensitive to human amnesia», *Behavioral Neurosciences*, **99**, 22-34.

Table des matières

Préface	7
Chapitre I. Psychologie de la mémoire	9
I. La mémoire à court terme (MCT)	9
A) Fondements d'une distinction MCT/MLT	10
B) Le modèle de Atkinson & Shiffrin (1968)	12
C) Limites du modèle de Atkinson & Shiffrin	13
D) Le modèle de «mémoire de travail» de Baddeley	15
E) Mémoire de travail, effet de récence et empan mnésique	22
II. La mémoire à long terme (MLT)	25
A) Mémoire visuelle et mémoire verbale	26
B) Mémoire épisodique, mémoire sémantique, mémoire procédurale	30
C) Encodage, stockage et récupération	35
III. La métamémoire	42
A) La décision d'entamer un processus de recherche en mémoire	44
B) L'évaluation de l'exactitude des réponses évoquées	46
C) La connaissance des stratégies de récupération efficaces	48
IV. Etude écologique de la mémoire	50
A) Introduction	50
B) Nature de l'approche écologique dans l'étude de la mémoire	53
C) Illustrations de l'approche écologique dans l'étude de la mémoire : la mémoire prospective	56
1. Méthodes utilisées dans l'étude de la mémoire prospective	58
2. Effets des indices de récupération et de l'intervalle de rétention sur la mémoire prospective	59
3. Motivation et perception de la tâche en mémoire prospective	60
4. Mémoire prospective et tests classiques de mémoire	62
5. Mémoire prospective et vieillissement	63
6. Nature des tâches de mémoire prospective	65

      7. Types de tâches de mémoire prospective 71
      8. Aide-mémoire et mémoire prospective 75

Chapitre II. Neuropsychologie de la mémoire 79
  I. Introduction 79
  II. Etiologie des troubles de la mémoire 81
  III. Troubles de la mémoire et localisations cérébrales 84
  IV. Interprétations théoriques des troubles de la mémoire 87
    A) Le syndrome amnésique 87
      1. Le maintien de la MCT 88
      2. Les troubles de la mémoire antérograde 88
      3. Les troubles de la mémoire rétrograde 99
      4. Les capacités d'apprentissage préservées 102
      5. Conclusions et perspectives 107
    B) Lobes frontaux et troubles de la mémoire 115
    C) Les troubles de la mémoire dans les lésions du cortex postérieur . . 123
    D) Traumatismes crâniens et troubles de la mémoire 127
      1. L'amnésie post-traumatique (APT) 127
      2. Les troubles mnésiques postérieurs à l'APT 130
    E) Les troubles de la mémoire dans le vieillissement normal
       et dans la maladie d'Alzheimer 137
      a. Mémoire et vieillissement 138
        1. Introduction 138
        2. Les troubles de la mémoire de travail 140
        3. Les troubles de la mémoire épisodique 144
      b. Les troubles de la mémoire dans la maladie d'Alzheimer 161
        1. Introduction 161
        2. Les troubles de la mémoire de travail 161
        3. Les troubles de la mémoire épisodique 163
        4. Les troubles de la mémoire sémantique 168
        5. Les capacités d'apprentissage préservées 170
        6. Les troubles de la mémoire rétrograde 173
        7. Conclusions 174

Chapitre III. L'évaluation des troubles de la mémoire en neuropsychologie . . 181
  I. Les objectifs de l'évaluation 181
    A) Le contexte diagnostique 181
    B) L'évaluation cognitive 186
    C) La validité écologique des outils d'évaluation 188
    D) Les différents niveaux d'évaluation des troubles mnésiques 190
  II. L'évaluation neuropsychométrique 191
    A) L'évaluation de la mémoire de travail 193
    B) L'évaluation de la MLT 195
      1. L'apprentissage d'un matériel verbal ou non verbal 195
      2. Le contrôle des opérations d'encodage et de récupération . . . 201
      3. Taux d'oubli, mémoire contextuelle et sensibilité à l'interférence . 203

4. Evaluation des capacités mnésiques préservées et de la mémoire sémantique	206
C) L'évaluation de la mémoire rétrograde	209
III. Les questionnaires de mémoire, diaries et check-lists	212
A) Validité des questionnaires de mémoire	213
B) Contenu des questionnaires de mémoire et propriétés psychométriques	218
C) L'utilisation des questionnaires de mémoire, diaries et check-lists en neuropsychologie	220
D) L'utilisation des questionnaires de mémoire chez les personnes âgées	227
IV. Les simulations d'activités mnésiques quotidiennes	232
A) Le Rivermead Behavioural Memory Test (RBMT)	233
B) Les autres tests écologiques	238
C) Les problèmes liés à l'utilisation des simulations	242
V. L'évaluation de la métamémoire	246
A) Les méthodes de mesure	246
B) L'évaluation de la métamémoire en neuropsychologie	249
C) L'évaluation de la métamémoire chez les personnes âgées	254
VI. Le rôle de l'ordinateur dans l'évaluation des troubles de la mémoire	257
A) L'évaluation de la mémoire de reconnaissance	258
B) L'évaluation de la mémoire de travail	260
C) L'évaluation écologique des troubles de la mémoire	261
D) L'évaluation du Feeling of Knowing	262
E) Limites des outils d'évaluation informatisés	263
Conclusions	265
Bibliographie	269
Table des matières	303

PSYCHOLOGIE ET SCIENCES HUMAINES
collection publiée sous la direction de MARC RICHELLE

1 Dr Paul Chauchard: LA MAITRISE DE SOI, 9ᵉ éd.
5 François Duyckaerts: LA FORMATION DU LIEN SEXUEL, 9ᵉ éd.
7 Paul-A. Osterrieth: FAIRE DES ADULTES, 16ᵉ éd.
9 Daniel Widlöcher: L'INTERPRETATION DES DESSINS D'ENFANTS, 9ᵉ éd.
11 Berthe Reymond-Rivier: LE DEVELOPPEMENT SOCIAL
   DE L'ENFANT ET DE L'ADOLESCENT, 9ᵉ éd.
12 Maurice Dongier: NEVROSES ET TROUBLES PSYCHOSOMATIQUES, 7ᵉ éd.
15 Roger Mucchielli: INTRODUCTION A LA PSYCHOLOGIE STRUCTURALE,
   3ᵉ éd.
16 Claude Köhler: JEUNES DEFICIENTS MENTAUX, 4ᵉ éd.
21 Dr P. Geissmann et Dr R. Durand: LES METHODES DE RELAXATION, 4ᵉ éd.
22 H. T. Klinkhamer-Steketée: PSYCHOTHERAPIE PAR LE JEU, 3ᵉ éd.
23 Louis Corman: L'EXAMEN PSYCHOLOGIQUE D'UN ENFANT, 3ᵉ éd.
24 Marc Richelle: POURQUOI LES PSYCHOLOGUES?, 6ᵉ éd.
25 Lucien Israel: LE MEDECIN FACE AU MALADE, 5ᵉ éd.
26 Francine Robaye-Geelen: L'ENFANT AU CERVEAU BLESSE, 2ᵉ éd.
27 B.F. Skinner: LA REVOLUTION SCIENTIFIQUE DE L'ENSEIGNEMENT,
   3ᵉ éd.
28 Colette Durieu: LA REEDUCATION DES APHASIQUES
29 J.C. Ruwet: ETHOLOGIE: BIOLOGIE DU COMPORTEMENT, 3ᵉ éd.
30 Eugénie De Keyser: ART ET MESURE DE L'ESPACE
32 Ernest Natalis: CARREFOURS PSYCHOPEDAGOGIQUES
33 E. Hartmann: BIOLOGIE DU REVE
34 Georges Bastin: DICTIONNAIRE DE LA PSYCHOLOGIE SEXUELLE
35 Louis Corman: PSYCHO-PATHOLOGIE DE LA RIVALITE FRATERNELLE
36 Dr G. Varenne: L'ABUS DES DROGUES
37 Christian Debuyst, Julienne Joos: L'ENFANT ET L'ADOLESCENT VOLEURS
38 B.-F. Skinner: L'ANALYSE EXPERIMENTALE DU COMPORTEMENT, 2ᵉ éd.
39 D.J. West: HOMOSEXUALITE
40 R. Droz et M. Rahmy: LIRE PIAGET, 3ᵉ éd.
41 José M.R. Delgado: LE CONDITIONNEMENT DU CERVEAU
   ET LA LIBERTE DE L'ESPRIT
42 Denis Szabo, Denis Gagné, Alice Parizeau: L'ADOLESCENT ET LA SOCIETE,
   2ᵉ éd.
43 Pierre Oléron: LANGAGE ET DEVELOPPEMENT MENTAL, 2ᵉ éd.
44 Roger Mucchielli: ANALYSE EXISTENTIELLE
   ET PSYCHOTHERAPIE PHENOMENO-STRUCTURALE
45 Gertrud L. Wyatt: LA RELATION MERE-ENFANT
   ET L'ACQUISITION DU LANGAGE, 2ᵉ éd.
46 Dr Etienne De Greeff: AMOUR ET CRIMES D'AMOUR
47 Louis Corman: L'EDUCATION ECLAIREE PAR LA PSYCHANALYSE
48 Jean-Claude Benoit et Mario Berta: L'ACTIVATION PSYCHOTHERAPIQUE
49 T. Ayllon et N. Azrin: TRAITEMENT COMPORTEMENTAL
   EN INSTITUTION PSYCHIATRIQUE
50 G. Rucquoy: LA CONSULTATION CONJUGALE
51 R. Titone: LE BILINGUISME PRECOCE
52 G. Kellens: BANQUEROUTE ET BANQUEROUTIERS
53 François Duyckaerts: CONSCIENCE ET PRISE DE CONSCIENCE
54 Jacques Launay, Jacques Levine et Gilbert Maurey:
   LE REVE EVEILLE-DIRIGE ET L'INCONSCIENT
55 Alain Lieury: LA MEMOIRE
56 Louis Corman: NARCISSISME ET FRUSTRATION D'AMOUR
57 E. Hartmann: LES FONCTIONS DU SOMMEIL
58 Jean-Marie Paisse: L'UNIVERS SYMBOLIQUE DE L'ENFANT ARRIERE MENTAL

59 Jacques Van Rillaer: L'AGRESSIVITE HUMAINE
60 Georges Mounin: LINGUISTIQUE ET TRADUCTION
61 Jérôme Kagan: COMPRENDRE L'ENFANT
62 Michael S. Gazzaniga: LE CERVEAU DEDOUBLE
63 Paul Cazayus: L'APHASIE
64 X. Seron, J.L. Lambert, M. Van der Linden:
    LA MODIFICATION DU COMPORTEMENT
65 W. Huber: INTRODUCTION A LA PSYCHOLOGIE DE LA PERSONNALITE, 2ᵉ éd.
66 Emile Meurice: PSYCHIATRIE ET VIE SOCIALE
67 J. Château, H. Gratiot-Alphandéry, R. Doron et P. Cazayus:
    LES GRANDES PSYCHOLOGIES MODERNES
68 P. Sifnéos: PSYCHOTHERAPIE BREVE ET CRISE EMOTIONNELLE
69 Marc Richelle: B.F. SKINNER OU LE PERIL BEHAVIORISTE
70 J.P. Bronckart: THEORIES DU LANGAGE
71 Anika Lemaire: JACQUES LACAN, 2ᵉ éd. revue et augmentée
72 J.L. Lambert: INTRODUCTION A L'ARRIERATION MENTALE
73 T.G.R. Bower: DEVELOPPEMENT PSYCHOLOGIQUE
    DE LA PREMIERE ENFANCE
74 J. Rondal: LANGAGE ET EDUCATION
75 Sheila Kitzinger: PREPARER A L'ACCOUCHEMENT
76 Ovide Fontaine: INTRODUCTION AUX THERAPIES COMPORTEMENTALES
77 Jacques-Philippe Leyens: PSYCHOLOGIE SOCIALE, 2ᵉ éd.
78 Jean Rondal: VOTRE ENFANT APPREND A PARLER
79 Michel Legrand: LE TEST DE SZONDI
80 H.J. Eysenck: LA NEVROSE ET VOUS
81 Albert Demaret: ETHOLOGIE ET PSYCHIATRIE
82 Jean-Luc Lambert et Jean A. Rondal: LE MONGOLISME
83 Albert Bandura: L'APPRENTISSAGE SOCIAL
84 Xavier Seron: APHASIE ET NEUROPSYCHOLOGIE
85 Roger Rondeau: LES GROUPES EN CRISE?
86 J. Danset-Léger: L'ENFANT ET LES IMAGES
    DE LA LITTERATURE ENFANTINE
87 Herbert S. Terrace: NIM, UN CHIMPANZE QUI A APPRIS
    LE LANGAGE GESTUEL
88 Roger Gilbert: BON POUR ENSEIGNER?
89 Wing, Cooper et Sartorius: GUIDE POUR UN EXAMEN PSYCHIATRIQUE
90 Jean Costermans: PSYCHOLOGIE DU LANGAGE
91 Françoise Macar: LE TEMPS, PERSPECTIVES PSYCHOPHYSIOLOGIQUES
92 Jacques Van Rillaer: LES ILLUSIONS DE LA PSYCHANALYSE, 2ᵉ éd.
93 Alain Lieury: LES PROCEDES MNEMOTECHNIQUES
94 Georges Thinès: PHENOMENOLOGIE ET SCIENCE DU COMPORTEMENT
95 Rudolph Schaffer: COMPORTEMENT MATERNEL
96 Daniel Stern: MERE ET ENFANT, LES PREMIERES RELATIONS
97 R. Kempe & C. Kempe: L'ENFANCE TORTUREE
98 Jean-Luc Lambert: ENSEIGNEMENT SPECIAL ET HANDICAP MENTAL
99 Jean Morval: INTRODUCTION A LA PSYCHOLOGIE DE L'ENVIRONNEMENT
100 Pierre Oleron et al.: SAVOIRS ET SAVOIR-FAIRE PSYCHOLOGIQUES
    CHEZ L'ENFANT
101 Bernard I. Murstein: STYLES DE VIE INTIME
102 Rondal/Lambert/Chipman: PSYCHOLINGUISTIQUE ET HANDICAP MENTAL
103 Brédart/Rondal: L'ANALYSE DU LANGAGE CHEZ L'ENFANT
104 David Malan: PSYCHODYNAMIQUE ET PSYCHOTHERAPIE INDIVIDUELLE
105 Philippe Muller: WAGNER PAR SES REVES
106 John Eccles: LE MYSTERE HUMAIN
107 Xavier Seron: REEDUQUER LE CERVEAU
108 Moreau/Richelle: L'ACQUISITION DU LANGAGE
109 Georges Nizard: ANALYSE TRANSACTIONNELLE ET SOIN INFIRMIER

110 Howard Gardner: GRIBOUILLAGES ET DESSINS D'ENFANTS, LEUR SIGNIFICATION
111 Wilson/Otto: LA FEMME MODERNE ET L'ALCOOL
112 Edwards: DESSINER GRACE AU CERVEAU DROIT
113 Rondal: L'INTERACTION ADULTE-ENFANT
114 Blancheteau: L'APPRENTISSAGE CHEZ L'ANIMAL
115 Boutin: FORMATION ET DEVELOPPEMENTS
116 Húsen: L'ECOLE EN QUESTION
117 Ferrero/Besse: L'ENFANT ET SES COMPLEXES
118 R. Bruyer: LE VISAGE ET L'EXPRESSION FACIALE
119 J.P. Leyens: SOMMES-NOUS TOUS DES PSYCHOLOGUES?
120 J. Château: L'INTELLIGENCE OU LES INTELLIGENCES?
121 M. Claes: L'EXPERIENCE ADOLESCENTE
122 J. Hayes et P. Nutman: COMPRENDRE LES CHOMEURS
123 S. Sturdivant: LES FEMMES ET LA PSYCHOTHERAPIE
124 A. Pomerleau et G. Malcuit: L'ENFANT ET SON ENVIRONNEMENT
125 A. Van Hout et X. Seron: L'APHASIE DE L'ENFANT
126 A. Vergote: RELIGION, FOI, INCROYANCE
127 Sivadon/Fernandez-Zoïla: TEMPS DE TRAVAIL, TEMPS DE VIVRE
128 Born: JEUNES DEVIANTS OU DELINQUANTS JUVENILES?
129 Hamers/Blanc: BILINGUALITE ET BILINGUISME
130 Legrand: PSYCHANALYSE, SCIENCE, SOCIETE
131 Le Camus: PRATIQUES PSYCHOMOTRICES
132 Lars Fredén: ASPECTS PSYCHOSOCIAUX DE LA DEPRESSION
133 Mount: LA FAMILLE SUBVERSIVE
134 Magerotte: MANUEL D'EDUCATION COMPORTEMENTALE CLINIQUE
135 Dailly/Moscato: LATERALISATION ET LATERALITE CHEZ L'ENFANT
136 Bonnet/Tamine-Gardes: QUAND L'ENFANT PARLE DU LANGAGE
137 Bruyer: LES SCIENCES HUMAINES ET LES DROITS DE L'HOMME
138 Taulelle: L'ENFANT A LA RENCONTRE DU LANGAGE
139 de Boucaud: PSYCHOLOGIE DE L'ENFANT ASTHMATIQUE
140 Duruz: NARCISSE EN QUETE DE SOI
141 Feyereisen/de Lannoy: PSYCHOLOGIE DU GESTE
142 Florin et al.: LE LANGAGE A L'ECOLE MATERNELLE
143 Debuyst: MODELE ETHOLOGIQUE ET CRIMINOLOGIE
144 Ashton/Stepney: FUMER
145 Winkel et al.: L'IMAGE DE LA FEMME DANS LES LIVRES SCOLAIRES
146 Bideaud/Richelle: PSYCHOLOGIE DEVELOPPEMENTALE
147 Schmid-Kitsikis: THEORIE CLINIQUE ET FONCTIONNEMENT MENTAL
148 Guggenbühl/Craig: POUVOIR ET RELATION D'AIDE
149 Rondal: LANGAGE ET COMMUNICATION CHEZ LES HANDICAPES MENTAUX
150 Moscato et al.: FONCTIONNEMENT COGNITIF ET INDIVIDUALITE
151 Château: L'HUMANISATION OU LES PREMIERS PAS DES VALEURS HUMAINES
152 Avery/Litwack: NEE TROP TOT
153 Rondal: LE DEVELOPPEMENT DU LANGAGE CHEZ L'ENFANT TRISOMIQUE 21
154 Kellens: QU'AS-TU FAIT DE TON FRERE?
155 Rondal/Henrot: LE LANGAGE DES SIGNES
156 Lafontaine: LE PARTI PRIS DES MOTS
157 Bonnet/Hoc/Tiberghien: AUTOMATIQUE, INTELLIGENCE ARTIFICIELLE ET PSYCHOLOGIE
158 Giovannini et al.: PSYCHOLOGIE ET SANTE
159 Wilmotte et al.: LE SUICIDE
160 Giurgea: L'HERITAGE DE PAVLOV
161 Ionescu: MANUEL D'INTERVENTION EN DEFICIENCE MENTALE

163 Pieraut-Le Bonniec: CONNAITRE ET LE DIRE
164 Huber: PSYCHOLOGIE CLINIQUE AUJOURD'HUI
165 Rondal et al.: PROBLEMES DE PSYCHOLINGUISTIQUE
166 Slukin: LE LIEN MATERNEL
167 Baudour: L'AMOUR CONDAMNE
168 Wilwerth: VISAGES DE LA LITTERATURE FEMININE
169 Edwards: VISION, DESSIN, CREATIVITE
170 Lutte: LIBERER L'ADOLESCENCE
171 Defays: L'ESPRIT EN FRICHE
172 Broome Walace: PSYCHOLOGIE ET PROBLEMES GYNECOLOGIQUES
173 Aimard: LES BEBES DE L'HUMOUR
174 Perruchet: LES AUTOMATISMES COGNITIFS
175 Bawin-Legros: FAMILLES, MARIAGE, DIVORCE
176 Pourtois/Desmet: EPISTEMOLOGIE ET INSTRUMENTATION EN SCIENCES HUMAINES
177 Sloboda: L'ESPRIT MUSICIEN
178 Fraisse: POUR LA PSYCHOLOGIE SCIENTIFIQUE
179 Ruffiot: PSYCHOLOGIE DU SIDA
180 McAdams/Deliège: LA MUSIQUE ET LES SCIENCES COGNITIVES
181 Argentin: QUAND FAIRE C'EST DIRE...

Hors collection

Paisse: PSYCHOPEDAGOGIE DE LA LUCIDITE
Paisse: ESSENCE DU PLATONISME
Collectif: SYSTEME AMDP
Boulangé/Lambert: LES AUTRES, L'EXPRESSION ARTISTIQUE CHEZ LES HANDICAPES MENTAUX

Manuels et Traités

2 Thinès: PSYCHOLOGIE DES ANIMAUX
3 Paulus: LA FONCTION SYMBOLIQUE ET LE LANGAGE
4 Richelle: L'ACQUISITION DU LANGAGE
5 Paulus: REFLEXES-EMOTIONS-INSTINCTS
Droz-Richelle: MANUEL DE PSYCHOLOGIE
Hurtig-Rondal: MANUEL DE PSYCHOLOGIE DE L'ENFANT (Tome 1)
Hurtig-Rondal: MANUEL DE PSYCHOLOGIE DE L'ENFANT (Tome 2)
Hurtig-Rondal: MANUEL DE PSYCHOLOGIE DE L'ENFANT (Tome 3)
Rondal-Seron: LES TROUBLES DU LANGAGE (DIAGNOSTIC ET REEDUCATION)
Fontaine/Cottraux/Ladouceur: CLINIQUES DE THERAPIE COMPORTEMENTALE
Godefroid: LES CHEMINS DE LA PSYCHOLOGIE